四川大学新闻传播学科四十年·系列学术文集
四川大学文学与新闻学院组织编写

符号记忆·网络传播·经典研究

蒋晓丽　胡易容◎主编

项目策划：吴近宇
责任编辑：吴近宇
责任校对：宋　颖　罗永平　毛张琳　张伊伊
封面设计：墨创文化
责任印制：王　炜

图书在版编目（CIP）数据

符号记忆·网络传播·经典研究 / 蒋晓丽，胡易容主编. 一 成都 : 四川大学出版社，2021.9
（四川大学新闻传播学科四十年·系列学术文集）
ISBN 978-7-5690-4949-7

Ⅰ. ①符… Ⅱ. ①蒋… ②胡… Ⅲ. ①传播学一文集 Ⅳ. ① G206-53

中国版本图书馆 CIP 数据核字（2021）第 174810 号

书名　符号记忆·网络传播·经典研究

主　　编　蒋晓丽　胡易容
出　　版　四川大学出版社
地　　址　成都市一环路南一段 24 号（610065）
发　　行　四川大学出版社
书　　号　ISBN 978-7-5690-4949-7
印前制作　四川胜翔数码印务设计有限公司
印　　刷　成都东江印务有限公司
成品尺寸　170mm×240mm
印　　张　22
字　　数　467 千字
版　　次　2021 年 11 月第 1 版
印　　次　2021 年 11 月第 1 次印刷
定　　价　175.00 元

◆ 读者邮购本书，请与本社发行科联系。
电话：(028)85408408/(028)85401670/
(028)86408023　邮政编码：610065
◆ 本社图书如有印装质量问题，请寄回出版社调换。
◆ 网址：http://press.scu.edu.cn

四川大学出版社
微信公众号

编委会

缘　起

四川大学新闻传播学发端于1898年尊经书院（四川大学前身）院长宋育仁等创办《蜀学报》的新闻实践和1935年成立的学术社团国立四川大学新闻学会，也是改革开放以来教育部首批（1979年教高字第044号文）三个新闻学专业点之一。学科从1989年起招收硕士，2006年获批西部第一个新闻学博士点，2010年获批西部第一个新闻传播学一级学科博士学位授予权，2012年获批西部唯一新闻传播学博士后流动站，2013年入选全国首批十家中宣部、教育部"部校共建"序列的新闻学院之一。学科在2012年教育部学科评估中位列全国第五，2017年入选四川大学"双一流"重点学科。学科现有专任教师近50人，其中教授25人，含青年长江学者2人、青年拔尖人才1人、中宣部宣传思想文化青年英才1名、专业硕士教指委2人等。

四川大学新闻传播学下设全国唯一的符号学、中华文化国际传播、文艺与传媒等交叉学科博士点，探索新文科背景下的学科交叉与创新突破，形成了马克思主义新闻观与传播史论原典研究、传播符号学与数字人文研究、媒介记忆与社会文化、传媒文化与创意产业研究等特色鲜明的优势学术方向。学科围绕国家重大问题，产出了一批国内领先且具国际影响力的原创成果。近年承担国家重大招标、冷门绝学专项等各类国家级课题20余项。其中，蒋晓丽教授主持的国家社科基金重大招标项目结题成果荣获教育部人文社科优秀成果一等奖；赵毅衡教授领衔的符号传播学团队，被国际符号学主席波斯纳誉为影响当代符号学运动重心东移的"川大学派"；胡易容教授承担的"巴蜀符号谱系整理与数字人文传播研究"国家社科基金冷门绝学专项课题，是立足传统符号传承与传播的跨学科探索的尝试。川大传播符号学学术传播平台作为我国哲学社会科学"走出去"的典型，受到教育部原副部长的肯定。

以改革开放后的1981年第一批本科生入学为起点，四川大学新闻传播学已经走过了40个年头。为此我们遴选部分近年来川大新闻传播学术论文，以求教于国内同行专家。本书为第一辑，主要内容包括如下几个部分：

一、传播符号学：方法、路径与理论体系

二、马克思主义新闻观视域中的媒介与传播历史演化研究

三、媒介叙事与社会记忆研究

四、网络人际传播形态、机制与效果研究

五、新闻舆论、公共传播与社会动力话语表征研究

目　录

专题Ⅰ　传播符号学：方法、路径与理论体系

专题Ⅱ　马克思主义新闻观视域中的媒介与传播历史演化研究

专题Ⅲ　媒介叙事与社会记忆研究

专题Ⅳ　网络人际传播形态、机制与效果研究

专题Ⅴ　新闻舆论、公共传播与社会动力话语表征研究

专题Ⅰ

传播符号学：方法、路径与理论体系

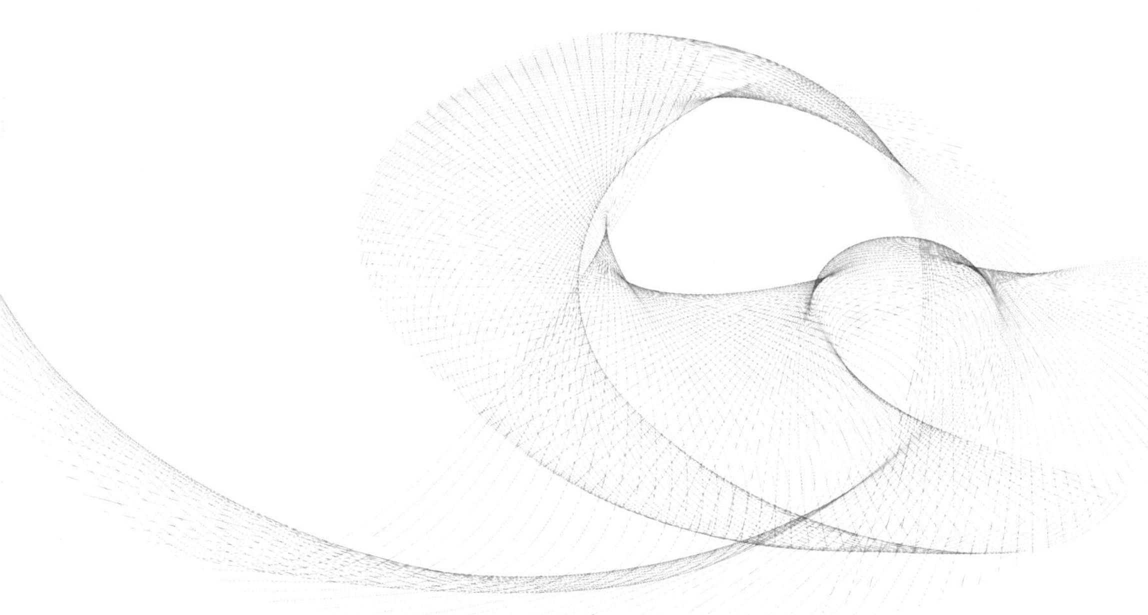

主持人语

胡易容

四川大学与符号学渊源不浅。被认为著有民国时代唯一符号学著作《意义学》（1934）的李安宅，抗战时曾任教于华西协合大学。20世纪三四十年代，包含符号学的形式论研究，一度在中国兴起。叶公超、曹葆华、朱自清、李健吾（刘西渭）、朱光潜、李安宅、方光焘、高名凯、钱锺书等都曾热心投入这个领域，只因后继乏人而中断了。1937年，受当时四川大学文学院院长朱光潜先生邀请，卞之琳曾在四川大学短暂任教。卞之琳先生以诗闻名，但他为中国的文化教育事业做出的贡献同样不可小视，其中就包括为中国符号学理论播撒下种子——20世纪70年代末，他指导赵毅衡放下热火朝天的莎士比亚研究，从新批评入手攻读形式论。用赵毅衡先生自己的话说，近半个世纪以来，他都谨遵师命从事符号学这一形式理论研究。2006年，赵毅衡回国后，在卞之琳先生曾经任教过的四川大学拓出了中国符号学的新篇。

符号学在川大自成一派，也离不开百年川大深厚人文底蕴的滋养。川大的文化符号传播的探讨从未中断。如中文系崔荣昌教授曾撰文《新闻写作中的"符号"辞格》（《新闻界》1985），此文是国内新闻传播领域较早涉足此领域的原创性讨论；广告学系李杰教授2003年出版的《东方智慧与符号消费》《广告符号学》，以及蒋荣昌教授2004年出版的《消费社会的文学文本》是符号学理论应用于文化传播、消费的系统性原创性理论专著。2004年龚鹏程教授曾在川大发起组织"符号学研讨会"，力促建立此学科。及至2006年前后，赵毅衡教授从英伦回国落户川大，更是从学术探讨、学科建设、同人组织等多方面铺开了符号学的新局面。学科发展的重要拓展之一，便是将符号学从外国文学、语言学等学科拓展开来，为当今新媒介时代的整个文化传播领域提供理论解释。至今，川大的"传播符号学"领域已经在文化传播的多个分支方向和具体门类深入展开，对于中国新闻传播学理论的推进作用显而易见。

在本专题中，赵毅衡的《重新定义符号与符号学》在界定符号与符号学的基础上，将符号学定位为“不仅讨论表意批判而且讨论解释”，某种程度改变了以往传播学界将符号学视为“文化批判之学”的固有印象，为符号学提供了一种中立的工具价值界说，为一种“建设性的传播符号学”做了理论铺垫；蒋晓丽、朱亚希的《联盟与超越：传播符号学的生成发展和应然指向》通过学术性、工具性和实践性三重逻辑为传播学与符号学的联盟提供了合法性论证；胡易容的《论象征：理据性与任意性在传播中的复合》从术语入手，通过辨析象征中的“自然联系”（理据性）与“任意性”复合符号关系，厘清索绪尔与皮尔斯符号学在范畴、体系及适用性方面的差异，阐明皮尔斯体系与索绪尔符号学体系对当代传播符号理论体系建构的适用性；饶广祥、刘玲的《从符合论到真知观：广告真实的符号学分析》进入广告文本这一具体传播文本体裁。从“真知观”出发，提出“符合论”“融贯论”“社群真知论”三层真理观叠合的广告文本真实性，印证了符号学之于具体问题的有效性。

传播符号学所涉广泛而各有精彩，囿于篇幅，本专题所摘篇目有限，谨求教于学界师友。

联盟与超越：传播符号学的生成发展和应然指向[①]

蒋晓丽　朱亚希

摘　要：在当今这个从“分化”转向“融合”的学术研究时代，包括传播学和符号学在内的中国人文社会科学都面临解构与重构的危机与契机。若要突围重生，须以一种超学科的视野，在广阔和深厚的学术资源中相互借力，形成合力。由此，在学术性、工具性和实践性三重逻辑驱使下，传播学与符号学必然联盟。而传播符号学作为二者交叉融合所生成的研究范式，同样需要寻求新的超越。只有在把握现有研究成果的基础上对何为应然不断进行追问，传播符号学才有可能真正作为。

关键词：传播学　符号学　学科联盟　传播符号学　应然指向

传播学与符号学作为同源共性的两门近缘学科，在中国都大致兴起于 20 世纪 80 年代初，发展至今，和几乎所有人文社会科学一样，既面临解构的危机，又面临重构的契机。尽管这些年来国内学界展开了诸多关于它们如何突围、如何重建、如何转型的探讨，然而基本上是就学科谈学科，其结论仍旧停留在各自学科边界与框架之内。这种“小修小补”式的反思无益于摆脱困境，反而在一定程度上导致整个学术研究日渐缺乏“想象力”。因此，在这样的情形下，我们迫切需要以一种更加超越的学术视野来重新认识和审视当前的突围转型之路，亦即伊曼纽尔·华勒斯坦所说的，成熟的社会科学应该超越学科，寻求一种建基于新知识的新共识，使学术生产成为一个开放、多元的学术场域。[②]

① 蒋晓丽、朱亚希：《联盟与超越：传播符号学的生成发展和应然指向》，《国际新闻界》，2017 年第 8 期。

② 华勒斯坦：《超越年鉴学派?》，刘健芝等编译，北京：生活·读书·新知三联书店，1999 年，第 220—225 页。

选择从超越学科的角度切入，离不开对传播学和符号学当下所处的特定时空语境的把握和确证。首先，从历史维度来看，当今学术研究正处在一个从“分化”转向“融合”的时代。科学发展史的实践证明：在科学技术、知识分类以及社会需求等因素的共同作用下，学科演进会经历一个从综合到分化再到全面整合的动态过程。进入网络社会以来，随着“各种沟通模式整合到了一个互动式的网络中”[①]，扁平化（flattening）、分散化（decentralization）与互联化（interconnection）的网络形构一定程度上消解了过去学科之间森严的硬性壁垒，使学科之间的交流和对话由原来的“线性结构”朝着“网状结构”转变，交织出了一套协同、交叉与共融的知识性网络。凭借“学科边界跨越所造成的互动与重组成为知识生产与知识构成的中心”[②]，“学科融合”顺理成章地成为当下学术研究中最主流的一种趋势。

从实践维度来看，传播学和符号学的突围之路还需要回应“网络社会崛起”这一现实语境。众所周知，随着网络社会的兴起，传播格局与文化生态正在发生结构性转型，一种全新的社会形态正在浮现。在此背景下，一方面，互联网时代的传播学作为重新理解媒介和理解社会的重要学科，逐渐从社会“边缘”走向“中心”，成为名副其实的“显学”；另一方面，面对互联网等新技术变革支撑的传播实践中不断涌现的新现象、新问题，传播学研究中经典理论范式又日渐显现出解释力和预见力不足的尴尬局面。符号学同样如此，由于意义的生成和传播方式在网络社会和消费社会崛起的背景之下发生改变，因此符号学也亟须主动调适现有的研究范式，以适应当今互联网文化的各种现实。因此，学会借势借力、寻求共赢发展是传播学和符号学在网络时代必须拥有的一种态度。

由此看来，不管是站在学术研究从“分化”转向“整合”的学术融合语境，还是立足新传播技术催生的传媒变革语境，传播学和符号学都只有敞开学科大门，在广阔和深厚的学术资源中相互借力、彼此嵌入、融汇重组，才能找到突围的路径。换言之，只有让传播学和符号学“回归到一个学科融合的场域

---

① 卡斯特：《网络社会的崛起》，夏铸九、王志宏等译，北京：社会科学文献出版社，2001 年，第 406 页。

② 克莱恩：《跨越边界：知识　学科　学科互涉》，姜智芹译，南京：南京大学出版社，2005 年，第 2 页。

之中”[①]，并“借助交往、分享、杂交、重组来创新”[②]，才有可能实现由内向外的彻底解放。鉴于此，存在哪些具体的逻辑关联驱使当下传播学与符号学走向联盟？基于传播学与符号学联盟形成的全新研究范式，在当下的生成发展状况如何？未来的应然走向又是什么？这是本文想要探讨的几个问题。

一、传播学与符号学联盟的三重逻辑

一般而言，学科与学科之间是趋于独立的：每个学科有自己的问题域、理论范式与研究规程，并遵循各自的学科规训（disciplinarity）。然而事实并非如此，马太·多冈（Mattei Dogan）和罗伯特·帕尔（Robert Pahre）提出，学科之间的“交汇”是一种自然产生的状态[③]。也就是说，学科之间的界限并不是固定不变的，而应当是流动的。这也正是传播学和符号学可以展开学科联盟的基本逻辑起点。除此之外，还存在哪些具体的逻辑关联驱使当下中国传播学与符号学走向联盟？我们有必要进一步厘清。

（一）学术性逻辑：学科内外部间的双重契合

1. 外部契合：具有互补性的学科危机

三十多年来，尽管中国传播学发展速度之快，学术魅力之大，但表面上的如日方升并没有掩盖住其背后诸多的学科困境。在新媒体实践语境下，由于学科根基不牢，传播学研究中诸多经典理论范式频频遭遇挑战。用孙玮的话来说就是，“新技术激发的传播实践，被扭曲、删减，强行塞进旧框架中，沦为旧理论一个个干瘪的注脚”[④]。此外，与一些强势学科相比，传播学基础理论过于薄弱，也没有建立起完整的、多元的方法论体系……因此，在一些优势学科的学者眼中，传播学历来就是没有什么知识含金量的学术领地。

与传播学过于统一的理论体系和过于单一的方法论不同，符号学自诞生以

① 杜骏飞、周玉黍：《传播学的解放》，《新闻记者》2014年第9期，第33—39页。

② 黄旦：《对传播研究反思的反思：读吴飞、杜骏飞和张涛甫三位学友文章杂感》，《新闻记者》2014年第12期，第40—49页

③ Dogan, M. & Pahre, R., *Creative Marginality: Innovation at the Intersections of Social Sciences*, Boulder, Col.: Westview Press, 1990, p. 83.

④ 孙玮：《为了重建的反思：传播研究的范式创新》，《新闻记者》2014年第12期，第50—58页。

来，学科版图就呈现出扩张的趋势，以至于乔纳森·卡勒指出，“符号学的价值就在于它不愿意尊重边界”[①]。然而，宏大的目标与野心也直接带来了“符号学的痛苦”，甚至让一部分人产生了“什么是符号学”“符号学究竟是一门工具，一门学科，还是一个研究对象”等疑问，导致符号学同样面临着徘徊于“十字路口”的危险处境。如果照这样的局面继续下去，很可能出现像乌蒙勃托·艾柯所阐述的那样：“当一门学科把‘每种东西’都界定成自己的研究对象，进而宣传自己关注整个宇宙时，乃是在玩一种冒险的游戏。”[②]

传播学与符号学这两门独立学科在发展过程中都存在着各自的学科危机：传播学长期在理论体系、方法范式层面被诟病为“无学”，而符号学除了被诟病“艰难晦涩”“玄妙”以外，还存在边界过大，理论体系过于宽泛、臃肿等诸多问题。正因为如此，二者外部层面的“学科危机”催生了学科之间的互补。

2. 内部契合：共通的学科本源与学科基因

(1) 以“人”为本的学科本源

在汉诺·哈特看来，“作为一门独立学科，传播学不仅是在具体的文化、政治经济环境中研究人和制度的学问，更是在变化的条件下研究人和制度的学问”[③]。从美国传播学源流的芝加哥学派肇始，以布鲁诺，库利和米德为代表的一大批学者就开创了一种具有浓郁人文主义色彩的学术研究面向，将主体的“人”作为学术视野的关注焦点。传播学正式诞生以后，研究重心同样无法绕过这一焦点问题。正如施拉姆等人所说：“我们在研究传播的同时，也在研究人——研究人与人的关系以及他们所属集团、组织和社会的关系。”[④]

同样，按照恩斯特·卡西尔的说法，“除了在一切动物种属中都可看到的感应器系统和效应器系统以外，在人那里还可发现可称之为符号系统的第三环节，它存在于这两个系统之间”[⑤]。作为长久以来人类在探寻客观事物的过程中创造的产物，符号的出现也使人类的认知超越了动物。符号化的思维和符号

---

① Culler, J. Presidential address: Semiotic ambitions, *American Journal of Semiotics*, vol. 6, no. 2, 1989, pp. 127-138.

② 艾柯：《符号学理论》，卢德平译，北京：中国人民大学出版社，1990 年，第 5 页。

③ 哈特：《传播学批判研究：美国的传播、历史和理论》，何道宽译，北京：北京大学出版社 2008 年版（原著出版于 1992 年），第 4 页。

④ 施拉姆、波特：《传播学概论》，陈亮、周立方、李启译，北京：新华出版社，1984 年，第 4 页。

⑤ 卡西尔：《人论》，甘阳译，上海：上海译文出版社，1985 年，第 33 页。

化的行为让人类与非人类行为方式有了本质区别。因此，符号学作为一门关于符号和符号系统的人文科学，其学科发展目标是致力于考察“人化世界”而非“自然世界”。

总而言之，无论是符号学还是传播学，在以“人”作为考察和关注对象的学科实践维度上具有天然的内在契合性。

（2）同源共性的学科基因

长期以来，传播与符号的关系成为学者们竞相追逐探索的领域。罗兰·巴尔特曾提道：“大众传播的发展会使得人们空前关注‘意指’这一广泛领域，此情势必然会使得符号学呼之欲出。”① 作为传播学渊源之一的社会学芝加哥学派指出，“社会不仅由于传递、传播而存在，而且完全可以说是在传递、传播中存在着”②，随后在此基础上提出了著名的“符号互动论”。福尔斯和丹尼斯将传播界定为“由参与者间不同程度地共享意义和价值而导致的符号行为”③。《结构主义和符号学》一书的作者特伦斯·霍克斯认为，“符号学的疆界（如果它有的话）和结构主义接壤：两个学科的兴趣基本是相同的……从长远来看，两者都应被囊括在第三个容量很大的学科内，它简单地叫作传播学”④。结构主义先驱雅柯布森明确表示：“如果符号学学科的圆周是包含语言学在内的最近的一个圆周，那么下一圈较大的同心圆就是通信学科的总体了。”⑤ 毫无疑问，这里所谓的“通信学科”即传播学。约翰·费斯克⑥直接将传播学研究分为过程学派（process school）和符号学派（semiotics school），并将传播界定为借助信息而进行的社会互动……由以上梳理可见，传播学毫无疑问是与符号学血缘最亲近的学科之一：符号学天然就有着传播的基因，而传播则是有关符号的传播，因此，传播过程中根本完全无法回避符号和意义。正因如此，李思屈预言道：“无论传播技术如何发展，传播现象怎样纷繁复杂，人与符号的互动都是一切传播行为的基本结构。”⑦

---

① 巴尔特：《符号学原理》，王东亮等译，北京：生活·读书·新知三联书店，1999年，第1—2页。

② 罗杰斯：《传播学史：一种传记式的方法》，殷晓蓉译，上海：上海译文出版社，2012年，第160页。

③ 巴兰、戴维斯：《大众传播理论：基础、争鸣与未来》，曹书乐译，北京：清华大学出版社，2014年，第329页。

④ 霍克斯：《结构主义和符号学》，瞿铁鹏译，上海：上海译文出版社，1987年，第127页。

⑤ 利科：《哲学主要趋向》，李幼蒸、徐奕春译，北京：商务印书馆，1998，第348页。

⑥ 费斯克：《传播研究导论：过程与符号》，许静译，北京：北京大学出版社，2008年，第1—2页。

⑦ 李思屈：《当代传播符号学发展的三种趋势》，《国际新闻界》2013年第6期，第24—31页。

（二）工具性逻辑：理论方法工具与经验对象工具的互借

自符号学诞生以来，诸多学者对符号学的工具性价值寄予了厚望。20 世纪 70 年代，法国学者格雷马斯在语义学和叙事学研究的基础上提出了将符号学作为人文社会科学认识论和方法论的基础的宏伟构想。卡勒则认为，符号学宣称能够提供一种看各种各样现象的方法——不仅是象征的人类结构，而且是自然过程和表示最大差异的各种机制。[①] 因此，符号学作为一门工具性方法论，应在研究领域中有一席之地并起到它应起的作用。李幼蒸将符号学视为不同学科之间进行沟通和对话的“工作领域”（或称“对话平台”），并认为“符号学的理论理应成为在人文科学跨文化、跨学科框架内加以重新组织的新型‘认识论—方法论’系统”[②]。不难看出，符号学固有的学科倾向正表现在其突破现有学科界限和寻求学科间互动，不断充实和丰富自身理论体系的特点上。伴随学科的快速发展，当今符号学研究已经跳脱了传统语言学、叙述学的研究框架，突破了最初的狭隘范畴，成为一个无限开放的领域。也因此，赵毅衡曾形象地将符号学比作人文社会科学的“数学”“公分母”“共同的方法论”。

然而，随着近年来符号学方法不断地嵌入整个人文社会科学研究之中，诸多学者已经开始意识到符号学“膨胀能指”“语言游戏”等本质，并对其进行了批判性反思。赵斌认为，符号学先天具有一种能指游戏倾向，“比起严谨沉重的社会学分析，聪明机敏的符号学家们成了语言的魔术师……当社会文化现象都被拿来当成符号解读、拿来摆积木游戏之时，结果肯定是社会现象的严重误读”[③]。不仅如此，陈卫星指出：

> 从巴特的《神话》以来，符号学分析就成为大众文化的基本配置，每天产生无穷无尽的能指。能指的膨胀使每个所指符号所对应的经验层面的事情和事件越来越少，反而在结构意义上产生相对立或相区别的关系……因此，这种试图用符号学来进行一切文化分析的做法，是一种黑格尔主

---

① Culler, J. Presidential address: Semiotic ambitions, *American Journal of Semiotics*, vol. 6, no. 2, 1989, pp. 127－138.

② 李幼蒸：《中国符号学与西方符号学的理论互动》，《文艺理论研究》2009 年第 3 期，第 2－12 页。

③ 赵斌：《社会分析和符号解读：看晚期资本主义社会中的大众文化》，《光明日报》，2001 年 12 月 13 日，第 2 版。

义，其实质是关注话语本身多于关注人类学、社会学本身。①

如前所述，中国传播学研究无论是在理论范式，还是在方法论体系的整合层面，都还存在极大不足。如何从基础处着手进行传播学基因要素、知识谱系的探寻和建构，进行方法论体系的整合呢？符号学丰富的理论体系和多元的方法论体系恰好能为传播研究提供一个相对完整的理论框架，有助于提升传播学科的学理性。正如赵毅衡所言，符号学，相对其他学科来说，或许只是可用的方法论之一，但对传媒研究（mediastudies）与传播研究（communicationstudies）来说，却是无法回避的方法。与此同时，如何避免符号学方法在使用过程中更像是一场自说自话、自娱自乐的文字游戏，让符号学的分析真正“落地”？对此，笔者认为，在符号学为传播研究提供理论方法工具的同时，传播学丰富的传播实践也可以反过来为符号学提供经验对象工具。也就是说，传播学丰富的传播实践能为符号学进入传播研究找到一个很好的切口，从而助益符号学找到更好的研究对象，凸显符号学研究的时代特征。

“只有不断地让符号学的原理经受传媒研究实践的考验，才能使符号学成为一门活的学问。”②

（三）实践性逻辑：平衡工具理性与价值理性

在当今学术研究实用主义泛滥的语境之下，科学技术成了一种先验的决定人的生活的操作系统。似乎只有自然科学、技术科学研究的标准才是客观的，也只有符合自然科学、技术科学研究评价标准、研究范式及其研究成果才是“科学”的。于是，在中国人文社会科学研究圈子内，我们会看到这样一种趋向：以技术路径为代表的研究取向受到了学者们的热烈追捧，一种自然科学的研究模式正在席卷人文社会科学。

中国传播学研究也不例外。无论是早期新闻学还是后来引入的传播学研究，“从一开始大抵就是以结构功能主义范式为主，而这种以结构存在为前提、以工具理性为基础、以实证主义为方法、以媒介功用为重点、以秩序整合为依归的研究更成为多年来中国新闻传播研究范式的主导”③。显而易见，结构功

---

① 李玮、蒋晓丽：《交叉与融合：新闻传播的符号学研究进路——第一届文化与传播的符号学国际学术研讨会之“新闻符号学研究”主题综述》，《国际新闻界》2015年第8期，第171—176页。

② 赵毅衡：《第三次突变：符号学必须拥抱新传媒时代》，《天津外国语大学学报》2016年第1期，第67—68页。

③ 孙玮、黄旦：《超越结构功能主义：中国传播学的前世、今生与未来》，《新闻大学》2012年第2期，第1—4页。

能主义的研究范式不仅直接导致了理性被片面化为实证理性、技术理性与工具理性；而且也进一步遮蔽和忽视了传播学作为人文社会科学的本质功能属性，因此无法摆脱“媒介中心主义”或“技术决定论”的窠臼。

人文社会科学研究发展至今，人们不得不思考这样一个问题：我们的出发点在什么地方？我们应该带着什么样的工具上路？笔者以为，人文社会科学研究的终极目的不仅在于实现对人与社会的科学认识，而且在于对价值和意义等一系列问题的持续追问。要实现这一终极目标，除了不忽略技术因素，更重要的是找到人类社会发展进程中最基本、最核心的要素，最本质的规律和特性。而在这一问题的处理上，符号学至少能成为统合这个一般规律的重要角色之一。

如果说“工具理性”维度构成了自然科学研究的核心，那么，“价值理性”维度就成了人文科学研究中最重要的价值取向。毋庸置疑，符号学作为一门人文科学的本质是不可动摇的。与自然科学研究追求尽可能接近真理的“科学精神”不同，作为一门人文科学，符号学倡导的是具有批判理性的“人文精神”，追求的是一种可能性和一种解释力。也就是说，当受到他人质疑时，我们能用一套自圆其说的解释系统阐述清楚多元社会语境下的一种可能性即可。因此，对传播学研究而言，它可以通过符号学的分析路径，系统考察传播的过程，找出其中每个传播符号之间连接的机制、规律，厘清传播内容如何生产、生产之后如何产生意义等问题，从而建构起一套自身的解释系统，去实现我们对某些规律的认识。再进一步说，通过符号学这种人文科学的分析方法探索出的人之为人的基本的、共同的东西，一定能对当下传播学的发展有所助益，这也是目前诸多学者非常鼓励和支持符号学走进传播学研究的重要原因。况且，传播学的实践和研究天然有着一种“趋新”“求异”的性格，对待非常规的“外来物”，传播学理应秉持一个敏锐、包容、鼓励的态度去做一些新探索，从而寻求一种可能的新解释，即便这种解释不是唯一的解释，即便这一解释不可避免地带着某种片面性与主观性。

二、当代传播符号学研究的生成发展与应然指向

按照克莱恩的说法，两个成熟且稳固学科之间往往可以通过“搭桥”（bridge building）这一“学科互涉”（interdisciplinary）中最为常见的类型构

建起联系，从而产生应用性的新方法、新工具或者新的嫁接性学科。[①] 显然，传播符号学这一全新研究范式就是在学术研究从“分化”到“融合”的时代背景下，通过传播学和符号学联盟的方式嫁接而生的。

事实上，传播符号学在国内并非新鲜事物。早在 20 世纪 90 年代，以经验实证为方法的主流美国传播学传统无法很好地回应由中国社会转型带来的一系列复杂的社会问题。在此背景下，以欧洲为代表的传播批判性研究迅速在国内崛起，与美国经验传播学形成了“二分天下”的格局。作为批判研究的重要分支，传播符号学在国内也应运而生。在发展初期，虽时有介绍性质的学术文章刊出，但多是只鳞片爪、零星散落，因此，传播符号学总体处于引介层面，没有形成气候。随着近十年来大批学者的加入、学术机构的产生、学术成果的涌现，传播符号学日渐受到主流传播学界的关注。如今，国内多数传播学者都不会忽视对符号学方法的接纳和涉入。

冯友兰曾讲过，人文社会科学研究要有所创新，很重要的一点就是不能“照着讲”，而应该“接着讲”。只有在前人探索的基础上实现对“应然为何”的进一步追问和超越，才能更好地实现在新的时代条件下的新作为。基于此，我们不仅需要对当下传播符号学的实然发展状况有所了解，还应在其基础之上对传播符号学研究的未来走向做出预判。换言之，只有实现了对传播符号学当下“实然”与未来“应然”之间的对接，才能争取到它在传播学和符号学发展中应有的学术地位。

（一）传播符号学的范式内涵与立场属性

众所周知，我们所熟知的传播学是一门以信息论为前提，以实证研究为方法，关注效果研究的“信号传播学”，属于科学文化范畴。而符号学作为一门研究意义生产、传递与规律的人文科学，无疑应归入人文文化范畴。传播符号学作为二者交叉融合之后形成的全新研究范式，其内涵又该如何界定？李彬指出，广义的传播符号学是指“一切与新闻、传播相关的符号、话语、文本、叙述等方面的研究”，是一种“有别于经验传播学的微观考究和批判传播学的宏观叙事”的全新框架，具有社会学中所谓的中观理论的显著特征。[②] 李思屈也曾指出，传播符号学是一门兼具“学理”和“精神”逻辑的学说：以媒介符号

---

① 克莱恩：《跨越边界：知识、学科、学科互涉》，姜智芹译，南京：南京大学出版社，2005 年，第 14 页。

② 李彬：《批判学派在中国：以传播符号学为例》，《新闻大学》2007 年第 3 期，第 68—73 页。

为研究对象、以各类交流现象为问题域、以意义的指涉和表征为逻辑起点是传播符号学生成的学理逻辑；而通过对意义及其生成方式的思考展开对传播正义的现实关切，则是传播符号学的精神意义所在。[①] 在笔者看来，传播符号学是一门立足于“符号”“文本”“意义”等核心概念、将传播过程视为一种意义生产实践的全新理论范式。其内涵属性和终极目的是通过符号学理论体系对当代传播实践做出解读，找到让更多人信服且更接近事物真相的一般性规律。再从一般认知规律和特定的时代背景出发，让主观的符号化过程变得更具规律性，更加客观化和科学化。从这一层面来看，传播符号学本应是一个开放的、包容的，不断探索和积累的动态系统。

而作为一门新兴理论范式，我们应该秉持什么样的态度、立场来进行传播符号学研究呢？作为国内较早从事传播符号学研究的学者，李彬、丁和根、曾庆香等人都曾对传播符号学或引介、或阐述学理，或做案例分析。在他们看来，传播符号学的本质就是批判的，并将传播符号学视作传播学研究中批评传统来对待。而作为国内传播符号学“建构学派”代表人物的李思屈则指出，除了将传播符号学作为批判传统看待，“当代传播符号学还应当由‘批判’的研究范式转换到积极回应现实语境的‘建构’研究范式中来”[②]。而笔者认为，在对待传播符号学研究的态度呈现上，所谓的“批判”或“建构”或许都不是一个好的表现，且容易陷入“二元对立”的泥沼之中。唯有秉持一种客观、中立的态度和立场去研究传播活动中的符号生成规则与规律，才能使所得研究结论既能满足符号发送者和符号接受者的传播目的，又能为其批判性地抵制不平等的话语霸权与文化殖民提供理论武器。

（二）传播符号学的研究内容

在传播符号学研究兴起之初，丁和根较早地对传播符号学的研究范畴做出了框定，将其归类为“三个维面的综合体”：包括语法学、语义学和语用学三大部分。[③] 后来，李彬提出，传播符号学研究框架应大致包含本体论和方法论两大层面：本体论层面，主要探究传播符号自身的基础理论；方法论层面，即综合运用各种符号学分析方法如文本分析、修辞分析、叙事分析等对传播过程

---

① 李思屈、刘研：《论传播符号学的学理逻辑与精神逻辑》，《新闻与传播研究》2013 年第 8 期，第 29—37 页。

② 李思屈、关萍萍：《传媒业的产业融合与传播符号学的新视域》，《浙江大学学报》（人文社会科学版）2009 年第 2 期，第 137—143 页。

③ 丁和根：《论大众传播研究的符号学方法》，《新闻大学》2002 年第 4 期，第 10—15 页。

中符号的生产、交换与传播现象进行动态考察。[①] 再后来，李思屈进一步指出，当代传播符号学研究还应关注传媒产业发展的前沿，对当前传媒产业新业态、受众消费新变化等应用层面进行深入探讨。[②] 近年来，传播符号学研究的确不负众望，在基础理论层面和应用实践层面都取得了大量研究成果。

第一，基础理论方面。当代传播符号学研究的理论范式开始由单一的结构主义理论传统转向更为多元的符号学理论体系。在传播符号学研究兴起之初，可供借鉴的理论资源相对匮乏，主要停留在以索绪尔、巴尔特等人为代表的结构主义传统层面，侧重用其进行简单的现象描述和文本剖析。随着近年来以皮尔斯的实用主义、胡塞尔的现象学、艾柯的一般符号学以及以格雷马斯的叙事符号学等为代表的多元理论范式广泛介入对传播实践的考察和对传播文本的分析当中，当代传播符号学的基础理论源泉更加丰富。比如，国内学者开始注意到皮尔斯这位符号学大师理论体系中的学术价值。特别是其中有关符号概念、组成以及符号分类方式的描述，为当下传播符号学研究从索绪尔的封闭结构研究向开放结构的转向奠定了基础。比如，赵星植通过研究发现，皮尔斯站在意义生产与再生产的立场上形成的符号自身、传播主体以及意义的“三元传播模式”，不仅可以突破现有传播学研究中“二元对立”传播模式的困境，同时也可以凭借其具有普遍性意义的理论价值为我们进一步考察新媒介环境下传播意义的动态建构过程提供一定的学理启示。[③]

第二，实践应用层面。近年来，在以消费为中心的文化语境下，符号作为一种表意的工具开始走到社会“场景”的中心。人们对于符号消费的追求远远超过了对于物质本身的消费，生产和驾驭文化符号也成了“消费社会”所遵循的基本逻辑。在此语境下，传播符号学作为解剖人类文化最有效的分析工具之一，日渐成为当代文化研究中的一个重要维度。当下，传播符号学除了继续对广告文本、影像文本、性别文化、流行文化等传统文化消费议题展开深入剖析以外，也积极呼应当下最流行的产业与商品（游戏、旅游）、设计与艺术（品牌、流行音乐）、社会与文化（“网红”“二次元”、网络直播）等议题。以艺术传播领域中的“标志”（logo）为例。标志作为一种传达信息、表现质量、区分差异、彰显特性的象征性传播符号，在现代消费社会中扮演和发挥着越来越

① 李彬：《批判学派在中国：以传播符号学为例》，《新闻大学》2007年第3期，第68—73页。

② 李思屈、关萍萍：《传媒业的产业融合与传播符号学的新视域》，《浙江大学学报》（人文社会科学版）2009年第2期，第137—143页。

③ 赵星植：《皮尔斯的三元模式在传播学中的意义》，《中外文化与文论》2015年第3期，第180—189页。

重要的角色和作用。传播符号学这一分析工具，不仅可以帮助我们探寻到标志在品牌传播过程中意义如何生成、如何传达、如何被解读的基本要素与大致规律，还能为今后品牌符号学和设计符号学等学科发展提供有价值的理论指导。随着在新闻传播、广告品牌、时尚消费、影视艺术、设计等领域的深耕，传播符号学不断细分形成了诸如广告符号学、影视符号学、设计符号学等学科门类，彰显出极强的学科应用性价值。

当然，传播符号学研究在取得一些突破的同时，还存在一些尚待补齐的缺口，或者说，还存在一些亟待探索与回应的领域和话题，如新媒体技术、传播实践"本土化"问题等。当下新媒体技术正在并将持续建构起人类新的存在方式和存在价值。意义在新媒体语境下发生转向，一个复杂多元的意义互联网正在形成。因此，传播符号学研究在新技术语境下应以一种更具弹性、更加多元和开放的姿态去解读当下丰富的传媒技术实践。比如，近年来，大数据作为一种"全知全能"的全新技术视野，给传播实践带来了很多本质层面上的改变，进而影响人们的价值体系、知识体系和生活方式。大数据的流动性、可获取性以及强大的数据抓取和统计能力给整个社会科学研究方法带来了巨大颠覆，强调相关关系而弱化因果关系的大数据研究范式更对符号学的基本原理带来了挑战。那么，在大数据面前我们是否还有必要去探索符码之间的关联意义、建构起全新的符号系统？对此，学者间存有不同意见。姜飞提出，大数据实现了对动态信息的获取，在某种程度上取代了过去人类长期积累起来的洞见式知识生产方式。基于此，他对符号学方法与大数据文本之间的适用性表示存疑。① 廖圣清表示，在移动互联的大数据时代，当用户参与内容生产已经突破了单纯由媒体主宰内容生产时，我们展开媒介内容研究的方法就应该是"文本挖掘"和"社会网络分析"，且这种分析不能脱离一定的关系和结构。② 胡易容认为，由于传播技术的演变加剧了"碎片化"的趋势，而"大数据"作为数据归纳的典型形式，其出现正是一种对"碎片化"现实的技术应对。③ 故而，可以通过引入"宏文本"这一具有整体观的文本形式，与"碎片化"文本展开跨层联合，与"大数据"的海量信息挖掘实现互补，共同构成海量信息时代把握文本意义

---

① 李玮、蒋晓丽：《传播符号学：理论、应用与方法——第一届文化与传播符号学国际学术研讨会综述》，《现代传播》（中国传媒大学学报）2015 年第 11 期，第 151 页。

② 李玮、蒋晓丽：《传播符号学：理论、应用与方法——第一届文化与传播符号学国际学术研讨会综述》，《现代传播》（中国传媒大学学报）2015 年第 11 期，第 151 页。

③ 胡易容：《宏文本：数字时代碎片化传播的意义整合》，《西北师大学报》（社会科学版）2016 年第 5 期，第 133—139 页。

的基础手段。

另外，在当下中国既丰富多彩，又具有特殊性的社会实践中，传播符号学作为一种重要的解释方法，不仅应该成为统合社会实践中一般规律和意义的重要的理论资源，未来也应当在具有本土化问题意识的传播实践中发挥自身的作用。举例来说，当下处于社会转型期的中国社会矛盾突出，加之网民多元化的心态，导致互联网平台上的舆论传播呈现出广泛性、非理性、高突发性等特征。过去，中国传播学长期倾向用美国经验传播学的方法和理论传统来解读舆论生成与传播机制，而对舆论编码内在规律、意义和价值的探寻较少。然而用传播符号学的方法来进行舆论研究，无疑是站在价值研判的角度，探寻人们话语生成、表意方式背后的共性、规律、机制等问题。只有寻求到舆论传播主客体层面对某一问题看法上真正的“认同”，才有可能从根本上找到解决的办法，其效果才会水到渠成。换言之，较之单从技术路径出发的处理方式，传播符号学的方式更容易达至有效传播的最终目的。

总之，笔者认为传播符号学今后的研究走向包括但不局限于以下方面：在理论层面，继续从基础入手，探讨传播符号学研究的可行性、必要性以及其价值意义和可能带来的陷阱；同时，返回符号体系，进一步展开关于符号系统的反身性讨论，从而在传播符号学研究的整体分析上，针对方法论建立起更为理性的思辨；另外，立足社会、历史、文化、技术等宏观语境，对传播收受过程进行较为宏观的结构与符号、认知与交往、话语与权利甚至是对其背后深藏的传播思想、传播观念以及意识形态进行探究。在应用层面，则继续综合运用叙述学分析、修辞分析、话语分析等多种取向，对传播文本和传播话语的内部结构进行较为微观的分析。

（三）传播符号学的作用价值

针对传播符号学的作用价值问题，近年来少有学者做深入探究。就目前来看，主要有两种代表性的观点。有学者站在学科整合角度认为，传播符号学不仅能够对当下传播研究的松散状态起到整合的作用，同时也可以弥补我国目前传播学研究中过于技术化的偏向，为其增添人文底蕴。[①] 也有学者从伦理道德范畴出发，认为传播符号学通过关注意义及其生成方式，不仅具备了浓厚的学术色彩，更重要的是体现出一种对现实世界的强烈关切和人文关怀。[②]

---

① 丁和根：《论大众传播研究的符号学方法》，《新闻大学》2002 年第 4 期，第 10－15 页。
② 李彬：《批判学派在中国：以传播符号学为例》，《新闻大学》2007 年第 3 期，第 68－73 页。

传播符号学范式的诞生，既是理论创新的结果，又是时代发展的需要。因此，要理解和把握传播符号学的作用价值，还需要我们将其放在当下社会进步和时代发展的现实语境中去进一步考量。在笔者看来，就目前中国面临的情势而言，传播符号学最大的作用价值是重建价值共识。

随着传播技术的发展和传播格局颠覆性的变革，传播与社会的互动日益紧密。个体在实现信息共享的同时，由技术进步带来的“去中心化”“去精英化”特征也引发了个体、群体间多元价值观念的碰撞与交锋。加之中国正处于较为特殊的社会转型期，各种利益问题与矛盾纠葛也加速了人们价值观念的分化与重组，形成了多元化的价值体系。事实上，一个现代化的社会系统中必然存在多元的价值观念，但价值过于多元化，就容易带来一系列社会问题与矛盾冲突，造成社会秩序的失衡与混乱。当下互联网平台上常见的群体极化、网络暴力等现象大多就是由价值观过于泛化而引发的。

长久以来，“一主多元”的价值共识模式为人类进步和跨文化交流提供了源源不断的活力。因此，在全球化、媒介化语境下的今天，无论是西方还是中国，都迫切需要在分散的、多元的价值体系中重建一种价值共识，重塑一种价值认同。需要澄清的是，这里的“价值共识”“价值认同”并非“价值一统”，而是指在承认价值多元的客观事实基础上，通过与不同的价值观展开对话沟通，形成最大程度上人类普遍认同的价值准则，并达成基本认同。过去，国内对于这种价值准则的框定更多以“喊口号”“行政命令”的方式为主导，效果往往不如人意。那么，如何在媒介变革与社会转型的特殊时期找到一种有效的调试机制来促成人们的价值观念体系得到整合，达成基本的价值共识与认同，从而避免更大层面的矛盾和冲突？笔者认为，从文化的角度切入或许是一个好办法。

具体而言，可以借用传播符号学的理论范式，通过符号、符号化和符号机制，从“文化认同”的角度找到传播过程中更深层次的“认同结点”和“认知共性”，然后在传播的过程中去贴近、突显这些“认同结点”和“认知共性”，继而寻求不同利益主体对主流价值观的接纳与认同。未来如何发挥传播符号学在重建价值共识中的作用，我们认为可以秉持这样一种立场：试图在“信息求真”（坚持真相）和“价值求同”（营建认同）的一致性上架起一座桥梁，并通过传播符号学的方式去实现“价值多元”基础之上的“价值趋同”互构。

三、结语

当前是讨论人文社会科学研究如何转型的一个大好契机，但也正如黄旦（2014）所言，我们不是在爬从前的那座山，修葺从前的那座庙，而是需要新的基点和思路。在本文中，我们将传播学与符号学的转型突围之路置于更加宽阔和超越的视野当中进行总体透视。首先，传播学和符号学只有超越学科边界，在广阔和深厚的学术资源中相互借力，融汇重组，才有可能找到突围重生的路径。这一思路的展开顺应了当下的学术历史潮流：从横向来看，相邻学科的理论范式、研究方法不再毫不相关，唯有冲破和超越旧时的知识隔离，才能进一步激发出更深层次的学术潜力和学科创新点；从纵向来看，人类学科史发展必然经历由整体性到专业性再到综合性的发展轨迹。鉴于此，传播符号学作为传播学与符号学联盟而生成的研究范式，不仅能够助力中国传播学进一步厘清学理、建构知识谱系、实现价值理性；也能助益中国符号学找寻到更佳的研究对象，使重新框定的学科边界更能凸显时代特征。其次，传播符号学范式在新的实践语境之下同样需要寻求超越。众所周知，由于人文社会科学研究领域中的经验对象和事实本身是复杂多样且富于变化的，因此，研究范式往往需要被置于不断变化的历史语境之下进行调适和修正，进而完善其体系、增加其解释力。对传播符号学来说同样如此，只有在当下“实然所是”基础上实现对未来“应然为何”的进一步追问，才有可能在今后发展过程中真正有所作为。

重新定义符号与符号学[①]

赵毅衡

摘　要：“符号”已经是日常用词，“符号学”也日益成为显学，但是一百二十年的世界符号学运动，始终没有给出这两个术语有效的基本定义，以至于其用法经常陷于混乱。本文试图把符号定义为“被认为携带意义的感知”，将符号学定义为“研究意义的学说”，而且把符号学定位为“不仅讨论表意批判而且讨论解释”。从这个基本理解出发，本文试图厘清一些混乱，例如西文中 sign 与 symbol 的混乱，以及因盲从西语才产生的中文“符号”与“象征”的混乱。

关键词：符号　符号学　意义　象征

一、什么是符号？

为什么要花力气仔细定义符号？因为现在“符号”这个词在网络上，甚至是日常生活中越用越多。经常可以看到诸如此类的说法：“这只有符号意义”（意思是“无真实意义”）；“简单的 GDP 总量排名只有符号意义”（意思是“无实质意义”）；“她不是一个符号性的艺人”（意思是“低调而实干”），甚至知识分子都经常这样用。如果现在不加辨义，很可能会有越来越多的人用错，以至于最后“符号”成为“华而不实”的同义词，甚至把符号学看成“纸上谈兵”或“弄虚作假研究”。

所有以上这些说法都从根本上误用了“符号”二字：人类文化中任何意义都要用符号才能承载，所有的意义都是符号意义，“非符号意义”不可能存在。而且，“符号意义”范围很广，很可能是极为实质性的，甚至是可用金钱或其

① 赵毅衡：《重新定义符号与符号学》，《国际新闻界》，2013 年第 6 期。

他方式度量的：祭献朝贡，拍卖收藏，判定生死，甚至是否打一场战争，都有可能是符号考量的结果。

符号一词的混乱用法，不能完全责怪学界外的使用者，因为中西符号学界对这门学问的基础概念“符号”，至今没有确立清晰的定义。符号学发展一百多年的历史，无数名家一生投入，思索良苦，使符号学成为一门成熟而精密的学科，被称为人文社科的数学。符号学涉及的许多重要概念，如意义、系统、象征、文化、艺术、价值、意识形态等，每个术语都苦于定义太多太复杂，唯独最根本的“符号”与“符号学”却没有得到大致认同的定义。

西方著作给“符号学”的定义一般都是“符号学是研究符号的学说”①，这个定义实际上来自索绪尔。一百多年前，他建议建立一个叫作“符号学”的学科，它将是“研究符号作为社会生活一部分的作用的科学”②。索绪尔并不是下定义，而是在给他从希腊词根生造的“semiologie”一词做解释，用一个拉丁词源词（sign 来自拉丁词 signum）解释一个同义的希腊词源词（semiotics 来自希腊词 semeîon）。然而索绪尔这句话现在成了符号学的正式定义。在西文中，如果能说清什么是符号，勉强可以算一个定义，但在中文里是绝对的同词反复。

而更基础的问题“什么是符号?”，却是个更棘手的难题。论者都承认符号不应当只是物质性的符号载体（亦即索绪尔的“能指”，或皮尔斯的“再现体”），符号应当是符号载体与符号意义的连接关系。但是这个定义又太抽象，使符号失去了存在的本体特征。③ 因此，很多符号学家干脆认为，符号无法定义。符号学家里多夫为定义符号写了几千字后，干脆说：“符号学有必要给‘符号’一个定义吗? 众所周知，科学不必定义其基本术语：物理学不必定义‘物质’，生物学不必定义‘生命’，心理学不必定义‘精神’。”④ 但是符号学不能不首先处理“符号”这个基本定义问题：一个说不清意义的意义之学又如何起步? 作为一种对普遍意义活动规律的思索，符号学的目的就是厘清人类的意义方式。

笔者愿意冒简单化的风险，给符号一个比较清晰的定义，作为讨论的出发

---

① Cobley, P., “Introduction”, *The Routledge Companion to Semiotics*, New York: Routledge, 2010, p. 3.

② Saussure, F., *Course in General Linguistics*, New York: McGraw-Hill, 1969, p. 14.

③ Noth, W., *Handbook of Semiotics*, Bloomington: Indiana University Press, 1990, p. 79.

④ Lidov, D., “Sign”, in Paul Bouissac (ed), *Encyclopedia of Semiotics*, Oxford: Oxford University Press, 1998, p. 575.

点：符号是被认为携带意义的感知。意义必须用符号才能表达，符号的用途是表达意义。反过来说：没有意义可以不用符号表达，也没有不表达意义的符号。这个定义看起来简单清楚，翻来覆去说的都是符号与意义的锁合关系。实际上这定义卷入了一连串至今难以明确解答的难题，甚至可以得出一系列令人吃惊的结论。

首先，既然任何意义活动必然是符号过程，且既然意义不可能脱离符号，那么意义必然是符号的意义，符号就不仅是表达意义的工具或载体，符号是意义的条件：有符号才能进行意义活动，意义不可能脱离符号存在。因此，为了定义符号，我们必须定义"意义"。

要说出任何意义，必须用另一个意义；判明一个事物是有意义的，就是说它是引发解释的，可以解释的。而一切可以解释出意义的事物，都是符号，因此，意义有一个同样清晰简单的定义：意义就是一个符号可以被另外的符号解释的潜力，解释就是意义的实现。

雅柯布森说："指符必然可感知，指义必然可翻译。"[①] 这个说法简练而明确："可译性"指"用另一种语言翻译"，或是"可以用另一种说法解释"，也是"可以用另一种符号再现"。"可译"就是用一个符号代替原先的符号。当然，这个新的符号依然需要用另外一个符号来解释，例如用汉语"符号"解释英语 sign，这个"符号"依然需要解释。"需要解释"不是解释意义的缺点。相反，如果解释"一步到位"了，反而会有根本性的缺陷。说"符号学是研究符号的学说"，实为不做解释。解释的题中应有之义，就是需要进一步解释。

因此，上面的定义可以再推一步：意义必须用符号才能解释，符号用来解释意义。反过来，没有意义可以不用符号解释，也没有不解释意义的符号。这个说法听起来很缠绕，实际上意思简单：一个意义包括发出（表达）与接收（解释）这两个基本环节，这两个环节都必须用符号才能完成，而发出的符号在被接收并且得到解释时，被代之以另一个符号，因此，意义的解释就是一个新的符号过程的起端，解释只能暂时结束一个符号过程，而不可能终结意义。正因为每个延伸的解释都是"被认为携带意义的感知"，符号就是这种表意与解释的连续带。

---

① Jakobson, R., "A Reassessment of Saussure's Doctrine", in (eds) Krystyna Pomorska, Stephen Rudy, *Verbal Art*, *Verbal Sign*, *Verbal Time*, Minneapolis: University of Minnesota Press, 1985, p. 30.

二、什么是符号学?

由此，我们可以回答本文开篇提出的问题：什么是符号学？这不是一个抽象的学理问题，而是一个在人类文化中如何定位符号学的具体问题。具体来说，文化是“一个社会相关表意活动的总集合”。大多西方学者把符号学看成一门文化批判理论（cultural criticism），这在西方语境中是合适的，因为西方学院的文化责任就是批判，布尔迪厄与鲍德里亚用符号学做尖锐的社会文化批判，是切合已经充分“后现代化”社会的需要的。例如在中国，符号学的任务是对文化现象的底蕴分析、描述，然后是批判、建设。

我们面临的任务，是建立一种“不仅批判而且建设的符号学”，为此，我们还是必须建立符号学的一个切实定义。西方学者自己也极不满意“符号学是研究符号的学说”这个通用定义。钱德勒那本影响很大的在网上可找到的《符号学初阶》，开头一段试图用这种方式定义符号学，接着说，“如果你不是那种人，定要纠缠在让人恼怒的问题上让大家干等，那么我们就往下谈……”[①] 此话强作轻松，细听极为无奈。艾柯的新定义“符号学研究所有能被视为符号的事物”[②]，几乎没有推进；另一个意大利符号学家佩特丽莉说符号学“研究人类符号活动（semiosis）诸特点”，亦即人的“元符号能力”[③]，依然没有摆脱“符号”的同词重复。

笔者在1993年就建议把符号学定义为“关于意义活动的学说”，从上一段对符号的定义出发，说符号学是意义研究是可以成立的。为什么如此简明扼要、言之成理的定义，却没有被广泛采用？先前的符号学者当然朝这个方向想过，例如在19世纪末与皮尔斯一道建立符号学的英国女学者维尔比夫人（Lady Victorian Welby）就建议这门学科应当被称为sensifics或significs，即有关sense或significance的学说，也就是“表意学”。她有一句言简意赅的名言：“符号的意义来自意义的符号”（The Sense of Sign follows the Sign of Sense），可惜维尔比夫人的成就一直没有得到很好的整理，最近才有佩特丽莉

---

① Chandler, D., *Semiotics for Beginners*, http://www.aber.ac.uk/media/Documents/S4B/semiotic.html, March 4, 2011.

② Eco, U., *A Theory of Semiotics*, Bloomington: Indiana University Press, 1976, p. 7.

③ Petrilli, S., “Semiotics”, in Paul Cobley (ed), *The Routledge Companion to Semiotics*, New York: Routledge, 2010, p. 322.

的千页巨著，详细讨论并整理了维尔比夫人的资料。①

后来的符号学家没有采用此说，可能是考虑到有关意义的学说太多，例如认识论、语意学、逻辑学、现象学、解释学、心理学等。某些论者认为符号学的研究重点是“表意”②，即意义的发出（articulated meaning）。福柯在1969年关于认识论的名著《知识考古学》中说：“我们可以把使符号‘说话’，发展其意义的全部知识，称为阐释学；把鉴别符号，了解连接规律的全部知识，称为符号学。”③ 他的意思是符号学与阐释学各占据意义活动的一半，相辅相成。福柯这个看法是基于20世纪60年代占主导地位的索绪尔符号学，实际上现在符号学已经延伸到意义的接收端，覆盖与意义相关的全部活动了。近年来皮尔斯的符号学代替了索绪尔的符号学，相当重要的一个原因是皮尔斯注重符号的意义解释，他的符号学是重在认知和解释的符号学，他的名言是“只有被理解为符号才是符号”（Nothing is a sign unless it is interpreted as a sign），这本是符号学应有的形态。④

怀海德的意见与福柯相仿：“人类为了表现自己而寻找符号，事实上，表现就是符号。”⑤ 这话说对了一半：没有符号，人固然不能表现意义，同时也不能理解任何意义。没有意义的表达和理解，不仅人无法存在，“人化”的世界无法存在，人的思想也不可能存在，因为我们只有用符号才能思想，或者说思想也是一个产生并且接收符号的过程。因此，认识论、语意学、逻辑学、现象学、解释学、心理学，都只涉及意义活动的一个方面，而符号学是对意义更基础性的讨论。因此把符号学定义为“意义学”既是能够成立的，也是有用的。

这样讨论的目的，是确定符号学涉及的范围。很多人认为符号学就是研究人类文化的，实际上符号学研究的范围中，文化的确是最大的一个领域，但是符号学还研究认知活动、心灵活动、一切有关意义的活动，甚至包括一切有灵

---

① Petrilli, S., *Signifying and Understanding: Reading the Works of Victoria Welby and the Signific Movement*, Mouton De Gruyter, 2009, p. 102.

② Bronwen, M. & Rinham, F., *Key Terms in Semiotics*, New York: Continuum, 2006, p. 119.

③ Foucault, M., *The Order of Things: An Archeology of Human Sciences*, London: Routledge, 2002, p. 33.

④ Peirce, C. S., *Collected Papers*, *Cambridge*, Mass: Harvard University Press, 1931－1958.

⑤ Whitehead, A. N. *Symbolism: Its Meaning and Effect*, Cambridge: Cambridge University Press, 1928, p. 62.

之物的认知与心灵活动。人类为了肯定自身的存在，必须寻找存在的意义，因此符号是人存在的本质条件。

中国人实际上参与了符号学的创立："符号学"这个中文词，是由赵元任在 1926 年一篇题为"符号学大纲"的长文中提出来的，此文刊登于上海《科学》杂志上。在这篇文章中他指出："符号这东西是很老的了，但拿一切的符号当一种题目来研究它的种种性质跟用法的原则，这事情还没有人做过。"[①] 他的意思是不仅在中国没人做过，在世界上也还没有人做过，赵元任应当是符号学的独立提出者。赵元任说与"符号学"概念相近的英文词，可以为 symbolics，symbology，symbolology。[②] 我们没有读到西方人用过这些词，可见赵元任的术语不是翻译，他的确是独立于索绪尔、皮尔斯、维尔比夫人提出这门学科。赵元任建议的词应当是维尔比夫人（二词）、索绪尔、皮尔斯之后，这个学科的第五种称呼方式：日文"记号论"是翻译，中文"符号学"不是。

符号与意义的环环相扣，是符号学的最基本出发点。笔者上面的说法——符号用来解释意义，意义必须用符号才能解释——听起来有点像一个"解释循环"，事实上也的确是一个解释循环：表达符号释放意义以吸引解释符号，解释符号追求意义以接近表达符号。艾柯看出文本与解释之间有个循环，与这个意思相近。他说："文本不只是一个用以判断解释合法性的工具，而是解释在论证自己合法性的过程中逐渐建立起来的一个客体。"也就是说，文本是解释为了自圆其说（"论证自己的合法性"）而建立起来的，文本的意义原本并不具有充分性，解释使文本成为必然的存在。艾柯承认这是一个解释循环："被证明的东西成为证明的前提。"[③] 文本需要解释，解释需要文本。同样，有解释，才能构成解释的对象符号；有意义，才会构成对意义的追求。

三、象征是一种特殊的符号

我已经可以看到，赵元任并不把"符号"的西文对译看作"sign"，而是看作"symbol"。在这就引出另一个我们不得不处理的头痛问题：究竟什么是 symbol？符号学的各种难题中，最令人困惑的是 sign 与 symbol 的异同。而此种异同，与中文的"符号"与"象征"之间的对立又完全不一样。

---

① 赵元任：《赵元任语言学论文集》，北京：商务印书馆，2002 年，第 178 页。

② 赵元任：《赵元任语言学论文集》，北京：商务印书馆，2002 年，第 177 页。

③ 艾柯：《诠释与过度诠释》，王宇根译，北京：生活·读书·新知三联书店，1997 年，第 78 页。

象征是一种特殊的符号，但是各种符号修辞格中，最难说清的是象征。讨论如何区分象征与符号的中文论著很多，经常二者不分。而在西语中，symbol 与 sign 这两个词更加容易被混用，不少符号学家用了整本书试图加以澄清，却常常把问题说得更乱。惠尔赖特讨论象征主义诗歌的名著，对“象征”的定义却难与符号区分。他说“一个 symbol 指向自身之外，超越自身的意义”①，这等于没有说；茨维坦·托多洛夫《象征理论》把两个意义的 Symbol 合在一起讨论，② 结果越讨论越乱。本来这个问题应当可以用符号学来澄清，也只有对意义特别专注符号学才能澄清之。但恰恰是在西语的符号学著作中，这个问题弄得比其他学科更乱，这是因为在西语中，symbol 一词意为“象征”，但也意为“符号”：一词双义，是西方符号学自身成为混乱的原因。

古希腊语 symbolum 的语源意义是“扔在一起”，表示合同或约定的形成过程。在当代西方语言中，symbol 有两个非常不同的意义。《简明牛津词典》（*The Concise Oxford Dictionary*）对 symbol 一词的定义有两条：1. 一物习俗上体现了、再现了、提醒了另一物，尤其是一种思想或品质（例如白色是纯洁的 symbol）；2. 一个标志或字，习惯上作为某个对象、思想、功能、过程的符号（sign），例如字母代替化学元素，乐谱标记。可以清楚地看到，前一定义对应了汉语“象征”；后一定义与 sign 同义，对应汉语“符号”。但是二者为同一词，写法读法一样，乱从此出。

简单来说，象征是一种特殊的符号，是指向一种复杂意义或精神品质的符号。象征能获得这样的能力，主要靠在一种文化中的反复使用，累积了“语用理据性”。例如荣格说的“原型”，就是在部族的历史上长期使用，从而指向了某种特殊的精神内容。

索绪尔对此可能产生的错乱倒是很清醒，他声明：“曾有人用 symbol 一词来指语言符号，我们不便接受这个词……symbol 的特点是：它不是空洞的，它在能指与所指之间有一种自然联系的根基。”③ symbol 作为“象征”与意义的关联并非任意武断，因此不符合他的“符号”定义。应当说，索绪尔对符号的“无自然联系”要求是不对的，许多符号与意义对象的联系可以“有根基”。但是他在讨论符号学的基础时拒绝使用 symbol 以避免混淆，这又是对的。可

---

① Wheelwright, P., *The Burning Fountain: A Study in the Language of Symbolism*, Bloomington: Indiana University Press, 1954, p. 17.

② 参见托多洛夫：《象征理论》，王国卿译，北京：商务印书馆，2004 年。

③ Saussure, F., *Course in General Linguistics*, New York: McGraw-Hill, 1969, p. 114.

惜他无法纠正每个西方学者的用法：皮尔斯用的 symbol，恰恰就是索绪尔说的绝对不能用 symbol 表示的任意武断的“规约符号”。至少在这一点上，索绪尔比皮尔斯清楚。

应当说，在汉语中，“象征”与“符号”这两个术语本不会产生混淆，混乱是在翻译西文著作中产生的：西方人混用，翻译也只能在“象征”与“符号”中摇摆。影响所及，中国学界也不得不被这种混乱吞噬：中国学者自己的书，也弄混了本来清楚的汉语词汇。稍看几本中文讨论符号与象征的书，就会看到：我们让西语之乱乱及汉语，这真是令人遗憾的“中西交流”。本文的目的，是把汉语的术语“象征”与“符号”区分清楚。如果西人愿意读读中文，或许能帮助西人考虑一下他们弄出的混乱，因为在西文范围中这两个词半重叠半分离，弄不清楚。

有国内学者认为 symbol 此词，“用于逻辑、语言及符号学心理学范畴时，多译作‘符号’；而用于艺术、宗教等范畴时，则译为‘象征’”[①]。这话实际上是说汉语中“象征”与“符号”也是同义：两者都与 symbol 对应，只是出现于艺术学和宗教学之中是“象征”，出现于逻辑、语言及符号学心理学之中是“符号”。这种“按学科”理解术语，恐已走偏。

钱锺书对这个纠葛一目了然。《管锥编》第三卷中说：符号即 sign，symbol。[②] 钱锺书的处理原则是：西语 symbol 意义对应汉语“符号”时，译成“符号”；对应汉语“象征”时，译成“象征”。一旦弄清原文究竟是符号还是象征，就以我为主处理，不必凡是 symbol 都译成“象征”，这样汉语能反过来帮助西语理清这个纠结。

西方学者由于两词意义接近，每个人提出了一套自己的理解，经常互不对应。有些学者认为“符号是浅层次的，象征是深层次的；符号是直接的，而象征是背后的潜在意义”[③]。持这种看法的主要是某些人类学家，他们思想中的“符号”，看来只是某种类文字的“记号”（notation）。弗洛姆说：“符号是人的内心世界，即灵魂与精神的一种象征。”[④] 这话的意思是符号范围比象征小，是象征之一种。本文前面已经说过：符号的外延应当比象征宽得多，象征是符

① 贺昌盛：《象征：符号与隐喻：汉语象征诗学的基本型构》，南京：南京大学出版社，2007 年，第 5 页。

② 参见钱锺书：《管锥编》，北京：读书·生活·新知三联书店，2007 年。

③ Bruce-Mitford，M. & Wilkinson，P.，*Signs & Symbols，An Illustrated Guide to Their Origins and Meanings*，London：Dorling Kindersley，2008，p. 2.

④ 弗罗：《被遗忘的语言》，郭乙瑶、宋晓萍译，北京：国际文化出版公司，2001 年，第 31 页。

号的一种。

大部分中文翻译，把西文每一处 symbol 都译为“象征”。巴尔特的《符号帝国》，说日本民族是个 symbolic system；[①] 哲学家桑塔延纳说，“猿猴的声音变成 symbolic 时，就变得崇高了”[②]；弗赖说 symbol 是“文学作品中可以孤立出来研究的任何单位”[③]。所有这些人，说的都应当是“符号”，偏偏中译一律译为“象征”。拉康给他的关键术语“Symbolic Order”下定义时说：“Symbolic Order 即符号的世界，它是支配着个体生命活动规律的一种秩序。”按他自己说的意思，Symbolic 即“符号”，从导向“秩序”角度考虑，因此，Symbolic Order 应当译成“符号界”才正确。艾柯对此解释说：“拉康称作‘Symbolic Order’，说是与语言联系在一起，他实际上应当说‘符号界’(Semiotic Order)。”[④] 但是偏偏中文翻译或讨论拉康，都称之为“象征界”。

还有一些西方理论家的用法更加理不清楚。卡西尔《人论》一书的名句，“人是 animal symbolicum”，现在一般译成“人是使用符号的动物”，但是也有人译成“人是使用象征的动物”。卡西尔在这几个术语上用法比较特殊：他把 sign 解为动物都会有的“信号”，而把使用 symbol 看成人的特点。[⑤] 即使照他这个意思，他用的 symbol 也必须是“符号”。卡西尔的研究者谢冬冰特地写了一章“符号还是象征”，仔细考察了卡西尔著作的历年中译处理方式，对照了卡西尔自己的解说，结论是：“从其整体的认识论来看，他的哲学是符号哲学，而不是象征哲学，但是全面的看，在讨论艺术与神话的发生时，很多地方，symbol 一词应理解为象征。”[⑥] 这话有道理，但是要每一处都辨别卡西尔在讨论什么，恐怕不可能。卡西尔的整个三大学“象征形式哲学”游移与“符号”与“象征”之间，实际上无法翻译，也难以理解。基础宏大的卡西尔符号学派，除了朗格，没有一个传人，这个符号学史上的大遗憾，或许根源就在于这“一字之误”。

---

① Barthes, R., *Empire of Signs*, New York: Hill & Wang, 1982, p. 5.

② Santayans. G., Human symbols for matter. In D. Cory (ed.), *The idler and his works, and other essays*, New York: George Braziller, 1957, p. 67.

③ Frye, N., *Anatomy of Criticism: Four Essays*, Princeton: Princeton University Press, 1957, p. 34.

④ Eco, U., *Semiotics and the Philosophy of Language*, Bloomington: Indiana University Press, 1984, p. 203.

⑤ Cassirer, E., *An Essay on Man*, New Haven: Yale University Press, 1944, p. 56.

⑥ 谢冬冰：《表现性的符号形式：卡西尔-朗格美学的一种解读》，上海：学林出版社，2008 年，第 47-54 页。

对于布尔迪厄著名的术语“symbolic capital”，不少学者译成“象征资本”，也有一些译者翻译成“符号资本”[①]，中文论者两者混用。按布尔迪厄的本意，恐怕应当译成“符号资本”。布尔迪厄把这个概念与“社会资本”“文化资本”“经济资本”对列：“symbolic capital 是其他各种资本在被认为合法后才取得的形态。”[②] 既然是各种实际资本运作的转换结果，当以“符号资本”为宜。“象征资本”似乎是“象征性的空虚资本”，这正是布尔迪厄所反对的。

但是也有不少西方理论家刻意区分 symbol 与 sign，此时几乎每个人有一套说法。克里斯蒂娃的理论围绕着“符号的”（Semiotic）与“象征的”（Symbolic）两个层次展开，“符号的”，是“前俄狄浦斯的”（Pre-Oedipal）；当一个孩子获得了语言，就不得不臣服于“象征的”，即后俄狄浦斯的符号系统（sign system）。这是她独特的用法，我们无法整理，只能依样画葫芦地翻译。[③]

鲍德里亚认为现代性是从“象征秩序”推进到“符号秩序”，在他的思想体系中，“符号”与“象征”决然对立。在 1972 年的名著《符号政治经济学批判》中，他举了一个简明的例子：结婚戒指是“一个特殊的物，象征着夫妻关系”，而一般的戒指并不象征着某种关系，因此一般的戒指是“一种他者眼中的符号”，是“时尚的一种，消费的物”。而消费物必须摆脱“象征的心理学界定”，“最终被解放为一种符号，从而落入到时尚模式的逻辑中”。[④] 这段话的意思是，婚礼上的戒指是象征，有心理意义，有传统；而首饰店的戒指，是符号，有时尚意义，是“现代性”的。既然鲍德里亚有自己明确的独特定义，我们只能按他的用法介绍他的理论。实际上，除非是用来切割玻璃的工具，钻石既可以是携带意义的符号，也可以是意指丰富的象征，无论是在橱窗里还是在手指上，一切取决于理解。

的确，sign 与 symbol 这两个词，在西语中是从根源上就混乱了，每一个论者自己设立一套定义，更加剧了这种混乱状态。符号学奠基者皮尔斯，也把

---

① 例如李猛、李康译，邓正来校对的一本很重要的布迪厄社会学著作《实践与反思：反思社会学导引》，中央编译出版社，1998 年；又如陶东风译的《文化与权力：布尔迪厄的社会学》，上海译文出版社，2006 年，第 9 页。

② Bourdieu, P., “The Forms of Capital”, In J, Richardson (ed), *Handbook of Theory and Research for the Sociology of Education*, New York: Greenwood, 1986, pp. 241—258.

③ 高亚春：《符号与象征——波德里亚消费社会批判理论研究》，北京：人民出版社，2007 年，第 6—9 页。

④ 博德利亚：《符号政治经济学批判》，夏莹译，南京：南京大学出版社，2009 年，第 47—49 页。博德利亚即鲍德里亚，又译波德里亚。

这两个关键性的关键词说得更乱。他使用 symbol 一词，指符号三分类之一的“规约符号”，即与像似符号（icon），指示符号（index）对立的，靠社会规约性与对象关联的符号，他这是在 symbol 的复杂意义上再添一义。但是他又花了很长篇幅，把他的这个特殊用法解释成“与其说这是赋予 symbol 一种新意义，不如说并返回到原初的意义”：

> 亚里士多德认为名词是一个 symbol，是约定俗成的符号。在古希腊，营火是 symbol，一个大家都统一的信号；军旗或旗子是 symbol；暗号（或口令）是 symbol；证章是 symbol；教堂的经文被称为 symbol，因为它代表证章或基督教原理考验用语；戏票或支票被称为 symbol，它使人有资格去接受某事物；而且情感的任何表达都被称为 symbol。这就是这个词在原始语言中的主要含义。诸位考验判定他们是否能证实我的声明，即我并没有严重歪曲这个词的含义，并没有按我自己的意思使用它。①

皮尔斯这话是说 symbol 与对象的关联向来都是约定俗成的，因此象征就是规约符号。但是象征与非象征的区别并不在于是否约定俗成，而在于象征的对象是一种比较抽象的“思想或品质”。就用他自己举的例子来说，“教堂经文代表基督教原理”，的确是象征；营火，军旗、证章、旗帜、支票，都是靠规约而形成的符号；至于“情感的任何表达”，例如表情，手势，身体动作，则是像似成分居多，皮尔斯也承认大部分符号是几种成分混合。皮尔斯一定要说他用 symbol 作“规约符号”之义，是“回到希腊原意”，可能是为在西方传统中创立符号学辩护的好策略。但是这种自辩，无法为他的 symbol 特殊用法提供古典根据。皮尔斯自己生造了几十种符号学术语，在这个关键概念上，他完全没有必要用此旧词。他的此词让学习者苦恼不堪，至今“皮尔斯像似、指示、象征三分”的说法，成为烙印刻在初学者脑中。

事到如今，最好的办法是西文取消 symbol 的词典第二义，即不让这个词再作为“符号”意义使用，全部改用 sign。这当然不可能，因为语言问题无法由学界下命令解决，况且这是学界自己弄出的严重混乱。西方人可以交替使用 symbol 与 sign，虽然引起误会，至少能使行文灵动。西人的用法，不是我们处处把 symbol 译成象征的理由。在汉语中，象征只是一种特殊的符号，象征与符号不能互相替代。中西语两者本来就不对等，意义混淆的地方也不一样，

① 此段引自涂纪亮编《皮尔斯文选》（北京：社会科学文献出版社，2006 年，第 292 页）。涂纪亮先生把皮尔斯文中的“symbol”一律译为“象征”，现将该词归原为“symbol”，以便讨论其复杂意义。

翻译时必须仔细甄别：什么时候在谈的哪一种定义的 symbol。

幸好，本文并不企图代西方符号学界澄清西语的混乱，本文只讨论汉语中的符号或象征。当代汉语的日常与学术用语中，也必须分清“符号”与“象征”。例如本文一开始举出的一些例子：学者们在讨论“为什么超女是当代文化的符号”这一问题的措辞是错误的，因为任何一个电视节目的名称都携带着一定意义，本来就都是符号。“超女”此词作为符号是不言而喻的，根本无须讨论。讨论这个题目的人，是想说“超女”节目已经变成一种有特殊“思想或品质”意义的符号，因此问题的提法应当是：“为什么超女是当代文化的象征?”

中国符号学完全可以幸免于乱，只要我们拿出定力，不跟着西人的乱局到处跑。我们应当像赵元任在一百年前那样，完全明白他建议建立的 symbology 学科，是“符号学”，而不是“象征学”。这篇小文不是责备西人前贤，不是想全盘推翻符号学奠基者们的学说，而是说任何学者，无论中西，完全应当根据自己的条件独立思考。

论象征：理据性与任意性在传播中的复合[①]

胡易容

摘　要："象征"是传播符号学研究中使用频率极高的概念。西方符号学理论中"Symbol"的多义性使用，造成术语翻译混乱，引起了很多误读；更反映出学界对传播符号理论范式在理解上的误区。本文从术语入手，通过辨析象征中的"自然联系"（理据性）与"任意性"复合符号关系，厘清索绪尔与皮尔斯符号学在范畴、体系及适用性方面的差异，进而阐明皮尔斯体系在符号范畴上更接近索绪尔曾经构想但并未完成的"整体符号学"，也是对当代传播符号研究更适用的理论体系。

关键词：象征　理据性　传播符号学　费迪南德·索绪尔　查尔斯·S.皮尔斯

引言：范式转换中的术语误读

"符号"与"象征"是文化传播研究中的高频术语。两者在汉语中的辨义泾渭分明，但在英语中，各家学说对"symbol"的使用并不统一，导致汉语学术界在译介该词时产生了诸多混乱。常见的是将皮尔斯符号分类中的"symbol"误译为"象征"。如费斯克的《传播研究导论：过程与符号》中有一段对索绪尔的评价，中文翻译是"作为一个语言学家，他只关心'象征'符号"[②]。但索绪尔在《普通语言学教程》中却明确反对将"象征"（symbol）纳

① 胡易容：《论象征：理据性与任意性在传播中的复合》，《新闻与传播研究》，2017年第4期。

② 费斯克：《传播研究导论：过程与符号》，许静译，北京：北京大学出版社，2008年，第46页。

入他的语言符号范畴。[①] 核对前作原文可知，费斯克是在皮尔斯符号分类语境下使用 symbol 这一术语的，是想表达“索绪尔作为语言学家，他只关心（皮尔斯所说的）规约符号（symbol）”。（Saussure was not concerned with indexes. Indeed, as a linguist, he was really concerned only with symbols, for words are symbols. ）[②]

可见，单从字面理解无法确定 symbol 的翻译标准。国内有不少学者尝试从理论背景区分“symbol”的译法。如胡传胜将“符号”视为“把握特定的社会约定”，而将“象征”视为昭示个体存在——如象征主义和精神分析。[③] 另一位学者谢冬冰对卡西尔主要著作中“符号与象征”的使用作了区分，他认为卡西尔的著作 *symbolic for philosophy* 应译为《符号形式的哲学》。[④] 谢冬冰的解说主要针对的是卡西尔体系，对其他学者所用术语翻译的一般原则并未论及。

在现代传播符号学中，“象征”是不可绕过的重要问题。其中，最具代表性的是索绪尔和皮尔斯两大符号理论体系。可以说，厘清索绪尔体系和皮尔斯理论体系中 symbol 的使用，就抓住了问题的关键。赵毅衡对“symbol”的使用情况做了总体性分析，并指出“象征”的核心是“意义累积”和“二度修辞”。[⑤] 此论准确且能够作为传播符号学术语使用的一般原则。不过，上述卓有成效的工作在传播学界并未得到足够的理解。笔者最近读到王亦高的论文《自然与习俗：试论“符号”与“象征”的概念渊源与翻译原则》[⑥]（以下简称《自然》），其从传播学角度对“symbol”的释义和翻译标准做了梳理。遗憾的是，该文的梳理反而导致对“symbol”的解释陷入新的误区。这个误区也体现出国内传播学界对符号理论范式转进的把握不足。我们有必要从术语入手来做一些澄清工作。归纳而言，《自然》一文存在的问题如下。

首先，术语解释以偏概全：《自然》一文孤立地从字面入手，通过部分用

---

① 索绪尔：《普通语言学教程》（英文版），杰拉尔德·达克沃斯出版社；外语教学与研究出版社，2001 年，第 68 页。

② Fiske J. , *Introduction to communication studies*, London: Routledge Press, 2010, p. 46.

③ 胡传胜：《符号与象征》，《南京化工大学学报》（哲学社会科学版）2000 年第 2 期，第 55—59 页。

④ 谢冬冰：《“符号”还是“象征”？——卡西尔学说中“symbol”的词义辨析》，《南京师范大学文学院学报》2003 年第 1 期，第 20—23 页。

⑤ 赵毅衡：《符号、象征、象征符号，以及品牌的象征化》，《贵州社会科学》2010 年第 9 期，第 4—10 页。

⑥ 王亦高：《自然与习俗：试论“符号”与“象征”的概念渊源与翻译原则》，《国际新闻界》2014 年第 10 期，第 82—93 页。

法以偏概全地归纳皮尔斯与索绪尔的术语使用。

其次，术语范畴的逻辑层次错位：该文将索绪尔讨论“语言符号”（language sign）的范畴套用于皮尔斯系统的一般符号之上，不恰当地将“象征”化约成单一的符号类型与“符号”进行比较，并将这两个不同层次的概念置于“任意性”与“自然联系”两极。

最后，翻译标准混淆。《自然》一文将“自然联系”之有无作为首要判定标准，并归纳出了另外两种与此有矛盾的标准，以至于得出了有违一般语义常识的错误结论（如该文否定“鸽子是和平的象征”）。

本来，词语辨义是词典编纂者和译者的主要工作。不过，这些误读反映出当前我国传播符号学范式转进这一重要问题，值得仔细辨析。由此，本文主旨有两个方面：

> 一是厘清“符号”“象征”以及它们与“自然联系”（理据性）的确切关系；
>
> 二是在比较中阐明以皮尔斯为典范的符号学模式对当代传播学的价值与理论适用性。

一、索绪尔与皮尔斯体系中的“符号”与“象征”

（一）“符号”与“象征”的基本词义

在日常汉语使用中，“符号”与“象征”二词各自含义清楚。“符号”是普遍概念，汉语词典对其日常释义为“用于区分某种特征的标识”[①]，而通常将“象征”解释为“对抽象观念、情感与看不见的事物……的表达方式”[②]。也即象征是从具体事务到抽象意义的升华，而符号的对象则没有此限制。问题的关键是symbol一词多义，在被译为汉语时，何时翻译为“象征”，何时翻译为“符号”？

（二）索绪尔与皮尔斯系统中的符号范畴比较

皮尔斯和索绪尔的理论是现代传播符号学的两个源头。我们只要把握了他

---

① 《汉典》，检索于：http://www.zdic.net.

② 《汉典》，检索于：http://www.zdic.net.

们对 symbol 的使用，也就解决了问题的关键。《自然》一文认为，索绪尔的“symbol”是“有自然联系的”，因而用“象征”；而皮尔斯所说的“symbol”没有自然联系，是基于习俗与惯例之上的“符号”，是与索绪尔的说法是相反的、矛盾的。①

Symbol 是一个多义词。西方符号学家用 Symbol 表示一般符号的情况非常普遍，也包括皮尔斯和索绪尔。以索绪尔为例，他讨论“选择视觉符号来代替听觉符号”（visual symbols instead of acoustical symbols）用的是“symbol”②。此外，他还分别用“graphic symbols”表示“图像符号”③，用“written symbols”表示“书写符号”④，用“symbols of is olated sounds”表示“声音符号系统”⑤。上述使用情况都指“符号”而非“象征”。“symbol”这一用法在西语中泛指一般符号，与“sign”同义。可见，武断地说索绪尔用 sign 来表示“符号”，而用 symbol 来指代“象征”，这种判断至少不完整。

我们继续看索绪尔用“symbol”特指“象征”时的用法，英文译本如下：

> The word symbol is sometimes used to designate the linguistic sign, or more exactly that part of the linguistic sign which we are calling the signal. This use of the word symbol is awkward, for reasons connected with our first principle. For it is characteristic of symbols that they are never entirely arbitrary. They are not empty configurations and show at least a vestige of natural connexion between the signal and its signification. For instance, our symbol of justice, the scales could hardly be replaced by a chariot. ⑥

由上，尽管索绪尔不同意用“symbol”来描述“语言符号”（language

---

① 王亦高：《自然与习俗：试论“符号”与“象征”的概念渊源与翻译原则》，《国际新闻界》2014 年第 10 期，第 82—93 页。

② Saussure, F. D., *Course in General Linguistics*, trans. Wade Baskin, NewYork: Philosophical Library, 1959. p. 35.

③ Saussure, F. D., *Course in General Linguistics*, trans. Wade Baskin NewYork: Philosophical Library, 1959. p. 10.

④ Saussure, F. D., *Course in General Linguistics*, trans. Wade Baskin NewYork: Philosophical Library, 1959. p. 15.

⑤ Saussure, F. D., *Course in General Linguistics*, trans. Wade Baskin NewYork: Philosophical Library, 1959. p. 26.

⑥ 索绪尔：《普通语言学教程》（英文版），伦敦：杰拉尔德·达克沃斯出版社；北京：外语教学与研究出版社，2001 年，第 68 页。

sign)，但却并未断然拒绝“象征”作为一种符号的可能性。众所周知，索绪尔的研究范围是“以希腊字母为原始型的表音体系”[①]。他非常清楚自己研究对象的局限，在对“整体符号学”的展望中谈道，“语言只是表达观念的符号系统中的一种，这个系统还可以包括‘symbolicrite’等其他形式的符号。……将来应当有一种基于总体研究的符号学，它应当被称为‘semiology’。”[②]

索绪尔没有实现他关于“整体的符号学”的理论构想，在很大程度上是受限于研究对象。而皮尔斯一开始就以符号全域为工作对象，他的符号学范畴正是索绪尔未能完成的“整体符号学”。皮尔斯对“symbol”的使用也有两种情况：一是泛指一般符号，与 sign 意思相同。如他对逻辑符号学进行界定时说：“逻辑学可以被看作是一门有关符号之普遍规律的科学。”(Logic treats of the reference of symbols in general to their objects)[③] 他还举例说，“符号(symbols)的传达、联想以及分配等诸多规约性原则使（代数式）成为一种像似符”[④]。第二种用法是特指符号分类中的“规约符号”(conventionalsign)。在摘选本《皮尔斯：论符号》[⑤] 中，symbol 一词出现共计 263 次，其中特指“规约符号”的情况超过 200 次。皮尔斯主要讨论符号逻辑，而较少直接谈论文化问题，对“象征”的使用并不多。

索绪尔和皮尔斯的著作多为手稿、讲义、笔记，且前后版本有变动，术语辨析难度大。准确理解“symbol”的用法必须通观其理论体系，而非单纯以某一处的用法来以偏概全。《自然》一文注意到了两人在术语使用上的差异，但以此将“象征”视为完全“自然联系”的符号，就出现了较大的理解偏差。

二、象征作为特殊的复合符号

接下来，我们着重讨论象征的“自然联系”问题。在“符号”与“象征”

---

① 索绪尔：《普通语言学教程》(英文版)，伦敦：杰拉尔德·达克沃斯出版社；北京：外语教学与研究出版社，2001 年，第 51 页。

② 索绪尔：《普通语言学教程》(英文版)，伦敦：杰拉尔德·达克沃斯出版社；北京：外语教学与研究出版社，2001 年，第 15 页。

③ 皮尔斯、李斯卡：《皮尔斯：论符号；皮尔斯符号学导论》，赵星植译，成都：四川大学出版社，2014 年，第 19 页。

④ 皮尔斯、李斯卡：《皮尔斯：论符号；皮尔斯符号学导论》，赵星植译，成都：四川大学出版社，2014 年，第 19 页。

⑤ 皮尔斯、李斯卡：《皮尔斯：论符号；皮尔斯符号学导论》，赵星植译，成都：四川大学出版社，2014 年。

区别的判定标准上，《自然》一文说，“索绪尔认为，习俗与惯例弱的是symbol，习俗与惯例强的是 sign”，该文因此将“有否自然联系”作为区分“象征”与“符号”的标尺。[①]

（一）理据问题

“自然联系”又称“理据性”或“透明性”，是自古希腊就开始讨论的西方哲学公案。柏拉图对话录《克拉提鲁斯篇》（*Cratylus*）中设计了一个苏格拉底、克拉提鲁斯、赫莫根涅斯三人的对话场景。克拉提鲁斯认为词语或命名与自然有联系，这种观点后来被概括为“克拉提鲁斯论”（Cratylism）；而赫莫根涅斯则认为词语、名称只是约定或者使用者的习惯，与自然并没有联系。这种论点被后人归纳为“赫莫根涅斯论”（Hermogenism）。

这段公案是索绪尔符号“任意性”的哲学源头。但索绪尔也并未说“象征”是纯然的“自然联系”，他只是从程度上来判断“象征”包含一些“自然联系”的成分而已。此外，尽管索绪尔的符号理论系统以规约性为基础，但他仍然对理据性的符号有所讨论。他认识到，“语言存在着绝对任意性和相对任意性，只有一部分符号是绝对任意的；别的符号……却有程度的差别”[②]。他说，将来符号学建立时，可能需要追问“完全自然”的符号是否也属于符号学范畴。[③] 可见，索绪尔没有完全拒斥理据性符号，他不过是受制于结构主义理论范式，而没有将理据性符号作为主要研究对象。

皮尔斯持有普遍理据观。他的符号理论涉及的理据性不仅包括索绪尔注意到的像似符（如拟声词等），而且包括基于邻接、接近等关系形成的“指示符”（index）。皮尔斯指出：“指示符指向对象是因为切实地受到对象影响。”[④] 此外，“……指示符甚至包含一些特殊的像似符 icon，但两者的不同在于，指示符可以看作是从对象中撕裂开来的一个碎片”[⑤]。根据他的逻辑，指示符与像似符均为有自然联系的理据性符号。两者的区别是：指示符侧重于指向对象，而像似符侧重于再现对象。从与对象的联系来看，指示符侧重于时空相邻、逻

① 王亦高：《自然与习俗：试论“符号”与“象征”的概念渊源与翻译原则》，《国际新闻界》2014 年第 10 期，第 82—93 页。

② 索绪尔：《普通语言学教程》，高名凯、岑麒祥等译，北京：商务印书馆，1999 年，第 103 页。

③ 索绪尔：《普通语言学教程》，高名凯、岑麒祥等译，北京：商务印书馆，1999 年，第 103 页。

④ 皮尔斯、李斯卡：《皮尔斯：论符号；皮尔斯符号学导论》，赵星植译，成都：四川大学出版社，2014 年，第 55—56 页。

⑤ 皮尔斯、李斯卡：《皮尔斯：论符号；皮尔斯符号学导论》，赵星植译，成都：四川大学出版社，2014 年，第 42 页。

辑推理、局部与整体的接近联想，而像似符依赖性状、结构等的像似关系。

（二）从理据到规约

像似符、指示符与对象的理据性是在符号表意发生的初始瞬间产生的，可称之为“生成理据”或“初度理据”。但还有另一种理据性形成于符号使用中，因社会文化、习规逐渐累积而成，故被称为“使用理据”或“语用理据”（赵毅衡从一般符号的角度，称之为“符用理据”①）。

索绪尔之后的语言学者发现，语用理据的范围非常宽。模态逻辑语义学开创者克里普克指出：“语言和词汇因使用而造成意义积累，其最终结果是，当一个名称在表意时，并不是该名称的含义本身起（构筑意义的）决定性作用，而是这个名称的起源和使用历史构成了历史的因果传递链条……，而当这个名称一环一环传递下去的时候，确定该名称的指称方式对于我们来说是无关紧要的，只要不同的说话者给它以相同的指称对象。”② 这意味着无论何种初始类型的符号，都在社会文化中生成了使用理据。使用理据与索绪尔“任意性”都是社会文化相关的概念。在符号的“可变性与不变性”一章中，索绪尔提出任意性是一种社会文化中的“契约”而非个人的“随意”。他说：“已经选定的东西，不但个人不能丝毫有所改变，就是大众也不能对任何一个词行使它的主权；不管语言是什么样子，大众都得同它捆绑在一起。”③

由上，在初始生成阶段具有“任意性”的符号，在使用中与其他符号一样，变得不再任意，而理据性符号的自然联系在使用中也不再重要——两类符号在社会传播中均被“文化化”了。正如作为象形文字的汉字在成为书写语言体系之后，其象形的初度理据性变得不必追溯了，其使用理据成为表意中的主导要素。

回到核心论题——“象征”的属性是否如《自然》一文所言，其作为任意性“对立面”居于“理据”的一端？答案显然是否定的。不过，我们再做一点讨论使之更加确凿。

（三）作为复合符号的象征

索绪尔着重研究任意性的语言符号，而皮尔斯则讨论符号全域。并非他们

---

① 赵毅衡：《符号学：原理与推演》，南京：南京大学出版社，2011 年，第 247 页。

② 克里普克：《命名与必然性》，梅文译，上海：上海译文出版社，1988 年，第 125 页。

③ 索绪尔：《普通语言学教程》（英文版），伦敦：杰拉尔德·达克沃斯出版社；北京：外语教学与研究出版社，2001 年，第 71—72 页。

对符号基础概念理解完全相反，而是他们对理想符号形式构想有差异。索绪尔说，“完全任意的符号比其他符号更能实现符号方式的理想”[①]；而皮尔斯则认为完美的符号应是像似符（icon）、指示符（index）、规约符（symbol）三种形式“尽可能均匀的混合符号”（The most perfect of signs are those in which the iconic，indexical，and symbolic characters are blended as equally as possible）。[②]

实际上，索绪尔讨论“象征”时，已经注意到了它的复合性。他认为，象征不是“全然地任意”，其“残留有自然联系的痕迹”。[③] 皮尔斯更明确地对符号混合特性做了理论界定。在皮尔斯看来，任何符号都或多或少地有某种“理据性”，也或多或少地具有“规约性”，三种符号类型需要“混合”，并因此成为更完美的符号。皮尔斯研究专家李斯卡指出，“在皮尔斯的体系中，支配性规则表明，一个符号哪怕它主要是像似性的，它也可以包含规约成分或者象征成分”[④]。反过来，皮尔斯也认为“规约符（symbol）并不总是规约性的，它还可以是自然禀性，或者说后天习得之习惯所造成的结果”[⑤]。

象征符号既包含索绪尔所说的“一点自然联系”，还必须包含文化、规约属性。笔者认为，象征的文化属性是主要的。索绪尔举例说，“天平”象征“法律”的公正不可能完全是任意的。我们可以反过来追问，单纯靠天平的“自然特征”是否能够生成“公平与正义”这一抽象象征意向？答案是否定的。事实上，在不同文化中，象征的载体是全然不同的。例如在中国古代法律文化中，将传说中能够辨善恶忠奸的神兽獬豸视为公平正义的象征。[⑥] 獬豸并没有与公平正义的自然联系，而是一个文化意义的传播和累积。可见，“天平”的指示性理据与“公平、正义”的自然联系要成为象征，还需要经过社会传播和意义累积。

---

① 索绪尔：《普通语言学教程》（英文版），伦敦：杰拉尔德·达克沃斯出版社；北京：外语教学与研究出版社，2001 年，第 103 页。

② Peirce，C. S.，“The simplest mathematics，” In Charles Hartshorne and Paul Weiss，editors：*Collected Papers of Charles Sanders Peirce*，Cambridge：Harvard University Press. vol. 4，1933，p. 448.

③ 索绪尔：《普通语言学教程》（英文版），伦敦：杰拉尔德·达克沃斯出版社；北京：外语教学与研究出版社，2001 年，第 68 页。

④ 皮尔斯、李斯卡：《皮尔斯：论符号；皮尔斯符号学导论》，赵星植译，成都：四川大学出版社，2014 年，第 187 页。

⑤ 皮尔斯、李斯卡：《皮尔斯：论符号；皮尔斯符号学导论》，赵星植译，成都：四川大学出版社，2014 年，第 274 页。

⑥ 赵应铎：《汉语典故大辞典·下》，上海：上海辞书出版社，2010 年，第 1046 页。

赵毅衡指出，象征不是一种独立的修辞格而是“二度修辞格”，是比喻理据性上升到一定程度的结果，它的基础可以是任何一种比喻（明喻、隐喻、提喻、转喻、潜喻）。象征与被象征事物之间的联系，可以取其像似性，也可以取其邻接性。[①] 因此，单靠初度理据的像似、邻接等自然联系，只能构成“初度修辞”，而不能立即构成象征。比如：以棉花喻白云、以橘子比太阳、以乌云指示下雨，这几组关系的自然联系非常明显，却并不是象征——它缺乏象征必须具备的精神属性和意义累积的社会传播过程。相反，玫瑰与爱情、鸽子或橄榄与和平之间自然联系少得可怜，却在文化中构建起了使用理据关联，在社会化传播中成为“象征”。

综上，单纯的“自然联系”或“任意约定”均无法构成“象征”。不能简单将“象征”与像似符、指示符或规约符作为同级概念进行对比。可以说，象征包含一定理据，同时是一种高度规约化的复合性符号。相比较一般理据符号，它必然具有规约特性；相比一般规约符号，象征还需要社会传播对其进行“二度修辞”和“反复规约”——它是意义累积的复合符号。

三、“symbol”的翻译标准

《自然》一文归纳出了对“symbol”的三种互相矛盾的翻译标准：被视为第一种标准的，是作者根据索绪尔理论提出的“能指和所指是否有自然联系”；第二种，是该文作者归纳赵毅衡提出的“象征的对象具有比较抽象的品质”；第三种，是转自伽达默尔所说的“纯符号……能消融自身”。作者在归纳上述三种标准后，以“白鸽与和平”举例并做出了如下判断：

依赵毅衡先生之见，和平是个抽象的概念，因此白鸽是和平的象征；依笔者之见，白鸽应该是和平的符号，因为鸽子与和平之间实在没有太多的自然联系可言，不过是习俗与惯例使然；而依伽达默尔之见，白鸽则是和平的象征，因为白鸽这个东西是不能完全消溶自身的，它有它自身的在场。[②]

第一种标准“是否有自然联系”的逻辑错误是以偏概全。索绪尔说象征有“残余的一点儿自然的联系”，不意味着“象征”就是“自然联系”。索绪尔提到，有自然联系的符号还包括拟声词、哑剧表演符号、表情符号、礼仪符号。

---

① 赵毅衡：《象征》，出自胡易容、赵毅衡：《符号学－传媒学词典》，南京：南京大学出版社，2012年，第221页。

② 王亦高：《自然与习俗：试论“符号”与“象征”的概念渊源与翻译原则》，《国际新闻界》2014年第10期，第82－93页。

这些符号并不必然是“象征”。《自然》将“自然联系”与“象征”画等号，导致作者得出“鸽子与和平之间不是象征关系”这样的结论，与索绪尔的原意相去甚远。

第二种标准对赵毅衡的归纳亦有断章取义之失。赵毅衡说得很明白：“形成象征的关键是重复使用所造成的变化与意义累积。”[①]《自然》一文抓住特征之一而忽略核心关键。该文认为，赵毅衡举例的“戏票、支票”是一种“规约符号”这个标准“不大通顺”。实际上，赵毅衡的这个案例源出皮尔斯，原文说，“symbol 是一种规约符号（conventional sign）……戏票被称为‘symbol’，任何可以赋予人权力去接受某物的票据或者支票都是规约符‘symbol’”[②]。赵毅衡进一步阐释说，“戏票”作为“入场”的凭证、信物，是买票和卖票双方通过一次约定即可形成的“任意”符号。根据他的意思，“票”要成为象征，就必须超越单纯的看戏、购物这些基本约定功能，而进行“二度修辞”。

《自然》归纳的第三种标准则错置了伽达默尔的成对概念，其引用文献的两组相关概念分析如下。

第一组概念，是伽达默尔讨论的“纯符号”和具有像似性的“图式表达符号”[③]。在皮尔斯的术语中“纯符号”（genuine sign）就是指规约符（symbol），[④] 两人的纯符号都指非理据性符号——与像似或图像符号相对。《自然》一文将这一对概念中的“像似符号”置换为“象征”，曲解了原文。

此外，《自然》还误读了“符号消融自身”的意思。伽达默尔认为，由于语词等“纯符号”无法构成对象的摹本，因而在完成表意之后，其自身的使命也就完成了——“自我消融”。朗格曾提到，“词仅仅是一个符号，在领会对方的意思时，我们的兴趣会超出这个词本身，而指向它的概念。词本身仅仅是一个工具，它的意义存在于它自身以外的地方。一旦我们把握了它的内涵，或识别出属于它的外延的东西，我们便不再需要这个词了”[⑤]。这类所指优势符号表意过程，可以形容为“得鱼忘筌”——随着符号表意推进和实现，符号使命

---

① 赵毅衡：《符号、象征、象征符号，以及品牌的象征化》，《贵州社会科学》2010 年第 9 期，第 4—10 页。

② 皮尔斯、李斯卡：《皮尔斯：论符号；皮尔斯符号学导论》，赵星植译，成都：四川大学出版社，2014 年，第 73 页。

③ 伽达默尔：《真理与方法》，洪汉鼎译，上海：上海译文出版社，1999 年，第 526—527 页。

④ 皮尔斯、李斯卡：《皮尔斯：论符号；皮尔斯符号学导论》，赵星植译，成都：四川大学出版社，2014 年，第 74 页。

⑤ 朗格：《艺术问题》，滕守尧、朱疆源译，北京：中国社会科学出版社，1983 年，第 128 页。

就终结、消融。这个意思在《自然》一文中被误读为符号的实在性。(如作者举例鸽子无法消融自身，而文字终归要消融)。这一误读，将符号的理解退化到了索绪尔所批判的命名主义（nominalism）逻辑上。索绪尔明确指出“符号连接的不是物理事实和名称”，而是一种“一体两面的心理事实”。[①] 伽达默尔之所以说图像符号不能自我消融，是因为这类符号与对象“相似”而具有自我呈现品质，并且不因完成表意而“自我消融”。

《自然》一文涉及伽达默尔的另一组概念是“象征”与“譬喻”。在伽达默尔看来，“解释活动的譬喻方式与认识活动的象征具有相同的必然性基础，……但是，在象征的概念里却显现了一种譬喻的修辞学运用完全不具有的形而上学背景。……就像譬喻的表述方式通向一个‘更高的’意义一样”[②]。伽达默尔这个“更高的意义”是指抽象的精神性，伽达默尔称之为“可见事物与不可见事物之间某种形而上学的关系为前提”[③]。这里对譬喻的超越以及形而上的特性，与赵毅衡所说的“抽象精神”是一致的。伽达默尔称：“象征作为无止境的东西是与绝对地处于精确意义关系中并仅限于此种意义的譬喻事物相对立的。”[④] 这里的精确意义关系可以理解为符号与对象之间的自然联系。象征与譬喻原初具有共同基础，但升华为“象征”后，作为“无止境的东西”与最初的“譬喻”或“自然联系”是对立的。

可见，“自然联系”的标准在伽达默尔的逻辑中也是行不通的。象征的“无止境”恰恰是赵毅衡所说的意义累积和“二度修辞”。两位学者表述各异，却内在契合、互为印证。《自然》归纳的“符号自我消融”标准，有悖伽达默尔的原意。

四、结语：术语演变与传播符号学范式的转进

“符号”与“象征”的误读与确切关系可归纳如下。

从一般语义关系上看，“符号”与“象征”是交叉关系。符号是名词，而象征既可以指一种特殊的复合符号，也可以指一种符号修辞手段；从现代符号学概念范畴上看，象征是社会意义累积的“复合符号”。《自然》的误读关键点在于，作者以单一的“自然联系”（理据性）为标准来检视皮尔斯以及整个符

① 索绪尔：《普通语言学教程》，高名凯、岑麒祥等译，北京：商务印书馆，1999 年，第 101 页。
② 伽达默尔：《真理与方法》，洪汉鼎译，上海：上海译文出版社，1999 年，第 94 页。
③ 伽达默尔：《真理与方法》，洪汉鼎译，上海：上海译文出版社，1999 年，第 94 页。
④ 伽达默尔：《真理与方法》，洪汉鼎译，上海：上海译文出版社，1999 年，第 96 页。

号学概念系统。《自然》的误读并非个案，其背后反映的问题是传播学界固守索绪尔理论而对现代符号学体系的认知不足。

费斯克在《传播学研究导论：符号与过程》中将传播学的研究分为两大流派：注重过程的“效果的流派”与注重意义交换的“符号学派”。[①] 这将符号学方法在传播学中的作用提升到了一个非常重要的位置，也对传播符号学理论范式提出了极高的要求。对当代传播学来说，皮尔斯符号系统理论之所以更优越，不仅在于它的普遍符号论超越了语言符号范畴园囿；更重要的是，他的三分法使符号不再闭锁在能指/所指二元构造中，而自觉地向无限衍义开放。

早期传播学发展受到结构主义学派的影响甚大。除了索绪尔本人还包括20世纪30年代的布拉格学派，以及60年代以巴尔特为代表的法国学派。法国传播学家米涅将“结构主义方法及其在语言学的应用”列为传播学的三大奠基性思潮之一。[②] 较长一段时间以来，我国传播学对符号学方法的引入都着力于结构主义语言学范式，主要围绕“能指/所指”“聚合/组合”等二元对立概念展开。当前，这种范式的固守急需改变。正如赵毅衡指出：“坚持索绪尔－巴尔特模式已经严重影响到中国符号学的发展。”[③]

从20世纪80年代开始，西方符号学界出现了从索绪尔模式向皮尔斯范式转进的趋势。有西方学者直接指出，索绪尔对于现代符号学的贡献已经式微。[④] 与之相对的是，皮尔斯体系在新一轮国际符号学运动中显示出更深远的影响力。例如，以洛特曼为代表的莫斯科-塔尔图学派早期曾属于结构主义阵营。从20世纪80年代开始，塔尔图学派发生了朝向皮尔斯体系“过程化和动力性”特征的“基础转向”[⑤]；再如，在图像传播领域，米切尔指出“图像转向，……是一种对图像的一种后语言学的、后符号学的重新发现……”[⑥] 笔者曾就此撰文指出，此处的“后符号学命题”实际上是“后结构主义符号学”或“后语言符号学”命题。图像作为理据性符号，是皮尔斯符号学体系的天然工作场域。[⑦] 21世纪以来，认知传播符号学异军突起，被认为是有望取得重大突

① 费斯克：《传播研究导论：过程与符号》，许静译，北京：北京大学出版社，2008年。

② 米耶热：《传播思想》，陈蕴敏译，南京：江苏人民出版社，2008年，第19页。

③ 赵毅衡：《回到皮尔斯》，《符号与传媒》2014年第2期，第1－12页。

④ Noth W., *Hand book of Semiotics*, Bloomington: Indiana University. 1990, p. 64.

⑤ 库尔主编：《生命符号学：塔尔图的进路》，彭佳等译，成都：四川大学出版社，2014年，第10页。

⑥ 米切尔：《图像理论》，陈永国、胡文征译，北京：北京大学出版社，2006年，第7页。

⑦ 胡易容：《论图像的符号性：驳米切尔图像转向论的“后符号学”命题》，《社会科学战线》2012年第10期，第146－151页。

破的领域。[①] 郭鸿指出，皮尔斯符号学体系更倾向于通过思维感知角度来理解符号表意，其本身就是“认知论”的模式。[②]

“符号”与“传播”是人类表意活动中不可分割的整体。符号是传播的要素，传播是符号实现的必然过程；没有传播过程，符号的意义无从实现，没有符号编织与阐释，传播活动将成为意义的荒漠。自 20 世纪初诞生以来，符号学与传播学在百年学科发展进路中的理论互鉴从未间断。当前它们正在新的语境下成为一门更加融合的“传播符号学”。如果说，20 世纪的传播符号学，是以索绪尔及其开创的结构主义语言符号为主要奠基性思潮；那么进入 21 世纪后，皮尔斯理论则对整个传播符号学基础理论产生了更深远的影响。

---

① 李思屈：《认知神经科学与新闻传播研究新范式》，《新闻与写作》2016 年第 8 期，第 34—37 页。

② 郭鸿：《认知符号学与认知语言学》，《符号与传媒》2011 年第 2 期，第 52—65 页。

从符合论到真知观：广告真实的符号学分析[①]

饶广祥　刘　玲

摘　要：关于广告的真实性问题讨论由来已久，但大多研究是从客观事实“符合论”角度展开讨论的，认为广告文本必须符合客观事实。“符合论”未能覆盖那些无法直接用经验来验证的内容，而广告部分的内容占比极大，因此广告真实问题一直未能获得令多数人信服的结论。以皮尔斯为代表的符号学者突破上述“符合论”，从文本和阐释社群的互动出发，提出“真知观”（truth），认为真知是群体探究的结果，是人们运用科学方法进行探究时最终会达到的“社群性一致意见”。符号学的“真知观”为解决广告学界争论不休的真实问题提供了新的路径。本文从“真知观”出发，提出广告真实包括三个层面：传统的“符合论”回答文本是否符合客观事实的问题；文本“融贯论”要求文本内部保持统一；社群“真知论”则提出广告文本必须符合阐释社群认知和传播伦理要求。只有三层真理观相叠合，才能彻底回答广告真实这个重要而困难的论题。

关键词：广告真实　社群真知　符合论　融贯论

一、“符合论”无法解释广告不可验证部分

真实是人类思想史上最久远也最有魅力的话题之一。从古到今都有不少讨论，哲学家对真实提出了各种论辩，虽然至今未有一致意见，但至少有几种讨论路径。而广告的真实性问题却很特殊：公众对它的真实性要求最迫切，广告实践却让人感到最不真实。这个严重反差，至今是广告学理论和实践不得不面

① 饶广祥、刘玲：《从符合论到社群真知观：广告真实的符号学分析》，《国际新闻界》2017年第8期。

对的最大困难。广告作为消费者和企业进行沟通的实用性体裁，其使命在于说服。只有真实可信的广告，才能说服受众接收信息并采取行动，因此其最必需的属性便是真实。《中华人民共和国广告法》总则里就明文规定了广告必须真实合法，不得有虚假或引人误解的内容，但是观众意见最大的仍然是广告不真实。这个问题已经到了不得不从学理上解决的地步。本文借用符号学理论，重新讨论广告真实这个重要命题，希望为广告操作提供更有解释力的理论。

已有的关于广告真实的研究，大多是基于“符合论”展开的，这就要求文本细节符合“客观真实”。如马斌认为广告真实的“范围和内容包括：一是消费者对广告的商品性能、产地、用途、质量、价格、有效期限或服务的内容、形式、质量、价格的真实感受是否与广告宣传的一致，如果消费者使用状况没有达到广告宣传的最低标准，则广告是不真实的；二是具有承诺内容的广告是否能够实际兑现，如果没有兑现或兑现的商品、服务低于承诺的标准，那么广告就是不真实的”①。陈安全认为“广告的真实必须包含两方面的内容：一方面是你在广告中说的内容必须是真实无误的，另一方面是你的广告的内容在消费者心目中产生的印象必须与广告的原意一致”②。蒋含平认为广告真实性不是平面的、单层次的简单问题，它由里及表，由深至浅，有多重层次。③ 她将广告的真实性分为三个层次，分别是：第一层，核心事实的真实，即广告所传递的信息来源是真实有依据的；第二层，广告形象的真实，形象包括产品的功能、作用、利益在同类产品中的地位等；第三层，广告语言表达技巧合乎真实，即广告语言使用艺术手法，一般而言是修辞方法，应有一定的表现边界，不能违背真实。王瑞龙和符玉梅认为广告中的真实包含“事实性、承诺性、艺术性三个方面”，事实性指广告中所涉及的关于商品的一切信息都必须真实，承诺性指广告中提出的承诺是否可以兑现，艺术性指广告中采用的各种艺术表现不能脱离真实范围。④

不难看出，对广告真实问题的研究大致上都是从符合论角度展开的，而传统意义上的真理的符合论“基本思想在于强调命题或判断的真假取决于它们是

---

① 马斌：《 广告真实性标准的探讨》，《河北经贸大学学报》2000 年第 5 期，第 78－80 页。

② 陈安全：《广告真实性的若干问题》，《厦门大学学报》（哲学社会科学版）1995 年第 2 期，第 112－116 页。

③ 蒋含平：《论广告真实性的三个层次》，《中国广播电视学刊》1996 年第 6 期，第 69－70 页。

④ 王瑞龙、符玉梅：《广告的真实性原则》，《中南民族大学学报》（人文社会科学版）2000 年第 1 期，第 42－44 页。

否与客观实在相符合"[①]。困难之处在于，蒋含平所说的广告语言表达使用的修辞与艺术要有一定的表现边界，[②] 王瑞龙与符玉梅所说的"广告采用的各种高超的艺术表现不能脱离真实性范围"[③]，这个"表现边界"和"真实性范围"在理论上和实践上却无法确立。绝大部分广告都使用了夸张的修辞。但怎样程度的夸张不算失实，这是符合论无法回答的。换句话说，符合论的困境在于只能判定具有客观事实依据的广告内容。

这也是符合论在哲学上的困境。"如果像传统的客观主义哲学那样，设定完全独立于人的认识的实在，那么我们不可能找到通向该实在的独立途径，因为即使是'寻找'，也有人的认知要素卷入其中"[④]。也就是说，仅仅依靠与客观实在的符合程度来判断真假，是有困难的。

广告中无法用符合论判断真假的案例非常多。国内知名食品品牌"旺旺"的广告，使用了广告语"人旺气旺身体旺，财旺福旺运道旺"，旺旺雪饼包装袋正面也用较大字体标明"天天吃旺旺 运气会旺哦"的广告语。"旺旺"广告播出以来，并未听闻有消费者质疑旺旺广告的真实性，直到 2016 年才有消费者举报"旺旺"公司，声称自己吃了旺旺雪饼，运气却并没有变旺。这件事一时间引起了广泛的讨论，也引发了我们对广告真实问题的思考。不少人对这位举报者的行为感到不可理解，甚至有人嘲笑他。如果按照"符合论"判断，吃了旺旺雪饼，运气没有变旺，便出现文本和事实不一致，因此不真实。但事实上，此广告播出后，并未有受众提出此广告是虚假的，这说明几乎所有人按常理判断，此广告是真实的。那么，广告究竟包含什么样的真实呢？

广告内容可以分为两部分，其中一部分是可以直接验证的内容，比如商品（服务）外能、性能、产地、用途、质量、价格、有效期限、承诺等事实性内容。这些特征是可直接观察到或者可直接用数字等衡量的。马斌的观点非常有代表性，如果广告中的商品介绍（性能、产地等）、承诺等可以直接被验证的部分，若被验证为真，那广告就是真实的。[⑤] 一则广告若提供可以验证的承诺，一旦被验证为假，那它必定是虚构的。假若减肥药广告向消费者承诺一个

---

① 李涤非：《符合论真理观及其问题》，《内蒙古社会科学》（汉文版）2006 年第 6 期，第 79—82 页。

② 蒋含平：《论广告真实性的三个层次》，《中国广播电视学刊》1996 年第 6 期，第 69—70 页。

③ 王瑞龙、符玉梅.：《广告的真实性原则》，《中南民族大学学报》（人文社会科学版）2000 年第 1 期，第 42—44 页。

④ 李涤非：《符合论真理观及其问题》，《内蒙古社会科学》（汉文版）2006 年第 6 期，第 79—82 页。

⑤ 马斌：《 广告真实性标准的探讨》，《河北经贸大学学报》2000 年第 5 期，第 78—80 页。

月内减掉 20 斤，但大部分消费者使用之后并不能达到这个效果，那么便可以验证这则广告不真实。例如，国家食品药品监督管理总局网站通告某企业生产的药品“天麻追风膏”的广告是虚假违法广告时，给出的理由是：该广告宣称“两服药治好各种骨关节疾病，一副药用之后，关节紧贴入位，弯不下腰的也能弯了，红肿僵硬的也消退了。第二副药用之后，原本弯着的腰伸直了，关节修复如初”等。[①] 很显然，上述功效无法被验证，所以是虚假广告。能否被验证，是判断广告属于真实或虚假的一个参照。

广告中有很大一部分是难以验证的内容，包括广告未提到的商品相关信息、广告的图像或语言修辞表达等。而广告近年的发展趋势是文本中不可验证的内容占比越来越高。随着商品经济的繁荣发展，市场上的产品和服务同质化日趋严重，消费者接收信息的渠道也日渐扩增，产品的功能或服务的好坏等要素可能不再是消费者首要的关注点了，消费者更多地去追求产品携带的、超越了其经济价值的“符号价值”。广告也更加倾向于向消费者提供产品使用情景或者宣传产品所携带的价值观等，从陈述式转向叙述式。陈述式广告着重描述商品的功能、性能等基本信息，而叙述式广告并不直接描述产品，而是偏向故事化、情节化，更注重商品乃至品牌所包含的内涵意义。“商品越来越隐蔽，情节精彩，‘广告味’减弱，呈现出前所未有的精彩和夸张，这让广告经常‘显得’特别不真实。”[②] 此种叙述转向的出现，给研究广告真实带来了更大的挑战。

前文所说的符合论视角无法解释类似“旺旺”广告事件这样的真实问题，其实是指除了与客观事实相符之外的另一部分主观真实，即广告中不可被验证却被受众接受的那部分内容，无法用符合论判断。

真实问题如此重要，符号学领域中也有不少讨论。皮尔斯专门探讨了“真相”，并提出“真知观”[③]；艾柯也认为“符号化过程作为事实而生存于事实世界之中”，讨论了“符号学说明与事实陈述”。[④] 还有不少研究者将符号学真知理论应用到具体研究中。蒋晓丽与李玮讨论新闻真实，认为新闻求真出现符号

---

① 食品药品监管总局：总局关于 6 起虚假宣传广告的通告：http://www.sda.gov.cn/WS01/CL1660/150720.html，2016 年 4 月 20 日。

② 饶广祥：《广告是纪实还是虚构？——一个符号叙述学分析》，《中外文化与文论》2015 年第 3 期，第 107—116 页。

③ 皮尔斯、李斯卡：《皮尔斯：论符号》，赵星植译，成都：四川大学出版社，2014 年，第 123 页。

④ 艾柯：《符号学理论》，卢德平译，北京：中国人民大学出版社，1990 年，第 183 页。

学转向，从“客体之真”到“符号之真”，提出了重新理解新闻真实的研究视角。[①] 谭光辉从符号叙述学角度讨论了纪实、真实和事实区别以及这些术语和伴随文本的关系。[②]

二、回到文本：广告的文本融贯

上文已经指出，广告“符合论”单纯处理广告文本和客观世界的关系，忽略了上文所提到的广告文本表述的全域，与客观世界的全域并不完全重合，存在不可直接验证的部分，无法解决广告真实的全部问题。任何一个表意活动都包括发送、文本和接受三个环节，表意的真实除了是否符合客观事实，还受文本表意逻辑的影响和解释社群的认知的影响。本部分先讨论文本表意的逻辑问题，在第三部分再谈真知问题。

赵毅衡提出：“文本的真实性，必须到文本外的经验世界求得证实，但是读者也可以接受满足内部真知要求的文本，因为文本内部的各成分具有‘横向真知’品格。”[③] 这种横向真知是处于同一个表意层次中的文本，是一个融贯的世界，其中的事物和人物只对同一世界的其他元素具有逻辑融贯性，这也就是“融贯论”（coherence theory）。海德格尔指出过二者的关系：“真实的东西，无论是真实的事情还是真实的命题，都是相符、一致的东西。在这里，真实和真理就意味着符合，而且是双重意义上的符合：一方面是事情与关于事情的先行意谓的符合；另一方面则是陈述的意思与事情的符合。”[④] 这种“双重符合”，也就是文本内逻辑一致，文本外与“事情”重合。

广告的融贯是指在划定的文本边界内，文本内部具有横向真知。这两者相互关联，讨论文本内横向真知的前提是先要划定文本的边界。有关这个边界的划定问题，也是上文提到的蒋含平所说的广告语言表达使用的修辞与艺术要有一定的表现边界[⑤]，或者如王瑞龙与符玉梅所说的“广告采用的各种高超的艺

① 蒋晓丽、李玮：《从“客体之真”到“符号之真”：论新闻求真的符号学转向》，《国际新闻界》2013年第6期，第15—23页。

② 谭光辉：《纪实、真实、事实的管辖范围及其与伴随文本的关系》，《国际新闻界》2015年第11期，第75—89页。

③ 赵毅衡：《哲学符号学：意义世界的生成》，成都：四川大学出版社，2017年，第262页。

④ 海德格尔：《路标》，孙周兴译，北京：商务印书馆，2000年，第208页。

⑤ 蒋含平：《论广告真实性的三个层次》，《中国广播电视学刊》1996年第6期，第69—70页。

术表现不能脱离真实性范围”①，只是他们并未具体讨论“表现边界”和“真实性范围”到底在哪里。可以说，体裁融贯既是广告真实的前提，也是广告真知问题存在的基础，体裁融贯界定了广告真知的表现边界，文本内部融贯则解决了文本自洽，让受众“信以为真”的问题。

体裁既是文本与文化之间的“写法与读法契约”，也是一套文化规定的控制文本接受方式的规则。接收者在接收文本时，会首先确定与文本体裁相应的形式，然后按照这个体裁的一般要求展开解读。这个契约是发送者、文本、接收者三者长期互动的结果。这三个环节也对应广告活动中的三个主体：广告主、广告文本以及受众。广告理论界对广告体裁融贯几乎没有正式的讨论，主要原因是中西方学界将广告定义为“由明示的广告主针对观念，商品或者服务进行的一种使用付费形式，非人际传播的提示或促进活动”②，这是从广告操作层面来对广告进行定义的，笔者一直强调，广告研究需要回到文本本身，将广告理解为“具有尾题的文本”③。因为只有接收者依托文本，才会出现虚假广告骗人的现象。

广告融贯的最大原则是明喻，明喻表现为喻旨和喻体间的强迫解读关系。广告的喻旨是最后一刻出现的商品图像和名称，商品的图像与名称一定会清晰出现在广告里，而且必然是喻旨之所在，除此之外的其他表述则是广告喻体。大多数广告都集中于商品之外的表述，商品信息只是最终锚定意义的符号。广告的明喻原则决定了广告的所有表述都要围绕着商品。广告明喻让文本融贯获得了极大自由。无论文本描述如何夸张离谱，最后都要落实到商品，都容易被理解为融贯。

这就给广告创造了极大的表意空间。广告中的修辞如比喻、反讽等，受众一般明确知道这是采用了修辞手法，因此也不会对广告中所言的内容是否与客观事实相符产生怀疑。如某家电品牌的一则电视广告，描述了一家四口在马路边捡到一只受伤的猴子，并把它带回家悉心呵护，猴子病愈后与这家人和谐地生活在一起。情节发展至此，看似和家电完全无关。接着广告情节转折，为了报答他们，猴子力所能及地帮家里人开空调、使用洗衣机洗衣服等。受众在观

---

① 王瑞龙、符玉梅：《广告的真实性原则》，《中南民族大学学报》（人文社会科学版）2000 年第 1 期，第 42—44 页。

② Brand，W.，Report of the definitions committee. *Journal of Marketing*，1948，no. 2，pp. 202—217.

③ 饶广祥：《从文本形式定义广告：广告符号学的观点》，《甘肃社会科学》2012 年第 6 期，第 155—159 页。

看完广告后恍然大悟，一旦理解了情节的完整与连贯度，就会记住了该品牌电器的优点，而不去质疑猴子会不会使用电器。

文本内部融贯是文本中各元素的逻辑一致，各元素相互支持。文本内部融贯原则接近哲学上讨论的逻辑真理，“是一种特殊的真理，是符号逻辑法则的逻辑陈述，它并不表述经验事实，只表述经验符号之间的逻辑句法关系”①。它们共同之处是：文本内所表述的内容，需要保持逻辑的一致和自洽性，因此具有可信度。

不少广告内部元素之间会产生冲突。比如某楼盘的报纸广告，广告语为“少数人拥有的景观社区”，这表明该楼盘是一个高端楼盘。但在该广告的左上角却标着“3298 元/m^2”，而此时周边楼盘的平均价格都在“5000 元/m^2”左右。这两种元素之间的冲突，让接受者觉得这个广告非常不可信。电视购物广告也是这样的典型案例。电视购物广告一般都强调价格极其优惠，是原价的十分之一，甚至二十分之一。而为了显示这种优惠的可信，让广告显得真实，电视购物广告文本往往一方面强调当日限定了抢购的名额，另一方面热线电话一直响不停，从而论证本次优惠的可信度。这也是有不少人相信电视购物广告的原因。

另外举个例子，中央电视台曾曝光一则“藏秘排油茶”的广告。其广告语为“藏秘排油茶，3 盒抹平大肚子”，并请相声演员郭德纲代言并出现在电视广告中。就符合论而言，该广告所言“3 盒抹平大肚子”是虚假的，不符合事实。但即使不考虑这层，就从广告本身看，代言人郭德纲挺着大肚子的形象和广告本身强调的“3 盒抹平大肚子”并不一致，因此难以让人信服。

有学者已经意识到了这个关键问题。许俊义从哲学角度出发，提出“广告存在真实悖论”。他认为广告实践中的真实悖论体现在广告中的艺术创造成分和产品现实面貌相去甚远。② 鲍德里亚也曾说：“成功的广告商是一门新艺术的大师：这门艺术即是通过对真实事物本身的确认以表现他们，他是一位自我实现预言技术的行家。”③ 他们都指出广告有极大的艺术自由度，但未能理解广告明喻带来的文本强融贯已经协调了艺术和商品表达之间的关联，不存在悖论问题。

---

① 毕富生：《论逻辑真理和事实真理》，《山西大学学报》（哲学社会科学版）2008 年第 6 期，第 11－15 页。

② 许俊义：《广告实践中的“真实”悖论与哲学把握》，《新闻爱好者》2011 年第 15 期，第 66－67 页。

③ 参见鲍德里亚：《消费社会》，刘成富译，南京：南京大学出版社，2014 年。

三、回到解释：广告的社群真知

融贯论虽解决了广告文本内各元素之间是否协调一致的问题，但无法解答广告文本中大量夸张却无法验证的内容，为何会被受众接受为真实。这就涉及解释社群的判断问题。皮尔斯在讨论真实时，使用了真知（truth）这一概念。真知是表意顺利进行的前提，皮尔斯给真知下了一个定义："真知是一个与理想限度一致的抽象声明，无尽的探究倾向于对此一致提供科学的信念，而这个抽象声明可能拥有这种一致性的原因，在于承认自身的不准确和片面，这种承认是真知的首要成分。"① 而如何获得真知，皮尔斯认为这是社群探究的结果。社群指的是同一个文化背景之下的社会群体，对文本有着相同的编码和解码方式，因此才可以对同一个文本解释出同样的意义，形成社群真知。

赵毅衡认为真知贯穿了表意过程："符号学讨论的'真'是一个意义问题，关心的是符号所传达的意义是否符合发出者和接收者所认为的诚信。人追求意义的意向性，不可能接受明知为伪的意义，意识只接受对它'显现为真的'意义给予，不然意义过程无法完成。"②

真知之所以为真，是社群根据已有实践和经验，经过探究后认其为真。社群已有的经验和实践，是在不断发展的过程中获得和积累的，最终反映到认知层面，形成了整个社群一致的认知。由此可见，当我们的认知与客观事实相符时，可称之为真实，问题在于当两者不相符时，却不能简单地称其为虚假，这一非真非假的部分，则需要根据阐释社群的认同程度来判断。

与"符合论"截然不同的是，符号学的"真知观"建立在解释社群的认同之上。广告文本所表达的意义，无论是与经验事实相符还是保持文本融贯，都需要获得社群的认同，才能被认为是真实的。而社群是享有共同价值规范和身份认同的社会单位。可以这样说，广告真知是受众根据已有的生活经验、社会经历和伦理道德，相信并愿意接受广告所传递的信息，并在一个动态的过程中达成社群一致的认知。

广告真知首先体现在广告体裁期待之上。受众之所以可以在各种各样的传

---

① Peirce，C. S.（eds.）. *Collected Papers of Charles Sanders Peirce*（vol. 5）. In Hartshorne，C. & Weiss，P.（eds.）. Cambridge，Massachusetts：The Belknap Press of Harvard University Press，1934—1935，p. 394.

② 赵毅衡：《真知与符号现象学》，《华中师范大学学报》（人文社会科学版）2016 年第 2 期，第 78—84 页。

播形式中分辨出广告，是因为他们通过长时间的经验累积，已经熟悉广告的表意方式，即熟悉广告的体裁特征。“一个文本被生产出来，就必须按他所属的体裁规定方式得到解释，这就是所谓的期待。”[①] 即受众在看一则广告之前，已经知道这是广告，并且带着自己对广告的各种看法和观点来理解这则广告。

广告体裁期待既限定了广告真实的范围，又为广告真实提供了基础。广告体裁最大的期待是意动性。广告的根本目的在于说服接收者购买商品，这种说服一开始是通过文本内部祈使句来达成，后来逐步发展到以体裁为保证。[②] 广告意动性对广告真实的最大贡献是：广告文本在有关说服目标方面获得了最大的自由。广告文本不需要再强调说服，甚至广告文本内可以否定说服的目的，反讽类广告的最重要操作便是通过这种意动性来纠正。

广告体裁的第二个期待是广告必须“诚信”，这也是广告真实性要求的直接体现。广告为了说服接收者购买，必须可信，这也是实现广告意动性的前提。广告的体裁融贯意味着广告必须遵循上述两条基本期待，意动性是商品和非商品表述的链接，必须以某种方式突出商品的位置。广告的诚信期待，则要求广告以诚信的姿态出现，即使广告存在欺骗的事实，也要将欺骗修辞装饰到有接收者信服的地步，否则就无法被接收。

从符号学的真知角度判断，真知可以部分地被验证，除去符合“真实”的那部分之外，余下的部分即属于不可验证的意识层面。这些不可验证的部分，只要符合文本内的融贯，符合社群真知，就既可以被社群认可，也可以被理解为真。这样的广告大体可以分为以下几类：

第一类是解释社群期待的广告。从价值传递层面而言，广告中传递的主张，是表达人们生活中的美好愿望。既然是愿望，必然是想要但尚未实现，甚至是很难实现的期望。这类广告遵循的是表达美好祝愿的原则，因此广告内容可能不符合客观事实，但不管以怎样的方式表现，都可以被接受。比如说吃了旺旺饼干就可以“人旺气旺身体旺，财旺福旺运道旺”的旺旺广告，就表达了对受众的祝福；依云矿泉水广告中蜘蛛侠在镜子里看到的是年轻时的自己，表达了“活出年轻”(live young) 的人生态度；泰国“The 1 card”广告中，主人公从男友去世到以为男友出轨，最后却发现一直被认为不善言辞的男友其实暗地里一直关心着自己，传递了“爱要及时表达”的人生观。这些广告传递的观念，都是人们在日常生活中所感受、所接触、所经历过的，不管广告采取了

① 赵毅衡：《文本内真实性：一个符号表意原则》，《江海学刊》2015年第6期，第22—28页。
② 参见饶广祥：《广告符号学》，成都：四川大学出版社，2014年。

怎样的表达手段，其情节是否会在现实生活中发生，只要其核心价值能够被受众认可和接受，那么受众就不会去质疑它的真实性。

广告绕过现实，作用于未来与梦想。广告文本中表达的美好期许，符合解释社群的共同愿望，容易被相信和接受。所以，虽然广告在强调消费者的欲望和梦想，远离产品的“现实面貌”，但不会出现虚假问题，其原因在于符合期待。当然，另外的原因在于，这部分广告大多忽略了商品客观事实的表述，从而避免受众从符合论角度进行判断。

另一类符合社群真知的广告是“出位之思”风格广告。出位之思是指广告借用其他体裁叙述方式进行创作和表达。常见的是情况是，广告改编各种受众熟悉的文学作品情节，或者以某部作品中的角色作为广告的主人公，这些文学作品可以是电影、电视剧、动漫或游戏等。如“手机百度”的广告《春运抢票篇》，讲述了春运期间在火车站要购买返乡车票的《万万没想到》主人公——王大锤，因买票难和黄牛变成的哪吒、牛魔王发生争执，最终王大锤败下阵来买了黄牛票，但路人却用手机百度搜索到其实还有很多票。首先王大锤和黄牛都是网剧《万万没想到》中的人物，而哪吒和牛魔王是《西游记》中的角色，他们当然不可能出现在现实生活中，也不可能在火车站买票，但受众熟悉这两部作品，知道这是借用其情节和人物的一种广告创意，因此也就能欣然接受。

类似的还有完全虚拟的广告情节，即凭常识就会知道广告中的故事不可能在现实生活中发生。比如日本动漫海贼王手机游戏的《城市争斗篇》广告，出现了虚拟人物路飞和艾路尼在人来人往的城市街头争斗的场面。从符合论角度说，这类情节完全不可能发生，也不符合广告真实性的要求，但受众之所以会接受，在于解释社群认可了广告这种借用其他体裁叙述方式进行创意的操作。这其实是文学阅读经验的判断与转嫁，是社群习得的经验。当然，这种认可也是体裁融贯的体现之一。

值得特别强调的是，广告真实具有强烈的伦理性。“‘伦理’是建立在某些得到普遍接受的准则上的理性过程”[①]。祝东从发生学角度考察，认为“儒家的政治伦理思想源于初民社会的礼俗约定”[②]，因此，无论是悠久的儒家伦理还是当前伦理都是社群真知的重要组成部分。“广告伦理是广告业健康、持续、

① 帕特森、威尔金斯：《媒介伦理学：问题与案例》，李青藜译，北京：中国人民大学出版社，2006年，第2页。

② 祝东：《仪俗、政治与伦理：儒家伦理符号思想的发展及反思》，《符号与传媒》2014年第2期，第78—90页。

有效发展的保障，而广告伦理的沦丧和缺位导致了问题广告的滥觞。"[①] 若完全违背伦理，广告也会被解释社群拒绝，排除在真实广告范围之外。

为此，广告真知必须遵循伦理责任的要求。违背伦理的广告，也违背了社群的认知，不容易服众。2015 年，中央电视台第八频道播放了某护肤品的一则 15 秒广告。该广告不断地重复着"我们恨化学"这句广告语，引起了很大争议。广告要传达的是该品牌的护肤品不含化学物质，但以如此博人眼球的方式来传播，违背了"尊重科学"的社会伦理，使受众产生了极大的反感，也让人怀疑该广告的可信度。另外，某内衣品牌广告语"玩美女人"，也存在"玩弄女性"这样的歧义，因而遭到受众投诉。广告真实来源于社群在社会文化发展中形成的约定俗成的一致认知，虽然不同的社群因为文化背景差异而存在不同认知，但对基本的伦理道德的认知是非常一致的，违背伦理道德的广告，难以令人信服。

鲍德里亚曾说："广告已经超越真伪，它以消费社会的总体信息的全能上帝姿态登场，为所欲为地操纵'真实性'：广告艺术主要在于创造非真非伪的劝导性陈述。"[②] 这恐怕是鲍德里亚的误解。广告无法"为所欲为地操纵'真实性'"，广告创造的也不是"非真非伪"的陈述，鲍德里亚之所以持有这个判断，是因为他仅仅把广告真实局限在"符合论"，仅仅依靠与客观事件之间的关联来进行划分。从实质上讲，无论广告对真实如何操纵，最终都要保证文本的融贯，迎合社群的认知，以获取社群认同，才能实现广告传播的目的。本文通过论证表明：广告是三层真理观叠合，符合论解决和客观事实一致的问题，融贯论确立文本内部各元素协调统一，真知论则保证文本表意符合解释社群的认知，从而最终被接受。

---

① 杨海军：《广告伦理与广告文明缔构》，《新闻与传播研究》2007 年第 3 期，第 15—21 页。

② 参见鲍德里亚：《消费社会》，刘成富译，南京：南京大学出版社，2014 年。

专题Ⅱ

马克思主义新闻观视域中的媒介与传播历史演化研究

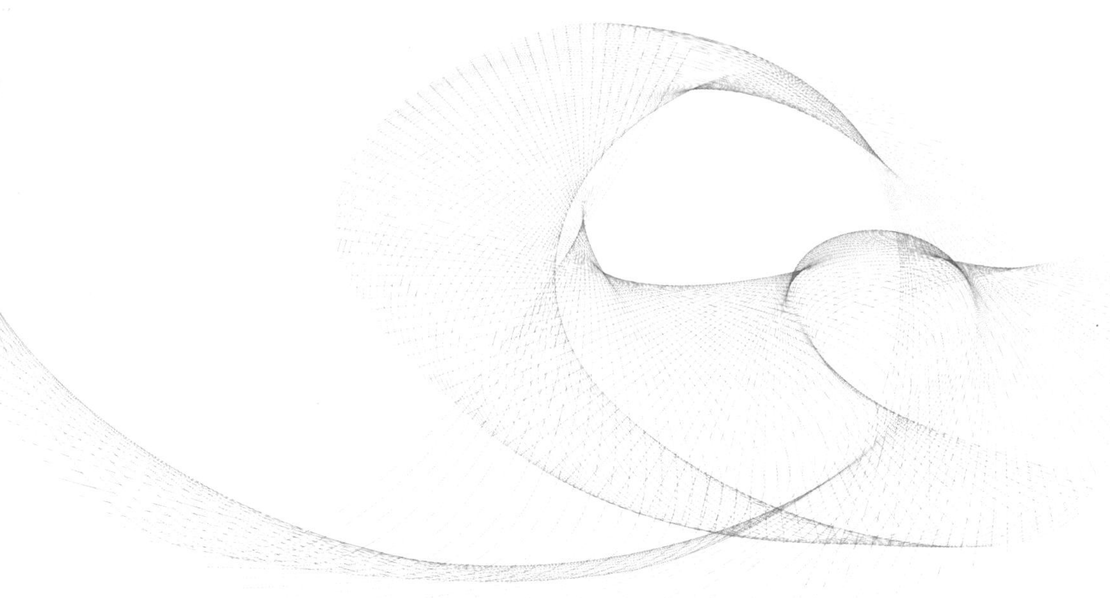

主持人语

朱至刚

较之何为（what are）历史，历史何为（for what）在逻辑上也许更为在前。自然，就此问题，足以生发出千言万语。但如果将“学科”首先视做知识的谱系，也许可将历史的顶层功用概括为给定根本的“世界”图景。进而言之，倘若我们认定在建构“知识的世界”之前，需得认知“世界的知识”（这也是历史唯物主义的题中应有），那么，历史对于“新学科”其实更为重要——既然为“新”，那么其对象、方法乃至方法论，都还在被探索过程中。回望过去四十年，四川大学新闻传播学科之所以能稳步前行，始终重视历史研究，应是其中的重要原因。早在1980年，邱沛篁教授所撰《郭老与报刊》就已发表于《新闻研究资料》（即后来的《新闻与传播研究》）。

本栏目所选篇章，均为近年作，聚焦于三个方向：其一，以列宁与苏俄为侧重，是对世界无产阶级报刊活动和传播观念的再探索、再认识。（《列宁“党的出版物党性”的普遍意义和历史局限——纪念列宁诞生150周年》，陈力丹，《国际新闻界》2020年第4期）；其二，从“现代化”的总体化视角，对中国媒介的演化历程，尤其是就其特有轨迹的细密阐发。（《清末民国画报上的战争叙事与国家神话》，徐沛、周丹，《新闻与传播研究》2016年第10期）；其三，以“内地”“内陆”为切入点，对四川媒介史的个案深描（《戊戌时期的四川士林与本省维新报刊——以宋育仁为切入点的考察》，朱至刚，《新闻大学》2019年第7期；《〈新新新闻〉中的“看电影”——报刊与现代文化生活方式的互动》，操慧、高敏，《现代中国文化与文学》2019年第4期）。

不难看出，这三个方向不仅在对象上各有侧重，在时空范围上恰成互补；更在方法论上连续贯通。概而言之，就是自觉地将所讨论的话题，放置于中国乃至世界历史的整体框架内。因此，就其文本而言，“考据”与“义理”也就能较好地结合。从这些代表作应能较为清晰地看到，最近五年川大的新闻传播史研究在守正创新上所做的努力。所谓“守正”，是指始终以探索新闻传播史的重要乃至顶层问题为目的，既不跟风更不取巧。同时，在对象、材料和路径上，亦复别开生面，是为“创新”。除了学科同仁的自觉，这样的取向还与四川大学的学术风格息息相关。自建校以来，四川大学就秉承辐射全国、放眼世界的宏大视野，更在学风上务求精微、开物成务。

做学问，既是毕生的志业，更需要薪火相承。我们期待在四川大学新闻传播学科五十周年乃至一百周年之际，能向学界同仁呈现出更为丰厚的成果，乃至于届时能有自信地说，在新闻传播史研究领域，已经形成了“川大学派”。自然，这里的“丰厚”，首先是就品质而言的。

列宁“党的出版物党性”的普遍意义和历史局限
——纪念列宁诞生 150 周年①

陈力丹

摘　要：本文讨论列宁关于“党的出版物的党性”和与此对应的列宁提出并实践的“行动一致，讨论和批评自由”的党内思想交流原则。这两个概念是同一个问题的两面，具有普遍意义。列宁既是伟大的革命导师，又是普通人。囿于他自己同时处于党内的具体派别之中，在贯彻他自己提出的以上原则时，会受到派别利益、环境氛围的影响而出现一定程度的双重标准，但他努力在党的法权规范内考虑问题的意识也清晰可见。对此可以用历史的眼光看待。俄国党的建设和发展过程中，列宁多次在党代会确认的中央领导机关和中央机关报编辑部以外，另立布尔什维克的中央委员会和本派的中央党报编辑部，这里有党初创时期党内各派均缺少党规意识的历史原因，不可效仿。

关键词：列宁　列宁新闻观　布尔什维克　孟什维克　出版物的党性　批评自由和行动一致

革命导师列宁诞生 150 周年了。做了研究才搞清楚，革命导师“马恩列斯”虽然一向并提，但马克思和恩格斯与列宁有很大的不同。马、恩是马克思主义的创始人，他们晚年的时候已经是各国马克思主义工人政党公认的精神领袖。列宁就不同了。他是俄国第二代马克思主义者。他 11 岁的时候，俄国女革命家查苏利奇请教晚年马克思俄国革命道路的信件，引发马克思四易其稿给她回复。列宁 13 岁的时候，普列汉诺夫与查苏利奇、阿克雪里罗德等七位革命者成立了俄国第一个马克思主义团体——劳动解放社。列宁是这个团体译介的大量马克思和恩格斯原著的读者。晚年恩格斯对普列汉诺夫等多有教诲，普

① 陈力丹：《列宁“党的出版物党性”的普遍意义和历史局限——纪念列宁诞生 150 周年》，《国际新闻界》，2020 年第 4 期。

列汉诺夫的马克思主义理论著作至今属于马克思主义经典论著的一部分。换句话说，列宁的俄国前辈已经完成了马克思主义理论在俄国的基础建设。

列宁之所以成为后起之秀，在于当时俄国进入规模化工人运动、组建马克思主义工人政党的历史阶段，他就此获得了展示才华的机遇。他是最活跃的党内布尔什维克派领袖，也是一系列党的机关报刊的主要编辑。1917 年十月革命的成功和第一个社会主义国家的诞生、1918 年德国革命和东欧各国的内战、1919 年共产国际的成立，使列宁一下子闻名于世界。他主要是马克思主义的政治活动家和政论家，他极为努力地研究哲学、经济学和马克思恩格斯的著作，但繁重的党务和报刊编务以及苏维埃俄国的繁重国务，使他难以在马克思主义理论建设上有系统的建树（社会主义一国胜利论主要是实践而非理论）。但列宁关于党的建设，以及党报党刊的建设，留下的历史文献比马克思恩格斯具体、翔实得多，因为他持续十几年（1900—1917）埋头于党务并主持过四十多家中央级的党报党刊。

列宁有极为丰富的党报党刊思想。以前一直使用的概念是“列宁的党报思想”，由于后来流行“马克思主义新闻观”的概念，现在只好顺势改为“列宁的新闻观”，但要清楚，列宁并没有“新闻观”，他不像马克思和恩格斯那样一辈子都在写新闻，而是写了一辈子政论。他发表的几乎所有文章都刊登在党的报刊上，小到一百多字的评论，大到几万字的政论。1983 年年初，因为提倡写“短新闻”，《新闻战线》杂志约蓝鸿文老师和我提供马克思、恩格斯、列宁、毛泽东写的短新闻。[①] 马克思、恩格斯和毛泽东写过很多新闻，但列宁其实没有，我们只好勉强提供了三篇算不上新闻的列宁小文章充数。

列宁是伟大的革命导师，也是普通人。但以往对导师的敬意，使得我在涉及似乎不利于他的历史事实时，习惯性地含糊叙述，尽可能说圆或回避评价。1983 年我发表《列宁论党报和党性》一文[②]，讲述了列宁提出党报党性概念的历史环境与具体背景，对列宁另立本派的中央委员会、创办本派的中央机关报，给予了正面叙述。2006 年我写《马克思主义新闻观思想体系》一书时，对这段历史事实做了比较清晰的陈述，但回避了分析和评价。

这里我重点讨论列宁关于党的出版物的党性和与此对应的列宁提出并实践的党内思想交流的原则“行动一致，讨论和批评自由”。

---

① 参见蓝鸿文、陈力丹：《马克思恩格斯列宁毛泽东写的短新闻》，《新闻战线》1983 年 2—4 期连载。

② 参见陈力丹：《列宁论党报和党性》，《新闻学研究资料》1983 年第 3—4 期连载。

关于“党性”的内涵，中国早期的权威解释来自党的中央机关报《解放日报》改版社论《致读者》（1942年4月1日）。社论引证了列宁的一段话：党性是“在对事变做任何估计时都必须直率而公开地站在一定的社会集团的立场上”。这段话不能完全体现列宁对党报党性的解释。列宁的原话是：“唯物主义本身包含有所谓党性，要求在对事变做任何评价时都必须直率而公开地站到一定社会集团的立场上。”[①] 这句话写于1894年，列宁24岁，当时俄国既没有工人政党，也没有党的报刊，他是在一本关于经济学的小册子里谈到哲学的。

列宁所属的马克思主义工人政党的名称，需要说明。1898年党的一大确认的名称是“俄国社会民主工党”，列宁没有参与建党。1903年党的二大上形成布尔什维克、孟什维克两派，列宁是布尔什维克派的主要领导人。1912年布尔什维克掌控的党的第六次代表会议以后，布尔什维克和孟什维克两派实际上各行其是，但名称一样，仅在1914年第一次世界大战爆发后有过一次反战的联合行动。1917年5月，布尔什维克派首次以“俄国社会民主工党（布尔什维克）”的名义召开党的第七次全国代表会议。1918年召开党的七大时，改名为“俄国共产党（布尔什维克）”，简称“俄共（布）”。1925年改名为“全联盟共产党（布尔什维克）”，简称“联共（布）”。1952年改名为“苏联共产党”，简称“苏共”。1991年苏共解散。

一、俄国的党报体制与“党报党性”的提出

列宁把“党性”与党报联系起来是在1903年党的二大召开、党重建之时。

俄国社会民主工党成立后，党的中央委员会和筹备中的机关报编辑部（《工人报》）很快被沙皇警察破获，党名存实亡。沙皇俄国实行的是封建专制制度，恶劣的政治环境迫使分散在各地的马克思主义秘密小组，在建党前后较长一段时间里习惯于自行其是，相互间沟通较少，人们的视野狭窄，不大容易摆脱自己所处的小组的视野。

在列宁和普列汉诺夫主编的《火星报》（1900—1903）以及火星报组织的努力下，1903年7—8月，党的二大召开。会上因为观点的分歧，形成了布尔什维克和孟什维克两派，即多数派和少数派，其实两派人数差不多。原来布尔什维克的人数处于少数，在犹太工人总同盟和经济派的7位代表退出大会后，反而成为多数（24票 vs 20票。票数不是人数，有的代表一个人拥有2票）。

① 《列宁全集》第2版1卷，北京：人民出版社，1984年，第363页。

党的资深理论家普列汉诺夫声明自己不站在任何一边。

鉴于党在国内只能秘密存在，是为了保障党的中央领导机关不因沙皇警察的迫害而使党再次名存实亡，大会接受列宁的建议，决定党的中央领导机关由三个委员会组成：中央委员会主要在国内秘密领导工人运动，“指导党的全部实践活动，管理党的中央会计处以及全党的一切技术性机构。中央委员会处理党的各个组织和各个机构之间以及各组织各机构内部的争端”，是党的行政领导；党报编辑部（指定新《火星报》为中央机关报）在国外，“在思想上领导党，编辑党的中央机关报、学术性刊物和小册子单行本”，是党的思想领导；两者组成总委员会，是党的最高领导机关，“解决中央机关报编辑部和中央委员会之间在一般组织问题和策略问题方面的争论或意见分歧。党总委员会在中央委员会完全被破坏时重建中央委员会”。[①] 它们都是中央领导机关，但分工不同。为了保证中央领导机关的正常运转（处于国内的中央委员有可能被捕），中央委员会和党报编辑部可以邀请他们认可的党员加入中央委员会或编辑部，增补为中央委员或编辑部成员履行职责。大会选举产生三人中央委员会和三人党报编辑部，公推普列汉诺夫为总委员会主席。党报编辑部由普列汉诺夫、布尔什维克领导人列宁、孟什维克领导人马尔托夫组成。从现在中国共产党的组织结构来看那时俄国党的组织结构，是很难理解的。

列宁这个设想是从俄国特殊环境出发考虑的，为了保障党的持续生存。但是，他对国内和国外党组织之间的复杂关系考虑不周，实际工作中，两个（“总委员会”实际上比较虚）党的中央领导机关的相互关系难以协调，造成重建党之初党的组织结构混乱。列宁持续 3 年在国外主持《火星报》编辑部（主编之一普列汉诺夫基本不过问报纸的具体事务）。此前他和后来的党内竞争对手马尔托夫的经历相同，即 1895 年 10 月共同创建和领导彼得堡工人阶级解放斗争协会，列宁 1895 年 12 月被捕后流放，马尔托夫 1896 年被捕流放，都在 1900 年获释。1900 年年底，他们一同去国外找劳动解放社，一起编辑《火星报》。他们都缺乏实际领导国内工人运动的经验，更没有领导全国性工人政党的经验。所以列宁的建议一经提出，就得到马尔托夫和其他多数人的赞同。不同的是，列宁有大局意识，很早就有建党的设想（1895 年 12 月在监狱里起草过党纲），意识到全国性的党与马克思主义小组的差别，从而提出“党性”，而马尔托夫观念上还停留在几个人编《火星报》的经验中。

从二大关于党章草案第一条的不同意见，也可以看出列宁与马尔托夫观念

---

① 《列宁全集》第 2 版 7 卷，北京：人民出版社，1986 年，第 239 页。

认识上的差异。列宁的条文是："凡承认党纲、在物质上支持党并亲自参加党的一个组织的人，可以作为党员。"马尔托夫的条文是"凡承认党纲并在党的一个组织领导下经常亲自协助党的人都可以成为党员"。[①] 马尔托夫的党章第一条，以 28 票赞成、22 票反对和 1 票弃权通过。这表明，二大代表中，较多人对"党"的意识还停留在小组活动的经验上。

由于讨论党章第一条时，列宁、普列汉诺夫不赞同马尔托夫，于是他宣布退出党报编辑部，列宁与普列汉诺夫共同编辑了两期《火星报》。后来普列汉诺夫邀请其他旧《火星报》编辑回到编辑部，他们持孟什维克观点，于是列宁宣布退出编辑部。随后，列宁被中央委员会增补为中央委员，但在又一次增补中央委员时，孟什维克的人占了上风，列宁又宣布退出中央委员会。至此，党的中央领导机关成员基本都是孟什维克了，而代表大会通过的党纲和策略决议是列宁和普列汉诺夫起草的、党章（除了第一条）是列宁起草的。历史证明，列宁两次退出党的中央领导机关很失策，他当时和第二年承认，自己的退出是一件"轻率的危害党的事情"[②]。

孟什维克掌控的党的机关报和中央委员会，基本没有贯彻党纲和策略决议。党重建了，"党"的意识却并不会自然确立起来，他们还是习惯于从派别和小组活动的经验来看待党。在这种情况下，列宁指出："俄国社会民主党还要经历最后一个困难的过渡：从小组习气过渡到党性。"[③] 这是列宁最早将党性概念与党报党刊工作联系起来，时间是二大刚结束时的 1903 年 9 月。

新《火星报》(1903—1905 年）被孟什维克掌握后，他们不考虑该报是党的二大确定的全党机关报，拒绝发表布尔什维克的文章，把报纸办成了孟什维克一个派别的报纸。列宁说：这是一个"充满小圈子习气的散漫的小团体"，不是真正的中央机关。[④]

列宁退出党报编辑部和中央委员会，以及处理与普列汉诺夫、孟什维克的矛盾采取的措施，其实也有一定程度的派别意识在起作用，至今没有看到研究文章在这个事情上对列宁的批评，尽管布尔什维克在党的纲领和策略方面总体上是正确的。

二大通过的党章第二条规定："如果共占上次代表大会总票数三分之一的党委员会或党委员会联盟提出要求，或者党总委员会提出要求，中央委员会必

① 《列宁全集》第 2 版 7 卷，北京：人民出版社，1984 年，第 363 页、Ⅸ页。
② 《列宁全集》第 2 版 9 卷，北京：人民出版社，1987 年，第 20 页；参见 44 卷，第 360 页。
③ 《列宁全集》第 2 版 8 卷，北京：人民出版社，1986 年，第 19 页。
④ 《列宁全集》第 2 版 44 卷，北京：人民出版社，1990 年，第 361 页。

须召集代表大会。代表大会要由共占代表大会召开时实有的（能行使权利的）二分之一以上的党委员会派代表出席，才能被认为有效。"①列宁利用这条规定，通过各方面的工作，赢得超过这个数量的各地党的委员会的支持，成立了布尔什维克常务局，创办第一家布尔什维克的机关报《前进报》，自行召开党的第三次代表大会。三大筹委会邀请二大中央委员会参加，但二大中央委员会最终拒绝了，另行召开他们认为正统党的三大。于是，俄国社会民主工党历史上有两个第三次代表大会。由于后来布尔什维克取胜，历史由胜利者书写，孟什维克召开的代表大会被降格为"代表会议"。

党章第二条规定召开党代会要求的各地党委会的数量达到了，但党代会由上一届中央委员会召集变成了列宁自行召集，仍然是违背党章的，而党章的这一条文还是列宁自己起草的。从党的法权角度看，孟什维克掌控的党中央委员会召集三大符合程序，而布尔什维克召开的三大没有完整的党章依据。至今，我没有看到我国的研究论文对列宁的做法有任何评价。回避不谈是不应该的。

从维护党的纲领和策略角度看，列宁又是正确的。新《火星报》名义上是全党的机关报，但不能代表全党，却以党的名义在活动。列宁就此写道："没有机关报的党，没有党的机关报！多数派［布尔什维克］早在［1904 年］8 月就已提出的这个可悲的口号……"②列宁说的"没有机关报的党，没有党的机关报"，前者是指新《火星报》已经不能被视为党的机关报，而是派别的报纸，所以这时的党实际上没有了机关报；后者是指新《火星报》完全没有党的意识，因此它不过是空有机关报的名称，实际上这家报纸与党无关，是没有党的机关报。列宁在二大以后的 5 年里，使用了 112 次"党性"的概念，前期全部是批评党的机关报的小组习气，"旧的顽固的小组习气压倒了还很年轻的党性"③。

1905 年 4 月布尔什维克召开党的三大，许多代表出于对孟什维克掌控的新《火星报》小组习气的愤怒，呼吁建立单一的党的中央领导机构——中央委员会，而把中央机关报编辑部作为中央委员会任命的委员会或中央委员会在国外的代理机构（第五条）。列宁就此批评说："党的任何制度也不能建立在愤怒之上。确定一个简单扼要的原则：'一个中央机关'，是最容易不过的了，但是这种决定丝毫无助于解决如何真正（不是在纸上）统一俄国国内和国外的工作

① 《列宁全集》第 2 版 7 卷，北京：人民出版社，1986 年，第 238 页。
② 《列宁全集》第 2 版 9 卷，北京：人民出版社，1987 年，第 84－85 页。
③ 《列宁全集》第 2 版 8 卷，北京：人民出版社，1986 年，第 413－414 页。

的各种职能这个十分复杂的问题。”[1] 但在大会以多数票通过建立单一的中央委员会、由中央委员会任命机关报主编的党章条文后，列宁认可了这一党报体制，指出：“第二次代表大会以后发现，不稳定的正是国外的编辑部，——而党却成长起来了，而且正是在俄国国内肯定无疑地大大成长起来了。在这种条件下，中央机关报编辑部由党中央委员会任命的办法，就不能不得到广大党的工作者的赞同。”[2]

几乎同时由孟什维克召开的另一个党的三大通过的党章，没有对党的机关报做出任何规定，因为孟什维克在观念上把党员著作家的活动视为带有个人性质，排除在党务之外。列宁就此指出：“著作家置身于党之外、党之上，没有任何监督，没有任何工作报告，也没有任何物质上的依存关系，这种情况同法国社会主义者处于最糟糕的机会主义时期的情况相类似：党是党，著作家是著作家。”[3]

1906 年 4—5 月召开了两派都参加的党的四大，列宁坚持三大党章的第五条，即中央委员会指定中央机关报编辑部，并有权撤换责任编辑。孟什维克主张由代表大会选举中央机关报编辑部，在解决政治性问题时，编辑部成员即成为中央委员。大会以 62 票对 42 票通过了孟什维克主张的党章条文（第七条）。这个条文等于承认党报编辑部也是中央领导机构。

四大选出的中央委员会孟什维克占多数，选出的中央机关报《社会民主党人报》编辑全部是孟什维克。于是，列宁于四大结束的第二天，创办布尔什维克的公开报纸《浪潮报》，接着于同年 9 月创办秘密的布尔什维克机关报《无产者报》。这又回到了 1903 年党的二大后的局面：只要中央机关报里没有本派的人，就自己另行创办本派的机关报。

1907 年俄国党的五大，布尔什维克的观点占上风，大会通过了主要反映布尔什维克观点的一系列决议，通过了列宁再次提出的建立第一中央委员会、中央机关报编辑部由中央委员会指定的党章条文（第七条）。五大选举的党中央委员会中，布尔什维克五人，孟什维克四人，其他派别和民族地区的委员六人。考虑到不同派别组成的中央委员会不可靠，大会结束时布尔什维克党团选举产生布尔什维克中央委员会，《无产者报》编辑部也加入了中央。这种党内有党、另立中央、把党报编辑部纳入中央委员会的做法，显然不符合列宁自己

① 《列宁全集》第 2 版 9 卷，北京：人民出版社，1987 年，第 307 页。
② 《列宁全集》第 2 版 10 卷，北京：人民出版社，1987 年，第 210 页。
③ 《列宁全集》第 2 版 10 卷，北京：人民出版社，1987 年，第 303 页。

起草的五大党章精神。

1910年1—2月，五大的党中央委员会召开全会，目的是团结全党各派。全会决定布尔什维克的中央委员会解散、布尔什维克的《无产者报》和孟什维克的《社会民主党人呼声报》停刊。但是后者并没有停刊。因此，1910年秋天布尔什维克声明不再接受1月全会的决定，出版了布尔什维克的机关报《工人报》。

1912年1月，布尔什维克自行召开的社会民主工党第六次全国代表会议（不是代表大会），会议修改了五大党章，第七条的内容没有改动。至此，党中央委员会领导党的机关报的体制确立下来。

布尔什维的三大党章第五条和后来五大党章第七条关于中央委员会任命党报编辑部的规定，使列宁有了一个新的衡量党性的标准，得以全面论证党报的党性。

列宁关于两个中央领导机关的设想（党的中央委员会和中央机关报编辑部同为中央领导机关），初衷是好的，但实践表明，它引发了党的组织结构的混乱，列宁掉进了自己设计的这套党的领导机关组织系统的陷阱里，成为对立派与本派斗争的党内法权依据。列宁也正是在这一困境中提出“党的出版物的党性”要求。经过七八年的反复，最终还是回到了党的中央委员会领导中央机关报编辑部的体制。这是19世纪60代马克思创立国际工人协会（第一国际）时的党报体制，只是操作时的具体方式各党和各时期略有不同，有的是党的行政领导机关监督中央机关报，党报是全党的，而不是中央委员会的；有的是党的行政领导机关直接任命编辑部，报纸是中央委员会的机关报。列宁最终确认的党报体制是后者。

二、“党的出版物的党性”

1905年俄国民主革命爆发，社会民主工党的两派都积极参加了革命，并在同年11—12月分别出版了各自公开的日报。布尔什维克的报纸是《新生活报》，孟什维克的报纸是《开端报》。两家报纸都遭到沙皇警察的迫害而被迫停刊，停刊后两派共同秘密出版三期《北方呼声报》，最终被查封。在沙皇当局看来，它们都是社会主义的报纸，不会关注他们内部吵得一塌糊涂。

也正是在这个可以公开自由发表意见的短暂时期，孟什维克的著作家们发表了较多的文章，该派各方面的宣传活动很多也以这些著作家为主导，而表达的观点违反党纲规定的最低纲领，混同于资产阶级的观点。这些著作家的党派身份是公开的，公众会误以为他们表达的观点即是社会民主工党的纲领和策略。回想到党的二大以来孟什维克的种种表现，列宁在《新生活报》上接连发表多篇文章，论证了出版物的党性。他之所以采用涵盖面较广的“出版物”（литература）概念而没有使用较为具体的“报纸”（газета）概念，是因为当时的布尔什维克和孟什维克全面利用了各种传播媒介和表达形态，而不仅仅是报刊。这里的“出版物”涵盖面很广，本意首先是指一切书面著述，其次是指一切文学作品，可以涵盖党的报刊、传单、文学作品以及党建立的图书馆、阅览室、书报亭、印刷所等活动场所。这几篇文章集中使用了“党性”的概念，而专门论证党的出版物的党性，是列宁发表在 11 月 26 日《新生活报》上的文章《党的组织和党的出版物》（партиийная организация и партиийная литература）。

此前几天，列宁发表了《论党的改组》一文，说明好形势中潜在的危险性在于：孟什维克掌握的报刊是以党的名义在发表意见，却很像非党的言论，这将在思想上造成党的瓦解。就此他写道：“可能有的危险是，非社会民主主义者的群众一下子涌进党内来。那时党就会淹没在群众之中，党就不成其为阶级的有觉悟的先进部队，而将沦为群众的尾巴。这无疑是一个可悲的时期。如果我们党有蛊惑人心的倾向，如果党性基础（纲领、策略规定、组织经验）十分缺乏或者薄弱、动摇，那么毫无疑问，这个危险可能是很严重的。”①

在这里，列宁提出了衡量“党性”的三条标准，即党的纲领、党的策略和组织经验。符合这些言行是具有党性的，不符合这些言行是违背党性的。党性，即与小组意识对应的党的意识。党成立后，原来属于各个活动小组的成员便成为党员，如果意识到自己是一个党的党员，个人的言行和党报编辑部遵从于党纲、党章和党的策略决议，那么可以说这个人和党报是具有党性的，如果还是习惯于小组习气而排斥其他党员发表意见，在党已经存在的情形下，这个人或党报可以说不具有党性。

此后两周，列宁又发表了《社会主义政党和非党的革命性》一文，继续强调：“严格的党性是阶级斗争高度发展的伴随现象和产物。反过来说，为了进行公开而广泛的阶级斗争，必须发展严格的党性。”②

在《党的组织和党的出版物》中，列宁贯彻了三大党章的精神，从什么叫“党”或“结社”说起，论证了个人的言论自由、党员的自由和责任、衡量是

① 《列宁全集》第 2 版 12 卷，北京：人民出版社，1987 年，第 79 页。
② 《列宁全集》第 2 版 12 卷，北京：人民出版社，1987 年，第 123 页。

否具有党性的标准等一系列问题。谈到党的出版物应当受到党的监督时，列宁估计会有人马上指出个人的言论自由权利问题，就此，他的前后论证是这样的：

> 报纸应当成为各个党组织的机关报。写作者一定要参加到各个党组织中去。出版社和发行所、书店和阅览室、图书馆和各种书报营业所，都应当成为党的机构，向党报告工作情况。有组织的社会主义无产阶级，应当注视这一切工作，监督这一切工作，把生气勃勃的无产阶级事业的生气勃勃的精神，带到这一切工作中去，无一例外，从而使“作家管写，读者管读”这个俄国古老的、半奥勃洛摩夫式的、半商业性的原则完全没有立足之地……这里说的是党的出版物和它应受党的监督。每个人都有自由写他所愿意写的一切，说他所愿意说的一切，不受任何限制。但是每个自由的团体（包括党在内），同样也有自由赶走利用党的招牌来鼓吹反党观点的人。言论和出版应当有充分的自由。但是结社也应当有充分的自由。为了言论自由，我应当给你完全的权利让你随心所欲地叫喊、扯谎和写作。但是，为了结社的自由，你必须给我权利同那些说这说那的人结成联盟或者分手。党是自愿的联盟，假如它不清洗那些宣传反党观点的党员，它就不可避免地会瓦解，首先在思想上瓦解，然后在物质上瓦解。确定党的观点和反党观点的界限的，是党纲，是党的策略决议和党章，最后是国际社会民主党，各国的无产阶级自愿联盟的全部经验……党内的思想自由和批评自由永远不会使我们忘记人们有结合成叫作党的自由团体的自由。①

在这里，列宁增加了一个衡量党性的标准：党章。这里的党章不是二大的，而是布尔什维克的三大党章。这时的党报，是在党中央委员会领导下的党报。至此，列宁提出的衡量党员和党的出版物是否具备党性的标准一共有四条，即党的纲领、党的章程、党的策略决议和组织经验。

几天之内，列宁两次谈到衡量党性的标准，或叫确定党的观点还是反党的观点的界限，讲的都是同一内容。第二次他增加了“党章”的标准，并对“组织经验”做了解释，即指“各国无产阶级自愿联盟的全部经验”。这是由于俄国社会民主工党是实际只有两年历史的年轻的党，可以依据的党内法权文件很少，有时就需要依据其他国家马克思主义工人政党同类情况下采取的党内“合法”行动的“案例”。

---

① 《列宁全集》第2版12卷，北京：人民出版社，1987年，第94－96页。

我国的研究者对《党的组织和党的出版物》留下印象深刻的，不是上面所引段落，而是列宁的这样一段话：

> 党的出版物的这个原则是什么呢？这不只是说，对于社会主义无产阶级，写作事业不能是个人或集团的赚钱工具，而且根本不能是与无产阶级总的事业无关的个人事业。无党性的写作者滚开！超人的写作者滚开！写作事业应当成为整个无产阶级事业的一部分，成为由整个工人阶级的整个觉悟的先锋队所开动的一部巨大的社会民主主义机器的"齿轮和螺丝钉"。写作事业应当成为社会民主党有组织的、有计划的、统一的党的工作的一个组成部分。

可能列宁使用的比喻"齿轮和螺丝钉"比较抢眼、好记，于是这句话被广泛引用，连毛泽东 1942 年在延安文艺座谈会的讲话中也说："无产阶级的文学艺术是无产阶级整个革命事业的一部分，如同列宁所说，是整个革命机器中的'齿轮和螺丝钉'。"① 1980 年以前，因为文章标题里的"литература"被翻译为"文学"，这篇文章尚不是新闻学界研究列宁新闻观的主要论著；1980 年确认译为"出版物"以后，才成为党报党性的经典理论来源。

其实，"齿轮和螺丝钉"的比喻是列宁接过孟什维克对他攻击的词句，进行反驳时借用的。列宁此前三次具体反驳过这样的攻击，例如他说："党的组织在他们看来是可怕的'工厂'；部分服从整体和少数服从多数在他们看来是'农奴制'（见阿克雪里罗得的小品文），他们一听见在中央领导下实行分工，就发出可悲又可笑的号叫，反对把人们变成'小轮子和小螺丝钉'（在这方面他们认为特别可怕的，就是把编辑变成撰稿人），他们一听见别人提起党的组织章程，就做出一副不屑一顾的样子，轻蔑地说（对'形式主义者'），完全不要章程也可以。"② 显然，列宁反对把党的组织理解为机器，把党报编辑理解为机器上的齿轮和螺丝钉，对"齿轮和螺丝钉"加了引号。列宁生怕读者这样机械理解，紧接着另起一段进一步解释：

> 德国俗语说："任何比喻都是有缺陷的。"我把写作事业比作螺丝钉，把生气勃勃的运动比作机器也是有缺陷的……无可争论，写作事业最不能作机械划一，强求一律，少数服从多数。无可争论，在这个事业中，绝对必须保证有个人创造性和个人爱好的广阔天地，有思想和幻想、形式和内

---

① 《毛泽东选集》第 3 卷，北京：人民出版社，1991 年，第 866 页。

② 参见《列宁全集》第 2 版 8 卷 391—392 页。其他两处分别为 8 卷 167 页和 405 页。

容的广阔天地。这一切都是无可争论的。

这才是列宁对写作事业特点的基本认识，我们不可以把“齿轮和螺丝钉”的比喻视为正面意义上的。列宁是在尊重写作事业规律的前提下，要求把党的出版物和写作事业视为“整个无产阶级事业的一部分”，但不可强求一律，少数服从多数，要绝对保证有个人创造性和个人爱好的广阔天地，有思想和幻想、形式和内容的广阔天地。

查阅诸多对中国共产党建党以来宣传和新闻工作文献里的“党性”概念的解释文章，这个概念被说成无所不包，从宏观的遵守党的纲领、服从党的领导，到很微小所谓“狠斗私字一闪念”，都被认为是党性的要求。什么都是等于什么都不是，我们需要回到列宁对出版物党性的权威论证上来。不仅“党性”这个概念，其他外来的和自己生造的“××性”概念在中国语境下的情形差不多。普通名词抽象化以后很难有标准的解释，我们不应该把非本语系里的词汇简单地搬到本语系中。

印欧语系斯拉夫语族的俄文单词 народность（党性），即党的意识、党的观念。这是一个形容词词干 + ость 的名词结构，表示性质的抽象概念。俄文名词 партия 翻译为“党”；形容词 партийный 翻译为“党的”。名词化的形容词 партийность 翻译为“党性”，它是名词，但又不同于具有实质指称的名词“党”。19 世纪 20 年代的中文译者认为加上“性”字可以抽象地表达出形容词名词化所代表的那种抽象的观念和意识，于是这一翻译思路约定俗成。20 世纪上半叶以来的中国，形成了一类词源来自俄国的中国式组词法——“××性”。而在印欧语系日耳曼语族（英语和德语属于该语族）里是没有这个概念的。

例如前面提到的列宁首次将“党性”与党报编辑部的工作联系在一起的那句话“从小组习气过渡到党性”，俄文是 переход к партийности от кружковщины①（这里的 партийности 是 партийность 的第三格），英译文是 from the circles to a Party。② 英文没有与俄文对应的这个正面且抽象的名词化的形容词，只有贬义的 partiality（党派性）一词，因而英译文采用首字母大写的“党”（Party），意思是通的。若我们从英译文再翻译为中文，这个大写

---

① Ленин В И. （1903）. *Рассказ о II съезде РСДРП*. Полное собрание сочинений，Издание пятое，Том 8. Изд－во Гос－полит－издат，1967，стр. 20.

② Lenin（1903）. *Account of the Second Congress of the R. S. D. L. P. Lenin Collected Works*，vol. 7. Moscow：Progress Publishers，2009，p. 34.

的“Party”很难翻译出“党性”这个词。我们无法得到一个与俄文партийность对应的标准英文单词或词组。

总结一下，列宁关于出版物的党性，包括一个基本认识、一个组织原则和四个具体衡量标准。一个基本认识：党的出版物是党的事业的一部分，不能游离于党。一个组织原则是“写作者一定要参加到各个党组织中去”，不可置身于党之外、党之上。四个具体衡量标准：党纲、党章、党的策略决议、“各国无产阶级自愿联盟的全部经验”。这里的前三个是具体的，最后一个与俄国党初建缺少完整党内法权文件有关，现在可以忽略。

三、“行动一致，讨论和批评自由”

列宁强调出版物的党性，是一种党的纪律的要求，同时他没有忽略写作事业的特点：“写作事业最不能作机械划一，强求一律，少数服从多数。无可争论，在这个事业中，绝对必须保证有个人创造性和个人爱好的广阔天地，有思想和幻想、形式和内容的广阔天地。”就在他提出“从小组习气过渡到党性”后的第三个月，他谈到要在党章中规定可操作的保障党内思想交流的条文，最终比较全面地表达即“行动一致，讨论和批评自由”。他的这一思想和实践，是对应“党的出版物党性”的，以便取得党内不同意见的和谐相处与平衡。

二大以后，俄国社会民主工党一度陷入不同派别的无序争斗。列宁除了提出加强党性外，他于1903年12月写道：“不管中央机关的成员怎样变动，人们在党内都可以而且应当宣传自己的观点。任何一个小组，即使是工人事业派的小组，只要参加了党，都有权要求给它陈述和宣传自己观点的机会。”① 1904年7月，他进一步明确建议：“代表大会以后的斗争的全部经验迫使我们考虑少数派（不管是什么样的少数派）在我们党内的法律地位问题。我们深深地感到，这个经验教导我们必须在党章中保证一切少数派的权利，使那些经常发生的和无法消除的不满、愤怒和斗争，不再变成通常的庸俗的无理取闹和无谓争吵，而是形成一种目前还不习惯的捍卫自己信念的合法而正当的斗争。我们认为，对这一点的绝对保证，就是让少数派成立一个（或一个以上）著作家小组，它有权派代表参加代表大会并享有充分的‘舌头自由’。必须提出最广泛的保证，让批评党中央机关工作的党的书刊能够出版。”②

① 《列宁全集》第2版8卷，北京：人民出版社，1986年，第97页。
② 《列宁全集》第2版9卷，北京：人民出版社，1987年，第8页。

1905 年 4 月，布尔什维克的三大通过了反映列宁上述思想的党章第七条："任何已被代表大会或中央委员会批准的组织，都有权用自己的名义出版党的书刊。如有五个合格的委员会要求，中央委员会即必须运送任何组织的书刊。所有定期的党的刊物都必须按照中央委员会的要求刊载中央委员会的一切声明。"[①] 党章的这条规定，目的在于平衡党性与不同意见的发表。一方面，所有党的报刊都要刊载中央委员会的一切声明；另一方面，若有六分之一（五个合格的委员会，相当于当时全党委员会的六分之一）的党的委员会提出要求，中央秘密运输机构必须运送任何党的组织的书刊，这是给不同意见提供党内的发表渠道。例如可以批评三大通过党纲，列宁在强调党性基础的那篇文章《论党的改组》中写道："对个别条文和措辞的批评，这在任何有生命力的党内都是理所当然的和必要的。"[②]

列宁的这个思路，恩格斯曾有过论述，但以党章条文的形式固定下来，成为党内法权文件，是列宁的首创。十月革命前俄国社会民主工党的历次代表大会或代表会议，除了四大，均没有对党章的这一条做过改动。

关于"少数派著作家小组有权派代表参加党的代表大会"，列宁是认真实践的，直到十月革命后。例如 1918 年 3 月党的七大出现"左派共产主义者"，他们自由出版了几家报刊反对签署布特斯特合约。在列宁耐心工作并取得党内多数支持以后，他们主动停掉了报刊。1921 年 3 月党的十大出现"民主集中派"和"工人反对派"，他们的观点被代表大会否定，但在选举党代表时，根据列宁的建议，通过了按不同的政治纲领选举代表的决议，他们都有代表参加代表大会，并有他们的代表被选入中央委员会。在党的历史上，布尔什维克也曾多次在党内处于少数地位，由于存在党内的思想交流，他们以论战和说服的方法使自己从少数变为多数。

1906 年 4 月党的四大所通过的许多决议含有布尔什维克不能接受的孟什维克的观点。会后列宁声明："我们深信，工人的社会民主党组织应当是统一的，但是，在这些统一的组织里，应当对党内的问题广泛地展开自由的讨论，对党内生活中各种现象展开自由的、同志式的批评和评论。"[③] 接着，列宁提出了"讨论自由，行动一致"这一党内思想交流的原则。他写道："讨论自由，行动一致，这就是我们应该努力做到的。……除了行动的一致之外，还必须最

---

① 《苏联共产党决议汇编》第一分册，北京：人民出版社，1964 年，第 105 页。
② 《列宁全集》第 2 版 12 卷，北京：人民出版社，1987 年，第 79 页。
③ 《列宁全集》第 2 版 12 卷，北京：人民出版社，1987 年，第 362 页。

广泛地、自由地讨论和谴责我们认为有害的措施、决定和倾向。只有这样进行讨论，通过决议，提出异议，才能形成我们党的真正的公众舆论。”[①] 一个多月后，列宁将这句话表述为“批评自由和行动一致”，意思是一样的。

1906 年 5 月 24 日，300 多名社会民主工党党员在一次大会上就能否在党的报刊上和群众集会上批评刚结束的党的四大通过的决议展开了争论。列宁的决议案认为，批评不仅应当在党的会议上，而且可以在党的报刊上和群众集会上。九成参会者赞同列宁的决议。几天后，党中央委员会就此做出决议，规定在群众性政治集会上“任何党员都不得号召进行违反代表大会的决定的活动，也不得提出与代表大会的决定不一致的决议案”；同时允许在党的报刊上“发表自己个人的意见和维护自己特有的观点”。

6 月 2 日，列宁发表《批评自由和行动一致》一文，将党中央的决议全文照录。他这样评述：“决议说，享有‘在党的会议上’发表个人的意见和提出批评的‘充分自由’（第 1 条），而在‘广大群众性的集会’上（第 2 条）‘任何党员都不得号召进行违反代表大会的决定的活动’。请看结果就是：党员在党的会议上有权号召进行违反代表大会的决定的活动，——而在广大群众性的集会上不‘享有’‘发表个人的意见’的充分自由!! 决议的起草人完全错误地理解了党内的批评自由同党的行动一致的相互关系。在党纲的原则范围内，批评应当是完全自由的……不仅在党的会议上，而且在广大群众性的集会上都是如此。禁止这种批评或这种‘鼓动’（因为批评和鼓动是分不开的）是不可能的。党的政治行动必须一致。不论在广大群众性的集会上，不论在党的会议上或者在党的报刊上，发出任何破坏已经确定的行动一致的‘号召’都是不能容许的。”[②] 列宁的这段话，前半部分是讲在统一行动之前，批评应当是完全自由的，包括在群众性集会发出批评意见；后半段讲的是在政治行动之时，不能允许发出破坏行动一致的号召。

1977 年 1 月北京广播学院新闻系编的《马恩列思论报刊》第 37 页，只摘录了列宁的后半句话，即“党的政治行动必须一致。不论……”，而没有摘取这段话的前半句。编者把前半句列宁正面论述的话，栽到了孟什维克头上，这样解释：“孟什维克认为，党员在党的刊物和党的会议上有权号召进行违反代表大会的决议的行动。列宁指出，这是极端错误的，不能容许的。”这种连字面意思都没有看懂的情形时有发生，甚至连列宁著作译反了且一度还被广泛传

① 《列宁全集》第 2 版 13 卷，北京：人民出版社，1987 年，第 62—63 页。

② 《列宁全集》第 2 版 13 卷，北京：人民出版社，1987 年，第 128—129 页。

播的情形都有过；2016年，我还发现有人把马克思批评的话当作马克思的观点加以阐述的。这种“研究”马克思主义的情形，需要我们深刻反省。

1906年12月，列宁又做过一次论证，这是他关于这个问题的最终标准表述：“我们已经不止一次从原则上明确地谈了我们对工人政党的纪律的意义和纪律概念的看法。行动一致，讨论和批评自由——这就是我们明确的看法。只有这样的纪律才是先进阶级民主主义政党所应有的纪律……没有讨论和批评的自由，无产阶级就不承认行动的一致。”①

不过，冷静地看四大中央委员会1906年6月初的规定，似乎并没有错误。在党的会议上表达不同意见是布与孟两派都认可的，分歧在于是否允许在党的报刊上和群众性集会上发表反对意见。中央委员会的决议允许在党的报刊上“发表自己个人的意见和维护自己特有的观点”，但规定在群众性集会上“任何党员都不得号召进行违反代表大会的决定的活动”。俄国社会民主工党1906年正面临沙皇政权的迫害，在群众性集会上暴露党内两派的矛盾，这是搅乱自己有利于共同敌人的做法。

1907年党的五大上，布尔什维克派重新在党内成为多数，一直到掌握政权。不管怎样，列宁关于党内“批评自由和行动一致”基本思路没有根本变化。1909年1月召开党的第五次代表会议时，仍然说了同样内容的话（但他不再说可以在群众性集会上表明自己的不同意见，回到了1906年6月初孟什维克为主的党中央委员会的意见上）：

> 毫无疑问，党内对这些决议的每一点、每一条并不是都意见一致，因此，党的刊物应当敞开大门，以便根据日益复杂的经济斗争和政治斗争的经验教训，对这些决议进行批评，进行修改。毫无疑问，今后党内的一切派别，正确些说，党内的一切流派，都应当把进行这种批评、应用和改善的工作，看作是表明自己的态度和阐明自己的路线的事情。但是批评和纠正党的路线的工作，不应当妨碍党采取一致的行动；党的行动一分钟也不能中断，不能动摇，它必须在一切方面都符合上述决议的基本论点。②

四、倡导创办“争论专刊”

列宁认为，能够在党报上公开讨论党的策略和活动方式，是无产阶级党有

---

① 《列宁全集》第2版14卷，北京：人民出版社，1987年，第121—122页。
② 《列宁全集》第2版19卷，北京：人民出版社，1989年，第194—195页。

别于资产阶级党的一条标志。他在1914年5月说："在俄国所有的阶级中，没有一个阶级像工人阶级这样直率地、明确地、尽可能公开地讨论自己的策略，即自己运动的方向和方法，就是有教养的和有钱的资产阶级也办不到。只有那些愚蠢的或害怕广大群众参与政治的人，才会觉得工人报刊上经常开展有关策略问题的公开的热烈争论是不适当的或多余的。事实上正是这些热烈的争论帮助了全体工人养成全面考虑工人自己的政策的习惯，为运动制定出坚定明确的阶级路线。"①

在可能的条件下，他总是希望党内各派能够在党报上交换意见。1909年2月，他在自己主编的《无产者报》上希望党内极左的召回派给报纸写稿："我们登载了所有的来稿，转载了国内布尔什维克所写的一切与此有关的文章。直到现在，我们还没有拒绝过任何一篇讨论文章，今后也将这样做。"②

党报毕竟是直接面向党内的，取得政权后的党报更是面向社会、传播范围非常广泛的综合性新闻媒体，不可能经常将大部分篇幅用于党内论战；秘密状态下的党，为了党的生存，有些争论也不适宜公开发表。所以列宁从1909年起，就多次谈到创办党内争论。1910年1月，党中央全会通过了他起草的创办争论专刊的决议，编辑部由党内各派的一名代表组成（当时有六人），列宁担任主编。1910年3月《争论专刊》第1号在巴黎出版，列宁带头在前三号各发表一篇文章。出版争论专刊，是列宁以实际行动落实党章上规定给予党内少数派发表意见权利的条文，也是保障坚持党性的措施。

1912年布尔什维克成为独立政党后，党内依然产生着新的不同意见，列宁仍然建议继续出版争论专刊。十月革命后，党的中央级领导人在具体问题上发生论战，文章大多发表在党和苏维埃的报刊上或出版小册子。1920年9月，俄共（布）第九次代表会议在社会主义条件下首次通过了创办争论专刊的决议。1921年3月，党的十大再次通过由列宁提出的创办争论专刊的决议。

列宁作为党的主要领袖，提出出版《争论专刊》本身，就体现了他的党内民主思想和乐于接受党内监督的胸襟。他在给布哈林和季诺维也夫的信中谈道："如果你把所有不顺从的聪明人都驱逐出去，只把忠顺的白痴留下，那么你必将把党毁灭。"③ 显然，列宁很清楚，勇于说出不同意见的人，往往是有思想的人，是党的思想真正的财富。布哈林就是一个最典型的例子。他曾经在

① 《列宁全集》第2版25卷，北京：人民出版社，1988年，第157页。

② 《列宁全集》第2版17卷，北京：人民出版社，1988年，第342页。

③ 程玉海、林建华：《共产国际与当代西方社会民主党若干问题研究》，北京：中国工人出版社，2000年，第156页。

1918 年作为“左派共产主义者”反对列宁，后来事实证明布哈林错了，他主动承认了错误。1920 年以后，布哈林成为列宁新经济政策、文化政策的最重要的阐发者。

托洛茨基在十月革命后，声望仅次于列宁。1920—1921 年，他和列宁以及党内其他高级领导同志之间关于工会问题的争论，从党内思想交流的角度看，是列宁关于“行动一致，讨论和批评自由”思想的一次新的实践。笔者于 1974—1975 年通读《列宁选集》时，从文章标题上看到列宁与托洛茨基、布哈林就工会问题进行辩论的两篇文章，注释里把托洛茨基、布哈林都说成反党集团。现在进一步研究才发现这其实是俄国党内最高级别的正常思想交流。

由于 1918—1920 年实行战时共产主义，工会管理方面出现了瘫痪现象。为了整顿劳动纪律和提高效率，托洛茨基除了主持军事工作外，还受中央委托主管运输系统的工会。他运用军事管理的方法很快取得了明显的成效。但当军事任务基本完成的时候，托洛茨基对军事化管理工会情有独钟，认为可以以变通的方式延续；其他人则认为需要改变军事化的管理方式。

1920 年 11 月的中央全会上关于这个问题发生争论，会议推举 10 个人组成以季诺维也夫（共产国际主席）为负责人的“工会问题委员会”做一个实事求是的非争论性的报告。这个决议以 8∶6 票通过（列宁反对），决议规定在报告没有出来之前其他人不准发言。12 月 7 日的中央全会通过了中间态度的布哈林关于工会的决议案。12 月 24 日的中央全会撤销了 11 月全会不把内部分歧公开的决议，于是托洛茨基当天在工会与苏维埃代表的联席会议上做了《关于工会在生产中的任务》的报告，提出了他的观点。此后，全党就这个问题在《真理报》展开讨论，发表了很多文章。列宁于 1921 年 1 月初和 1 月末，分别以小册子形式发表了笔者所看到的那两篇文章，既批评了托洛茨基，又批评了布哈林。他们二位也在自己的文章中反驳了列宁和其他同志的批评。这些都是在公开出版的党报和莫斯科工农兵苏维埃报刊部出版的小册子中进行的。

列宁的第二篇文章《再论工会、目前局势及托洛茨基同志和布哈林同志的错误》伊始，便是这样一段话：“一场带有大会序幕性质的党内辩论和派别斗争……现在几乎到处都在举行党的会议，讨论有争论的问题。”① 列宁对出现这种党内讨论是乐观的，并没有感到有什么不正常。尽管他对托洛茨基、布哈林的批评是严厉的，认为他们的观点对革命是不适宜的，但是他在说这些话之前承认：“从形式上的民主来看，即使是反对整个中央的派别纲领，托洛茨基

① 《列宁全集》第 2 版 40 卷，北京：人民出版社，1986 年，第 263 页。

也是有权发表的。这一点是没有问题的。1920 年 12 月 24 日中央关于辩论自由的决议承认了这种形式上的权利，这一点也是没有问题的。”[①] 他在文章中肯定了托洛茨基关于党内思想交流的话，即“党内进行思想斗争，并不是要互相排挤，而是要互相促进”，认为这个思想是“正确的论断”。[②]

1921 年 1 月 14 日，列宁主持十大关于工会作用和任务的决议草案的起草工作，由于在这个草案上签名的有包括列宁在内的 10 个人，因而被称为“十人纲领”。该纲领强调工会是共产主义的学校，主要工作方法是说服。在 1921 年 1 月 22 日起连续三天的全俄矿工第二次代表大会俄共（布）党团会议上，托洛茨基看到多数同志不赞同自己的意见，宣布收回自己的意见而同意布哈林的中间观点。

接着，托洛茨基和季诺维也夫（十人纲领的签名者之一）进行报刊论战，《真理报》再次发表很多文章。托洛茨基写道：“（季诺维也夫）全是鹦鹉学舌，都是从列宁同志那儿搬过来的。招牌当然是漂亮的。但是，如果季诺维也夫同志认为，个别几句骂人的话正是列宁同志的论据最有威力的方面，那他就错了。他主要地学会了这个方面，可又不能掌握分寸。”季诺维也夫批评托洛茨基说：工会是一个被长途旅行（国内战争）弄得筋疲力尽的疲惫不堪的旅行者。本来应该给疲惫不堪的旅行者端一杯牛奶，可是托洛茨基之流却端给他一杯极浓的醋。托洛茨基回应道：“这种形象近乎圣经里的形象了，能同这个形象相媲美的，只有季诺维也夫同志的所有报告中一直同季诺维也夫形影不离而且每当自己儿子快要死的时候总向托姆斯基同志［苏俄工会负责人］讨棺材的那个老太婆的形象。”[③]

1921 年 3 月俄共（布）十大召开，会上拥护“十人纲领”的占了绝大多数（336 票），托洛茨基和布哈林的中间观点只获得 50 票。大会选举了包括托洛茨基、布哈林在内的新的 10 人委员会起草关于工会问题的决议，在原“十人纲领”的基础上形成了代表大会的决议《关于工会的作用和任务》。列宁正确地处理了党的统一和团结与必要的自由争论的关系，他的观点获得党代会的认可。代表大会还决定出版专门的争论专刊，继续交换意见。

从这次全党性的讨论看，党的出版物提供了充分的讨论空间，各地方的党组织都通过党的出版物自由表达了意见。在这场党内的思想交流中，几乎所有

---

① 《列宁全集》第 2 版 40 卷，北京：人民出版社，1986 年，第 268 页。

② 《列宁全集》第 2 版 40 卷，北京：人民出版社，1986 年，第 304 页。

③ 参见托洛茨基：《一个吃乳食的疲惫不堪的旅行者》，《马列主义研究资料》总第 34 辑，北京：人民出版社，1984 年，第 155 页。

党的主要领导人（包括斯大林），以及各地党的组织发表言论都是直言不讳的。托洛茨基和季诺维也夫之间的论战，其尖刻程度，在国际共运史上都是少见的。但这样的论战没有妨碍他们在工作上相互配合。现在看来，有些地方包括列宁在内，在批评对方的时候存在批评不恰当、扣帽子、上纲上线的问题。但是，在党的代表大会对决议表决之后，少数派的观点持有者便服从了多数的意见，不再争论。多数意见持有者也没有因此而歧视少数派，而是团结起来共同实现党的纲领。党的出版物基本上公正地为论战各方提供表达意见的平台，发挥了应有的作用。

在这个问题上，历史证明列宁总体上是正确的，托洛茨基囿于军事化管理工会的经验，没有从理论上认识工会的性质。但论战并没有影响列宁对托洛茨基的高度评价，他在 1922 年 12 月对托洛茨基的评价是："托洛茨基同志，正像他在交通人民委员部问题上反对中央的斗争所证明的那样，不仅具有杰出的才能。他个人大概是现在的中央委员会中最有才能的人，但是他又过分自信，过分热衷于事情的纯粹行政方面。"①

列宁个人具有很好的民主作风，党内存在与列宁的不同意见和争论，即使言辞激烈，在他看来都是很正常的。理解了列宁要求的坚持党性与"行动一致，讨论和批评自由"的平衡关系，才能以平常心看待和理解列宁时期俄国党的思想斗争史。

然而，列宁逝世仅一年，斯大林就禁止出版"争论专刊"，他的理由是："我们不是自由主义者。在我们看来，党的利益高于形式上的民主。""形式上的民主是空洞的，而党的利益才是一切。"② 任何民主必须以一定的形式存在，将民主的形式和内容对立起来，结果只能是完全取消民主。高于民主形式的党的利益，也不可能是党的利益，只能是掌握党的权力的少数个人的私利。民主是马克思主义工人政党发展的必要条件之一，恩格斯指出："批评是工人运动生命的要素，工人运动本身怎么能避免批评，想要禁止争论呢？难道我们要求别人给自己以言论自由，仅仅是为了在我们自己队伍中又消灭言论自由吗？"③

五、如何评价列宁的"党的出版物党性"

要全面评价列宁的党报思想，必须查阅全部列宁文献，在信息源被部分拦

---

① 《列宁全集》第 2 版 43 卷，北京：人民出版社，1987 年，第 339 页。

② 《斯大林全集》第 7 卷，北京：人民出版社，1958 年，第 319、320 页。

③ 《马克思恩格斯全集》第 37 卷，北京：人民出版社，1971 年，第 324 页。

截的情况下，是难以进行实事求是的研究的。

中国的研究者接触列宁的党报思想，可以追溯到20世纪20年代。较多的列宁单篇涉及新闻观的论著被引介之时，已经是斯大林掌控苏联党，所以同时伴随着引介斯大林的论著，如他的《报刊是集体的组织者》和《联共（布）简明党史》，我们知道的列宁是经过斯大林修饰后的列宁。斯大林多次与列宁发生的冲突被隐瞒，历史上列宁身边比斯大林重要得多的布尔什维克的主要领导人，几乎都被丑化为各种机会主义分子，被从党史和列宁著作中除名，即使偶尔出现也是反派角色，面目全非。至于被列宁批判的孟什维克，那是比敌人还要坏的派别。列宁政治遗嘱里评价的六位党的主要领导人，列宁唯一建议撤销的是斯大林的党的总书记职务。而恰恰是斯大林，后来以莫须有的罪名杀害了其他四位领导人（加米涅夫、季诺维也夫、布哈林、皮达可夫），追杀了一位被驱逐出境的领导人（托洛茨基）。

我国中文第一版《列宁全集》共39卷，是根据斯大林在世时1941—1950年俄文第四版《列宁全集》翻译的，列宁与被斯大林整肃的党的主要领导人之间有正面评价的通信都没有收入，例如列宁1903年3月15日建议增补托洛茨基为《火星报》编辑部成员的信，体现了列宁对党报青年力量的关注，就没有收入。我看到列宁最后一次论证党报工作，是他1922年4月12日写给党报文章作者奥新斯基的信，里面奇怪地出现了这样的表述："他们害怕家丑外扬，害怕赤裸裸的真相，回避真相，'瞥上一眼了事'……只是浮光掠影地瞥上一眼。"后来才知道省略号的一句是"像托洛茨基同志恰当地形容的那样"①。1987年我编著《马列主义新闻学经典论著》时，发现了上面两封信的原稿译文，马上收入其中。现在可以在2018年再版第二次印刷本《马克思恩格斯列宁论新闻》中看到配图的这两封信（第118篇和第178篇）。

我国中文第二版《列宁全集》共60卷，是根据1957—1965年俄文第五版《列宁全集》翻译的，一定程度上恢复了列宁著作的本来面目，可以初步看到列宁生前同托洛茨基、布哈林、季诺维也夫、加米涅夫、李可夫、托姆斯基等所谓反对派分子的真实关系，该版增补了不利于斯大林的列宁与斯大林的信件73封，列宁给所谓反对派分子的有正面评价的信件1622件。从这些信件可以看出，列宁有问题同他们商量，写好稿件先寄给他们看，征求他们的意见，有什么不满也告诉他们，有些文章是事先同他们商量后撰写的。他们是列宁的亲密战友和助手。这些都是研究列宁新闻观的重要材料。一位研究者指出："据

① 《列宁全集》第2版52卷，北京：人民出版社，1988年，第401页。

统计，新发表的从十月革命到列宁逝世期间，列宁给托洛茨基的信件中，有三十九件是显示同他‘一致’的，在这些信件中，经常出现诸如‘完全同意托洛茨基’‘我同托洛茨基共同认为’‘和您（托洛茨基）完全一致’之类的字样。这些材料还有一个特点，凡同托洛茨基一致的，几乎都是同斯大林有分歧的。”①

但这一版《列宁全集》仍然是不全的，那时苏共还未给被斯大林迫害的党的主要领导人平反，注释对他们的评价一定程度保留着以往的批判印记，而且至今在中译本中也未完全消失。对此，我们在研究列宁著作时要予以注意。根据 1990 年 12 月 14 日苏共中央马列研究院院长斯米尔诺夫给苏共中央的报告，还有 3700 件列宁文献（列宁写的、编辑加工的、口授的）未公布，涉及国内战争时期的镇压政策，党的秘密工作方法，武力反对邻国等内容。1965 年参加普查俄文《列宁全集》第五版与第四版内容差异的专家郑异凡说的一句话很经典："历史就是这样，只要有一处隐瞒或歪曲，整个历史就难以说清楚！"②

现在，我国研究界对俄国党历史上的布尔什维克和孟什维克，均视为马克思主义者和社会主义者，他们属于同一个党内的激进派与温和派。存在不同意见是马克思主义政党的正常现象。恩格斯说过："每一个党的生存和发展通常伴随着党内温和派和极端派的发展和相互斗争"，"每个党都有右翼和左翼"。③这一点，我们在研究列宁党报思想时要特别予以注意，因为我们看不到完整的孟什维克言论，而列宁引证和论述的均为他的批判性表达。孟什维克是俄国革命中的一支重要力量，它在俄国革命史和国际共产主义运动史上留下了不可磨灭的印记。活到 1903 年以后的俄国第一代马克思主义者，全部是孟什维克。孟什维克的主要领导人马尔托夫是马克思主义在俄国的传播者和实践者之一，具有强烈的革命热情、渊博的知识、卓越的宣传组织才能，以及对马克思主义的坚定信仰。④

秦晖认为，孟什维克的"缺点（从另一种价值观看或许是优点?）恰恰在于过分虔诚地执守意识形态原则，理论上坚持正统马克思主义观点而不善权变，行为上坚持道德自律而不愿使出辣手，对他人过分天真而不谙世事险恶，对自己‘洁癖’太甚而处处循规蹈矩。由于努力和机遇，他们在俄国曾有比列

① 郑异凡：《〈列宁全集〉俄文第五版的普查》，《东方早报·上海书评》2018 年 4 月 7 日。

② 郑异凡：《〈列宁全集〉俄文第五版的普查》，《东方早报·上海书评》2018 年 4 月 7 日。

③ 参见《马克思恩格斯全集》第 37 卷 323 页、22 卷 98 页，人民出版社 1971、1965 年版。

④ 参见冯高峰：《马尔托夫与孟什维克》，陕西师范大学硕士论文，2007 年；《孟什维克也信仰马克思主义》，《历史教学》2010 年第 7 期。

宁一派更大的影响，但因为上述‘缺点’以及一些更深远的原因，他们最终被自己过去的党内‘同志’消灭了”①。赵俪生谈到孟什维克领导人马尔托夫时写道：“马尔托夫主张，有些知识分子可以邀请到党内作为党的宾客，而不需要他们遵守什么组织性、纪律性。列宁狠狠批评了马尔托夫。马尔托夫是孟什维克，当时肃反，‘契卡’已把马尔托夫列入被整肃的黑名单了，列宁却弄来一张车票叫女秘书送去，让马尔托夫逃往西欧。事后，列宁想起马尔托夫说，多么精致的知识分子啊。”② 这里前者谈的即1903年党的二大上马尔托夫与列宁、普列汉诺夫争论的党章第一条。后来列宁认可了著作家可以作为一类特殊人群派代表参加党代会，但他们必须参加一个党的组织。后者指1921年孟什维克被取缔以后的故事，反映了列宁的矛盾心态。

列宁的党报思想整体上是正确的，但在一些细节上其实存在双重标准，他自己不可能处于派别争斗之上，而是处于派别争斗之中。不能完全把列宁说的话视为检验是非的标准。只要工作，就会产生不同意见，俄国党内的高级领导人没有一个在所有问题上同列宁完全一致。列宁与所有党中央内和党报编辑部内的同志，几乎都发生过意见分歧。例如斯大林，并非像过去宣传的那样始终同列宁保持一致，他在1912年《真理报》创办之初关于办报方针就与列宁的观点相左，但他那时的观点比列宁更稳妥。但1917年3—4月他和加米涅夫主持《真理报》时所持的观点，历史证明是错误的，列宁的观点被证明是正确的。列宁与其他人分歧的是非，需要根据当时具体历史条件做出客观的评析。俄文《列宁全集》第五版揭示了列宁与斯大林的真实关系，即他们之间的关系属于正常的、真实的党内同志关系，只是打破了斯大林一贯紧跟列宁的神话。

我们还要注意，列宁提出的党报党性，其对立面是俄国特有的小组习气。“党性”概念是在与小组习气的斗争中产生的，特指要有“全党”“党的纲领”的观念。几年以后，党的存在已经成为社会公认的现实，列宁使用党性概念时逐渐不再提及小组习气，而是更多地从党内两派如何真正遵循党纲、党章和党的策略方面展开斗争。而在这方面，理解和解释的余地较大，看列宁批判孟什维克的文章，会被他的雄辩才能和很强的组织能力所折服，但从历史经验看，布尔什维克并非一路正确，特别是在1906年以后在国家杜马问题上，布尔什维克初期的抵制及参加杜马后与各个党派，包括孟什维克完全不合作的极端做法，从现在的眼光看，是失策的。列宁在他的论战文章里显现的派性不比孟什

① 秦晖：《孟什维克——正统马克思主义在俄国的失败》，《二十一世纪》2007年10月号。

② 赵俪生：《篱槿堂自叙》，上海：上海古籍出版社，1999年，第46页。

维克弱，有些文章不堪卒读，满篇是各种反面的政治大帽子。列宁直接领导的群众性工人日报《真理报》具有光荣的斗争历史，但阅读列宁发表在《真理报》（1912—1914）上的数百篇小文章，相当多的文章不是与沙皇当局斗争，而是与孟什维克的群众性工人日报《光线报》争斗。1975 年，我首次接触大量列宁发表在《真理报》的文章时就很不理解，难道孟什维克比敌人还要坏吗？为什么要经常写文章做统计，显现《真理报》比《光线报》拥有更多的工人群众支持？这种“比”似乎有些不自信。沙皇当局可不管两派的争斗，一视同仁地多次查封《真理报》和《光线报》，两报多次改换名称继续出版，直到 1914 年两报最终被查封。既然两报如此被沙皇当局迫害，为什么布尔什维克不联合孟什维克一起反抗沙皇的统治？这是党性还是派性？这里仅提出问题，无法展开研究，我的质疑需要进一步的历史材料来证明或证伪，希望这方面有新的研究成果。

列宁是在沙皇俄国专制统治下，从建党的“草莽”时期一路不断斗争走过来的，西欧社会主义工人政党的组织经验无法照搬到俄国，因而他在俄国党的二大后提出的党的出版物的党性（简称“党报党性”），对后来相对落后国家共产党的党报坚持党性具有普遍的指导意义。俄国党的二大通过的党纲和党的策略决议，是由列宁和普列汉诺夫起草的；通过的党章（除第一条被修改）是列宁起草的，历史证明都是正确的。列宁批判孟什维克掌控的党中央委员会和中央机关报不具有党性，使用这几条衡量标准也有可操作性。

与党报党性对应的列宁提出的“行动一致，讨论和批评自由”的原则，是他根据俄国国情的创造性设想与实践，保障了党的统一和党内生活的和谐，应该具有普遍意义。特别是十月革命以后列宁主持苏维埃俄国的六年，俄共（布）党内高级领导人之间的相互批评、讨论、说服，以民主的方式、少数服从多数的方式到达行动一致的经验，是一笔宝贵的历史遗产，应该得以继承和发扬。然而，我们对列宁这方面的思想和实践研究很不够，甚至所知不多，把列宁论证的意思读反了的都有。

不过，列宁并非党内争论的裁判官，他自己即是一派的主要领袖，可以从列宁的很多论述中感觉到他尽可能地在党章的范围内进行党派斗争，但也不可避免地更多地关照自己的党派。例如，二大布尔什维克失去中央领导机关后，列宁很宽容地提出党内“舌头自由”问题，建议在党章里设置条文确认给予著作家一定的党内代表权，以缓解他提出党报党性带来的党的分裂趋向，这是正确而必要的。但对于这种自由度的把握，列宁其实是以本派在党内的实际地位（利益）而时而扩大或缩小。对布尔什维克掌控的三大党纲，他说可以批评，却仅限于“对个别条文和措辞的批评”；四大通过的党纲布尔什维克不能接受，列宁强调的是“不仅在党的会议上，而且在广大群众性的集会上”进行批评。这是他的局限，难以避免，可以理解。

苏维埃俄国迅速从三个社会主义的党（社会革命党、孟什维克、布尔什维克）联合执政变成布尔什维克一党执政以后，布尔什维克党内思想交流的幅度因外部局势的变化而变化，也是可以理解的。1921 年 3 月俄共（布）十大上，曾因形势紧迫，决议禁止党内一切派别和纲领。当有人建议以后完全禁止时，列宁特别指出，代表大会通过的决议不应有广义的解释，甚至下一次代表大会即第十一次代表大会时这个决议对党也不能有约束力。列宁说：“不能一般地谴责党内斗争。我们应当谴责的仅仅是无原则的斗争。而一般地谴责集团斗争——这就意味着谴责布尔塞维克反对取消派的斗争。”①

在组织行为上，列宁的一些做法是有问题的。二大和四大确认的党报是全党的中央机关报，但由于编辑部成员都是孟什维克，列宁随即创办了布尔什维克的中央机关报。党的代表大会确认的中央领导机关，是由党的法权文件规定的“合法”机关，作为党员或党内的派别，至少在行动上要服从中央领导机关吧？由于二大确认的中央领导机关没有布尔什维克的人，列宁另立布尔什维克的中央（布尔什维克常务局）；五大上布尔什维克居主导地位，仅由于党中央委员会里其他派别的委员立场难以把控，列宁随即另行成立布尔什维克的中央委员会。

列宁的这些做法，可以理解为党从幼小走向成熟过程中的不成熟行为。对后来拥有严格组织体系的共产党来说，是不能允许再现的。中国共产党历史上有过两次另立中央的事件，一是 1931 年罗章龙因反对王明路线而另立中央，二是 1935 年张国焘自认为人多枪多而另立中央。他们都是党的早期重要领导人，均被开除党籍。前者的思想路线被历史证明是正确的，但党不能容忍分裂党的行为。罗章龙后来为党做了很多有益的工作，逝世后被给予“杰出的政治活动家，老一辈无产阶级革命家、政治家”的很高荣誉称谓，但不能恢复党籍。

总结几句：1. 列宁关于“党的出版物的党性”和关于“行动一致，讨论和批评自由”的党内思想交流原则，具有普遍意义。2. 囿于列宁自己同时处于具体党内的派别之中，在贯彻他自己提出的党内生活原则时，会受到派别利益、环境氛围的影响而出现一定程度的双重标准，但他努力在党的法权规范内

① 麦德维杰夫：《论社会主义民主》，史正苏译，北京：商务印书馆，1982 年，第 65 页。

考虑问题的意识也清晰可见。对此可以用历史的眼光看待。3. 俄国党的建设和发展过程中，列宁多次在党代会确认的中央领导机关和中央机关报编辑部以外，另立布尔什维克的中央委员会和本派的中央党报编辑部，这里有党初创时期党内各派均缺少党规意识的历史原因，不可效仿。

戊戌时期的四川士林与本省维新报刊：以宋育仁为切入点[①]

朱至刚

摘　要：本文以戊戌时期的四川区域社会为分析框架，试图探讨《渝报》和《蜀学报》作为外来的“嵌入”之物，能在此时“在地化”产生和存续的结构性动因。通过对这两份报刊发起人、捐资人和发行人的言行分析，得出的结论是《渝报》和《蜀学报》在认同上缘起于四川士林急于获得举国推许；在资源获取上以宋育仁等发起人的人脉关联为渠道，以全川士绅的支撑为主要来源。然而，由于“尊经”一脉在士林中的根基尚不深广，因此同样是以宋育仁为主持者，以尊经书院和蜀学会为班底的《蜀学报》所获的支持反而不如以他个人身份为号召的《渝报》。

关键词：戊戌　四川　维新报刊　宋育仁

1897 年创于重庆的《渝报》和 1898 年创于成都的《蜀学报》，于四川的新知推广乃至维新建设展开都功不可没。若将它们视作“近代化”(modernization）的自变量，相关研究已对其梳理甚详。[②] 然而，近代化本是连绵相关的总体（overall）过程，作为“嵌入”（embed）之物，报刊的“在地”（localizate）产生与延续亦是社会互动的产物。如果能将这两份报刊的生成和延续视作过程的产物来加以考察，还有可能管窥具体时空下的关系场域。况且在被卷入“近代”的过程中，中国的不同区域不仅时间先后有差，机理更

① 朱至刚：《戊戌时期的四川士林与本省维新报刊——以宋育仁为切入点的考察》，《新闻大学》，2019 年第 7 期。

② 在笔者有限的阅读范围内，参见王绿萍：《四川近代新闻史》，成都：四川大学出版社，2012 年；何承朴：《川西鼓吹变法维新的号角——〈蜀学报〉》，《四川大学学报》（哲学社会科学版）1982 年第 3 期，第 64—68 页；王仙子：《渝报与西南地区近代新闻传播事业的展开——兼论“复古即维新”问题》，《新闻与传播研究》2017 年第 11 期，第 92—101 页。

不尽相同。从这个意义上讲，此番探讨也许还能对近代四川（尤其是“中国的四川”）的具体面相呈现一二。本文以宋育仁为切入点，不仅因为他是两份报刊的主要创办人，更重要的还在于本文试图以之为节点，梳理和勾勒其行为体现的关系图景。

一、四川何以必办报：以戊戌时期的蜀士心态为背景

最晚到光绪二十二年年底，江瀚、宋育仁、潘清荫就有在四川设报的谋划[①]。但要在此时的四川维系新式报刊，仅就运营而言，就必须解决两个关键问题。首先，必需的先期投入应相当可观。以维新各报为例，《时务报》规模远超同侪，显然与从筹备起财力就不窘迫关系密切[②]。又据梁启超的说法，《知新报》还获得了何廷光等人提供的“万金”[③]。恰成对比，叶瀚、谭嗣同等人谋划的《民听报》，却因资金无着夭折。[④] 而且，戊戌前后的四川全无工业基础，对外交通也相当不便，办报必需的印刷机、铸字铜模等设备，不但要从海外输入，比起沿海和长江中下游区域还需承担更高的运送成本。其次，预期销量不容乐观。《时务报》此时已风行海内，到光绪二十三年上半年，该报在

---

① 参见隗瀛涛、赵清：《四川辛亥革命史料下册》，成都：四川人民出版社，1982年。

② 朱至刚：《人脉与资金的聚合：从汪康年和黄遵宪的结合看〈时务报〉的创立》，《近代史研究》2011年第5期，第104－115页。

③ 梁启超：《致汪康年第二十函》，上海图书馆：《汪康年师友书札》第2册，上海：上海古籍出版社，1986年，第1846页。

④ 参见吴樵、叶瀚《致汪康年函》，上海图书馆：《汪康年师友书札》第1册，上海古籍出版社，1986年，第493－524页；第3册，上海：上海古籍出版社，1987，第2580、3254页。

四川累计销售额2573元，占全国销售总量（38528元）的6.6%。[①] 加之四川人均收入低于全国，如非官费订阅或强制摊派，即便能在本地把报刊办起来，能获的本省市场份额也势必有限。[②] 同时期的广西可作为参照，光绪二十三年初，梁启超就表示在《时务报》和《知新报》的覆盖下，广西本地办报很难达到收支平衡底线（期均销售3000份左右）[③]。果然，虽说《广仁报》还是办了起来，发行量却少得出奇。仅隔百余年，就连各地的图书馆和档案馆都难寻踪迹。

江瀚、宋育仁、潘清荫身处局中，对这些难处不至全无体察。但为何在闽籍的江瀚退出后，川籍的宋、潘等人还要执意在本地办报，而且还能办起来？《渝报》第一期（光绪二十三年十月出刊）所刊梅际郇撰《说渝报》为此提供了线索。该文在承认"官书局报、时务报馆及湘中学报"，为当世新报中的"尤卓卓者"后，以答客难的形式挑明"四川僻在西南，重庆虽属通商剧镇，

---

① 《时务报》在第39册（光绪二十三年八月二十一日出刊）和第59册（光绪二十四年闰三月十一日出刊）两次刊出《本馆寄报收款清表》，公布此前各派报处的销售和报费缴纳情况。（中华书局编辑部：《强学报·时务报》第3册，北京：中华书局，1991年，第2695—2696页；第5册，北京：中华书局，1991年，第4033—4044页）。据《时务报》第3册（光绪二十二年七月二十一日出刊）告白栏，《时务报》的定价是"本馆价目：凡先行挂号交报费十两者送报五年，先交十元报费者送报三年，先交四元报费者送报一年""先阅报后交费者每年四元五角，以上远近一例，惟直隶、山东、河南、四川、广西每册须加信资二分，东三省、山西、陕西、贵州每册加洋四分，甘肃、云南每册加洋六分""拆购者每本一角五分"（中华书局编辑部：《强学报·时务报》第1册，北京：中华书局，1991年，第200页）。另外，据第23册（光绪二十三年三月十一日出刊）告白，丙申年合订本售价每份2.5元。（中华书局编辑部：《强学报·时务报》第2册，北京：中华书局，1991年，第1590页）。第37册（光绪二十三年八月初一出刊）告白，从第1册到第30册的缩印本每份也是2.5元。（中华书局编辑部：《强学报·时务报》第2册，北京：中华书局，1991年，第2552页）。此后，该刊第44册告白刊出："又一期以后之报，现约预备一二百分，如欲零星购补，亦可照奉，取值均按旧例。"（中华书局编辑部：《强学报·时务报》第3册，北京：中华书局，1991年，第2697页）。这应是二次清表中所列"旧报"的内容与售价。本文中的销售量即是依据两次清表中所列各类数量和上述价位算出的。时务报馆给派报处的报酬是光绪二十二年九月以前每代收10元，可提取2元；如果是药房、货栈等商业机构，且分销10份以上，每份每年则只需向报馆缴纳3元。该年九月以后，一律改为不管销量多少，统准提留两成。参见《时务报》第1册告白，（光绪二十二年七月一日出刊）（中华书局编辑部：《强学报·时务报》第1册，北京：中华书局，1991年，第65页）《时务报》第9册告白，（光绪二十二年九月十一日出刊）（《中华书局编辑部. 强学报·时务报》第1册，北京：中华书局，1991年，第616页）。

② 清末没有对人均收入的统计机制，但从1902年中央政府与各省商定的庚子赔款分摊数，可以间接看出各省民间的贫富差距。四川承担186万两，约占关内19省（当时东北尚被沙俄强占）总数（2021万两）的9%（数据来自王树槐：《庚子赔款》，台北：精华印书馆，1974年，第151页）。基本上在同时，四川人口数为4525.5万人，约占全国人口总数（35357.4万）的12.7%（数据来自曹树基：《中国人口史》第五卷，清时期，上海：复旦大学出版社，2001年，第697、704页）。据此折算，四川的人均收入应在19省平均数的75%左右。

③ 参见丁文江、赵丰田：《梁启超年谱长编》，上海：上海人民出版社，1983年。

而山峻流驶，抑扼者多就其见闻，得勿仍如向者，所讥未臻宏达，且时务等报，既已风行宇内，不胫而走，山陬海澨莫不家置而人诵之，则渝报之设，亦何赖焉?”紧接着，如此自答：“夫报馆者，天下之公言，非一人之私智也。取其有益于天下，非徒因为利也，苟天下之公言，则吾固得言之，苟取其有益于天下，则虽一理之得，一策之善，吾尤不能已于言之。”① 仅从逻辑上看，这样的解释并不周延，何以出自“吾”身，就一定是“天下之公言”，必能“有益于天下”？但放在此时四川士林的群体心态下看，却自有深层动机，那就是以此彰显“吾蜀”之于“天下”，尤其是在文化版图中的重要性。四川虽说从来不是“天下”的中心，但自西汉以来，曾长期盛产顶尖级的文化精英。借用张之洞的话来说，“蜀才之盛旧矣，汉之郭（即犍为文学）、张、马、扬，经之宗也。宋之二王（当、偁）、二李（焘、心传）、史、范，史之良也。其余唐之陈、李，宋之五苏、范、虞，元之虞，明之杨，气节、经济、文章之渊薮也”②。然而，“旧”的另一面就是盛况不再，在连遭宋元之际和明末清初两轮浩劫后，“蜀学”和“蜀士”在举国的地位可谓断崖式滑落。到了清代前、中期，更是凋敝不堪。虽说四川至晚在乾嘉之际重新成为人口大省，但文脉中衰却比经济还难重振。③ 此前的相关研究多将张之洞课蜀、尊经书院的建立、廖平于经学的别开生面视作“蜀学”重兴的标志。但纵使不谈此时的“蜀学”只是“在蜀之学”，全然不同于唐宋蜀人治学的“大在文史”“玄而不虚”④；放在当时的全国学界来看，这些事件意义也不容太过高估。如光绪一朝共产生4087名进士，其中川籍人士181人，仅占4.4%，2人入鼎甲，约占5%，都明显低于人口在全国份额。⑤ 廖平也是到民国初年，才更多地作为“老辈”受到尊敬，在当时的学界却备受争议⑥。因此，在此时的外省同道看来，四川仍非文化重镇。例如时任四川布政使的易佩绅，在光绪十一年为《尊经书院初

---

① 梅际郇：《说渝报》，《渝报》1897年第1期，第11－13页。

② 张之洞：《创建尊经书院记》，苑书义、孙华峰、李秉新：《张之洞全集》第12册，石家庄：河北人民出版社，1998年。

③ 1820年、1851年、1880年、1910年，四川人口为2356.5万、2946.5万、3646.1万、4563.3万，在全国所占比例从7%上升到12%。在1820—1880年年间，仅次于江苏；1880—1910年年间，超过江苏，成为人口第一大省。数据来自曹树基：《中国人口史》第五卷，清时期，上海：复旦大学出版社，2001年，第691－701页。

④ 参见刘咸炘：《蜀学论》，黄曙辉点校；《刘咸炘诗文集》，上海：华东师范大学出版社，2010年。

⑤ 数据来自张喜桃：《晚清进士籍贯分布及分流研究》，湘潭大学硕士学位论文，2007年，第76、81页。

⑥ 桑兵：《民国学界的老辈》，《历史研究》2005年第6期，第3－24页。

集》所作序言中，就直言“国家右文之治，超越往古。蜀之文学，视各行省未称极盛”[①]。乃至多年后，颇为陈寅恪推崇的刘咸炘也只能以不可“徒见今之荒穢，而不闻昔之荟蔚”，来解释为何蜀地学术“周、汉旧邦而下侪滇、越”。

但恰恰是这样剥极而复却远未被广为推崇，才让四川的读书人急切想要得到举国承认。不妨品味一下宋育仁在《学报序例》（载《渝报》第一期）中的表述。“中倭之役，盖然创深，朝野发愤振兴，乃有京师《官书局汇报》，以通民志，继有上海《时务报》，自南皮制府主持风教为天下先，而群公大夫向风倡导，不胫而行。大江南北，《湘学报》接武而起。”[②] 在熟悉《公羊传》的宋育仁那里，“群”应非率然下笔。《春秋繁露》云：“王者，民之所往；君者，不失其群也。故能使万民往之，而得天下之群者，无敌于天下。”[③] 所谓“群”，除数量众多，还有“对等”的含义。进而言之，既然“天下”的“群公大夫”都“向风倡导”，那么之于办报在内的新型建设，“吾蜀”也绝不能袖手旁观。而在甲午之后，中国的读书人又不得不承认，当下的“世界”体系原本就被“他人”（The other）所塑造，中国不仅后来而且边缘[④]。接受这样的设定，诚然有些苦涩，但对在原有格局下就处边缘的群体，却又是重新定位的契机。在从“世界”或者至少从“东亚”的框架下来看中国，对空间与区位的想象，当然与以“帝京”或“中原”为中心的图景不尽相同。[⑤] 还是用梅际郇的话来说，“况秦陇滇黔诸省，邻迩巴蜀，山路崎岖，达于江海也为难。各报或在京师或在上海，其去西南一隅，程途数万，邮寄动逾累月览者愆期，能无缺望，又况各报据辐凑之荟处，上流之要，凡所陈列，先及大略，其于边隅遐壤，择微致精，得勿未遑。如是则渝报之兴，所益不谓尠……中国土地辽阔，官政民俗，南北异宜东西殊措，重庆据长江之上游，通滇黔之孔道，见闻较确

① 参见易佩绅：《尊经书院初集序》，赵所生、薛正兴：《中国历代书院志》第16册，南京：江苏教育出版社，1995年。

② 宋育仁：《学报序例》，《渝报》1897年第1期，第16页。

③ 参见董仲舒：《灭国》上，《春秋繁露》上·卷五，北京：中华书局，1975年。

④ 罗志田：《天下与世界：清末士人关于人类社会认知的转变——侧重梁启超的观念》，《中国社会科学》2007年第5期，第191－204页。

⑤ 自《汉书》首创“地理志”以来，历代正史和官制正典的相应部分，都是以帝京为起点，按政治上的名分，而非单纯以空间距离远近作为介绍最高级行政区域的顺序。甚至到了民国时期，以遗老为班底撰写的《清史稿》也是将奉天等东三省紧列在直隶之后，以下才是明代南直隶的故地江苏、安徽。再以下，依次是山西、山东、河南、陕西、甘肃、浙江、江西、湖北、湖南、四川、福建、台湾、广东、广西、云南、贵州、新疆、内蒙古、外蒙古、青海、西藏、察哈尔。不难看出，排列顺序是先行省后“藩部”，在东北和南直隶之外，各行省次序是按照距离京师的远近逐圈展开，而不是像现在按照“大区”分块提及的。

采访非难”①。除了情怀可感，这番陈述勾勒的交往状况也大致属实，“邮寄动逾累月览者愆期”更是实话。以《汪康年师友书札》所载为例，从上海寄报到西部省份，不仅经常需要几个月，而且时有脱期。② 四川虽说与华北、华东往来也不便，但从覆盖西南和西北的角度来看，凭借川江及其主要支流，却又有不可替代的优势。这一点在重庆体现得尤其显著。以此为起点，延嘉陵江可上溯到陕西略阳的白水镇，在此起旱行陆路不到300里，可达渭南白杨寨，从这里可借渭河水路转运到西安、咸阳乃至陕西韩城等地。③ 而从重庆沿长江下行约400里，还可达涪陵，经此沿乌江可入贵州腹地。这两条水道在清末是相当繁盛的商路，如果能用来送报，确实比《时务报》和由它代理发行的各报要从京师转运入陕甘，从湘中、湘西转运入贵州省时省力④。再者，到光绪二十三年，重庆已是整个长江上流最重要的物资集散地和转运口岸，虽说设备还要仰给沿海，纸张和人力却不成问题⑤。

二、“个人之报”所获的广泛支持：《渝报》捐赠人和出资人分析

综合上述分析，宋育仁等在川办报，绝不只是为了四川，而是要为全国交流网络的近代化营造重要节点。他们对重庆乃至四川的区域定位，虽说多少蕴含了彰显本地的意味，但就其基调恰是近代“国家”乃至“世界”观念的产物。而且如果不以营利为目的，且调度得当，还是有将报刊维持下来的可能。

① 梅际郇：《说渝报》，《渝报》1897年第1期，第11—13页。

② 譬如江瀚在致汪康年第三函（光绪二十三年七月初一）提道：“贵馆《时务报》，敝处（重庆）只接到第二十七册，两月以来竟成绝响，纷纷来索，愧无以应，宜筹速法。”第27册出刊于四月二十一日，据此时已有80日。此后，他又在第五函说：“《时务报》报费已经迭催，据渝中来书云尚未收齐，且第四十九册至今未到。”该函仅系“十八日”，但从其中“亚细亚协会初次章程已见”可知写于该会光绪二十四年闰三月初六日召开筹备会后，第49册出刊于前一年的十一月二十一日。再如兰州的□诗侯（其姓函件未写）在所来第一函（光绪二十三年六月二十四日发）提道：“二十二、二十四号报已到，二十三号未到。”第24册出刊于三月二十一日。《上海图书馆.汪康年师友书札》第2册，上海：上海古籍出版社，1986年，第1685、1735页；第4册，上海：上海古籍出版社，1989年，第3728页。

③ 参见李进：《清代嘉陵江流域上流航运概述》，《中国历史地理论丛》，1990年第1期，第178—191页；张萍、吕强：《明清陕甘交通道路的新发展与丝绸之路变迁》，《丝绸之路》2009年第6期，第67—75页。

④ 朱至刚：《跨出口岸：基于“士林”的〈时务报〉全国覆盖》，《新闻与传播研究》2017年第10期，第89—102页。

⑤ 王绿萍：《四川近代新闻史》，成都：四川大学出版社，2007年。

当然，要激活地利，尚需人和。以宋、潘两人，尤其是宋育仁的身份和资望，在四川也颇可有为。宋育仁在光绪十二年入选翰苑，散馆后曾任驻英、法、意、比四国公使参赞。光绪二十二年三月，经川督鹿钟麟专折奏调回川，在重庆主持四川商务矿务总局。潘清荫也有举人功名，还具候补知县资格。[①] 清时期川籍人士除在殿试中整体表现不佳，于军功和学术也不出众，豪族绅权亦不强盛。宋育仁是在川蜀士中的顶级菁英，其身份优势自然为《渝报》获得支持创造了有利条件。虽说据已公开材料，还无法如《时务报》那样较完整地复现《渝报》募集资金和组建发行网络的过程，但从该报首期刊出的《本馆执事诸君名氏》《集款诸君名氏》《本馆派报诸君名氏》《外省诸君派报诸君名氏》，仍能看出四川各界的广泛响应。

① 秦国经、唐益年、叶秀云：《中国第一历史档案馆藏清代官员履历档案全编》第5册，上海：华东师范大学出版社，1997年，第120页；第8册，第117页。

表1 《渝报》捐助者姓名与数量（1897）[①]

捐款人	捐款数量	捐款人	捐款数量
宋育仁	1000两	陈紫钧	400两
潘清荫	200两	陈时利	200两
李启荣	100两	陈济辅	200两
邹怀西	100两	李超琼	100两
曹漱珊	100两	梅树南	100两
李本方	100两	尊经书局	100两

① 表1、2、3均按《渝报》第1期第47－48页所载名录整理。也许是刻意求古的风气，表中人物多以表字称，头衔亦多用别称。笔者依据“读秀”等数据库对其进行了考证和梳理。所查询到的相关文献如下（按相关人物在各表中被提及的顺序）：贺以明：《西南工商巨擘李耀廷》，政协昭通市委员会资料委员会《昭通文史资料选辑》第9辑，1995年，第1－2页；李树民《宋育仁与赵熙交游考略》，桐梓县地方志编：《桐梓历代文库》，2004年，第389页；袁德宣等：《湖南会馆史料九种》，长沙：岳麓书社，2012年，第84页；冯广宏：《都江堰文献集成：历史文献卷（先秦至清代）》，成都：巴蜀书社，2007年，第618页；重庆市渝北区地方志编撰委员会：《江北县志》，1996年，第549页；中国科学院历史研究所第三所工具书组：《锡良遗稿》下册，北京：中华书局，1959年，第466页；张宪文、方庆秋：《中华民国史大辞典》，南京：江苏古籍出版社，2001年，第1088页；廖士元：《李紫璈先生事略》，中国人民政治协商会议四川省合江县委员会合江县县志编辑领导组：《合江县文史资料选辑》第5辑，1986年，第41－43页；上海师范大学历史系中国近代史研究室、中国第一历史档案馆编辑部：《福建·上海小刀会档案史料汇编》，福州：福建人民出版社，1993年，第481页；包党文：《包弼臣生平简介》，中国人民政治协商会议南溪县委员会文史资料委员会：《南溪县文史资料选辑》第16辑，1987年，第38－49页；罗皮氏：《贵州贵东道罗应旒事略》，《中和月刊》，1934年第3－4期，第40－43页；沈云龙：《近代中国史料丛刊续辑：210》，台北：文海出版社，1974年；李绍伯：《一个二百年望族的兴衰史略——乐山的李稽典家》，中国人民政治协商会议乐山市市中区委员会文史委员会编：《乐山市市中区文史资料选辑》第一辑，1989年，第106－119页；朱保炯、谢沛霖：《明清进士题名碑录索引》下册，上海：上海古籍出版社，1979年，第2834页；云南省历史研究所编：《〈清实录〉有关云南史料汇编》卷四，昆明：云南人民出版社，1986年，第716页；秦国经、唐益年、叶秀云：《中国第一历史档案馆藏清代官员履历档案全编》第5册，上海：华东师范大学出版社，1997年，第120页。贾大泉：《四川历史辞典》，成都：四川教育出版社，1993年，第377页；程地宇、赵贵林：《夔州诗全集民国卷上册》，重庆：重庆出版社，2009年，第9页；董天元：《白沙中学校址的办学沿革》，中国人民政治协商会议重庆市江津市委员会文史资料委员会：《江津文史资料》第17辑，1997年，第102－105页；秦国经、唐益年、叶秀云：《中国第一历史档案馆藏清代官员履历档案全编》第8册，上海：华东师范大学出版社，1997年，第117页；重庆市地方志编纂委员会总编室、重庆市政协文史资料研究委员会：《重庆地方志资料丛刊 重庆辛亥革命时期人物 辛亥革命暨重庆蜀军政府成立七十五周年纪念专辑》，1986年，第114－115页；朱玉麒：《缪荃孙全集：日记1》，南京：凤凰出版社，2014年，第24页；冯秋雪：《辛亥前后同盟会在港穗新闻界活动杂忆》，中国政治协商会议广东省委员会文史委员会：《孙中山与辛亥革命史料专辑》，广州：广东人民出版社，1981年，第103页。各地史志资料多为内部印行，没有出版社，而且在编号时，或使用阿拉伯数字，或使用汉字数码，本文在转引时悉数照录。

续表1

捐款人	捐款数量	捐款人	捐款数量
颜丽南	100两	白蜡公司	100两
徐宝森	100两	刘廷恕	50两

这些人士和机构共为《渝报》捐资3250两，这在当时不在小数。如果谭嗣同等人也能获得这样的资助，《民听报》也许就不至夭折。除宋育仁和潘清荫，表1所列还有至少11人或机构经历可考。李启荣，云南昭通人，此时在重庆主持天顺祥分号。邹怀西，贵州桐梓人，历署三台、开县、涪州知县，与宋育仁、赵熙等人交情甚厚。曹漱珊、颜丽南分别是重庆棉纱帮商和自流井盐商，当时自流井属富顺县，颜丽南与宋育仁算是同乡。刘廷恕应为湖南善化人，时任江北厅同知。李本方籍贯开县，是前任两江总督李宗羲之子。陈时利监生出身，时任兵部郎中。李超琼，四川合川人，在江苏历任多县知县。梅树南，巴县人，《渝报》总撰梅际郇的父亲，历任梁山教喻、渭源知县、武威知州。尊经书局是成都尊经书院的附设机构，白蜡公司则隶属于四川商务矿务总局。这三位商人和白蜡公司之所以捐款，还可能出于宋育仁正主持商务矿务总局。表2和表3所列派报人，此时都不在重庆，代办发行的目的应当更加纯正。从中更能看到川籍人士和在川官绅对《渝报》的普遍响应。

表2 《渝报》省内派报人名录

姓名	派报区域	姓名	派报区域
罗应旒	成都府	白牧卿	忠州
薛华墀	成都府	郭云骞	潼州府
李铭三	嘉定府	何符九	潼州府
陈筱陔	叙州府	喻晋莽	雅州府
李本方	夔州府	张桂亭	雅州府
邵炳南	夔州府	吴秋门	宁远府
刘士志	绥定府	包弼臣	资州
王汇川	顺庆府	吴子元	资州
戴鹭于	保宁府	崔树枏	绵州
傅芑堂	邛州	汪时峰	眉州
黄绍谋	泸州	易静先	酉阳州

续表2

姓名	派报区域	姓名	派报区域
黄东屏	忠州	唐羹臣	龙安府

表3 《渝报》省外派报人名录

姓名	所在地点	姓名	所在地点
陈炽	京师	杨虚谷	安庆
杨锐	京师	黄楚梠	江西
李泯深	天津	吴德潇	杭州
薛华培	天津	王秉恩	武昌
蒯光典	南京	顾印愚	武昌
戴光	南京	陈吉安	沙市
黄爱棠	上海	徐文安	宜昌
汪康年	上海	陈三立	长沙
毛澂	山东	邹代钧	长沙
曾培	山东	王秉必	广东
廖晓东	河南	唐辉庭	广西
傅世炜	陕西	毛鹤畦	云南
程德音	甘肃	高仲镣	贵州

先不论派报多寡，从表2所列网点看，《渝报》创刊之初，就覆盖了全省20个府级单位中的18个。最远的宁远，府垣在西昌，已离重庆1000公里左右，且深入彝区。据《渝报》所刊，在26名本省派报人中，15人拥有官衔，其中11人供职官学系统（王汇川、戴鹭于、何符九、郭云骞、喻晋莽、张桂亭、崔树梠、汪时峰、唐羹臣、薛华墀、包弼臣）。清代的府县学官通常选任本省举人担任，仅需回避原籍所在的府，因此这11名学官应多为川籍；其中至少2人事迹可考。薛华墀，四川兴文县人，曾任尊经书院山长，时任成都府学训导。包弼臣，南溪县人，从光绪十年起，供职资州府学20多年，是闻名全川的教育家、书法家。至于其他4名官员，李本方前文已揭。罗应旒，四川崇宁人，曾任贵东兵备道，光绪二十二年请假回省，协助办理开矿事务，与宋育仁至少有业务往来。李铭三，乐山县人，同治十二年拔贡，朝考后分发湖南，此时已返回原籍。黄绍谋，泸州人，光绪二年入翰苑，此时在籍主讲书

院。在26名省外派报人中，也有至少13名是四川人。杨锐和吴德潇分别籍属华阳、达县，这已近常识。李琨琛，四川安县人。同治十年任翰林院编修，光绪二年放云南学政。薛华培，四川兴文人，薛华墀的堂兄弟。戴光，合川县人，光绪二十一年进士，当时在两江总督署内任校本。毛澂，四川仁寿人，光绪六年进士。曾培，四川成都人，光绪十六年进士。傅世炜，华阳人，时任陕西凤翔知府。程德音，江津县人，以举人入仕，时任甘肃安定知县。王秉恩，四川华阳人，时任湖北布政使，王秉必则是他的胞弟。顾印愚，四川华阳人，光绪五年举人。毛鹤畦，四川仁寿人，时任云南寻甸知县。此外，在外省籍的省外派报人中，蒯光典、汪康年、陈三立、陈炽都与宋育仁私交不错。正因为在士林中人脉之广，宋育仁不见得逊色汪康年多少，《渝报》从开始就能在发行上自成一体，不像其他后起维新报刊几近依附《时务报》。

三、群体亦边界：《蜀学报》与尊经书院

参照前述各人履历以及胡昭曦先生的考证，在上述川籍人士中，至少有薛华墀、杨锐、戴光、毛澂、傅世炜、曾培与宋育仁同为尊经书院的院友。比例看似不大，但大多位居清密[①]。光绪二十四年三月成立于成都的“蜀学会”，也是在已任山长的宋育仁主持下以尊经师友为班底。蜀学会成立之后，宋育仁又于闰三月在成都设立《蜀学报》。此前研究常认为该报就是由《渝报》改名，但从该报首期刊登的《蜀学报章程》来看，最初规划并非如此。据《蜀学报章程》第二条，将分设“渝局”和“省局”。“渝局用铅字，专办日报及物价表，排印时务书，并采云贵川东新闻，汇寄省局。省局用木刻，专办学报，省局报出专脚寄渝。渝局即以所出日报及物价表寄省，按期交换，互相寄发，其出款目，按月核一次，惟电谕及官电报以先睹为快者，由渝局用单张随得随印，不嫌于省报先后重见。”而且，该章程还对办事人员的配置和薪酬做出明确规定：“两局共设总理一人，省局设总撰二人，协理兼总校一人，司计一人，抄录二人，常川住局者，伙食由局开支，夫马自备。”“总理一人，仍支渝局原薪十六两，总撰每月各支薪水十六两，协理兼总校，仍支渝局原薪每月十二两，司计月支薪水银五两，抄录每月支薪水四两，统由省局开支。”[②] 换句话说，宋育

① 胡昭曦：《笔者已见尊经书院生员名单》，参见胡昭曦：《旭水斋存稿》，成都：四川大学出版社，2012年。

② 《蜀学报》1898年第1期，第10页。

仁（两报总理）、杨道南（两报协理兼总校）在“省局”将不取分文。此时《渝报》已在重庆出报六个月，印务已上轨道，如果要将设备运到成都，拆卸装配和运输都颇费周章。成、渝相距近800里，1921年成渝马路通车以前，陆路只能以人力或畜力沿经华阳、资中、内江、璧山等县的“东大路”行进。在清末民初，即便空手行走，走完全程也至少需要五天，而且沿途治安很差[①]。水运虽说运费较省，但沿长江到宜宾转岷江到成都，一路都是逆水。遇到枯水季节，嘉定到成都的岷江水道相当狭窄，船只只能排队单个通过，所需时间实难预料。如据郭沫若回忆，1912年春季，他从嘉定乘船到成都，沿途走了13天[②]。何况就与省外尤其是长江中下游地区的来往而言，重庆比成都便利很多。在这种情况下，将铅印设备留在重庆继续出《渝报》，同时借助成都发达的传统刻印业出版木刻《蜀学报》的确合理。而且《渝报》是宋育仁、潘清荫等人的同人报，《蜀学报》是蜀学会机关报，搅在一起也不大合适。

但也许出乎宋育仁等人预料，在《蜀学报》开设后，后续的援助并不踊跃。该报第一册刊出的“集款诸君名氏”，除新增“夏菽轩观察一百两”“于伯山郡伯五十两”“黄肇青中翰一千两”和“白蜡公司三百两”，其余人士的姓名、头衔和捐资数量和《渝报》第一期刊出的完全一样。此后，直到《蜀学报》第十二册（光绪二十四年七月下旬出刊）——也是最后一册，都没有看到后续捐款。极有可能这总共1350两（扣去白蜡公司先期捐的200两），就是在《渝报》已有资金外的全部增量。加上原有的3250两，扣去陆续归还给汪康年购置印刷设备的垫款1560两，能用于出版的流动资金也就是1700两左右。[③]如真要两局并举，每月仅薪金就得支出117两，这也许就是《蜀学报》在第二册告白中宣称本馆“移设成都”，实际上就是放弃了“渝局”的原因所在。潘清荫后来在重庆所出的《渝城新闻》，实际上只是“随得随印”的单张。然而，既然资金链不易维持，仅维持“省局”也非易事。而且，到第九册（光绪二十四年六月中旬）出版前，《蜀学报》的期均印量已接近2000份，“远埠报费”

---

① 陈雁翚：《东大路话旧》，中国人民政治协商会议成都市锦江区委员会学习文史委员会：《锦江文史资料》第七辑，2001年，第31—42页。

② 参见郭沫若：《少年时代》，北京：人民文学出版社，1982年。

③ 《蜀学报》1898年第1期，第11页。汪康年为《渝报》报馆代购机械，以及此后收回垫款的始末，在潘清荫寄来的函件里记录得相当详尽。从中可知，汪康年在光绪二十三年九月前，仅代购印刷机和铜模、铅字，就垫付了2600元，而运输费用还未计算在内。到了《蜀学报》已停刊的次年十月，潘清荫承认“承示垫款尚欠四百十三元，久应归赵，只以报章既停，收费难集”，详见上海图书馆：《汪康年师友书札》第3册，上海：上海古籍出版社，1987年，第2898—2911页。以每两折合1.4元计，四川方面应在此前，归还了1560两左右的款项。

的收取和汇款情况似乎并不理想，报馆只能拉下面子，规定从第十一册（光绪二十四年七月上旬）开始，如还未缴费就不再送报①。除捐资后续乏力，《蜀学报》在发行网络的扩展上也几乎毫无进展。省内仅在井研增加董贞夫1人，外省只在广西替换为宋育仁的进士同年谭彤士②。

为何打出“蜀学会”的招牌，后续援助反比宋育仁等以私人名义募集少了许多？的确，《蜀学报》曾声称“今立学会，不全属书院之人，主于相互讨论，自当与课程相别，今订立会内学友论撰，由主会评阅佳者，由报局酬奖登报”，似乎学会、学报与尊经书院有所区隔（《蜀学报》，1898：13）。实情却非如此，据同仁自道，该会办事人均是尊经师友，“宋院长约同井研廖广文季平、名山吴广文伯英、尊经监院宜宾薛广文丹廷、尊经上舍生中江刘立夫、资州郭煊仁、仁寿辜增荧、彭县都永龢、尊经斋长广安胡绍棠、三台孙忠沦、新繁杨桢、中江汪茂元、华阳钟汝霖、秀山易绍生，学会治事内江邓文焯、西充蒲嘉谷、学会载笔资州吕典桢、天泉杨赞襄、中江刘复礼，同学会友七十二人，衣冠齐集尊经阁前，释奠先师，礼毕更衣，就三公祠列坐”（《蜀学报》，1898：13）。吴之英、廖平还是《蜀学报》所聘总撰。除开人事安排，从所刊论说，也能清晰地看到“尊经”色彩远较《渝报》浓厚。

表4　《渝报》原创论说作者情况③

姓名	发表篇数	是否尊经师友	姓名	发表篇数	是否尊经师友
宋育仁	16	是	孙树藩	1	否
潘清荫	5	否	张朝镛	1	否
梅际郇	4	否	汪振声	1	否
蔡尔康	2	否	邓文焯	1	否
刘书晋	1	否	黄芝	1	否

① 《蜀学报》1898年第9期，第55页。

② 秦国经、唐益年、叶秀云：《中国第一历史档案馆藏清代官员履历档案全编》第6册，上海：华东师范大学出版社，1997年。

③ 表4、5、6、7根据两刊整理，连载的按1篇计。刘铭鼎就读尊经书院事，见王壬秋《湘绮楼日记》光绪十年一月十一日条，转引自李晓宇：《尊经书院与近代蜀学的兴起》，四川大学出版社，2009年，第279页。其余12人（吴之英、杨赞襄、刘立夫、宋育仁、廖平、刘复礼、黄英、胡绍棠、都永龢、邓镕、傅崇矩、崔映棠）见胡昭曦：《笔者已见尊经书院生员名单》，胡昭曦：《旭水斋存稿》，成都：四川大学出版社，2012年，第239—241页。彭仕勋时为尊经教习，见于王菊逸、彭家惠、彭家祥：《忆彭家珍大哥》，成都市政协文史学习委员会：《成都文史资料选编》辛亥前后卷，成都：四川人民出版社，2007年，第276页。

表 5 《蜀学报》原创论说作者情况

姓名	发表篇数	是否尊经师友	姓名	发表篇数	是否尊经师友
吴之英	5	是	朱华绶	1	否
杨赞襄	5	是	王以麟	1	否
王荣懋	3	否	刘复礼	1	是
刘立夫	2	是	傅昱炎	1	否
陈其昌	2	否	黄英	1	是
吕典桢	2	否	胡绍棠	1	是
宋育仁	2	是	刘铭鼎	1	是
徐昱	2	否	邓镕	1	是
彭仕勋	2	是	傅崇矩	1	是
廖平	2	是	崔映棠	1	是
都永龢	2	是	王式训	1	否
陈家騄	1	否			

由表 4、表 5 可推知，在《渝报》原创论说作者中，尊经师友占到人数的 10%，篇数的 48%。而在《蜀学报》原创论说中，这两项比例分别升至 63.6%和 61.5%。较之篇数，尊经的色彩在论说的分量差异上体现更加显著。除记事性质的《蜀学会报初开述义》（吴之英撰）、《蜀学开会记》（吕典桢、杨赞襄、刘复礼记），以及转录的《学会（蜀学会）讲义》（杨赞襄记），出自尊经师友和其他人士所撰《蜀学报》论说题目可见表 6、表 7。综合这两张表，不难看出，举凡涉及政教根本的论说，大多出自尊经中人。相形之下，其他人士的撰述则多集中于具体的事务讨论。

表 6 尊经师友所做《蜀学报》论说题目

作者	论说题目及刊登期数	作者	论说题目及刊登期数
吴之英	人伦说（第 2 期）、春秋书日食释义（第 5 期）、政要论（第 7 期）、法家善复古说（第 9 期）	邓镕	封列国以保中国论（第 5 期）
廖平	改文从质说（第 2 期）、威远创办农学会章程跋（第 4 期）	宋育仁	时务论（第 6、8 期）
胡绍棠	原教（第 3 期）	彭仕勋	蜀中防守策（第 7、9 期）

续表6

作者	论说题目及刊登期数	作者	论说题目及刊登期数
都永龢	川西北宜修路行军议（附问答二十条）（第3期）、联民以弭乱条议（第11期）	黄英	四川利害论（第8期）
崔映棠	原改铸钱币议（第4期）	刘铭鼎	春秋盟书即今条约考（第9、10、11期）
刘立夫	读礼书后（第5、6期）、书王松斋大令论富后（第6期）		

表7　其他人士所做《蜀学报》论说题目

作者	论说题目及刊登期数	作者	论说题目及刊登期数
王荣懋	维持地球和局议（第1期）	王荣懋	论富（第6期）
王荣懋	统筹蜀藏全局论（第2、3、4期）	王式训	农战论（第7期）
陈家騄	论轮车省力之理（第3期）	徐昱	创办煤油以存权利保蜀境论（第9期）
王荣懋	开风气说（第4期）	王以麟	四川煤油应归土著自办论（第10期）
王荣懋	论强（第5期）	陈其昌	藏蜀界务图说（第11期）
徐昱	封建说（第6期）		

既然在事实上，学会和学报都有如此深的尊经烙印，实际上也就划定了协同者的边界。那么其他人士，无论是否是川籍，如非与书院中人渊源特深，就只能作壁上观。但尊经书院从开设（1874年），至此不过20余年。且据李晓宇统计，该院从光绪六年才开始出进士，到光绪二十四年只有24人春宫得意[①]。在戊戌前后，乃至整个清末，无人位至尚侍督抚。不要说放在全国来比，就是在四川，尊经也不像岳麓之于湖南、学海之于广东那样一家独大，至少锦江书院在名分和院友阵容上就不弱于它。实际上，《蜀学报》建立后，后续捐资的都和尊经书院只存在间接关系。夏葳轩即夏时，湖南桂阳人，其子夏寿田在湖南受教于王闿运，和尊经诸君有同门之谊。从沈曾植撰《恪守庐日录》光绪十四年七月八日条下有“于伯山同年招款”看来，于伯山有可能是光

① 李晓宇：《尊经书院与近代蜀学的兴起》，《湖南大学学报》（社会科学版），2008年第5期。

绪六年壬辰科的于式枚[①]。于式枚和毛澂是该榜同年，他出资赞助《蜀学报》也是有可能的。但笔者在有限的阅读范围内没有看到其他佐证，只好存疑。黄肇青名秉潍，四川永川人，光绪二十一年进士，此后曾署陕西咸阳知县。[②] 由此可见，尊经同仁在士林中尚不深厚的人脉已被近乎用到极致，自难进一步拓展资源的吸纳范围。

透过上述分析，不难看到之于戊戌时期的四川，《渝报》和《蜀学报》这类新型媒介能“在地”产生和维系，承载了多重意蕴。其中历程既发轫于此时四川读书人的自我认知和期许，更展现了事实上的资源获取和分配机理。对比宋育仁在办报中所获援助的起伏，“尊经”对他的办报行为，既是给予“社会资本”（social capital）的直接助力，但至少在短期内也框定了展拓的边界。借此个案，当能管窥是否能有效地动员社会，与群体、组织既有的对社会的覆盖广度和深度关联密切。既然戊戌时期的维新各报，除《时务报》外，其活动大多主要依靠省籍、学缘等人际关联展开，在相当程度上也就形同自限。就此而言，这番探讨也许为更具像认知维新报刊乃至维新运动在当时当地的实际情况，提供了可能的视角。

---

① 沈曾植、许宝胜：《恪守庐日记》，上海图书馆历史文献研究所：《历史文献》，上海：上海古籍出版社，2007 年。

② 见咸阳市秦都区地方志编纂委员会：《咸阳市秦都区志》，1995 年，第 550 页；王炜：《〈清实录〉科举史料汇编》，武汉：武汉大学出版社，2009 年，第 1035 页。

清末民国画报上的战争叙事与国家神话[①]

徐 沛 周 丹

摘 要：表征是通过符号系统产生意义。本文通过分析清末民国时期《点石斋画报》和《良友》（也涉及同一时期部分日本报刊的相关内容）对中日军事冲突的图像表征，探讨了近代中国画报图像文本的战争叙事、对民族国家神话的展示等问题，发现《点石斋画报》与《良友》对于中日军事冲突的表征存在显著差异：前者倾向于采用夸张甚至失实的方式描绘、叙述军事冲突，使其成为读者谈论、消费的对象；而后者则试图通过展示民族神话的方式感召读者，在报道战争的同时，也在建构民族共同体的想象互动中影响读者。

关键词：表征 战争叙事 消费 民族国家 神话

画报曾在清末民国时期风行一时，但是相较同期的文字媒体而言较少受到学界关注。相关研究在 20 世纪 90 年代以后才逐渐形成规模，并产生较大影响。相关研究中，最常见的是采用传统新闻史的范式收集、整理、考证各种画报，梳理各种画报的办刊历程、沿革、种类等。这其中以阿英、彭永祥、韩丛耀等人的研究为代表。[②] 另一类画报研究主要从历史学领域进入，代表包括王尔敏、康无为（Kahn Harold）、瓦格纳（Rudolf G. Wagner）、叶晓青（Ye

① 本文有删节，请在原文发表期刊阅读全文。

② 参见阿英：《中国画报发展之经过》，《晚清文艺报刊述略》，上海：古典文学出版社，1958 年，第 90－100 页。彭永祥：《旧中国画报见闻录》，《新闻研究资料》第四辑，北京：中国社会科学出版社，1980 年，第 161－166 页；《中国近代画报简介》，《辛亥革命时期期刊介绍》（第四集），北京：人民出版社，1986 年，第 656－679 页；韩丛耀等：《中国近代图像新闻史：1840－1919》，南京：南京大学出版社，2012 年。

Xiaoqing）等。[①] 这些研究主要关注画报的内容，试图通过对画报图像的分析来了解清末城市生活、大众文化等方面的历史脉络与社会形态。进入21世纪以后，李欧梵、陈平原、吴果中等人逐步引入新的视角与范式，将画报纳入中国现代转型的历史进程，从社会、文化的角度观照近代画报及其内容。[②] 近年来也开始有学者注意到人文研究中"文化转向"对于画报图像研究的影响，强调在画报研究中关注图像符号的意指实践，并且有一些成果陆续发表。[③]

多数画报研究没有对特定内容的画报图像展开专门研究。对于近代画报中的战争图像虽已有整理、出版，但研究还乏善可陈。[④]

然而，战争是贯穿中国近代史的主题。从清末到民国，日本多次发动侵略中国的战争，对中国历史产生了方向性的影响。[⑤] 激烈的战事在大众媒体上留下了鲜明的印记，其中画报对战事进行了大量的图像报道。这些图像由于牵涉国家、民族间的激烈冲突，对其内容和形式的考察有助于了解画报作为大众传

---

① 参见王尔敏：《中国近代知识普及化传播之图说形式——点石斋画报例》，"中央研究院"近代历史研究所集刊，第19期，1990年，第135—172页；王尔敏：《〈点石斋画报〉所展现之近代历史脉络》，黄克武：《画中有话：近代中国的视觉表述与文化构图》，台北："中央研究院"近代历史研究所，2003年12月，第1—25页；康无为：《画中有话：点石斋画报与大众文化形成之前的历史》，《读史偶得：学术演讲三篇》，台北："中央研究院"近代史研究所，1993年10月，第89—100页；瓦格纳：《进入全球想象图景：上海的〈点石斋画报〉》，《中国学术》，第2卷第4期（总第八辑），北京：商务印书馆，2001年，第1—96页；Ye Xiaoqing，"The Dianshizhai Pictorial：Shanghai Urban Life"，1884—1898，Ann Arbor，Center for Chinese Studies，*The University of Michigan*，2003.

② 参见李欧梵：《上海摩登——一种新都市文化在中国1930—1945》，毛尖译，北京：北京大学出版社，2001年；陈平原、夏晓虹：《图像晚清》，天津：百花文艺出版社，2001年；陈平原：《左图右史与西学东渐——晚清画报研究》，香港：三联书店，2008年；陈平原：《图像晚清：点石斋画报之外》，北京：东方出版社，2014年；吴果中：《中国近代画报的历史考略——以上海为中心》，《新闻与传播研究》2007年第2期，第2—10页；吴果中：《从〈良友〉画报广告看其对上海文化空间的意义生产》，《国际新闻界》2007年第4期，第71—75页；吴果中：《民国〈良友〉画报与都市空间的意义生产》，《求索》2007年第5期，第176—178页；吴果中：《民国〈良友〉画报影响力要素的综合解析》，《国际新闻界》2007年第9期，第70—74页；吴果中：《都市文化语境下的乡村图像与市民文化——民国〈良友〉画报对上海街头文化的想象与建构》，《湖南师范大学社会科学学报》2008年第5期，第133—137页；吴果中：《〈良友〉画报与上海都市文化》，长沙：湖南师范大学出版社，2007年。

③ 黄克武：《导论：印现抑或再现？——视觉史料与历史书写》，黄克武：《画中有话：近代中国的视觉表述与文化构图》，台北："中央研究院"近代历史研究所，2003年；徐沛：《近代画报研究的文化转向及其价值》，《国际新闻界》2013年第12期，第124—134页。另有徐沛、周丹：《早期中国画报中表征及其意义》，《文艺研究》2007年第6期，第82—91页；徐沛：《近代画报中的体育图像及其教育功能》，《体育科学》2008年第5期，第81—88页；徐沛、罗家容：《从观看科学到科学地观看：近代画报中科学图像的演变》，《文化研究》（第23辑），2015年，第324—337页。

④ 例如万国报馆：《甲午：120年前的西方媒体观察》，北京：生活·读书·新知三联书店，2014年；赵省伟：《海外史料看甲午》，北京：中国画报出版社，2015年。

⑤ 主要指1894年的中日甲午战争、1931年九一八事变和1937年七七事变以及之后的时局。

媒在清末民国这个中国现代转型的关键时期所扮演的角色以及发挥的作用。而《点石斋画报》和《良友》画报分别是清末和民国时期最具代表性的两份画报。它们分别使用较大篇幅报道了当时的中日战争情况，形成一定影响，是本文研究的主要材料。[①] 同时，两种画报均为立足于上海的市场化大众媒体。考察二者在不同时代背景下对相似题材的图像表征，将有助于了解清末民国时期画报影响读者的作用机制，有利于梳理近代中国视觉文化的流变，有助于理解近代大众传媒与中国社会现代转型之间的互动关系。虽然两种画报出版发行的时代不同，报道的内容也各有侧重，但是从视觉文化角度来看，图像对于战争的再现方式从清末到民国时期却可能包含一种前后相继的演化过程。对于这一过程的考察、辨析，有可能从图像符号意指作用的层面了解晚清、民国时期媒介与受众（读者）关系的演进。

因此，本书将“表征”概念置于画报图像研究的核心位置，从画报图像如何再现中日军事战争的角度切入，侧重考察近代画报图像形式的变化脉络，关注画报图像再现战争的方式是否与画报的类型有关，并且在此基础上从大众媒介不同社会定位的角度进一步分析产生这种现象的原因。本文采用图像文本案例研究与内容分析两种方法，试图点面结合地分析两种主要画报对于中日军事战争的图像表征。

一、清末画报中以消费为目标的战争图像

叙事指对特定事件的叙述。[②] 本文中的叙事特指画报上用图像（通常要搭配文字）来对军事战争展开的叙述（报道）。

（一）画面内容与史实的出入

《点石斋画报》对甲午战争的报道篇幅可观，既有对大同江、牙山、平壤等地军事战争、大小战役的正面描绘，也涉及后勤保障、抓捕间谍、兵民关系等侧面内容的再现。相关图画主要集中刊登在 1894 年出版的礼、乐、射三卷中。

1894 年盛夏在牙山附近的战争是甲午战争期间中日间的第一场陆战。虽

① 同期在日本或其占领区（伪满洲国）出版的部分画报、报纸因为报道时间、报道内容相同或相似，具有可比性，也成为本研究的参考资料。主要包括甲午战争时期的《日清战争画报》和九一八事变期间的《满洲日报》等几种。

② 罗钢：《叙事学导论》，昆明：云南人民出版社，1994 年，第 2 页。

然规模不大，但是日军的胜利使“日本完全切断了中国到达朝鲜西海岸的航道，日军便可以专力北顾，为后来发动平壤战役解除了后顾之忧”①。更重要的是让日本“全国城乡到处飘扬的太阳旗和庆祝帝国胜利的沸腾的欢呼声所淹没……”② 日军士气大振，为后来的战局奠定了基调。图1是《点石斋画报》乐卷上刊登的关于牙山战役的图画。它是对战争宏大场面的全景再现。从人物的服装样式、军旗上的名号等诸多细节上可以辨认出画面中交战双方：清朝将领叶曙卿（叶志超）、聂功亭（聂士成）帅旗位于画面左下角，远处清军骑兵以及近处的步兵、火器营无不斗志高昂、奋勇杀敌。反观日军则丢盔弃甲、溃不成军。战况似乎正如画中文字所言：“鏖战良久，我军大获胜仗，斩获倭首二千余级，刃伤倭兵不计其数。”③ 实际上，这场战役中，包括牙山、成欢驿、安成渡等处日军总共战死31人。④ 如果将同时期在日本出版的画报刊登的同一事件图画与图1并列，会发现另一种截然不同的叙事。

图1 《牙山大胜》⑤

① 戚其章：《甲午战争史》，北京：人民出版社，1990年，第81页。

② 陆奥宗光：《蹇蹇录》，伊舍石译，北京：商务印书馆，1962年，第70页。

③ 载于《点石斋画报》第十一册，上海：上海画报出版社，2001年，第191页。

④ 参见《日方记载的中日战争资料》，戚其章：《中日战争》（第七册），北京：中华书局，1994年，第572页。不同文献的记录略有出入，例如《日清战争实记》统计此役日军死亡三十四人，包括军官两人。[《中日战争》（第八册），北京：中华书局，1994年，第26页。] 但无论如何，权威史料的记载与《点石斋画报》所载相差巨大。

⑤ 载于《点石斋画报》第十一册，上海：上海画报出版社，2001年，第191页。

图 2　《牙山的激战》[①]

图 2 来自 1894 年在日本出版的《日清战争画报》。该画报中恰好也有关于中日在牙山交战的描绘与报道，标题为《牙山的激战》。画面的格局跟《点石斋画报》相似，只不过将交战双方的位置进行了对调：日军这次位于画面左下方，清军则在画面右上角。骑在马上的日军将领身先士卒，带领大队人马向右侧立于城头的清军发起冲锋。画面中，两军之间云遮雾绕、杀气腾腾却没有交兵。很难从画面上判断胜负。但是图中上方矩形文字框中写道："大岛旅团的士兵英勇奋战，将牙山的清军驻兵打得溃不成军。"[②]

回顾史实，不难发现《点石斋画报》上所有直接描绘甲午战争陆海战场景的图像均在一定程度上有违史实，有些甚至彻底颠倒胜负。[③] 画家以及画报对于自己所绘内容的真实性是否知情已无从查考。但是从《点石斋画报》对甲午战争持续报道的内容与手法来看，媒体并没有直接派驻前线的记者。画家只能以从前线传来的只言片语为基础发挥想象，创造出一连串清军大胜的画面。[④] 因此，《点石斋画报》的甲午战争图像可能对于追求确凿史实的史学研究而言

---

① 载于山崎晓三郎：《日清战争画报》，国华堂，明治 27 年（1894 年），第 3 页。

② 载于山崎晓三郎：《日清战争画报》，国华堂，明治 27 年（1894 年），第 3 页。

③ 共 9 页，占所有甲午战争图像的 27.3%（总共 33 页）。

④ 与《点石斋画报》同一时期，对甲午战争其他战役的报道中曾经交代消息来自北方天津的电报，例如乐卷第十二中《破竹势成》上有文字声称："七月二十四日下午四点钟，接天津来电略云：'十七日华军至平壤大胜倭兵……'"

价值有限，但是对于关注图像如何再现战争的研究视角而言，却具有独特的价值：画报上几乎所有有悖史实的图像都采用了一种全景式的方式正面描绘战争。在这种想象性的全景画面中，画家有可能超越敌我双方的火力与武力，在兵戎相见、你死我活的血腥场景中从容获得观看位置，对双方的伤亡展开戏剧性描绘。

（二）对伤亡的戏剧性描绘

战争总是伴随着死亡，而死亡往往因为包含新闻性而受到关注。但是现代媒体的相关图像对死亡的再现却一直遵循相对谨慎、保守的传统。从罗杰·芬顿（Roger Fenton）用彼时刚刚出现的摄影技术拍摄克里米亚战争开始，战争图像就刻意避免拍摄残酷的战场画面，特别避免直接将尸体作为拍摄对象。[①]而这种回避死亡的做法逐渐被大众媒体广泛采用，成为媒体战争图像被广泛采纳的媒介伦理。人们普遍认为战争带来的血腥画面不但无助于当局获得战争的正义性，还很有可能对前线士气和后方舆论产生负面影响。因此，交战双方的新闻媒体对于现代战争带来的死亡的图像再现往往非常谨慎，甚至形成一种禁忌。

中国在甲午战争中均伤亡惨重，日本也在战争中有很大伤亡。晚清画报对其进行了大量描绘。[②] 图 1 和图 3 即再现了甲午战争中两种主要的死亡原因：交战与疾病。正如上文所述，对战场的正面全景式描绘是《点石斋画报》战争图像的显著特征。像图 1 这种戏剧性地描绘敌我双方在战场上你死我活地肉搏血战图像在《点石斋画报》中比较常见。当时的画报不但没有回避死亡，还正面描绘之：图 1 在近景中生动地呈现出日军士兵被清军士兵砍杀的瞬间，而在图 3 中日军士兵或病死、或切腹的场景，无不正面展示在画面当中。画师虽然不能在战场上观看，却采用全知全能的视角还原了战场杀戮的场景。这看似写实，实际上只是一种没有事实基础的浪漫想象。

除了直接描绘战争场景的图画，另一类甲午战争图像则主要再现与战争有关的侧面内容。图 3 是这类图像的代表：并不直接描绘战斗场面，而是展现战

---

① 曾恩波：《世界摄影史》，台北：艺术图书公司，1973 年，第 139 页。

② 现有资料显示，日军阵亡 1132 人，其余伤死、病死、病死及其他死亡 12356 人，共死亡 13488 人。参见《日方记载的中日战争资料》，《中日战争》（第七册），北京：中华书局，1996 年，第 560—562 页。清军死亡人数由于缺乏准确且权威的史料，存在不同说法。根据近年研究推论，死亡人数大约 25000 人。参见万国报馆：《甲午——120 年前的西方媒体观察》，北京：生活·读书·新知三联书店，2014 年，第 267 页。

场以外的不同战争侧面。该图题为《倭兵无状》，在一个画面中分别描绘了三件事：日军霸占租界内的水井、寻衅英国领事夫妇以及切腹自尽。这三件事发生在不同时空，画师将它们艺术化地安排在同一画面中，试图说明日军不仅士气低落，而且无法无天，是危害一方的祸水。此图形式上的有趣之处在于它突破了单幅静态图像通常只描绘一个瞬间的局限，通过将不同时空发生的具有类似所指的事情同时呈现在画面中，强化了日军士兵“无状”的具体内容和严重程度。类似的时空表征模式在美术史上早有先例。[①]

图 3　倭兵无状[②]

进一步而言，这种想象性的、浪漫的、戏剧化再现死亡的做法从一个侧面说明读者与画面内容之间从空间到心理距离的遥远。画报读者对胜负的了解并不直接影响战局，而画报能否提供有料的谈资却影响了画报的发行量。提供故事自然比呈现事实更有市场。既然朝廷在与外国战争中的胜负并不会让市民读者从切身利益的角度去考虑利害关系，而只是从消遣、娱乐的角度去消费故事，那么，市场化导向的《点石斋画报》不关心其战争图像真实性的做法就并不奇怪了。

虽然内容不同，但是分别代表甲午战争两类图像的图 1 和图 3 存在一些共同之处：它们将战争想象为遥远时空中事不关己，却令人好奇、供人品评的谈资，而不是与自己利益攸关、有切肤之痛的惨烈战争。从这些战争图像的描绘中既看不出甲午战争的惨败直接导致中国失去对朝鲜半岛的实际控制，也看不出晚清的洋务运动和日本的明治维新以后已经逐渐清晰的角色转换：日本经此

① 例如五代南唐画家顾闳中所绘《韩熙载夜宴图》，描绘了画中主角韩熙载在不同时空中不同的夜生活。参见吕胜中：《造型原本：看卷・讲卷》，北京：生活・读书・新知三联书店，2002 年，第 81 页。

② 吕胜中：《造型原本：看卷・讲卷》，北京：生活・读书・新知三联书店，2002 年，第 195 页。

一战，很大程度上一改19世纪中叶以来一直被动挨打的局面，迅速成为称霸东亚的主要国家；反观中国，不但没有能够抓住洋务运动这最后一线机会，扭转颓势，反而被有类似历史传统、在与欧美列强较量中明显处于劣势的日本击败。

（三）《点石斋画报》的办刊宗旨与晚清的社会文化需求

《点石斋画报》的创刊词以及清末社会文化情况也许是理解画报在面对这种令人绝望的世纪困局时，竟然能够采取前文那种超然、消遣的方式来描绘战争、观看失败的有价值的切入点。

《申报》创始人美查在发刊词中曾经对《点石斋画报》的定位有过专门论述："……其好事者绘为战捷之图，市井购观，恣为谈助，于以知风气使然，不仅新闻，即画报亦从此可类推矣。……"[①] 显然，为人提供谈资是《点石斋画报》的核心定位。通过提供谈资，报社获取利润，而读者获得消遣。此时的石印画报还没有像后来画报那样强调诸如社会责任等方面的使命。这一点被瓦格纳的研究部分证实："从新闻到娱乐性故事的转化正是《点石斋画报》报道的标准特征。"[②] 故事对当时的《点石斋画报》而言是核心要素：无论是图画，还是画面中的文字，无不是结合文图的优势，讲述故事的前因后果，来龙去脉。能够引发读者兴趣的故事才是画报所期望刊登的，至于这些故事的真实性，则不是画报特别在意的方面。

当大众媒体意在提供谈资、以消费为宗旨时，自然会避免与任何利益相关方产生交集，而是倾向置身事外、选择一种超然的旁观者视角来观看并呈现事件。这种立场导致图像制作者（画师、摄影师）更可能采取第三者视角来观察、描绘战争，其结果是战争双方被同时描绘在同一画面中的可能性大大增加。这与只有一方（无论中方还是日方）出现在画面中体现出观察者位置存在明显的差异。后一种情况因为观察者与战争双方的某一方持相同立场（例如中方或日方摄影记者），甚至就是某方成员（例如中方或日方军方宣传人员），而在主客观两方面都不太可能给予战争双方同样的关照（主观上敌视对方、同情支持本方，客观上也无法获得同等观察双方的机会）。这一点在对两种画报上有关中日军事战争的图像展开的内容分析也能够见出一二。

---

① 尊闻阁主人：《点石斋画报》（甲卷），广州：广东人民出版社，1983年，第1页。

② 瓦格纳：《进入全球想象图景：上海的〈点石斋画报〉》，《中国学术》第2卷第4期（总第八辑），北京：商务印书馆，2001年，第62页。

比较表1数据可以发现：在描绘中日军事战争的图像中，《点石斋画报》上同时出现中日双方的比例（45.5%，15页）比《良友》（6.2%，1页）多得多；而中日单独出现在画面中的情况，《良友》的比例（占68.8%，11页）则比《点石斋画报》（45.5%，15页）多。而《良友》上唯一一幅中日同时出现的图像是讽喻时局的漫画（其中将中日双方分别描绘为母鸡和耗子[①]），这与其他有关图像基本都是照片的情形明显不同。

表1　中日军事战争图像对当事双方的表征[②]

	《点石斋画报》 n=33	《良友》 n=16
中方或日方单独出现的页数 及在各自画报相关图像中其所占百分比	15	11
	45.5%	68.8%
中日双方同时出现的页数 及其在各自画报相关图像中所占百分比	15	1
	45.5%	6.2%
其他情况*的页数 及其在各自画报相关图像中所占百分比	3	4
	9.1%	25%

*“其他情况”指出现非中日的其他国家人物形象或者无人物形象出现。

另一方面，李孝悌在评价《点石斋画报》与上海都市文化的关系时认为：“以《点石斋》而论，1880年代，特别是甲午战争以后，上层思想的激烈变化，并没有在城市通俗文化中产生深刻的影响。除了一些新兴的‘奇技淫巧’和少数介绍西方女性地位的图片外，《点石斋》基本上还停留在一个没有除魅的前现代世界。城市的外观和新式器物，固然将上海一步步导入现代国际社会，但在心态上，《点石斋》呈现的仍是一幅魔幻、诡奇的乡野图像。”[③] 在这里，我们可以将“乡野图像”理解为与“现代城市图像”比较而言相对保守、未开化、正待启蒙的类型。类似中日甲午战争这样国际的，对民族、对国家产

① 参见《良友》第六十二期，1931年第2页。

② 本表及下文表3的数据基于对《点石斋画报》礼、乐、射三集（即出版于甲午年即公元1894年1月至1895年1月）上所有关于甲午战争的图像、《良友》第六十二期（出版于1931年）上所有关于九一八事变和《良友》第一百三十一期（出版于1937年）上所有关于七七事变的图像的内容分析。虽然两份画报描绘、再现这些军事战争的图像尺寸不同，但是均以整页编排形式出现，所以本文的统计、编码也以描绘相关内容的页码为单位。

③ 李孝悌：《恋恋红尘：中国的城市、欲望与生活》，台北：一方出版有限公司，2002年，第188页。

生影响的重大新闻不仅超越了画报读者的想象范畴，也超越了画师的想象范畴。人们对于世界的想象仍然主要以家庭、乡村为主要单位，人与事均在这样的框架内展开。普通读者还没有建立起现代民族国家的身份认同，当然无法也不能站在现代国家的高度去关注战争。因此，这类图像描绘的内容无论是身边的，还是远方的新闻，都会被纳入这种前现代的乡野风格之中，即使像战争这样伤亡惨重、影响深远的重大新闻也会按照一种传统的、戏剧化的方式被描绘、叙述，成为眼界有限的读者谈论、消费的对象。

二、民国画报战争图像展示的国家神话

中日甲午战争过去 30 多年以后，1931 年，九一八事变爆发。随后双方摩擦、战争不断，直到 1937 年七七事变爆发，日本发动全面侵华战争。当时，清朝已经改朝换代到了中华民国，而日本则从明治时代，经过大正时代，进入昭和时代。中国画报的形态也从石印为主演进为以铜锌版、影写版为主。于 1926 年创刊的《良友》画报为代表的摄影画报对这些军事战争的报道和再现是否随着时代的变迁而发生了变化？带着这个问题，我们不妨对这些战争图像展开进一步研究。

（一）事实的报道 VS 诗意的召唤

九一八事变后，日本占据东北时出版发行的所谓《满洲日报》采用了一种“纪实”的报道策略。1931 年 10 月 20 日《满洲日报》第一版对事变进行的正面报道。画面主要内容是火车站台上密密麻麻的人，既有军人，也有百姓，左上角是一列火车。画面上方一行大字：“图说满洲事变”，右下角文字说明非常简短：“下达行动命令。”画面与文字都有非常具体的所指：人的行动。而这些人的行动则是九一八事变的实际内容：日军采取行动占领东三省，东北军坐视不管，东北民众深受日本侵略者所害⋯

与《满洲日报》不同，《良友》选择了一种带有强烈情感色彩的报道方式。从第六十二期开始，即用连续三页整页表达国难当头的焦虑与急迫心情。前两页分别是南宋将领岳飞手迹“还我河山”和一幅漫画[①]，第三页则是一幅标题为《还我河山》的照片，拍摄了吉林风光，其中没有可以辨认的人物形象。时任主编梁得所在第六十二期编后语中如是说：“此次日本暴行发生时，⋯⋯唯

① 漫画将日本描绘为觊觎鸡蛋的老鼠，而中国则是力图保护鸡蛋的母鸡。

有一点我们预料——而且希望不出我们所料的——人民同赴国难的热诚，有增无减。”[①] 可见，此时画报的目标不仅是报道事实，而且要传递一种情绪、表达对读者的期望。这种期望不仅要靠文字来表达，而且要通过画面的形式来传递。在《良友》画报的中日战争报道中，这是一种常见的手法。类似情况在《良友》报道九一八事变和七七事变的内容中占 31.5%。[②] 这种报道方式既不同于同期的伪满新闻出版物，也明显区别于以往的石印画报。《良友》的战争图像从一开始便带有强烈的主体意识，试图运用战争图像来影响、召唤读者。

《良友》第六十四期第一页即刊登了上海青年义勇军第一区总指挥陈昺德（图 4）的大幅照片。画面中，青年将领陈昺德正在行军礼，目光坚定、表情肃穆。陈的面部和手几乎占满整个画面，其身后中华民国的青天白日旗虽然大部分被遮挡，但基本还能够辨认，并且与陈军帽上的青天白日徽遥相呼应。

图 4　号角吹响的时候[③]

照片的标题是“号角吹响的时候”，画面上有饱含理想与诗意的文字如下：

正义的号角吹响了，是青年准备的时候。仰望的心期待着，期待责任

① 梁得所：《编后语》，《良友》第六十二期，1931 年。

② 《良友》第六十二期（主要报道九一八事变）和第一百三十期（主要报道七七事变）共有相关内容 5 页（即“包含抽象内涵的页码数量”），详见正文表 3 数据。

③ 载于《良友》第六十四期，1931 年，第 1 页。

使命的来临。一旦责任说道："你应该去。"青年回答："我必定去。"[①]

这些文字与图像的重点不在于提供具体的信息，而是要文图结合地创造出一种义无反顾、共赴国难的氛围，期望青年在"责任""使命"的感召下投身抗日。用阿尔都塞的术语来说即国家机器对于个体的"召唤"(interpellation)。

"号角""心"和"责任"是这段问题的关键概念。这些概念与照片背景中的青天白日旗、军帽上的青天白日徽两相呼应，明确传达出编辑的一片苦心：国民政府代表的中华民族（国家/民族）吹响号角，与各种潜在对象对话。

如表2，国家/民族招呼的对象就是这里的"心"——青年的"心"，青年响应民族/国家的号召，回答"我必定去。"从图像上分析召唤的对象，最直接的当然是陈舄德。陈的眼神、表情、姿态明确地表达了响应召唤的决心。从文字上看，召唤的对象不仅是陈舄德，而是泛指的"青年"。文字部分要青年来响应国家、民族的召唤。如果画报的读者在看到这些文字与图像的时候热血沸腾、感同身受，在精神或者行动上回应召唤，积极支持、参与抗日，那么，可以说画报的读者成为被召唤的第三类对象。

表2 《良友》战争图像召唤功能的主客体分析

召唤的主体1	召唤的主体2	召唤的对象
国家/民族[②]	画报（大众媒体）	陈舄德
		青年
		读者

画报希望这种文图结合的传播方式能够感化读者、召唤青年，形成举国上下、同仇敌忾、抗日救国的洪流。无论是陈舄德、普通青年，还是读者，在响应国家/民族召唤的过程中都在想象的层面上与自己的民族、国家彼此认同，确认自己作为中华民族这个抽象集合体的成员身份，从而将国家、民族的兴亡与个人安危联系起来。

实际上，早在中日甲午战争时期，日本大众媒体就已经有意识地通过对战争的报道和再现来建构民族身份认同。以《太阳》为例，日本大众媒体尝试使用新闻照片推动平民向"国民"的转化。日本学者红野谦介认为："为了这一场战争（指甲午战争，笔者注），明治政府将迄今为止纳入在平民范畴之内的

① 佚名，载于《良友》第六十四期，1931年，第1页。

② 这里的国家/民族概念即英文中的"nation"，是近现代历史经过历次民族主义浪潮以后建立起来的民族国家。本文使用的"国家""民族"均为"nation"这个概念。

人，改而划到了‘国民’概念之下，以政策的方式推进作为国民共同体的文化统和。但是，‘国民国家’并非仅凭当权者的方针便能够成立的。必须经过一个被指定为‘国民’的过程，必然会有一个发生于各个层次的无数事件造成龟裂与不和，并将这龟裂与不和推向一个不可视领域的过程。并且在着手建立‘国民’主体之际，可以认为在感性、美学、欲望、视线的行为这些前意识领域里也发生过改组。”① 实际上，民国时期中国画报也赋予战争图像以这种建构民族身份认同的使命，通过视觉表征的方式建构起民族国家的神话。

（一）战争图像中的民族神话

这里的“神话”（Myth）是一个符号学概念。特伦斯·霍克斯（Terence Hawkes）将它定义为“一个社会构造出来以维持和证实自身的存在的各种意象和信仰的复杂系统：即它的‘意义’系统的结构”②。符号学理论认为，神话出现在两级意指（signification）过程中：特定的能指（signifier）与一级所指（signified）结合生成一级符号，此后这个一级符号会成为新的能指与二级所指结合生成二级符号。③ 一级符号生成以后进一步获取新的能指，成为二级符号的过程就是生成神话的过程。罗兰·巴特（Roland Barthes）认为，可以将完成第一级图像意指作用生成的符号看作“外延”（denotation）。通过这一过程，图像能指因为与它的所指（画面中的景物、人物及其关系）联系起来而变得“完满”。而将完成第二级意指作用生成的符号看作“内涵”（connotation）。④ 符号只有在完成两级意指，也就是被神话化以后，才能超越其外延（字面、画面或者其他形式的）的含义，获得其抽象的内涵，所谓“言外之意”（或这里针对战争图像而言的“画外之意”）。

对《点石斋画报》和《良友》上三次有关中日军事战争图像的表征方式进行内容分析发现（表 3）：《点石斋画报》对甲午战争的描绘，没有在图像符号层面追求超越其外延的尝试（该类图像数量为零）。而《良友》虽然有关图像

① 红野谦介：《明治三十年代的杂志〈太阳〉中新闻照片的变迁——如何导演“真实”》，载陈平原、山口守：《大众传媒与现代文学》，北京：新世界出版社，2003 年，第 4—5 页。

② 特伦斯·霍克斯：《结构主义和符号学》，瞿铁鹏译，上海：上海译文出版社，1987 年，第 135 页。

③ 参见罗兰·巴特：《神话——大众文化诠释》，许蔷蔷、许琦玲译，上海：上海人民出版社，1997 年，第 171—176 页；霍克斯：《结构主义和符号学》，瞿铁鹏译，上海：上海译文出版社，1987 年，第 134—139 页。

④ Roland Barthes, *Elements of Semiology*, translated by Annette Lavers and Colin Smith, New York: Hill and Wang, 1983, pp. 80—90.

包含抽象内涵的页码数量在所有相关页码中也不占多数（31.25%），但是与《点石斋画报》相比已有明显增加。不仅如此，这些图像还以其迥异的表征以及引人注目编辑手法（几乎所有这类图像都以单幅图像放大到整页篇幅出现在画报前三页，详见下文分析）让《良友》对中日军事战争的报道带有显而易见的"画外之意"。

表 3　图像是否包含两级意指作用后的抽象内涵

	《点石斋画报》 n=33	《良友》 n=16
不包含抽象内涵的页码数量 及其在各自画报所占百分比	33	11
	100%	68.75%
包含抽象内涵的页码数量 及其在各自画报所占百分比	0	5
	0%	31.25%

1937 年 7 月的第 130 期是《良友》在抗战爆发以后出版的第一期，也是在上海出版的最后一期。[①] 图 5 是第 130 期上报道"七七事变"的第一页，画面中的主要内容是一位背对镜头、全副武装的士兵站在石狮旁边。士兵背对拍摄者，画面中看不到其面部，也无法确认其身份。画面略向右倾斜，石狮位于画面右上方，引人注目。照片上方有压图标题"芦沟桥事件"，标题下方小字说明"保卫芦沟桥之我二十九军战士"[②]。照片下方用中英文报道了卢沟桥事件大致经过以及当时局势。

① 八一三事变以后，已经编好且正在上海印刷的第一百三十一期连同原稿全部丧失。《良友》画报随后迁至香港，于当年 11 月复刊，仍列为第 131 期，但内容不同。参见马国亮：《良友忆旧：一家画报与一个时代》，北京：生活·读书·新知三联书店，2002 年，第 242—244 页。

② 载于《良友》第一百三十期，1937 年，第 3 页。

图 5　芦沟桥事件[①]

从生成神话的角度来看，图 5 的能指是“一位全副武装的战士站在石狮旁边”，其所指分别是“二十九军某战士”和“卢沟桥的石狮”，它们的结合生成的一级符号所要传递的信息，就是照片说明文字的大意“二十九军战士保卫卢沟桥”。而一级符号需要经过新的意指环节才会成为二级符号。

战士的身份不清晰、显眼的石狮……这些被展示在画面中的因素都使图 5 更有条件在一级符号的基础上进一步与其他所指结合，获得更多、更大的内涵。正如日本学者在评论战争图像的生成时所说：“……在时间上空间上何处是战场的最前线、最富于戏剧性的瞬间何时到访完全是不透明的。”[②] 摄影记者只能从有限的视点去观看、拍摄战争，图片编辑只能选择有限的图片来报道、还原战争。前提是读者具备特定知识素养：对特定抽象符号包含的超越当下时空的内涵的背景知识。在这里就是石狮以及卢沟桥的石狮作为符号所必需的积累：有学者考证，狮子的形象早在公元 4 世纪就步佛教的后尘传入中国……被采用为佛教寺庙的守卫石像……[③]而卢沟桥及其上面的石狮则有更丰

① 载于《良友》第一百三十期，1937 年，第 3 页。

② 红野谦介：《明治三十年代的杂志〈太阳〉中新闻照片的变迁——如何导演“真实”》，载陈平原、山口守：《大众传媒与现代文学》，北京：新世界出版社，2003 年，第 21 页。

③ 霍尔：《东西方图形艺术象征词典》，韩巍等译，北京：中国青年出版社，2000 年，第 60 页。

富的历史、文化内涵。[①] 在此文化语境中，卢沟桥的石狮作为象征性的符号，可以指代中国或者中华民族。看不到面部，身份不清晰的二十九军战士因为无法与具体的个体有效关联，反而有可能成为代表“中国军人”的符号。在此基础上，图 6 的内容能够与国家/民族的概念产生关联，它所传递的意义也就从“二十九军战士保卫卢沟桥”被极大拓展，上升成“（中国军人）保卫中国”的神话。

（三）在史料中寻求民族国家的身份认同

除了在图像的符号层面创造神话来召唤读者，《良友》还将目光转向过去，通过不同方式在史料中寻求民族国家身份认同的资源。

图 6 刊登在《良友》第六十二期第 1 页，影印了南宋抗金将领岳飞的笔迹。虽然南宋时期宋金之间的矛盾在性质上与几百年以后的中日矛盾并不一样，但是画报试图从历史维度上寻求抗日的正义性却是显而易见的。通过这种方式，画报试图明确“河山”的历史归属，反证出日本霸占东三省的罪行，为寻求国家领土主权完整找到依据。“还我河山”四个字的所指也因时局而与历史不同，当时的“我”指代“中华民族”，而“河山”则指代“东三省”甚至“全中国”。

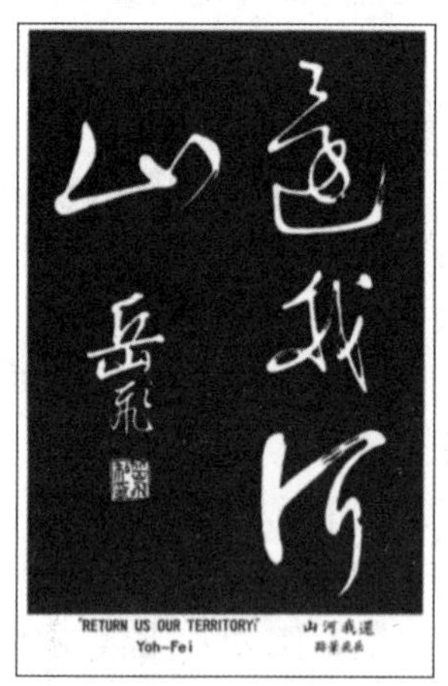

图 6　还我河山[②]

① 卢沟桥始建于金大定十九年（1189 年），“卢沟晓月”从金章宗年间就被列为“燕京八景”之一。卢沟桥头立有清乾隆帝题写的“卢沟晓月”碑。北京有歇后语“卢沟桥的狮子——数不清”。

② 载于《良友》第六十二期，1931 年，第 1 页。

同样是针对“九一八事变”的报道中，《良友》第六十三期第 11 页影印了甲午时期《点石斋画报》上有关中日甲午战争的时事画（见图 7），旧事重提，意在提醒读者以史为鉴，勿忘国耻。

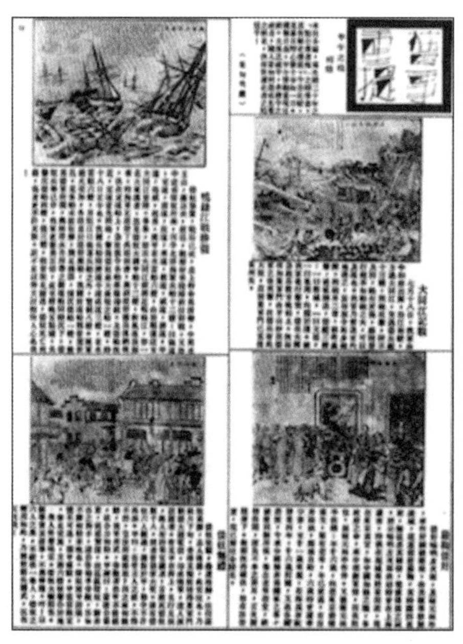

图 7　旧事重提[①]

“本页各图，为光绪二十年之《点石斋画报》之时事画，甚有历史价值。今昔比较，见暴日野心数十年如一日。国难日亟，甲午惨剧重现目前。夫后之视今，亦犹今之视昔，国人当如何造成光荣之历史，供后世读史者之回忆乎！”[②]

图 8 在一页中分别呈现了“大同江记战”“鸭绿江战胜图”“严鞫倭奸”“倭奴无礼”等四幅图画及其说明文字。虽然清末《点石斋画报》对于中日甲午战争的报道存在夸张、失实的问题，但在此处并不妨碍其内容成为一种警醒世人的手段。历史记忆是民族认同的主要来源，画报在眼前中日危机中重提 30 多年前的旧事，为国人万众一心、同仇敌忾寻求到了历史依据。

类似《良友》这样直接复制其他媒体的原文原图来回顾历史的方式在近代画报上，甚至近代传媒上并不多见。它创造了一种将过去的战争图像纳入新的

① 载于《良友》第六十三期，1931 年，第 11 页。
② 载于《良友》第六十三期，1931 年，第 11 页。

意指系统的策略，让历史上的传媒图像因为其曾经被刊登、被阅读这个事实成为在新的语境下获得被重新阐释、重新理解的契机。晚清的石印战争图像在民国摄影画报上获得了新的内涵，从而有助于这些画报上民族神话的生成与传播。

结语

综上可以看出，《良友》并未将读者仅仅视为消费者，而是将读者、自己（大众媒体）和国家民族视为一个共同体中的成员：在这个共同体中，无论是贩夫走卒，还是商贾政客；无论是城市居民，还是乡村野老；无论是高层领袖，还是普通百姓……都是这个共同体中休戚与共的组成部分，自然也都与这个共同体同呼吸、共命运。而这个共同体就是所有中国人的理想归宿，也是作为现代民族和国家而存在的“中华民族”。

因为每个主体都是身在其中的一分子，所以画报采取了一种带有强烈主观色彩的编辑方针来面对读者，言语间从不避讳自己对读者抱有殷切的希望，希望自己能够对休戚与共的读者诸君产生积极的影响。这些都与晚清石印画报中将战争描述为一种遥远的、事不关己的、仅供消遣的故事的风格形成了巨大的反差。

同样面对日本对中国的侵略战争，同样是开始敌强我弱的战争态势，同样是中国大都市商业化大众媒体的《点石斋画报》和《良友》，都采用了图像作为主要的信息载体，却采取了完全不同的图像表征方式来再现战争。这一前一后的两种不同表征也是中国视觉文化逐渐从传统走向现代的不同发展阶段的表现，它既体现了也推动了中国社会的现代化进程。

从晚清到民国，不同时期画报上有关中日军事战争的图像为读者提供了观看、想象战争的平台与手段，画报上的战争图像对于战争的再现方式也在变化：从更注重内容的故事性和场面的宏大朝着通过图像生成民族神话的方向逐渐转变。同时，战争图像的定位也从人们茶余饭后的消遣谈资逐渐转变为召唤教育民众的手段。相应的，战争图像的读者也在不知不觉中从臣民逐渐向人民转变，个人与国家民族的关系也逐渐从“天高皇帝远”的疏离状态逐渐转变为“荣辱与共、休戚相关”的密切关系。

20 世纪 30 年代，《良友》利用包括图像在内的各种符号建构神话，将一些看似没有关联的内涵赋予特定的图像符号，并且使之看上去不突兀，接受起来不困难，从而在不知不觉中强化读者对民族国家意识形态的接受。难怪有学者指出："神话化的最终目的不是化平淡为神奇，而是相反，化神奇为平淡。"[①] 如果读者在阅读《良友》画报有关日本侵华战争内容的时候，认同画报的立场，感受到国家命运与个人命运不能分离并为日本一步步侵占中国领土而悲痛、焦虑，继而奋起反抗……那么，《良友》在唤起大众团结一致抗日救国这个问题上就发挥了积极的作用；同时，大众也在这个过程中不知不觉发展、清晰、坚定了自己的民族身份认同，也就从与民族国家关系疏远的前现代社会的臣民转变成为对国家、对社会有担当、有责任感的现代社会的公民。正如《良友》第四任主编马国亮所言："我们报道抗战……最大目的还是为唤起全国人民对暴日侵我的救亡意念，同仇敌忾，为保家卫国各尽所能。"[②] 如果说《点石斋画报》上的战争图像是一种乡野的、前现代的视觉文化，那么《良友》画报给读者呈现的则完全是另一个前所未有的现代世界。

① 肖小蕙：《意识形态：权力关系的再现系统》，陶东风等：《文化研究》（第3辑），天津：天津社会科学院出版社，2002年，第197页。

② 马国亮：《良友忆旧：一家画报与一个时代》，北京：生活·读书·新知三联书店，2002年，第248—249页。

《新新新闻》中的“看电影”：报刊与现代文化生活方式的互动[①]

操　慧　高　敏

电影院的拥挤，证明是文化确已进步，登封的阶段。看电影而不懂，或者懂而不肯看的人，可以说不是幼稚，便是老腐，也是说，不去去上上电影院，简直不是现代化的人……

——摘自《新新新闻》[②]

20世纪初，电影登陆成都。它作为当时的新鲜事物被报刊等媒介关注和引介，并通过多形式的报道和传播，激发起市民的好奇心，逐渐为市民了解和认知，许多市民走入电影院看电影，成为“观众”。一时间，“看电影”不仅代表了一种新的文娱消费，也意味着一种现代文化生活方式的兴起。从报刊与电影的媒介属性及文化传播的功效来看，报刊对“电影”的呈现以及促发“看电影”这一媒介文化景观，为我们提供了考察报刊现代性与都市风尚，或曰报刊与现代文化生活方式互动的视角。基于此，本文以民国时期成都报刊《新新新闻》有关电影的呈现为分析对象，试图诠释这两类媒介在特定时空中的功能互补及文化互动，以此作为有关报刊现代性在都市文化生活方式型构与演进中的一种文化考察。

一、“看电影”：两类媒介互动共构的媒介文化景观

源于1895年巴黎咖啡馆放映的电影，在近代西风东渐的浪潮中，于1896

---

① 操慧、高敏：《〈新新新闻〉中的“看电影”——报刊与现代文化生活方式的互动》，《现代中国文化与文学》，2019年第4期。

② 《再谈电影院的拥挤》，《新新新闻》，1942年6月2日，第8版。

年最先被带入到中国城市现代转型的“桥头堡”上海。[①] 它被引入偏安西南一隅的内陆城市——成都，则在20世纪初。起初，电影在成都这座城市并未大范围普及，大多是在茶园、戏园兼映。[②] 直到成都第一家电影院——新明电影院创立，电影才开始为更多成都市民知晓与接受。此后，成都出现了诸如智育、蜀一、国民、蓉光、大华等电影院。这些影院可容纳1000人以上，其中，蓉光的容纳量高达1500人以上，若以日均两场的放映量以及50%的上座率计算，去掉寒暑假停映的两个月，年均观影人数将达200万人次，这个观影数量是成都人口的倍数。[③] 由此可见，电影在成都这座走向现代化的城市中拥有深厚的市民基础与文化氛围。早期，成都电影院播放的电影均为无声影片，至1930年，才逐渐开始放映有声影片。[④] 有声影片的出现是科学技术进步的必然结果，这也为电影进一步大众化奠定了基础。成都城市电影院数量以及容纳人数的不断增长，见证了电影产业在成都的“蒸蒸日上”以及电影艺术在成都的大众化演进。可以推测，20世纪30年代以后，“看电影”逐渐成为一句“摩登的口号”，一种新的城市生活风尚。其时，它已日渐走进成都市民的日常生活并且获得了一定的“可见性”。

当我们将这种“看电影”的热潮放置在现代出版系统加以审视时，不难发现，电影在成都走向大众化、日常化的过程中与现代报刊存在某种紧密的文化关联与互动。假若没有现代报刊不遗余力地引介与呈现，倘若失去了铺天盖地的报刊广告的宣传，“看电影”这种文化气候与文娱风尚将难以在成都城市空间中迅速普及与扩散。换言之，电影之所以能够风行于成都，除了人们日益增长的视听观看的文化需求的驱动，还在于现代报刊日复一日地通过文化报道与文化消费带动的启蒙。在此意义上，“看电影”便被赋予了双重含义：一方面，作为“舶来品”的电影艺术在成都城的落地与生根，成都多了一个具有新闻价值的新生事物，媒体对它的报道责无旁贷。此即“看电影”作为新闻的价值所在。另一方面，透过媒体报道的引介和助推，它成了可以有效满足市民文化娱乐需求的风尚和仪式；这是让电影这一视听媒介融入新的生活方式并能够构建其“看”的多种社会文化意义所在。而这两重含义使“看电影”具有了媒介引导之维与市民文化参与之维的消费自觉，令“电影”在城市社会中得以保持可

---

① 李少白：《中国电影史》，北京：高等教育出版社，2006年，第8—9页。

② 何一民：《成都通史（民国时期）》，成都：四川人民出版社，2011年，第498—499页。

③ 何一民：《成都通史（民国时期）》，成都：四川人民出版社，2011年，第10—12页。

④ 王伊洛：《〈新新新闻〉报史研究》，成都：巴蜀书社，2008年，第89页。成都市文化局、成都市电影发行放映公司：《成都电影志》，2000年，第2页。

以互动的“可见度”，这比有限的亲身实践与间歇性的文化参与，在城市市民中获得的“能见度”更高。[①] 它体现了媒体在文化传播和现代风尚引领中的独到功用。

从电影作为新闻被报道的媒介现象角度来理解，电影不仅提供了客观观看的文化内容和新的观看方式，而且是其融入人与城的社会文化互动中的一种新型媒介文化的生发。民国时期，作为“新事物”的电影与“求新求变”的报刊媒介在成都这座城市中互动“相遇”，并试图借助报刊媒介广阔的社会网络，将自身推向城市生活的“前台”，从而助推一种新的城市生活风尚形成。在此过程中，它也孕育着报刊媒介对城市文化现代转型的推动。具体而言，就是它透过报刊媒介对电影的“可体验”呈现，激发了成都市民对电影的消费与感知的表达，进而培育了他们独特的文化想象力。其间，“读报者”可能转化为“观影者”（《新新新闻》中所言的“观客”），但这两类媒介文化的对象都是市民，三种身份可能构建新的文化身份与共享新型的文化融合。这就导致媒介技术和文化混合的拼贴性造就的“看电影”，既代表了一种新型与新兴的媒介文化，又意味着这一媒介文化是包含了看自己、看生活、看艺术等社会文化生活方式及其文化参与仪式。与此同时，从媒介传播功能的覆盖空间拓展上看，现代报刊的介入，也使电影与城市的互动，表现为实体空间与虚拟空间并存的融合。因而，媒介对于电影的“观看”与审视，既嵌置于信息构筑的虚拟空间，又被纳入到人城交互的实体空间。这种新形态的融合空间将媒介、电影与城市有机凝聚，从而组接为以往不曾具备的媒介文化生产的动力机制，它合力包容了成都城市文化的多样性，也同时将此熔炼成与时俱进的现代文化生活方式的建构。

无论是对电影形式还是内容的报道，其本身都是都市新兴文化的反映与传播；从报刊与电影这两类媒体的互动与互助角度看，它们作为媒体间的交错，又在客观上实现了文化传播与文化构建的循环共享，即：报刊对“电影”和“看电影”的报道成为社会生活媒介化驱动文化生活影像化的文化生产的现代化必然。依循这样的认知逻辑，本文试图解读成都报刊中的“看电影”，以此探讨报刊媒介与城市文化现代性的动因及关联。

---

① 卞冬磊：《“可见的”共同体：报纸与民族国家的另一种叙述》，《国际新闻界》2017 年第 12 期，第 37 页。

二、《新新新闻》对"电影"的媒介呈现

《新新新闻》创办于1929年9月1日，是近代时期成都地区出版时间最长、经济效益最好、影响面很广的"民营报纸"①，主要面向都市人群发行，发行范围"以成都为中心，以四川为主要发行地区"②。《新新新闻》的发刊词提道："我们带着民众的声浪，奏起进行的歌曲，以催促此新中国、新社会、新生活的降临。"③"新中国、新社会、新生活"作为这份扎根于成都的地方报刊的愿景，既与"新新新闻"的报名相互呼应，又昭示该报以"新"作为价值追求的定位及深刻意涵。选择《新新新闻》的"电影报道"作为个案考察其报城互动的现代性演进，既是出于它在近代成都报业史上持续出版二十年的突出业绩；也是基于《新新新闻》作为"社会公物"的办报宗旨，它显示出其具有深广的民意基础和媒介认同；此外，还得益于它丰富多样的电影内容呈现。本文以"电影"为标题关键词，在"四川大学图书馆新新新闻共享平台"④上共检索出3030条报道，包括新闻（包含评论）、广告以及副刊这三种截然不同的文本体裁，展现了不同面向的电影内容与文化风尚，这使我们能够以此为研究参照，深入解析这份报刊"观看"成都电影的叙事策略及其媒体的文化取径。

（一）新闻关注电影事业发展

新闻之"新"，除了强调时间之新，还包括了内容之新。《新新新闻》对于"新"之阐释，以"新中国 新社会 新生活"为宏观愿景，在其本质上内蕴着"求新"的价值追求以及通往一个现代社会的渴望。电影虽是"舶来品"，但被引入中国城市，"非但是娱乐品，并且有艺术上的真义，辅助社会教育的利器。所以智识阶级中人首先欢迎"⑤。随着电影事业的发展，电影开始从智识阶级扩展到普通市民，并逐步变成一种"大众"艺术，随之伴生的，是吸引越来越多的报刊媒介关注和进行报道。这里的新闻，既包括《新新新闻》上的一般新闻报道，也涵盖具有新闻性的评论文章，以此区别作为非新闻性内容的广告与

① 流沙河：《〈成都旧闻〉序言》，《巴蜀史志》2004年第2期，第56页。

② 王伊洛：《〈新新新闻〉报史研究》，成都：巴蜀书社，2008年，第89页。

③ 陈祖武：《成都〈新新新闻〉始末亲历》，《新闻研究资料》1982年第15辑，第165页。

④ "四川大学图书馆新新新闻共享平台"收集了《新新新闻》的大量报道，时间区间为1930—1950年。

⑤ 王定九：《上海门径》，哈尔滨：中央书店，1932年，第14页。

副刊。

在约定俗成的新闻界定中，其时新性决定了它对电影的呈现更为突出动态性与事件性，表现在新闻报道中即为：报道内容多为成都电影事业的新近动态、重要事件、建设现状、政策方针等。它们记录并见证着电影被成都市民、成都政府以及成都社会接受的复杂过程。

《新新新闻》上的一部分新闻报道直接反映了电影在成都的风行，尽管它还未真正成为人们娱乐休闲的主流，但已作为人们消遣放松的一项新选择。如1948年的一篇报道关注了少城公园、中正公园体育场放映露天电影的盛况，其中提道“民众前往观览者约万余人，情绪甚为热烈，一般市民甚望真能经常在蓉公开放映”[①]；而早在1932年的一篇报道中称：由于电影院、戏园每逢酷暑之时都会放假数周，停止营业。为了顾及市民的日常娱乐，兴某等人在少城公园组织露天影院，专映夜场。[②] 可见，从20世纪30年代开始，“看电影”便已成为一部分成都人热衷的娱乐休闲活动。

《新新新闻》中的大部分报道聚焦于社会当局对电影事业的建设与管理，这种聚焦既是一种媒介呈现，更是一种媒介助力，它以新闻报道“潜在而间接的社会力量”[③] 配合着权力当局的建设与整治行动，推动了电影事业的发展。如《新新新闻》曾关注过成都大同电影学校的建设情况[④]，也曾报道教育电影协会以及教育电影蓉分会的成立[⑤]，还曾关注当时的成都县在乡村放映巡回电影的景况[⑥]……这些报道呈现了作为社会事业的电影在成都城市的发展；又如《新新新闻》曾刊文报道陈立夫畅谈国产影片仍间有忽略时代与民族性的问题。其中提道，“中国电影事业，较之往年，进展极为迅速，而观众欢迎国产影片，亦极热烈……不过从事影业之商人，仍间有不能认识国产影片，所应采取之途径，而忽略时代民族性之要求”[⑦]。类似报道包括非常时期省府对浪漫腐化等

① 《公园放映电影万余市民参观》，《新新新闻》1948年8月9日，第10版。

② 《露天电影 暑假期内开始营业》，《新新新闻》1932年6月21日，第10版。

③ 舒德森：《新闻的力量》，刘艺娉译，展江、彭桂兵校，北京：华夏出版社，2011年，第3页。

④ 《大同电影校 日内将广告招生万籁天任校长》，《新新新闻》1933年11月1日，第10版。

⑤ 《教育电影协会 七月八日成立》，《新新新闻》1932年6月30日，第3版；《教育电影协会蓉分会将成立》，《新新新闻》1944年5月25日，第8版。

⑥ 《成都县在乡村 放巡回电影 派刘仲思等讲解》，《新新新闻》1938年1月13日，第9版；《看巡回电影 边人感兴趣》，《新新新闻》1938年1月20日，第5版。

⑦ 《陈立夫前日畅谈电影 国产影片仍间有忽略时代与民族性》，《新新新闻》1934年2月9日，版面不详。

影片的取缔[①]，警局禁止买卖电影废胶片[②]，省府处罚违法电影商人[③]……这些报道反映了权力当局对电影事业的管理，一定程度上对电影事业的发展失范起到了规训与警示作用。

《新新新闻》的电影报道，还涉及相关评论文章。其特色“短评”中最有名的栏目为“老实话”（后更名为“小铁锤”）与“七嘴八舌”（图1，后更名为“大众园地”）[④]，它以针砭时弊、抨击时事著称，迎合了“对现实不满的市民口味”[⑤]。它们曾多次刊文审思成都电影事业存在的问题。如“七嘴八舌”栏目批评过学生沉溺于外国电影，出没于娱乐场所的不良学风。[⑥] 它还以“电影院要修得坚固”为题披露中山公园一平民电影院建筑草率质量不达标的问题。[⑦]“大众园地”刊出《电影院种种》[⑧] 一文，揭示电影院存在的玻片广告数量违规、休闲时间不稳定、影院内吸烟导致空气差等问题，以及实际走访调研影院存在的不文明、不规范的行为；1947年刊出的《蓉市电影院掠影》指出电影院拥挤、男女在影院中不注意形象、电影票价高昂等问题[⑨]……这些评论为我们观察成都电影百态提供了生动资料，从新闻媒体的“发声”表层来看，这些内容关注的是电影事业，实则已经触及对城市空间、城市生活以及城市人的现代转型的讨论。

① 《行政院指定规程检查非常时期电影 取缔非战利敌浪漫腐化等影片省府转令所属知照》，《新新新闻》1938年7月18日，第10版。

② 《电影胶废片 警局禁止买卖》，《新新新闻》1946年1月15日，第9版。

③ 《处分违法电影商人 政院颁布三项办法 川省府饬应遵照处分违法电影商人》，《新新新闻》1942年4月27日，第7版。

④ 王伊洛：《〈新新新闻〉报史研究》，成都：巴蜀书社，2008年，第172—174页。

⑤ 成都市地方志编纂委员会：《成都市志·报业志》，第27页。

⑥ 《学生与电影》，《新新新闻》1938年5月16日，第8版。

⑦ 《电影院要修得坚固》，《新新新闻》1938年8月20日，第8版。

⑧ 《电影院种种》，《新新新闻》1946年3月10日，第10版。

⑨ 《蓉市电影院掠影》，《新新新闻》1947年2月13日，第10版。

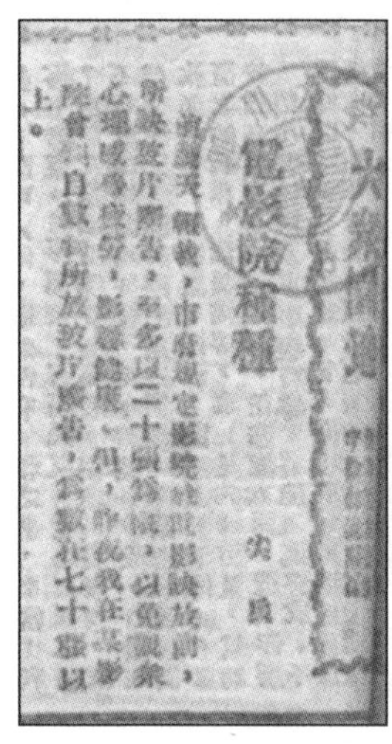

電影院種種

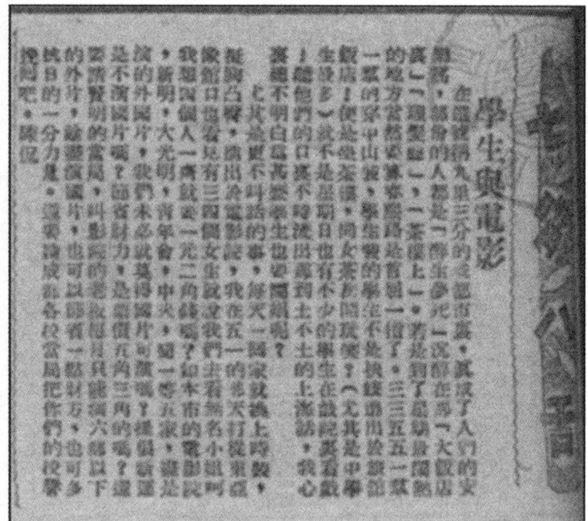

學生與電影

图 1　《新新新闻》“大众园地”“七嘴八舌”栏目有关电影的评论文章

（二）广告刺激电影消费

电影自 20 世纪引入近代成都伊始，只是在茶园、戏园兼映。而电影院的出现将电影这一之前还是小众的艺术向大众推进，主要的推动力量即为商业运作体系。仅靠观影市民以及影院自身的“口口相传”，电影很难被刻上“大众”的烙印。因此，为了吸引更多电影观众，一切能够利用的介质都成了电影的广告媒介，在诸如海报、宣传画、霓虹灯、店招牌、报刊等广告手段中，具有广泛社会影响力且持续出版的大众媒介——报刊，脱颖而出，成为辅助电影走向市民日常生活的“利器”。翻开《新新新闻》的广告版面，电影广告几乎无处不在，它既是电影院影片海报的延伸，又是报刊媒介在商家与市民间搭建的“商品橱窗”。一方面，商家向报社支付费用，影片信息便可在“橱窗”中展览；另一方面，人们通过阅读报纸的电影广告，即可在电影世界中尽情体验、参考决策。

《新新新闻》刊载的电影广告形式多样、内容丰富。其时成都的宜昌、光明、智育、新明、民众等电影院是《新新新闻》的重要广告主，它们的电影预告往往集纳在“电影广告”专栏，简要预报各大电影院正在放映与即将放映的影片名称、放映时间，为观众的选择提供“橱窗式”的影片布展。“商品橱窗”内部所摆放的商品位置、内容及形式，构成了报纸广告刺激电影消费的话语策略。电影广告的叙事策略除了介绍影片信息，那些刺激人们感官，激发内心欲望，强调社会价值与意义的广告卖点往往也会被提炼出来，作为引导电影消费的话语策略。例如一些广告占据半个版面，详细列出影院的票价、即将上映片子的出品公司、主要演员、电影名称、放映时间以及宣传语。以 1936 年 7 月“新明电影院”即将上映电影“黑猫”的广告（图 2）为例，除了电影的基本信息而外，还打出了这样的宣传语：“本片有‘科学怪人’之紧张，有‘科学怪人’之恐怖，看过‘科学怪人’者，不可不看，未看者，更不可不看。”①即以“科学怪人”作为参照，将影片的紧张、恐怖作为卖点，吸引市民前往观看。

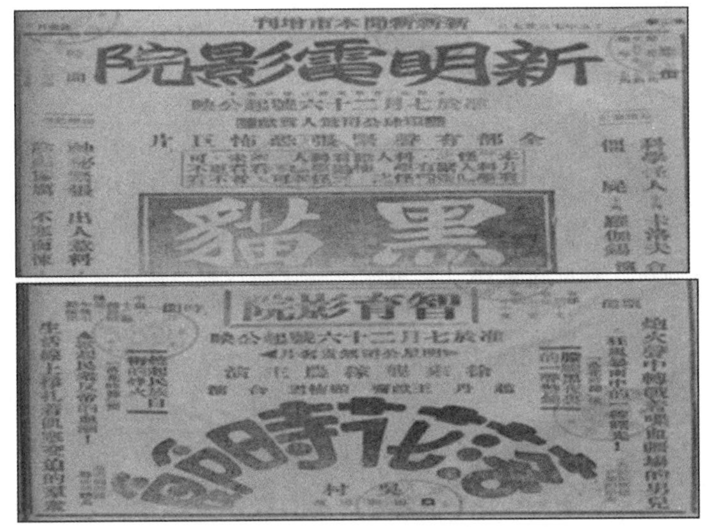

图 2　《新新新闻》中的电影广告

纵览《新新新闻》的电影报道我们发现，20 世纪 30 年代，电影在《新新新闻》中多以“广告”的形式“现身”，其呈现数量同期高于“新闻”文本的数量，但到了 20 世纪 40 年代，“新闻”文本所占比例上升，“广告”文本所占比例相对下降。这是一个值得关注的现象，20 世纪 30 年代电影广告的大量出现意味着电影这一新式娱乐需要借助报刊媒介“广而告之”，它在等待更多市民观看与消费。与此同时，它也折射出电影事业在成都的“蒸蒸日上”。而 20 世纪 40 年代，电影所占比重的下降并不意味着电影这一休闲娱乐方式在成都的“退热”，电影内容在《新新新闻》的总量渐增以及新闻、副刊文本对电影的多元化呈现显示：电影较之于 20 世纪 30 年代，获得了更为广泛且多元的媒介呈现。可以从中预测的是，日复一日的电影广告使电影逐渐深入市民日常生

① 《新明电影院 黑猫》，《新新新闻》1936 年 7 月 27 日，版面不详。

活，吸引了越来越多的市民走进电影院“看电影”。由此，媒介的“观看”与市民的“观看”形成了报端内外的互动，前者借助一定的话语策略将“看电影”与现代体验有机关联，为后者的观看提供信息服务指南且建构起作为现代文化生活方式的意义。

（三）副刊普及电影知识

副刊主要“刊载文艺性、知识性、学术性文章”①，它是报刊的有机组成，能够有效满足读者的文化需求，同时也可以为人们求知学习提供包罗万象且生动有趣的媒介园地。这也印证了近代报刊首先是作为一种“新知”被人们接触、认识和使用的，同时也彰显出报刊引介新知、启发民智以及填补“夷夏”沟壑的重要功用。②《新新新闻》对电影的呈现，在副刊文本中，主要是以普及电影知识、介绍电影艺术以及讨论电影功用为主要内容，即通过报刊传播电影“新知”，深化人们对电影的认识，为电影艺术在成都市民中的普及、认同创造了文化氛围。在此过程中，它也从电影这一日常生活的常见现象入手阐释科学意义，传播科学理念和知识。③

自 1930 年有声电影引入成都影院后，《新新新闻》的“社会常识”副刊曾刊登数篇文章介绍“有声电影”的科学原理。如 1932 年副刊“社会常识”（图3）一篇题为《有声电影原理》的文章为人们详细科普了有声电影的物理原理。④ 1935 年再次刊文介绍电影成像、电影发声的原理与装置。⑤ 这些报道虽内容大同小异，但它们试图引导民众站在科学立场审视电影这一“新事物”，从人们感兴趣的日常生活现象发问，并解疑释惑，具有一定的科普和文化生活方式的启蒙作用。

---

① 《辞海》，上海：上海辞书出版社，1999 年，第 535 页。

② 黄旦：《媒介就是知识：中国现代报刊思想的源起》，《学术月刊》2011 年第 12 期，第 139 页。

③ 李文健：《记忆与想象：近代媒体的都市叙事——以民国天津“四大报纸”副刊为中心（1928—1937）》，天津：南开大学出版社，2015 年，第 69－71 页。

④ 《有声电影原理》，《新新新闻》1932 年 4 月 6 日，第 11 版。

⑤ 《关于有声电影原理》，《新新新闻》1935 年 4 月 10 日，第 14 版。

社會常識

有聲電影原理

發聲原理

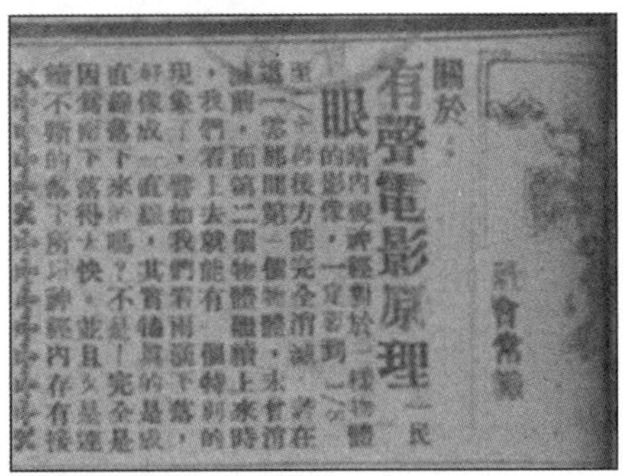

關於有聲電影原理

社會常識

图 3 《新新新闻》“社会常识”栏目有声电影的科普文章一览

电影深入市民的日常生活，多数情况，它是被人们视作一种日常娱乐消遣的方式，但在本质上，电影是一种现代视听艺术。《新新新闻》的“社会常识”曾刊文尝试对电影艺术做出理论阐释：

> 电影能替代听觉与视觉，产生唯一的感觉。电影是具有通俗性的，所以能够普及和一般的成功，如果说这于电影的力及其意义，也是可以的。电影要它成为真正的艺术，必得盖上“大众的”烙印，而电影最特长的一点，就是易于使观客注意和易于使观客理解，因此，也就不妨如此地说，电影是最经济的大众艺术。电影艺术的开端是在组织观客的注意力，而努力于最初的意识，这样的结果，可以重新构成新的电影形式，切切实实的出发……①

以上内容涉及电影艺术的媒介特征、艺术属性以及运作技巧等，从中展现出了作者对电影艺术的深刻认知，也为人们进一步深入理解电影艺术提供了知识园地。《新新新闻》“中学生”副刊的一篇文章则聚焦于电影的社会功用，其中谈道，电影既是一种娱乐，又具有辅助教育的功用。通过看电影，人们获取

---

① 《关于电影》，《新新新闻》1933 年 11 月 7 日，第 14 版。

社会常识以弥补受教育不足的缺憾。当然，作者对电影的社会教育功用也做出了辩证的理解，指出电影对于社会有利有害，希望社会当局，对影片首先严加甄别，详细取缔，然后公开放映。[①] “中学生”副刊的另一篇文章中同样关注到了电影辅助教育的社会功效，不同的是，该文是以“媒介批评”的角度审视成都影片放映水平参差不齐的问题，并呼吁更多有社会价值的影片出现。[②] 这些副刊文章指出了电影作为民众教育工具的特殊功用，其中又以媒介知识的形式将其扩散至更广泛的社会群体，开启公众对于电影的审思。

值得注意的是，《新新新闻》中一篇题为“说看电影”的文章谈道：“最好在未看电影之前，翻翻报纸期刊上的影评，参考一下影评作者的意见。”[③] 从中可见，报刊上刊载的电影评论业已成为人们观影的重要参考，进而言之，即报刊媒介与观影活动之间已经展开了文化上的交流与互动。写影评与看影评，作为电影文化扎根成都的媒介文化表征，以相异的文化参与方式共同助推一种现代文化生活方式在成都兴起。

三、“看电影”与现代文化生活方式的建构

《新新新闻》对电影的媒介呈现显示：现代报刊辅助电影作为一种新兴都市生活方式的生成，在此过程中，电影也依托报刊媒介日常化、嵌入式的文化传播网络，逐渐融入并走向成都市民文化生活的“前台”。尽管报刊媒介的影响是“间接而潜在的”，是有其限度的，正如沃尔特·李普曼（Walter Lippmann）所言，新闻就像是探照灯光束，把一个事物从暗处摆到了明处再去照另一个，人们不可能仅凭这样的光束去照亮整个世界。[④] 然而，这本是人类的缺陷，观看普遍的全景几乎是不可能的，现代报刊努力地通过每日的点滴记录，试图连点成线，为我们勾勒出报刊、电影与成都城市互动互审的“素描”。[⑤]

数量繁多的影院广告映现出成都市民对电影日渐增长的文化需求，同时也凸显了报刊广告刺激市民电影消费的文化功用。报纸连续并重复刊登电影广告

---

① 《电影与社会教育之关系》，《新新新闻》1937 年 3 月 18 日，第 11 版。

② 《谈电影》，《新新新闻》1938 年 9 月 9 日，第 11 版。

③ 《说看电影》，《新新新闻》1948 年 12 月 1 日，第 2 版。

④ 李普曼：《公众舆论》，阎克文、江红译，上海：上海世纪出版集团，2006 年，第 259 页。

⑤ 卞冬磊：《“可见的”共同体：报纸与民族国家的另一种叙述》，《国际新闻界》2017 年第 12 期，第 47 页。

本身即构成了成都消费文化兴起与发展的重要部分，它鼓励人们走进电影院，体验摩登生活，做一个现代化的市民，其中，也构成文化生活影像化的现代化动力。换言之，“看电影”被置入资本主义消费文化的语境中，作为成都城市卷入资本主义世界市场的标志，借助“看电影即摩登”的日常话语生产，引导人们进行电影消费。1942 年《新新新闻》一篇报道称，“看电影而不懂，或者懂而不肯看的人，可以说，不是幼稚，便是老实，也是说，不去上上电影院，简直不是现代化的人……”[①] 在作者看来，不看电影这种想法是“幼稚、老实和不现代”的。言下之意即为看电影意味着一种现代化生活方式和文娱方式，不看电影则是一种落伍的表现。可见，报刊媒介在反复的广告信息传递、策略性的话语表达中对电影与现代生活方式进行了连接，既确立了“看电影”这一都市文化行为的正当性与合法性，又推动了“看电影”作为一种现代生活方式的生成、接受及认同。

现代报刊对作为新式城市公共空间的电影院的高频率关注，同样折射出电影在成都市民生活中的日渐普及，一部分市民在报刊媒介的感召下走进电影院，在观看影片之时也同步审视电影院这个城市公共空间，其中，“如何在电影院举措”作为一种新的社会礼仪之线索[②]，是《新新新闻》常常讨论的议题。如一些报道反复批评蓉市电影院中与现代城市形象格格不入的不文明、有伤风化的失范行为。在此，报刊媒介作为公众舆论的代言，反映及表达了人们对一个秩序化、文明化的成都城市的渴望。与此同时，城市公共空间的文明与秩序也被纳入报刊媒介加以反复讨论，在一定程度上重塑了人们对一个现代城市公共空间的想象与审思，即通过反复聚焦于电影院空间的社会举措等问题，不断向成都市民引入和倡导文明的观念以及文明的生活方式。

如前述所示，《新新新闻》在其创办的二十余年间开辟了可观的版面空间对成都电影予以关注，这为我们审视电影在成都城市中所扮演的社会角色及其具有的文化功能演进提供了可能。电影被引介到成都城市之初，主要是作为市民娱乐消遣的工具。当它被放置于近代成都的特定时空语境时，在角色功能上则出现了本土化的调适。首先是在抗战时期，电影捍卫国家、捍卫民族的特殊功用也随之被开掘，作为增益民族士气、激发人民斗志的有效工具。《新新新闻》曾在抗战期间刊载多篇报道呼吁成都电影注重时代性，增强民族性。署名

---

① 《再谈电影院的拥挤》，《新新新闻》1942 年 6 月 2 日，第 8 版。

② 李欧梵：《上海摩登：一种新都市文化在中国 1930－1945》，毛尖译，上海：上海三联书店，2008 年，第 85 页。

为“子丘八”的市民曾向“七嘴八舌”来稿倡议，在川军出川训练之前向士兵播放抗战有关的影片以增其同仇敌忾的心理。[①]《新新新闻》对这一来稿的刊载表明：在川军出川的时代背景下，电影与报刊媒介的有效联结，推动了成都市民对“民族共同体”的想象。这一文化实践揭示出报刊媒介与电影艺术在城市历史洪流中的社会担当。

《新新新闻》的“社会常识”栏目，顾名思义，致力于传播社会常识，增益人民智识。其中许多文章往往从人们日常生活中的科学现象出发，阐释这些现象背后的科学原理，旨在引导市民从科学的思维认知世界，填补其时社会基础教育的不足。“看电影”作为一种日常生活现象，也受到“社会常识”栏目的多次关注。例如刊文解释电影成像发声的物理原理[②]，科普为什么人们会在看了电影以后出现眼痛的症状。[③] 这些电影知识的普及既回应了市民的日常困惑，又增加了市民的科学素养。除此之外，“社会常识”还曾刊文讨论如何欣赏电影艺术，批评那种单纯以明星作为影片看点的选片标准，呼吁人们关注电影的艺术价值，引导市民站在艺术审美的高度欣赏电影。[④] 综上可见，报刊媒介在知识的引介中，试图传播一种科学的思维方式，并且有意识地培育市民对于电影的艺术感知、对生活的诗意想象，由此体现报刊与市民思想观念现代转型的深层互动。

不容忽略的是，《新新新闻》中有关“电影”的呈现，除了传播其正面积极的作用，也有对电影融入成都公共生活的过程中的批评与反思。例如有报道批评电影对市民意志、抗战斗志的消磨[⑤]，抨击影院中的不文明行为[⑥]，批判电影院老板为了利益而不顾影片的社会效益[⑦]，反思蓉市电影院的“西洋化”倾向[⑧]……诚如一名到都市求学的知识青年在游记中提道，他试图通过“看电影”融入城市生活，最后却厌倦电影与都市生活，陷入人生的焦虑与迷茫之中。[⑨] 有关电影的媒介批评在《新新新闻》的汇聚，体现了报刊媒介作为一个

---

① 《要看电影》，《新新新闻》1938 年 5 月 5 日，第 8 版。

② 《谈有声电影的发声原理》，《新新新闻》1936 年 6 月 21 日，第 14 版。

③ 《看了电影为什么眼痛》，《新新新闻》1933 年 10 月 16 日，第 14 版。

④ 《电影应如何看法》，《新新新闻》1936 年 3 月 23 日，第 14 版；《电影欣赏学》，《新新新闻》1949 年 7 月 30 日，第 2 版。

⑤ 《电影应该停业》，《新新新闻》1939 年 11 月 7 日，第 8 版。

⑥ 《电影院种种》，《新新新闻》1946 年 3 月 18 日，第 10 版。

⑦ 《谈电影》，《新新新闻》1938 年 9 月 9 日，第 11 版。

⑧ 《谈电影》，《新新新闻》1939 年 12 月 25 日，第 8 版。

⑨ 《到花会去》，《新新新闻》1932 年 4 月 5 日，版面不详。

在当时可以“众声喧哗”的“容器”，对成都电影百态的描摹与反思。实际上，这些报道也从侧面反映了电影在成都的风行，以及作为一种生活方式遭遇到的多维碰撞，它在与时俱进中走进大众，这座城市的文化经验、文化想象、文化适应都以“看电影”的“报”“城”双重互视积累现代性和引至文明。

本文以《新新新闻》的电影报道、广告传播、副刊知识介绍为例，分析了走向现代的报刊与城市文化生活方式的互动。成都报刊通过报道电影，将成都市民引入了一个新的媒介世界。他们在“读报纸”与“看电影”的文化实践中循环往复，在“看”与“被看”之中既满足了精神层面的文化需求，又不断从中接受新的价值观念，实现思想、行为层面的现代启蒙与渐进转变。这种转变发生于持续性的媒介生产与媒介接触，逐步渗透到人们的日常生活与社会交往之中，充实了人们的精神生活，推动了人们对文明、进步、创新等观念的体认与追求，从而将“看电影”引向一种现代文化生活方式的构建，它构成了近代成都城市早期现代性演进的一个重要侧面。

恰如钱穆先生所言：“历史上之所谓‘过去’，它并未真过去，历史上之所谓‘未来’，它早已到来。”[①] 一座城市的历史时间，也有一种“绵延性”与凝然常在的“特殊性”。当下的成都，被誉为“具有标本意义的生活之城”[②]，其“标本意义”内含着迈向现代大都市的基础和趋势，在此节点回溯 20 世纪上半叶的成都文化变迁，或许《新新新闻》中的“看电影”可以让我们从中立体且深刻地理解文化现代性的有效推动与“报”“城”互动的共构机理。所谓“看电影”，确实也可以让我们生动地看到生活、触摸艺术、观照自身，这可被视作社会文化生活方式的现代性归旨与媒介文化的作用表征。

① 钱穆：《中国历史精神》，北京：九州出版社，2011 年，第 8 页。

② 费成鸿：《塑造成都城市品牌 2017 城市品牌传播论坛今日举行》，《成都商报》2018 年 8 月 29 日。

专题Ⅲ

媒介叙事与社会记忆研究

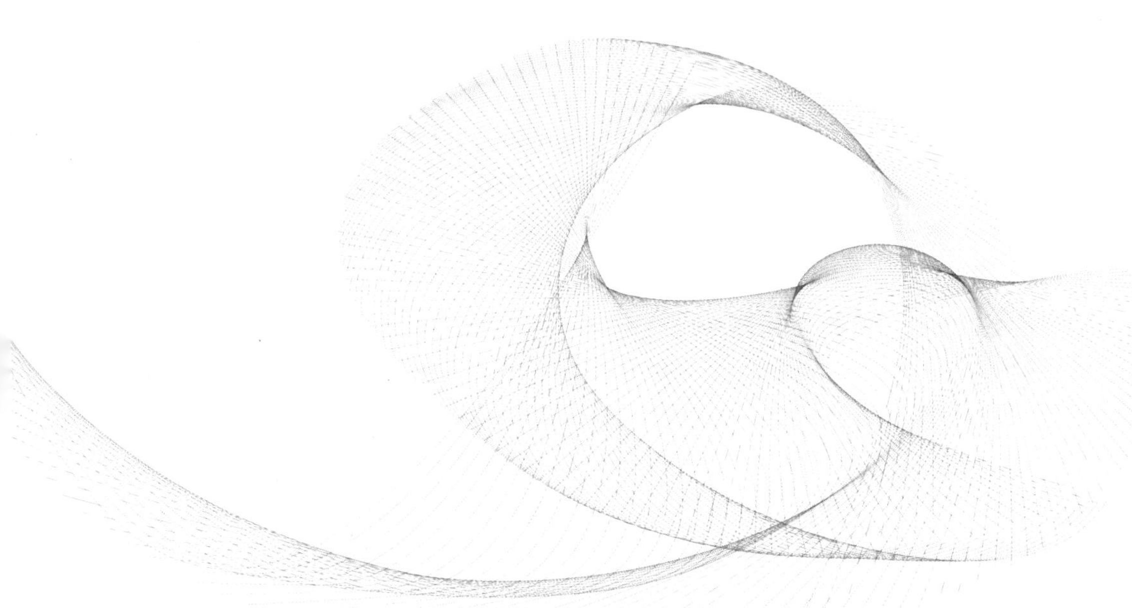

主持人语

黄顺铭

“媒介与记忆”是近年才在我国新闻与传播学科涌现出来的一个新兴研究领域。在四川大学文学与新闻学院，由笔者担任所长的媒介与记忆研究所是我国第一个以此为核心聚焦点的学术研究机构，其目标是积极努力地将此研究领域培育为我院的一个学术生长点与亮点。同时，我院也在着手计划设立“媒介与记忆”的博士招生方向，希望为培养更多这方面的教学与研究人才做出独特的贡献。

我院在媒介与记忆研究方面已取得不俗的研究成绩。笔者与其合作者——浙江大学传媒与国际文化学院李红涛教授（系我院传 2003 级硕士生）近年来已合作进行了一系列媒介与记忆研究，产生了良好的学术反响。特别是他们在发表于《新闻与传播研究》上四篇论文的基础上，进一步扩展和系统化，出版了专著《记忆的纹理：媒介、创伤与南京大屠杀》（中国人民大学出版社，2017 年），这是我国第一部聚焦“南京大屠杀”集体记忆的学术专著。该书英文版有望于年内由劳特里奇出版社（Routledge）出版。同时，黄顺铭教授目前正在主持一项题为《南京大屠杀纪念馆的集体记忆工程研究》的国家社科基金项目，希望进一步推动对南京大屠杀集体记忆的研究。此外，近年来我院研究生以“媒介与记忆”方面的选题完成了一系列高质量的学位论文，譬如《追忆“旧情”——“失恋先生－失恋博物馆”作为记忆之场》（王周霖欣，2017 级硕士生，现为我院博士生）、《旧媒介的重生：iPod、记忆与怀旧》（2017 级硕士生，现为英国拉夫堡大学博士生）、《城市空间生产与集体记忆建构——对重庆城市防空洞的个案研究》（杨琼，2016 级硕士生）、《建构盐镇集体记忆——“集群”视角下的宁厂古镇个案研究》（向静，2015 级硕士生），以及《历史题材动画对集体记忆的建构——动画〈那年那兔那些事儿〉的个案研究》（赵坤洋，2015 级硕士生）。

四川大学新闻传播教育已脚踏实地地走过了四十年的办学之路。值此重要的纪念时刻，本书特辟“媒介叙事与社会记忆研究”栏目，精选了三篇具有代表性的论文。其中，《在线集体记忆的协作性书写——中文维基百科“南京大屠杀”条目（2004—2014）的个案研究》（黄顺铭、李红涛）一文从“维基百科作为全球记忆空间”出发，通过对维基百科上的“南京大屠杀”条目的量化与质性分析，揭示在线记忆社群如何凭借协作与争夺来建构关于一起历史事件的集体记忆。该文在新闻传播学国家级学会“中国新闻史学会”与教育部高等学校新闻传播学科教指委共同评选的新闻传播学学会奖中，荣获第二届优秀学术奖二等奖。《传统再造与模范重塑——记者节话语中的历史书写与集体记忆》（李红涛、黄顺铭）一文以若干不同类型的报纸上的记者节话语为研究对象，探究了新闻界如何将“历史”整合到关乎“当下”的专业话语中。《瑶族游梅山书的宗教叙事与族群记忆》（张悦、张泽洪）一文以“大传统”与“小传统”的文化分析模式，比较分析了瑶族九种游梅山书的宗教叙事及其凝聚的族群记忆。这几篇论文的理论视角与研究方法都各不相同，很好地体现了作者们积极探索的学术精神。

在线集体记忆的协作性书写
——中文维基百科“南京大屠杀”条目（2004—2014）的个案研究[①]

黄顺铭　李红涛

摘　要：从“维基百科作为全球记忆空间”这一视角出发，本文对南京大屠杀中文条目进行了系统的分析，旨在揭示在线记忆社群如何展开协作与争夺，建构关于历史事件的集体记忆。研究发现，在协作层面，版本篇幅呈现出了一种正增量的整体趋势；条目的叙事结构变得越来越完善和稳定；围绕条目的记忆社群总体规模虽大，但持久的活跃者却不太多。而在协商层面，维基百科的“中立性”原则极大地影响着大屠杀叙事；不同维基用户围绕导言展开了激烈的争夺；中文条目中也显示出了一种全球性的“文本间性”的文化意识。

关键词：中文维基百科　南京大屠杀　民间记忆　记忆社群　记忆协商

一、引言

从1937年冬到1938年初南京大屠杀发生以来，随着外部政治经济环境、外交关系，以及意识形态环境的变化，这一桩战争暴行在公共视野中可谓是历经浮沉。在抗战以后和新中国成立之初，它曾经一度湮没无闻。直到20世纪80年代才被重新发掘出来，借助纪念馆等记忆场所以及新闻媒体、电影与教科书等记忆载体，成为抗战历史上最重要的战争暴行和中国人近代史上的一道难以抹去的“文化创伤”。[②] 黄顺铭和李红涛以《人民日报》1949—2012年间对于南京大屠杀的纪念报道作为个案，全面地刻画了大屠杀在官方媒体话语中

---

① 黄顺铭、李红涛：《在线集体记忆的协作性书写——中文维基百科“南京大屠杀”条目（2004—2014）的个案研究》，《新闻与传播研究》2015年第1期。

② Alexander，J. C.，*Trauma：A Social Theory*，Cambridge：Polity Press，2012.

呈现出的记忆景象。他们发现，《人民日报》的纪念报道更多地聚焦于“纪念事件”和日本右翼的“否定言行及回应”，更多地依赖加害者、见证人而非幸存者来“为历史作证”、建构大屠杀的集体记忆，并将南京大屠杀编织到以“国耻”为核心的近代史叙事和爱国主义叙事当中。[①]

在南京大屠杀重新进入当代中国人的“公共视野”和“集体意识”之后，它也引发了不同类型和不同层次的记忆书写活动。《人民日报》的纪念报道更多地代表了官方记忆。除此之外，自然还存在着不同“记忆社群”（mnemonic community）在不同的媒体平台上展开的记忆实践（mnemonic practices）。本文将聚焦维基百科（Wikipedia）这一兼具民间性和系统性的媒体平台，从“维基百科作为全球记忆空间”这一视角出发，对南京大屠杀中文条目自2004年被创建以来的编辑实践进行系统分析，力图揭示在线记忆社群如何展开协作与争夺，建构关于一起重要历史事件的集体记忆。本书有助于我们将南京大屠杀记忆研究的边界从“官方记忆”拓展到“民间记忆”，而且更重要的是，它也有助于我们理解新媒体如何催生出了有关集体记忆的建构、争夺与协商的新空间。

维基百科诞生于2001年，它是一部协作编辑、多语言、自由的互联网百科全书，全世界任何角落的任何人——无论专家还是业余人士——都可以参与条目的创建与编辑工作。用户在注册时也可自由地选择自己的主体身份认同：世界公民抑或某个民族国家的身份（例如“中国人”）。维基百科的出现不仅深刻地改变了传统百科全书高高在上的姿态，而且也深刻地影响着互联网时代的知识生产与消费方式。它创造出了“高贵的业余者”（nobel amateur）这一知识社会学现象，互联网上由普通用户所生产的内容使传统的“专家专政”（dictatorship of expertise）走向了民主化。[②] 尽管维基百科只有短短20年的历史，它却在2011年5月“以一种令人瞠目结舌的自信，在全球范围内征集签名，以期入选联合国教科文组织的世界文化遗产”[③]。在维基百科的多语言平台上，来自不同国家，拥有不同政治、社会和文化背景的用户在进行着“协作性的书写”，他们围绕当下与过去的人类事件展开“合作”与“辩论”，构建出

---

① 李红涛、黄顺铭：《“耻化”叙事与文化创伤的建构：〈人民日报〉南京大屠杀纪念文章（1949—2012）的内容分析》，《新闻与传播研究》2014年第1期，第37—54页。

② Keen, A., *The Cult of the Amateur: How Today's Internet Is Killing Our Culture*. New York, NY: Doubleday/Currency, 2007.

③ 曹卫东：《老兰培需要一个上帝》，《读书》2014年第3期，第146页。

赛博空间里的“全球记忆空间”。①

维基百科本身的体例为我们分析在线记忆书写提供了异常丰富的经验材料。一是“条目页”，它是供读者浏览的“前区”，只显示最近一个条目版本，即特定时刻的记忆文本；二是查看历史页，它可以被视为记忆实践的“中区”，供读者和编辑在不同历史版本之间进行比较，也展示了记忆文本的变动轨迹；三是讨论页，它是记忆实践的“后区”，编辑们在其中围绕条目编写过程产生的争议进行争论，进而达成妥协或者共识。本文将对“南京大屠杀”条目上的前、中、后区里丰富的经验材料既进行量化分析——尤其是内容分析和社会网络分析，又对它们进行比较详尽的定性分析。具体而言，本文将努力回答下列几个研究问题：南京大屠杀中文条目呈现为怎样的一种集体记忆面貌？在数量庞大的条目版本背后，隐含了怎样一种叙事结构变迁？记忆社群成员之间形成了怎样一种修订与被修订的关系网络？记忆社群在条目修订过程中产生了怎样的话语/记忆争夺？

二、新媒体与集体记忆

按照伊维塔·泽鲁巴维尔（Eviatar Zerubavel）的看法，一个特定记忆社群的集体记忆“并非其成员个体回忆的总和，而是社群成员的共享记忆。就此而言，它意味着所有成员都能够回忆起来的一种共同的过去”②。当代的集体记忆研究栖身于不同的研究传统和学科版图之中③，具有极强的跨学科性，这具体而微地表现在不同学科领域赋予它的标签上面，从文化记忆、社会记忆、公共记忆、官方记忆到民间记忆，不一而足。因此，杰弗里·奥利克（Jeffrey Olick）就指出，我们最好将集体记忆理解为一个笼而统之的启发性概念（sensitizing umbrella concept），它指向不同社会场景下的记忆产物与记忆实践。④ 对于“社会记忆”的研究，并不假定存在某种神秘的“群体心理”，而

① Pentzold，C.，Fixing the Floating Gap：The Online Encyclopedia：Wikipedia as a Global Memory Place，*Memory Studies*，(2)，pp. 255－272，2011.

② Zerubavel，E.，*Time Maps*：*Collective Memory and the Social Shape of the Past*，Chicago，IL：University of Chicago Press，p. 4，2003.

③ Misztal，B. A.，*Theories of Social Remembering*，Maidenhead：Open University Press，2003.

④ Olick，J. K.，From Collective Memory to the Sociology of Mnemonic Practices and Products，in Astrid Erll and Ansgar Nunning（Eds.），*A Companion to Cultural Memory Studies*，Berlin：De Gruyter，2010.

是要致力于揭示“过去”与“现在”到底是如何纠缠在一起的。[①] 在此意义上，集体记忆既非稳定不变，也非瞬息万变，它是一个随着时间推移而持续不断的协商过程。[②]

在现代社会中，大众传媒是最重要的集体记忆机构。[③] 人们对媒体记忆或纪念报道的现有研究主要以报纸期刊、新闻摄影以及电视节目等传统媒体作为基本载体和研究对象。不过，研究者们也已经意识到，媒介全球化和各种新媒介技术的发展为媒体记忆实践及其研究带来了新的挑战。[④] 安娜·瑞丁（Anna Reading）就提出了“全球数字化记忆场域”（globital memory field）这一概念来探讨全球化环境下集体记忆与数字化媒体之间的关系。她认为，全球数字化记忆场域在媒介特性、传输速度、辐射范围、传播形态、黏性（固定与流动）与轴线（垂直与垂直/水平）等方面，都有别于传统的媒体目击方式。[⑤] 一方面，博客、网络视频分享网站、图片分享网站以及社会化媒体作为“个人记忆机器”[⑥]，改变了人们存储和读取记忆的方式，形成了不同于集体记忆的个体化文化记忆或者“数字化记忆”。[⑦] 另一方面，新媒体也已然变成了一种另类性的记忆渠道，创造出与官方叙事、主流媒体以及主流意识形态并行乃至冲突的记忆空间。苏·罗宾逊（Sue Robinson）比较了主流媒体和在线公民新闻对卡特里娜飓风的纪念报道，发现网络网民记者的集体记忆书写围绕着“个人经验”展开，从而创造出了有别于主流新闻报道的纪念文本。[⑧] 杨国斌则研

---

① Olick, J. K., & Robbins, J., Social Memory Studies: From “Collective Memory” to the Historical Sociology of Mnemonic Practices, *Annual Review of Sociology*, 24, pp. 105–140, 1998.

② Olick, J. K., & Levy, D., Collective Memory and Cultural Constraint: Holocaust Myth and Rationality in German Politics, *American Sociological Review*, 62 (6): 921–936, 1997.

③ 参见：Misztal, Theories of Social Remembering, 2003；李红涛：《昨天的历史 今天的新闻——媒体记忆、集体认同与文化权威》，《当代传播》2013 年第 5 期，第 18–21 页和第 25 页。

④ Neiger, M., Meyers, O., Zandberg, E. (Eds.), *On Media Memory: Collective Memory in a New Media Age*, New York, NY: Palgrave Macmillan, 2011.

⑤ Reading A., Memory and Digital Media: Six Dynamics of the Globital Memory Field, in Neiger, M., Meyers, O., Zandberg, E. (eds.), *On media memory: Collective memory in a new media age*, New York, NY: Palgrave Macmillan, 2011.

⑥ Van Dijck, J., From Shoebox to Performative Agent: The Computer as Personal Memory Machine, *New Media & Society*, 7 (3), pp. 311–332, 2005.

⑦ Van Dijck, J., *Mediated Memories in a Digital Age*, Stanford, CA: Stanford University Press, 2007.

⑧ Robinson, S., “If You Had Been With Us”: Mainstream Press and Citizen Journalists Jockey for Authority Over the Collective Memory of Hurricane Katrina, *New Media & Society*, 11 (5), pp. 795–814, 2009.

究了中国互联网如何建构有关“文化大革命”的“反记忆”（counter memories）的问题。他认为，互联网创造出了数字博物馆、档案馆、虚拟纪念堂和在线展览等新的数字化记忆载体，它们带动并扩大了“文化大革命”记忆生产与消费过程中的公共参与，也创造出了有别于官方叙事的替代性叙事。①

在安德鲁·霍斯金斯（Andrew Hoskins）看来，新的传播科技创造出了全新的“记忆生态”，它呼唤着记忆研究的“连接性转向”（connective turn）。② 数字技术和数字媒介急遽增长、迅速渗透，将不同社会地点的人们紧密联系起来，形成高度发散的社会网络，进而重塑了人们对时间、空间以及记忆的感知③，这意味着记忆研究要从关注个体和社会的记忆转向关注当下的连接机制。④ 以维基百科为代表的在线百科全书正是“连接性”记忆的一个典型代表。正如曹卫东所言，在维基百科上，“知识的生产者化身为匿名的芸芸大众”，与此同时，在超文本语境下，“不同的信息空间被叠合在一起，而又漫无边际地离散开去”⑤。当然，也有研究者指出，维基百科并非一个神秘的平等主义空间，它是一个社会技术系统，其内容创建既依靠工具辅助的编辑，也依靠“机器人”等自动化的计算机程序，而“合作”的背后有一系列的网络协议和严格的管理机制在起作用。⑥

按照克里斯蒂安·彭茨尔德（Christian Pentzold）的看法，维基百科是一个栖身于赛博空间中的“全球性记忆空间”，它使“在地理上彼此远离的参与者能够在同一个平台上就不同的观点进行表达和展开争论，从而达成并认可共

---

① Yang, G., Alternative Genres, New Media and Counter Memories of the Chinese Cultural Revolution, in Kim, M., Schwartz, B. (Eds.), *Northeast Asia's Difficult Past: Essays in Collective Memory*, New York, NY: Palgrave Macmillan, 2010, pp. 129-146.

② 参见 Hoskins, A., 7/7 and Connective Memory: Interactional Trajectories of Remembering in Post-Scarcity Culture, *Memory Studies*, 4 (3), pp. 269-280, 2011; Hoskins, A., Anachronisms of Media, Anachronisms of Memory: From Collective Memory to a New Memory Ecology, in Neiger M., Meyers, O., Zandberg, E. (Eds.), *On Media Memory: Collective Memory in a New Media Age*, New York, NY: Palgrave Macmillan, 2011.

③ Hoskins, A., 7/7 and Connective Memory: Interactional Trajectories of Remembering in Post-Scarcity Culture, *Memory Studies*, 4 (3), pp. 269-280, 2011.

④ Hoskins, A., Anachronisms of Media, Anachronisms of Memory: From Collective Memory to a New Memory Ecology, in Neiger M., Meyers, O., Zandberg, E. (Eds.), *On Media Memory: Collective Memory in a New Media Age*, New York, NY: Palgrave Macmillan, 2011.

⑤ 曹卫东：《老兰培需要一个上帝》，《读书》2014 年第 3 期，第 147-148 页。

⑥ Niederer, S., & Van Dijck, J., Wisdom of the Crowd or Technicity of Content? Wikipedia as a Sociotechnical System, *New Media & Society*, 2010, 12 (8), pp. 1368-1387.

享的知识，而这些知识也就构成了集体记忆”[①]。在这样一个跨越国界的、多语言的平台上，不同背景（国家、文化、宗教）的用户彼此互动，围绕某些值得记忆的要素展开协商。显然，复杂的讨论和词条创造过程正好就表明了集体记忆的话语建构性质。此外，“讨论页”的人际沟通特性和“条目页”的文本特性也使得维基百科弥合了“流动的”集体记忆与“静止的”集体记忆之间“漂浮的鸿沟”[②]。因此，对维基百科条目话语过程的分析，也就是对特定在线环境中开展的“记忆工作”的分析。

运用“全球记忆场所”这一概念，彭茨尔德分析了 2005 年 7 月 7 日伦敦爆炸事件之后维基百科相关条目的建立过程。他发现，维基用户围绕爆炸事件是否是“恐怖袭击”展开了激烈的辩论，并由此形塑造了对该事件的集体记忆。米雪拉·费隆（Michela Ferron）及其同事也对维基百科的记忆工作展开了一系列的经验性研究。[③] 她们认为，对维基百科的探究之所以能够丰富有关集体记忆的研究，是因为它开启了新的“协作性记忆”（collaborative remembering）这一方式。费隆和保罗·玛莎（Paolo Massa）以 2011 年的埃及民众抗议活动的维基条目之编写过程为例，说明维基百科对新近重大事件的“实时”纪录与集体记忆建构过程既是协作性的，其间也不乏冲突和斗争。截至目前，相关研究更多是关注新近发生的事件在维基百科上的记忆“沉淀”过程，而我们则认为，维基百科对于相对久远的历史事件也同样构成了一个记忆合作、协商以及“争夺”的重要场所。下面，我们将从“维基百科作为一个全球性记忆空间”的视角出发[④]，具体考察中文维基百科上的“南京大屠杀”条目在过去十年时间里（2004—2014）怎样建构一段攸关两个民族国家之间“艰

---

① Pentzold, Fixing the Floating Gap, The Online Encyclopedia: Wikipedia as a Global Memory Place, 2011, p. 263.

② Pentzold, Fixing the Floating Gap, The Online Encyclopedia: Wikipedia as a Global Memory Place, 2011.

③ 参见 Ferron, M., & Massa, P., Studying Collective Memories in Wikipedia, *Journal of Social Theory*, 3 (4), pp. 449-466, 2011; Ferron, M., & Massa, P., WikiRevolutions: Wikipedia as a Lens for Studying the Real-Time Formation of Collective Memories of Revolutions, *International Journal of Communication*, 5, pp. 1313-1332, 2011; Ferron, M., Collective Memories in Wikipedia. Unpublished Dissertation, Center for Mind/Brain Sciences, The University of Trento, 2012; Ferron, M., & Massa, P., Beyond the Encyclopedia: Collective Memories in Wikipedia, Memory Studies, 7 (1), pp. 22-45; Pentzold, Fixing the Floating Gap; The Online Encyclopedia: Wikipedia as a Global Memory Place, 2011.

④ Pentzold, Fixing the Floating Gap, The Online Encyclopedia: Wikipedia as a Global Memory Place, 2011.

难过去”（difficult past）① 的集体记忆。

三、条目历史与记忆协作

（一）版本篇幅的变迁

2004 年 4 月 10 日早上八点零七分，一个网名叫 Tomchiukc 的香港人建立了仅有 825 字节的“南京大屠杀”条目，全文如下：

> 南京大屠杀是中国近代史上的一件惨剧，发生在 1937 年 12 月 13 日。时为中国抗日战争，日军在围攻当时中华民国首都南京数个月之后终于攻破，日军为发泄多月来的怨气，在城内大量屠杀中国平民达三百万人之谱，当中包括由邻近地区涌入城的二百万难民。南京大屠杀事件就连当年日本本土的报纸也有报道，当中包括两位军官在城内进行的杀人比赛游戏，而这些第一手的战争记录现时还存放于世界各地的图书馆内。因此，尽管 1980 年代初期日本官方千方百计要把这段历史抹杀，却始终要向现实低头，把这段历史写入教科书内，以教训国人不要忘记过去对邻近国家所造成的伤痛。

仅仅两分钟后，他又进行了一次修订，为条目添加了 10 个“外部链接”。从建立至今，该条目已经走过了整整十年的历史。截至 2014 年 3 月 5 日，它已累计被修订了 1623 次。最新一版包括 120382 字节，篇幅已是创建之初的 146 倍。在此期间，条目的年均编辑量为 163.8 次。其中，2010 年的编辑量最大，为 358 次。以月而论，月均 13.5 次。2007 年 7 月的编辑量最大（108 次）；编辑次数为零的月份不到一成（9.2%）。再就日而言，编辑量最大的是 2010 年 3 月 19 日，多达 30 次。

我们借用“增量”这一经济学术语把相邻两次编辑而导致的字节数量变化区分为正、零和负增量等三种情形，结果发现，在全部的 1623 次编辑中，正增量情形占六成（61.2%），而负增量和零增量的情形各占三成（31.0%）和一成（7.8%）。进一步的分析显示，最常规的增量幅度落在 1－99 字节区间（52.3%），其次则是 100－499 字节区间（25.1%），而颠覆性的增量——字节

① Kim, M., & Schwartz, B. (Eds.), *Northeast Asia's Difficult Past: Essays in Collective Memory*, New York, NY: Palgrave Macmillan, 2010.

变动在10000字及以上——偶有发生（0.9%）。图1清楚地显示，南京大屠杀条目在过去十年时间里呈现出一种以正增量为主的整体发展趋势。

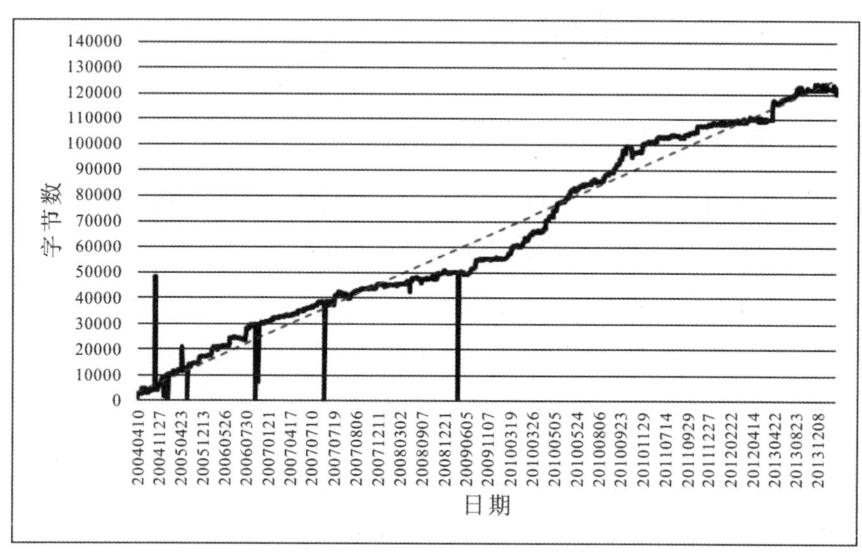

图1　南京大屠杀条目字节数的变化趋势（2004.4.10—2014.3.5）

注：图中虚线为趋势线

（二）叙事结构的变迁

维基百科基于特定的“叙事模式”，不仅每一个条目版本都拥有自洽的叙事结构，而且不同版本的叙事结构之间也存在不同程度或继承、或改变的关系。就南京大屠杀条目而言，我们把“叙事结构”操作性地定义为：由条目中“目录”之下的一级标题所标示出来的一整套结构关系。最先表现出明确的“目录”意识的是一位英国匿名用户。在2004年10月6日01：50的版本中，这个人提出了四个一级标题的构想，而在仅仅两分钟后的第四个修订版本中，这个初步的叙事结构就成型了，即“1 南京大屠杀前的战争形势”“2 日军攻占南京城后有组织的屠杀行动”“3 中方提出南京大屠杀的证据”和“4 外部链接”。

统计结果显示，自“目录”变成标示叙事结构的显性规则以来的1600个版本之中，只有6个（0.4%）没有目录。在有目录的1594个版本中，一级标题的数量从4到18个不等，总共出现过15种不同的叙事结构。其中，包含13个一级标题的叙事结构出现得最为频繁，占26.3%（420次）；紧随其后的则是包含14个一级标题的结构，占24.6%（393次）；排在第三位的是包含

17 个一级标题的结构，占 12.3%（197 次）。从图 2 中，我们可以清楚地看到，包含 14 个一级标题和包含 13 个一级标题的叙事结构不间断地持续了最长的时间。自 2011 年 11 月 23 日 06：46 的版本至今，一直都是包含 13 个一级标题的叙事结构，即“1 背景”“2 日军暴行经过”“3 人道救助”“4 秩序的恢复与遇难者遗体的处理”“5 暴行真相的传播”“6 战后审判”“7 影响”“8 纪念”“9 有关影视作品”“10 附录”“11 参见”“12 参考文献”，以及“13 外部链接”。此外，值得一提的是，在缺乏目录的六次情形中，有五次都是由于用户极其恶意地对条目进行整体删除所致，其中有四次都被匿名用户删得一字不剩——其中三次来自日本，另一次来自新加坡。最为恶劣的整体删除发生在 2009 年 5 月 10 日，一名日本匿名用户将条目删改为一句极富挑衅意味的话：“南京大屠杀，HELLO!”。

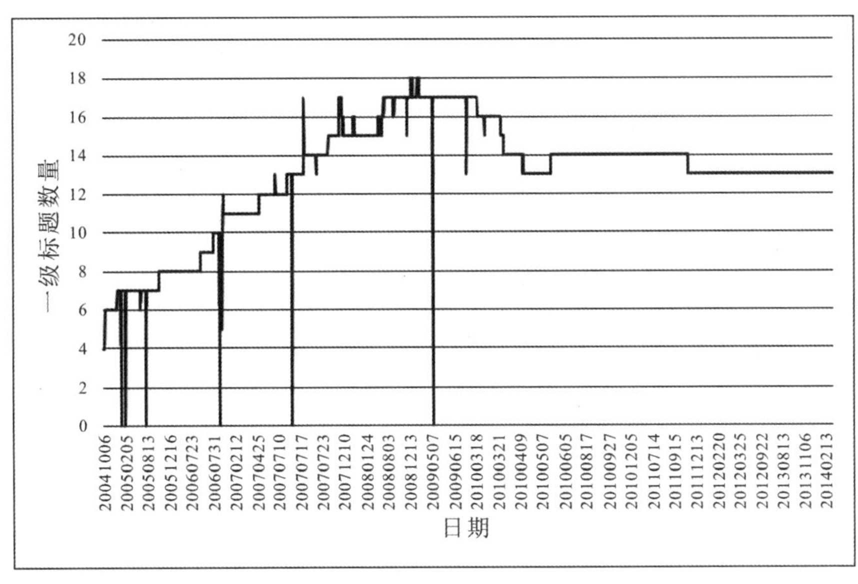

图 2　南京大屠杀条目的一级标题之变化趋势（2004. 10. 6—2014. 3. 5）

（三）修订关系的社会网络

既然条目由不同用户协作性地写就，那么用户之间相继的修订与被修订关系无疑就构成了最值得关注的问题之一。社会网络分析方法是揭示在线记忆社群的关系网络的一种理想分析手段。维基外部工具“修订历史”提供的用户数据显示，截至 2014 年 3 月 5 日的 1623 个条目版本是由 508 位单独用户完成的，其中包括 234 位只留下了 IP 地址的匿名用户。有趣的是，因为维基网站隐藏了注册用户的IP地址，但匿名IP用户的地理位置则可以通过专门的IP地址查询网站而追查出来。结果发现，21.8%的匿名用户来自中国大陆（内地），8.5%来自香港，0.4%来自澳门，46.6%来自台湾；剩下的22.6%来自外国——具体涵盖了十三个国家，首先来自日本的最多（8.5%），其次是美国（5.1%）。有必要指出的是，实际上的单独用户当然不足508位这一规模，因为以下几种情形不同程度地存在着：有的人出于某种原因注册了不止一个账号，而不同IP地址背后可能是同一个用户。在抱有警惕的情况下，我们接下来仍暂时基于这一统计数据来建构用于社会网络分析的矩阵。

这是一个“508×508”的正方邻接矩阵。在报告统计结果出来之前，先要说明两点：其一，因为用户既可以修改别人的版本，又可以自我修订，故矩阵主对角线所代表的“自反性关系”在本文中是具有实质性意义的；其二，这本来是一个多值（valued）有向矩阵，但有时为便于分析，我们会把它降格处理为二值（binary）有向矩阵。这里，我们尤为关注自反性、互惠性与中心度（即出度和入度）等指标。首先，超过七成用户（72.0%）的自反性为0，即他们在修改别人的条目之后从未再接着进行自我修订。自反性大于等于5的用户仅占5.7%，只有2.2%的自反性大于等于10。有些特别活跃的用户之间——甚至是两人之间——会形成一种频繁的交替式修订与被修订关系。如图3所示，508位用户之间较少出现互惠（亦即双向）的修订关系，也就是说，甲修订乙，乙又反过来修订甲。出人意料的是，编辑量排在前十名者之间极少出现互惠关系，仅有三对：MtBell和Mrseacow，MtBell和Shizhao，以及Alltonight和Nutcracker。第三，八成人（80.7%）的出度为1，这说明他们只编辑过一次别人的条目版本。不足一成的人（8.5%）的出度大于等于3，而只有1.4%的出度大于等于10。第四，八成人（79.7%）的入度为1，即只被别人修订过一次，不足一成人（8.7%）的入度大于等于3，仅有1.4%的入度大于等于10。由此得出的结论是：只有很小一部分人属于活跃用户。图4显示了编辑量前十名者围绕条目修订而形成的自我中心关系网络（egonet）。其中，MtBell以383的总编辑量和290次的自反性关系而成了整个修订与被修订关系网络中首屈一指的中心节点；而前十名中最边缘的则是一位来自台湾的匿名用户（“61.217.211.70”），此人除了2次互惠关系之外，其余14次均为自反性关系。

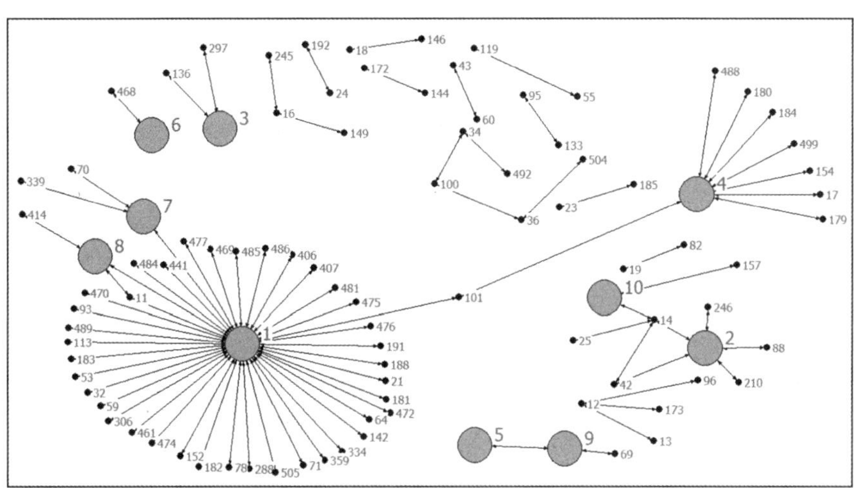

图 3　参与条目修订的用户之间的互惠性关系网络（2004.4.10—2014.3.5）

注：1=MtBell；2=Alexcn；3=Gilgalad；4=SyaNHs；5=Alltonight；6=Huang Sir；7=Mrseacow；8=Shizhao；9=Nutcracker；10=61.217.211.70. 绘图时把多值有向矩阵降格成了二值有向矩阵，绘图时也省略自反性关系。

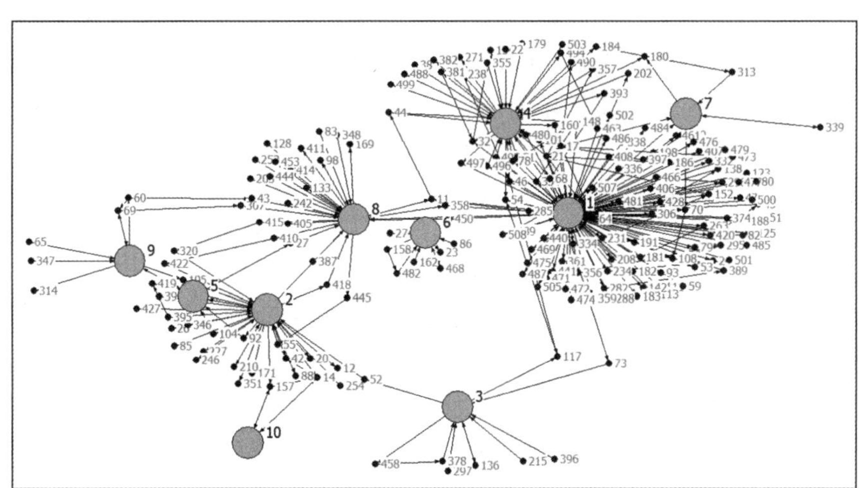

图 4：编辑量前十名者的自我中心关系网络（2004.4.10—2014.3.5）

注：绘图时把多值有向矩阵降格成了二值有向矩阵，绘图时也省略自反性关系。

四、记忆争夺：规则支配下的冲突与妥协

接下来的分析将落实到微观层面，考察条目变迁过程中的“记忆争夺”围

绕哪些议题展开。相关的问题包括：维基百科的中立性规则如何影响关于南京大屠杀的叙事？记忆社群如何围绕条目“导言”而展开争夺？不同的记忆社群在 Wikipedia 这一全球性记忆空间里围绕“南京大屠杀”条目展开了怎样的交涉互争？

（一）“中立性”与大屠杀叙事

“中立性”与“可供查证”“非原创研究”并列为维基百科的三大核心内容方针。在南京大屠杀条目的书写过程中，有关中立性的辩论不仅涉及对于维基方针的理解和贯彻，而且也与编辑们的情感卷入（例如，MtBell 就坦承“编写的时候很容易陷入负面的情绪”）、民族国家的身份认同、文献引用来源及其倾向性，以及大屠杀叙事的可能性等因素纠缠在一起。在讨论页上，对条目中立性的质疑始于 2006 年 7 月 29 日一篇题为“地方色彩过重”的讨论。2007 年 7 月，某些编辑曾在条目上添加/删除“中立性有争议”模板。在 2010 年 3 月 23 日和 2013 年 8 月 22 日的第二、三次优良条目评选中，均有人以“中立性”不足作为反对的理由。

围绕条目“中立性”的争夺主要表现在以下几个方面。一是条目整体的叙述立场。讨论页早期的一条评论认为，“此条目另外都要加上‘中立性有争议’，[因为] 本页只反映中国方面看法，并未提出可信的日本及国际间观点”；另一条评论也称：“南京大屠杀的研究观点和争议许多，为何中立的百科可以下那么多争议性词汇和判断？”在具体条目的修改部分，该编辑强调，“写百科时请避免评价用语，评价请交给读者，百科本身内容请保持无立场”。而在优良条目评选时，一位反对者的意见也是“内容几乎完全是单一角度叙述”。回应者则称，“南京大屠杀的中立立场就是远东国际军事法庭的判决立场，日本右翼翻案的立场请去日文维基发表”，同时在相应的条目修改中以“确认远东国际军事法庭的正确立场”为依据，这非常清楚地表达了一种民族国家的边界。此外，虽然在线记忆社群由来自不同国家和地区的人组成，但有人仍感觉条目主要反映了中国的立场，因此曾在条目上添加一个“地域中心”模板。

二是条目的参考文献。批评者认为，“[条目] 都是中方的研究观点，反而研究资料最多的日本、西方研究著作资料十分缺乏，几乎没有，在此希望写作者偋 [摒] 弃成见，多参考其他地区的研究成果，以完善化该条目”。但一位核心编辑则认为，问题并不在于编辑的“成见”，而是“材料获取”，并宣称“我不认为纸面的资料比真实的万人坑更有说服力”。由于维基百科不允许发布“原创研究”，因此无论对挑战还是捍卫条目中立性的人而言，条目的参考文献都是强调的重心，也成了支持或反对优良条目候选的一个重要理由。事实上，迟至条目建立三年之后，编辑们才表现出了较为明确的参考文献意识。2007年4月25日，一位名叫 Wikijoiner 的用户在08：42的版本（第365个版本）中添加了第一条参考文献。此后，参考文献的数量不断增加，如今已经突破了100个，最多时达到120个（见图5）。但是，一位接受访谈的核心编辑告诉我们，有个别人为达到某种目的会不惜杜撰参考文献，而要识破它们却往往并不容易。

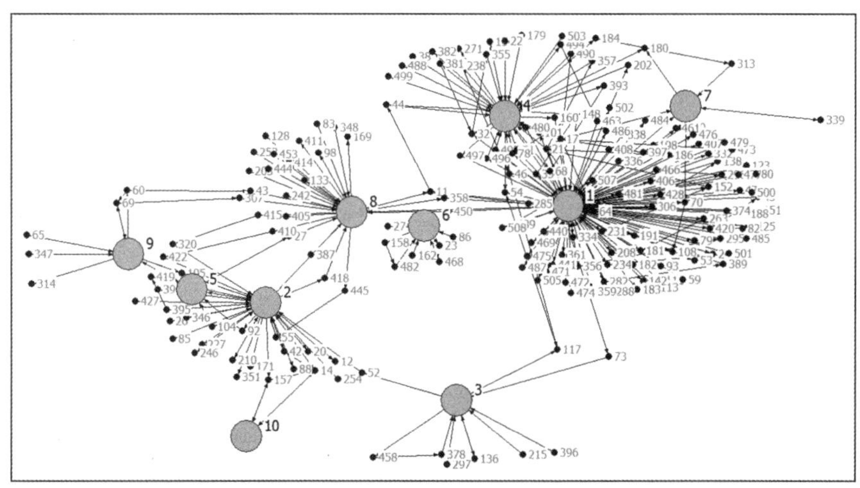

图5　南京大屠杀条目的参考文献数量的变化趋势（2004.4.10—2014.3.5）

注明：图中的虚线为趋势线。

第三，对于“中立性”的不同理解也具体而微地体现在对大屠杀的语言表述上。在2013年8月15日至22日的优良条目评选意见中，一位反对者认为，“条目内一些关于日本的措辞过激，可能并不是很中立。比如1.2段标题［引者注：“日本：向南京疯狂进军”］。”而支持者则回应说：“请注意中立的本质是客观描述，不是各打五十大板。对于沿路烧杀淫掠争头功的日军来说，‘疯狂进军’是很恰当的。”另外一则讨论聚焦于“‘暴行’‘罪行’等字眼是否有违中立性原则”。有回应者称，“NPOV［即中立性］涉及的是观点（views），不是事实（facts）。具体到这个条目，屠杀、奸淫、劫掠、纵火，这都是事实”。我们在浏览历史页时发现，“语言表述”的中立性实在是一个很难遵循的原则，争夺的双方不时陷入一种针锋相对的话语对抗。比如，一位台湾维基用户在2006年7月底频繁地将“暴行”改为“屠杀行为”、“战争暴行”改为“行为”、“日军在南京的暴行”改为“行径”、“杀人暴行”改为“杀人行为”，并引发了编辑战。而“中国：坚守首都的决策”和“日本：向南京疯狂进军”这两个小标题也经常被破坏性地篡改为“中国：疯狂的全面败退”和“日本：坚决向中国南京进军”。在极端的情况下，条目表述也会被置换为“否定派”的版本。例如，把“中国”篡改为“支那”、把“杀害平民”篡改为“保护平民”。

（二）争夺“导言”：维基条目的书写政治

与维基百科上的其他条目一样，南京大屠杀条目也是由“导言”和“正文”两部分构成的。绝大多数时候，导言的篇幅相对于正文而言不过是弹丸之地，然而就其地位而言却远在正文之上。作为一个条目的浓缩性表述，导言发挥了“凝聚共识”和提纲挈领的作用。既然如此，维基用户自然不会轻易放弃对它的争夺，这种争夺直接体现在他们赋予南京大屠杀的标签上。截至 2014 年 3 月 5 日，导言中先后出现了三种语言的 13 个事件标签（见表 1）。在 2004 年 4 月 27 日 09：43 的版本中，Samuel 在保持“南京大屠杀”作为主标签的情况下，首次引入日语标签“南京大虐殺”来提供一种附加性的说明。不过，这次引入并不顺利。在 5 月 13 日到 7 月 25 日期间，多名用户围绕该标签的删除与恢复问题展开了编辑战，最终要求保留日语标签的一方取得了暂时的胜利。第二个附加性的日语标签是“南京事件”，由 Gakmo 于 2004 年 10 月 6 日引入，但后来曾被日本匿名用户恶意地替换为“南京侵攻作战”“于南京战斗”和“南京攻防战”等三个标签，只不过很快就被撤销了。第三个被接受的日语标签——“南京虐杀”——由 R. O. C 于 2005 年 5 月 8 日 07：16 版本中引入，与“南京大虐殺”和“南京事件”并置。2010 年 5 月 7 日，MtBell 根据年初发布的《日中歴史共同研究報告書》（日文）一书，用“南京虐杀事件”一举替换掉先前的三个日文标签。随后，以“南京大屠杀”为主标签和“南京虐杀事件”为说明性标签的格局不间断地持续了将近两年时间，多达 414 个版本。此外，统计结果显示，在全部 1623 个版本中，有 486 个版本中从未出现任何一个日语标签（29.9%）；“南京大虐杀”“南京虐杀”和“南京事件”等三个日语标签同时出现在 818 个版本中（50.4%）；这三个日语标签与 Nanking Massacre 和 Rape of Massacre 一起出现在 527 个版本中（32.5%）；在全部十三个标签中，最多的时候为 6 个标签同时出现，达 605 次（37.3%）。

表 1　条目导言中对于事件标签的使用情况（2004.4. 10—2014.3. 5）

事件标签	地位	标签引入者	首次出现的时间	出现的百分比（N=1623）
南京大屠杀	主要的	Tomchiukc	2004/04/10　08：07	99.6（1616）
南京大虐杀	附加性的	Samuel	2004/04/27　09：43	69.9（1135）
南京事件	附加性的	Gakmo	2004/10/06　05：25	57.0（925）
南京侵攻作战	主要的	219.164.60.162	2004/10/08　12：14	0.1（1）
于南京战斗	附加性的	219.164.60.162	2004/10/08　12：14	0.1（1）
南京攻防战	附加性的	219.164.60.162	2004/10/08　12：14	0.1（1）
南京虐杀	附加性的	R. O. C	2005/05/08　07：16	50.4（818）
Nanjing Massacre	附加性的	R. O. C.	2005/05/08　07：16	2.8（45）
Rape of Nanjing	附加性的	R. O. C.	2005/05/08　07：16	2.8（45）
Nanking Massacre	附加性的	伟大汉语	2005/12/13　06：57	34.5（560）
Rape of Nanking	附加性的	伟大汉语	2005/12/13　06：57	34.5（560）
中韩两国所指的南京大屠杀	主要的	伟大汉语	2005/12/13　06：57	0.1（2）
南京虐杀事件	附加性的	MtBell	2010.5. 7　13：40	39.4（640）

同时，在讨论页和条目页围绕若干议题的争议中，都牵涉到对导言的争夺，而对这些争议的梳理无疑有助于我们理解维基百科条目的“书写政治”。一是对于死难者人数的表述问题。早期的条目倾向将各方的数字混在一起，并不刻意强调其主次关系。例如，2006 年 7 月 29 日 10：17 的版本的导言中写道，“屠杀中具体的遇难人数至今仍极具争议，从中国学者普遍认定的 30 万以上，远东国际法庭认定的 20 万以上，以至 10 多万甚至于数百人不等”。而现有的多数版本则更强调军事法庭的数字，并将其他数字放在后文来传达一种“轻重”关系。例如，2014 年 3 月 5 日 17：35 的版本的导言中，第一段中的表述是：“据第二次世界大战结束后远东国际军事法庭和南京军事法庭的有关判决和调查，在大屠杀中有 20 万以上乃至 30 万以上中国平民和战俘被日军杀害。”而第二段则分述中国政府、日本官方和日本学界对死难人数的观点。至于这些争议的详细情况，则被放到了正文“影响”一节下的“遇难人数”之中。

二是国民党在南京保卫战和大屠杀中的责任问题。在 2007 年 7 月 21 日 03：18 的版本中，一位台湾匿名用户在“原因”之下添加了二级标题“国民党的责任”，称“唐生智严重错误的战术造成中国军人自相残杀……不能否认国民党当时也犯下罪行”。编辑 Alexcn 随后移除了这一节，并在讨论页面做出了这样的解释：“唐生智等人只应该负战败逃跑和没有组织撤退的责任，没有屠杀责任。”四年后，围绕这一议题的争议升级到了导言上。2011 年 11 月 23 日，一位台湾匿名用户在导言末尾添加了这样一句话：“不过，中国大陆与日本否认派都同意，南京事件是在国民党消极抗日领导无能下而导致中国军民大量死伤的原因之一。”随后，条目中围绕这一表述，编辑们展开了激烈的编辑战：它们出现在 11 个版本中，而被删除了 7 次。特别值得指出的是，条目于 2011 年 11 月 23 日（“编辑争议”）、12 月 28 日和 2012 年 4 月 30 日（“被 IP 用户或新用户破坏”）先后三次被设置为“保护状态”。同时，讨论页相关的争论也异常激烈，前后共发起了 8 个独立的讨论。争议的一方以中国早期的官方教科书对国民党的批判作为依据，而另一方则强调不能将守城失败与大屠杀混为一谈。2012 年 3 月 4 日 11：09 的版本之“中国：坚守首都的决策”一节下出现了一个妥协性的表述：“由于战前战时指挥不利，一九四九年后曾有一段时间内中国大陆的教科书及相关文章指责是国民政府‘消极抗日’导致了随后的南京陷落。”SyaNHs 对此的解释是，“纵观全文根本找不到放这段文字的地方（导言肯定不是能放的地方)”，而其他编辑则建议将其移到“南京大屠杀的争论”条目之下。这种妥协并不能解决问题：2012 年三四月间，编辑战仍在继续，责任表述出现在 15 个版本中，被删除了 12 次。围绕这一议题的争夺至今仍未消停：在 2013 年 9 月 14 日至 2014 年 3 月 5 日期间，相关表述在 18 个版本中出现，被删除了 17 次。

三是中国历史教科书对于大屠杀的处理方式，即 1949 年后南京大屠杀是否被写入了教科书。这一争议在 2010 年即已出现，起初被放在“纪念”一节。在当年 12 月 12 日 16：45 的版本中，一位安徽的匿名用户在导言中插入了这样一句话：“但中国曾经在 70 年代以前都不曾在教科书和官媒上提及大屠杀。”此后到 2011 年 1 月 15 日期间，这句话及其变体出现在 7 个版本中，被删除了 6 次。在 1 月 15 日 05：44 的版本中，南京维基用户 MtBell 发出警告：“这段话如果放在合适的地方，我会补充一些材料。但放在导论，见一次删一次。”删除的原因是，这一讲法被日本右翼当作否定大屠杀存在的理由。2011 年 11 月，这一表述再次被某些匿名用户以更为丰富的形式放到导言末尾，再度点燃了编辑战，而讨论页上也争论得颇为激烈。反对一方强调，关于教科书的这一论断来自日本右翼学者，同时，他们也花费了大量精力去证明新中国成立后的媒体和教科书中存在关于大屠杀的记录。在现有的多数版本中，这一议题被放入一级标题“影响”之下的“日本方面的观点和争议”一节，作为对日本右翼言论的批评而出现。

（三）全球记忆空间里的交涉互争

虽然南京大屠杀条目的记忆社群在讨论页里的讨论主要围绕中文条目而展开，但他们也不时关注其他语言的版本，尤其是日文和英文的条目。并且，中文条目的某些活跃用户甚至也直接参与了日文和/或英文条目的修订工作。他们甚至发展出了两种不同的身份策略。一是在不同语言的维基百科上采用统一的身份。当 MtBell 发现自己在中文维基里使用的 Gilgalad 用户在其他语言的维基百科上已被别人占用之后，就换成了现今这个名字。二是在不同语言的维基上使用不同的身份。一位目前身在德国的广东籍维基用户这样介绍自己：“各位好，我是 Nutcracker，胡桃夹子。在英语、德语、日语、法语 Wikipedia 也能看见我，不过英语 Wiki 里面我是 Nussknacker，这叫做双品牌策略，呵呵……”关于中文条目的用户参与其他语言的南京大屠杀条目之修订的一个典型案例是 2013 年二、三月间英文条目围绕导言中对“死难人数”问题而展开的激烈论争，中文条目中首要的核心人物 MtBell 也是这场争论的核心人物之一。当英文讨论页的争论尘埃落定之后，他先后对英文和中文条目的导言都做了修订。可见，Wikipedia 作为多语言平台的这一事实提醒我们关注不同“记忆社群”在全球性记忆空间里交涉互争的状况。

我们将另撰一文，对不同语言版本的南京大屠杀条目的集体记忆建构进行比较研究。这里仅就中文条目讨论页简要梳理中文记忆社群对其他语言社群的关切。这种关切主要表现在两个层面。一是对于不同语言版本的参照。例如，在第二次优良条目评选中，一位持反对意见的注册用户批评参考文献太少：“现在仅 27 个资料来源，非常不足”，而“英文维基百科就有近 100 个来源”。另一位持反对意见的匿名用户则借日文版本来批评中文版本：“日语维基用两个条目来说明这个事件，除了有 interwiki 的本条目外还有没有联结其他语言的 ja［引者注：Japanese（日文）的缩写］：南京大虐杀论争，对于这类事件，日语的作法严谨有整理还有引用出处。”鉴于存在不同的语言版本，一位用户则建议，“将此条目的主要语言版本翻译，放在 temp 版，互相比较下，我相信会有一些额外的收获。”

二是对于其他语言版本（尤其是日文版本）的批评，以及交流参与修订日文版的经验教训。早在2005年4月，一位名叫大和健一的用户就在讨论页上报告，“维基日本的‘南京大屠杀’条目被阻了”。随后，也有用户批评“日本伪基[①]百科竟然不承认南京大屠杀!?，去日文维基和鬼子们争辩吧，不要在这里争辩，没有意义”，或倡议“在本条目的日文版上增添一些图片。这样比较有说服力”。同样是针对条目中的图片，当有人发现“南京大屠杀的英文版本正在进行投票，准备删除揭露日军强奸暴行的照片”时，便呼吁用户“参加投票保留这些历史照片!”2012年12月，日语维基中条目标题由“南京大虐杀”改为“南京事件”，此事在中文讨论页也引发了热烈的关注。讨论中，有些曾参与日文版条目的修订和争论的人既批评日语维基，也交流经验教训。他们批评那些持右翼立场的日本人以不接受外文来源和指责文献是“宣传”为由撤销或退回了自己的修订。一位去日文版条目参与论争却以彻底失败而告终的南京维基用户感叹，“连几张图片都加不进去，更不要说正名了”，他感觉“在ja那边舌战是浪费时间”，转而建议用户“帮忙完善中文版的南京大屠杀”。他在另一处也建议，“最好先充实中文版的条目，然后再修改英文版，之后有足够日文能力的话再去日文版”。总之，从讨论页面的这些话语中可以清楚地看到这样一个基本的事实：在维基百科这一全球性记忆空间中，集体记忆实践仍然有着强烈的民族国家的身份认同边界。

五、结论与讨论

十年前，Tomchoukc在创建南京大屠杀条目时附带评论道：“写一条条目有多难？为什么每个人都要去Tom. com抄？大家都没有脑没有笔吗?”在历经了1600多个版本的修订之后，我们不得不发出一句感叹：要写好这个牵涉到两个民族国家“艰难过去”的条目真的非常困难。最大的困难也许在于，在维基百科这一全球性记忆空间里从事记忆工作的人有着高度复杂的政治、社会与文化背景，正是这些背景导致了围绕条目修订的各种合作、冲突与妥协。任何一个条目版本都只是代表着某一主体对于认知对象的一种暂时性的认知和理解状态。这与传统的百科全书之间形成了巨大反差，而它将给知识生产和传播带来怎样的影响，我们拭目以待。

在过去十年间，维基编辑们出于各种动机生产出一个长长的打上了修订者与被修订者“主体间性”烙印的版本序列。定量的统计显示，版本篇幅呈现出

① 原文如此。

一种正增量的整体趋势；条目的叙事结构正在变得日益完善和稳定；虽然围绕南京大屠杀条目的记忆社群的总体规模相当大，却只有一小群持久的活跃者。同时，对于条目页、浏览历史页和讨论页的定性分析则显示，维基百科的"中立性"原则极大地影响着大屠杀叙事；不同维基用户对于导言展开了激烈的争夺；中文条目中也显示出了一种全球性的"文本间性"的文化意识。

涵盖中国大陆（内地）、香港、台湾乃至更广阔的华人社区的在线记忆社群以维基百科为平台建构出什么样的大屠杀景象？大屠杀的在线记忆与《人民日报》等媒体所呈现的官方记忆有何差异？这个问题很难回答，由于维基百科开放编辑的本质，任何一个大屠杀条目都处于、也将会继续处于"未完成"的状态，尽管条目的叙事结构和内容趋于稳定，但常规的条目维护（"破坏"与"回退"之间的拉锯）与增删仍然会改变条目的面貌。不过，透过条目的基本结构、变迁历史以及编辑争议，我们还是能够对维基百科上的记忆景象做出简单勾勒。在大多数版本中，条目的焦点并非作为"历史事件"的大屠杀，而是更多地从当代视角出发，书写大屠杀的"当代史"，包括审判、真相传播、纪念以及影响与争议。具体到对暴行的记述方面，一位编辑也坦承，"'暴行'章节很难找到一个线索能条理清楚地说明整个过程，也许当时并不存在这样的'条理'"[①]。现有中文版本以暴行的类型区分为屠杀（集体屠杀、分散屠杀）、奸淫、劫掠与纵火，不仅篇幅不及英文维基百科的"Nanking Massacre"条目，而且对历史细节的再现也比后者薄弱不少。举例来说，英文维基百科曾在多处引用拉贝日记、目击者描述、幸存者证词以及档案文件。中文维基百科则在条目后文中专辟"暴行真相的传播"一节，分述"战时日本当局的新闻审查""战时中国和西方揭露日军暴行的努力""中国受害者的叙述"以及"日方的记录和证言"。尽管如此，这些历史资料并不是被用来丰富对暴行的叙述的，而是采用一种"陈列"的方式，作为证明大屠杀的确曾经发生的"证据"，并与下一节日本方面的争议相呼应。这在某种意义上可以视为对大屠杀当代困境——日本右翼的否定——的回应，同时也折射出了中文记忆社群在进行大屠杀书写时隐含的集体文化心理。

---

① 出自作者对 MtBell 的访谈。他还说："主要原因是确实感到自己在能力上不足以把握这样大的历史事件。你可以发现，暴行细节的章节我基本都没怎么写，这是因为没有受过史学专业训练，我找不到一个可信、连贯的逻辑描述大屠杀中的一系列暴行。这需要对大屠杀的原因有所研究，而现有的历史研究，由于留存的客观史料太少，在这个基础上做出的屠杀令和日军心理的结论都不太清晰。而受到维基百科禁止'原创研究'的限制，我也不能自己概括总结。另外长期写这个条目，接触的负能量太多，这也是在情绪上比较消极的原因。"

尽管面临类似的记忆环境，维基百科的大屠杀词条与《人民日报》等新闻媒体建构的官方叙事之间还是存在着巨大的差异。第一，媒介形式的差异导致我们在新闻媒体上看到的是“完成的文本”，而维基百科则是“书写中的脚本”。我们前面已提到，中立性和非原创性等维基原则对于记忆书写产生了深刻的影响。第二，官方记忆更多地以“断言”——不可否认的“历史事实”——的形式存在，而维基百科则表现出“记忆协商”乃至话语争夺/对抗的特征。前面述及的记忆争议，在于折射出维基百科凝聚的记忆社群内部的多元性乃至歧异性以及记忆文本的多种表述可能。第三，与官方记忆相比，维基百科所建构的民间记忆的“意识形态性”没有那么显豁（我们很少看到“国耻”等类似的表述）。究其原因，这一方面源于不同的记忆书写意图；另一方面，一些人认为过重的“宣传”色彩会损害辞条的中立性，也可能招致中文记忆社群中的某些非中国人士的批评。

虽然中文维基百科折射出民间记忆社群的视角，并反映出记忆建构过程中的协商和争夺，但是它并不立足于，事实上也没有建构出南京大屠杀的“反记忆”（counter-memory）。举例而言，中文维基条目对死难人数的表述，既与官方“断言”有所不同，也与英文维基百科（国际记忆社群）的陈述方式存在巨大的差异。在2014年年初英文维基条目围绕导言中死难人数的激烈争论之后，目前导言首段对此的表述较为含混，称“数以万计甚或十万计人”（tens of thousands if not hundreds of thousands）遇难，而导言第二段则集中讨论围绕死难人数的争议，称不存在对于死难人数的准确估计，并列举远东国际军事法庭、南京军事法庭（中国官方）的数字，最后指学界的估计介于4万至30万之间。我们可以将中文维基百科的大屠杀记忆视为一种具有民间色彩的替代性记忆（alternative popular memory），而它之所以没有变成“反记忆”，大概有以下几方面的原因。其一，热心参与的维基编辑多半来自中国，拥有相似的大屠杀文化心理。其二，中文维基以中文为主要的工作语言，主要参照中文文献，而大屠杀在中文文献中基本上是以“共识”的面貌出现的。其三，为了防止维基百科在中国被封锁，条目中不会出现敏感词，也不会使用一些敏感的链接。

传统再造与模范重塑
——记者节话语中的历史书写与集体记忆[①]

李红涛　黄顺铭

摘　要：记者节对新闻社群是一个仪式性和周期性的“热点时刻”。本文以不同类型的十二份报纸在2000—2014年间的记者节话语作为研究对象，探究新闻界如何将“历史”整合到关乎“当下”的专业话语之中。与“关键事件”或纪念场景不同，记者节的“记忆工作”在更广泛的意义上折射出新闻界深层的历史意识与集体记忆。我们发现，新闻界借助“常识知识”将自身的处境“历史化”，它们建构出记者节的“开端”神话，从“断裂”的历史中清理出“延续的”传统，并重塑“角色模范”的当代意义。

关键词：记者节　历史书写　集体记忆　传统　角色模范

一、引言

从2000年11月8日以来，中国记者节已经走过了十五年的历史。对于新闻界的观察者而言，记者节是一个仪式性和周期性的“热点时刻”[②]。每年节日之际，新闻从业者、新闻机构、专业协会，以及新闻宣传主管部门都会有意识地开展某些仪式性活动（如新闻奖的颁奖），或是就新闻传播实践的某种议题表达立场。

在每年记者节话语的“众声喧哗”之中，经常闪现出新闻史的“零光片羽”。一方面，新闻从业者会不时在记者节报道、个人陈述或新闻评论中援引

---

① 李红涛、黄顺铭：《传统再造与模范重塑——记者节话语中的历史书写与集体记忆》，《国际新闻界》2015年第12期。

② 陆晔、潘忠党：《成名的想象：中国社会转型过程中新闻从业者的专业主义话语建构》，《新闻学研究》（台北）2002年第71期，第17—59页。

新闻前辈的言论，或者回顾新闻史上的经典片段。另一方面，他们也会将当下的新闻实践加以历史化。在记者节期间，媒体刊登的“年度回顾”或“纪念特刊”将个体记者的讲述与对组织和新闻界成就的回顾结合起来，将刚刚过去的“历史片段”与悠久的新闻史对接起来。此外，我们也会看到，记者们带着历史意识来审视当下的焦点议题。例如，2008 年记者节时，《中国青年报》就针对“山西封口费事件”发表评论《封口费缠身的记者节没有荣耀只有雪耻》，其中写道，“临近这个记者的节日时爆出了近年来有关记者的最大丑闻，相信很多年以后记者同行仍会为这一幕感到耻辱，这一幕将会永远钉在中国新闻业的耻辱柱上”，展示出了某种“未来取向”的记忆建构。

新闻从业者自己在记者节写下的新闻史叙事不同于学者的新闻史研究和教科书上的新闻史，具有独特的社会功能。这些或系统或散碎的历史书写构成了新闻社群“记忆工作”的一部分，其用意或为建构新闻业的某些传统，或为社群成员树立“角色模范”，或为透过历史来镜鉴现实。

本文以十二份不同类型的报纸在过去十五年间的记者节话语作为研究对象，对其中的历史叙事和集体记忆进行了系统的分析，力图揭示当代中国新闻界怎样将自身的历史和集体记忆整合到他们的专业话语——特别是对于当下的理解——之中。

二、历史叙事与新闻界记忆

一年一度的记者节是新闻界反观自身的“热点时刻”[①]。与那些围绕重大事件、典型现象或者焦点议题而展开的“热点时刻”不同，记者节带有更常规的性质，也更多地折射出新闻界日常的话语实践。陆晔和潘忠党[②]曾分析过新闻界如何利用第一个记者节来凝聚专业范例，阐发专业理念，建构新闻专业主义话语。有关记者节话语的研究基本上沿袭陆、潘的思路，考察新闻专业主义的内涵。例如，丁方舟等人[③]分析了新浪微博上新闻从业者建构的记者节话语，

---

① 参见 Zelizer, B., “Journalists as interpretive communities”, *Critical Studies in Mass Communication*, no. 10, 1993, p. 219—237；陆晔、潘忠党：《成名的想象：中国社会转型过程中新闻从业者的专业主义话语建构》，《新闻学研究》（台北）2002 年第 71 期，第 17—59 页。

② 陆晔、潘忠党：《成名的想象：中国社会转型过程中新闻从业者的专业主义话语建构》，《新闻学研究》（台北）2002 年第 71 期，第 17—59 页。

③ 丁方舟、韦路：《社会化媒体时代中国新闻人的职业困境——基于 2010—2014 年“记者节”新闻人微博职业话语变迁的考察》，《新闻记者》2014 年第 12 期，第 3—9 页；丁方舟：《“理想”与“新媒体”：中国新闻社群的话语建构与权力关系》，《新闻与传播研究》2015 年第 3 期，第 6—22 页。

发现“理想/现实”和“新媒体/传统媒体”构成了新闻人最常使用的二元对立话语。

本文并不打算对记者节话语中的专业内涵进行全面的挖掘，而是要聚焦其中的历史叙事。由于记者节的常规性，新闻界在记者节话语中建构历史叙事成为其日常“记忆工作”的一部分。在阐述“阐释共同体”（interpretive community）概念时，泽利泽[①]就提到了“记者的新闻史”。她指出，新闻人会围绕新闻史上的某些关键事件来展开阐释活动，创造出大量反思性的话语。这些话语令新闻界对共享的过去形成特定的理解，赋予专业实践意义，从而让新闻人彼此团结。泽利泽强调，新闻人将这些关键事件与更大的新闻困境和其他重大事件关联起来，由此创造出自己的新闻史。根据我们的观察，跟关键事件一样，包括职业节日在内的仪式时刻也会涌现出大量有关历史书写和集体记忆的自反性话语。

舒德森[②]对“水门事件”的集体记忆进行了系统研究。他发现，新闻界将其建构为一系列彼此相连的神话，这些神话不仅揭示了新闻界在“水门事件”中的核心作用，而且更是将它建构成了当代美国新闻业的一个分水岭。问题是，新闻界关于该事件的神话化叙事未必与历史事实相吻合。最近，舒德森[③]在更一般的意义上指出，新闻从业者一方面对行业历史知之甚少，且多有错讹，另一方面则倾向对过去进行自我美化。他们总是在怀念历史上的“美好时光”，以此作为批评当下的依据。

类似的，2003年的“孙志刚案”构成了当代中国新闻业的一个关键事件。作为推动制度变革的标志性事件，它在过去十年间不断引发新闻媒体的“重述”或“纪念”。张志安和甘晨[④]发现，在对该案进行记忆建构时，中国新闻界并非一个铁板一块的整体。在新闻史层面，率先刊发“孙志刚案”报道的《南方都市报》将相关报道视为自身“发展历程中的重大转折及辉煌篇章，而其他市场化都市报则将该案叙事为整个中国新闻界尤其是都市报行业的‘光荣与梦想’”。这种记忆建构的差异表明，中国新闻界并不是一个单一的“共同

---

① Zelizer, B., "Journalists as interpretive communities", *Critical Studies in Mass Communication*, no. 10, 1993, p. 219—237.

② Schudson, M., *Watergate in American memory: How we remember, forget, and reconstruct the past*. New York: Basicbooks. 1992.

③ 邓建国、舒德森：《我对新闻业未来谨慎乐观——迈克尔·舒德森学术访谈》，《新闻记者》2015年第2期，第4—12页。

④ 张志安、甘晨：《作为社会史与新闻史双重叙事者的阐释社群——中国新闻界对孙志刚事件的集体记忆研究》，《新闻与传播研究》2014年第21期，第66页。

体”，同时中国新闻人所追求的文化权威（推动社会和历史进步）也与西方同行有所不同。

不论是对于“水门事件”还是“孙志刚事件”的集体记忆的研究，都是聚焦于新闻史的某一个“断面”或“片段”。与此不同，本文将以记者节话语作为研究对象，旨在对新闻工作者的历史书写和集体记忆进行系统的考察，希望揭示出在“记者节”这一常规性的热点时刻，中国新闻从业者会在何种情境下、以何种方式去“重访”新闻业的历史。具体而言，在这些历史书写中，哪些新闻传统和专业范例得到了强调或者弱化？历史和当下如何相互呼应，或者如何进行“对话”？新闻界如何通过新闻史的系统书写或者对历史元素的策略性运用，来强化自身的专业权威和正当性？

三、研究材料与方法

由于各种类型、各个层次的新闻媒体都会在记者节前后刊载某些与节日有关的内容，企图对记者节话语进行“普查”显然是不现实的。一个可行的方案是：以“样本”来考察。基于材料可得性的考虑，本文将只考察报纸上的记者节话语。我们选择了十二份报纸作为研究对象，力求涵盖不同的类型和层次。具体包括：（一）五份党报或机关报，即《人民日报》《新华每日电讯》《中国青年报》《解放日报》和《南方日报》，其中，前三份是中央级报纸，后两份为省级报纸；（二）五份市场化的都市报或精英报，即《北京青年报》《新民晚报》《南方都市报》《华西都市报》和《南方周末》，均为省级报纸；（三）两份行业报，即《中国新闻出版报》和《中华新闻报》，都是以新闻出版从业者为目标读者群的全国性报纸。

原则上，样本报纸的研究时段锁定为 2000 到 2014 年的全部十五届记者节。其中，《中华新闻报》是唯一的例外。由于该报已于 2009 年 8 月 27 日停刊，故只牵涉到九届（2000—2008）记者节。虽然国家法定的记者节是每年的 11 月 8 日，但事实上记者节话语在此之前和之后都有可能出现。因此，我们将材料搜索时段限定在记者节前后各一周，即 11 月 1 日至 11 月 15 日。在此期间，凡是文章中出现“记者节”这一表述，或者报纸版面上以某种可以辨识的方式（如标明“记者节特刊”）来建立文章与记者节之间的关联，就是符合条件的研究材料，它们在体裁上可能是新闻、评论、通讯、背景资料，等等。

为了尽量不遗漏符合条件的材料，我们综合运用了纸版报纸、报纸电子版、慧科新闻数据库、中国重要报纸全文数据库，甚至部分报纸的内部数据库。最终，十二家报纸的记者节话语样本由近500篇文章构成，其中，《中国新闻出版报》的数量最大，达150余篇，其余各报文章数则为30～50篇。

由于并非每一篇材料都牵涉到“记者节话语中的历史书写与集体记忆”这一主题，我们需要对样本进行进一步的筛选。筛选原则是：凡是牵涉到新闻史上的人物、事件、作品和言论的材料都被纳入分析。受论文篇幅的限制，本文将只聚焦新闻史上的“经典时期”——这里定义为“1978年新闻改革之前的时期”。至于记者节话语中的“当代史”，我们将另撰一文来处理。最终，本文的分析基于含有经典时期历史书写与集体记忆的128篇文章，由多到少依次是：《中国新闻出版报》41篇，《南方日报》16篇，《华西都市报》15篇，《人民日报》12篇，《中国青年报》11篇，《新民晚报》10篇，《新华每日电讯》9篇，《南方都市报》8篇，《解放日报》6篇，《北京青年报》5篇，《中华新闻报》2篇，以及《南方周末》1篇。这些材料篇幅不一，有些仅仅是以仪式化的方式提及角色模范（例如，通篇可能只有“长江韬奋奖”这一表述提及了两位历史偶像），或者顺带提及新闻史断片，而有些则包含了全面而系统的历史书写和集体记忆。

本文属于质性分析，主要依靠对历史叙事材料的反复阅读和文本分析。下文的分析将从“开端记忆”“传统”和“角色模范”三个方面具体展开。其中，质性分析软件Nvivo 10.0被用来协助我们分析角色模范及其话语。

四、记者节与“开端”记忆

选择一个什么日子来作为节日是一件关乎记忆的事情。在论及“社会记忆”时，康纳顿[①]开宗明义地指出：“所有的开端（beginnings）都包含着一个回忆的元素。当一个社会群体齐心协力地寻求一个崭新的开端时，尤其如此。在性质上，任何这种刻意为之的开端（attempted beginning）都带有某种彻底的任意性。”在中国近现代史上，存在着两种不同社会制度之下的两个记者节，即民国时期的“九一”记者节和新中国的“一一·八”记者节。这两个精心选择的日期所唤起的，是两种不同的关于节日的“开端”记忆。

虽然我们所抽取的是一个关于“一一·八”记者节的样本，但“九一”记者节也不时被提及，具体表现为“模糊提及”和“明确提及”这两种方式。从模糊提及中，读者无法从字面上获得节日日期等最基本的信息，例如，“当时

① Connerton，P.，*How societies remember*. Cambridge：Cambridge University Press，1989.

的记者节”，“中国虽曾经有过记者节”，以及“其实新中国成立前，也曾有过记者节”。相对而言，模糊提及不如明确提及常见。在所有明确提及的文章中，以 2005 年记者节时《中国新闻出版报》的《中国“记者节”的变迁》（2005. 11. 8）一文最为详尽。该文将“九一”记者节定义为一个“争取新闻自由”的抗争叙事，新闻界和国民党当局分为正义和邪恶的一方。

1933 年 1 月，江苏《江声日报》经理兼主笔刘煜生因揭露国民党官员公开卖鸦片黑幕及吸毒丑闻，被江苏省政府主席顾祝同下令以“宣传共产”的罪名杀害，当时的新闻界强烈抗议此暴行，并要求国民党当局“开放舆论，保障人权”。强大声势之下，南京国民政府于 1933 年 9 月 1 日被迫颁布《保护新闻从业人员及保护舆论机关的通令》。

1934 年 8 月，杭州记者公会向全国新闻界发出通电，倡议定 9 月 1 日为记者节。

1935 年开始，“九一”记者节得到全国新闻界的承认，每逢此日，各地都集会庆祝，出版特刊。

这些文章为何会提及“九一”记者节呢？大多数时候，它只是被当作与新记者节相关联的一个“历史背景”，或者说，作为“热点时刻”的新记者节为旧记者节这一新闻史断片提供了被讲述的契机。然而，有时候，新旧并置是为了实现“今夕对比”的叙事意图。最典型的例子是，在首个“一一·八”记者节到来之际，新华社发表特约评论员文章《牢记神圣的历史使命》，其中写道：“在旧中国，渴望民主的新闻工作者对当局政治迫害的反抗为他们赢得了 9 月 1 日记者节，那是凄风苦雨的日子。他们时刻面临屠戮、监禁、停刊和失业。而在新中国的 11 月 8 日，党、政府和人民给予全体新闻工作者的是关怀、重视、奖赏和激励。”显然，记者节只不过是一个引子，新旧对照旨在彰显新中国新闻体制的优越性，换言之，旧的新闻建制成为衬托当下的一个“反面教材”。

随着新中国的成立，“九一”记者节也被废除。直到 2000 年 1 月，中华全国新闻工作者协会（简称“中国记协”）才向国务院递交了《关于确定“记者节”具体日期的请示》，后者于同年 8 月初批准每年 11 月 8 日为记者节。在首个“一一·八”记者节时，样本中的十二家报纸都以这样或那样的方式、或详或略地叙述了新记者节的历史由来。后来的每一届记者节都会有文章对此进行重温。在这些关于节日的“开端”叙事中，最核心的记忆是一个“历史性开端的神话”（myth of a historic beginning）[①] ——1937年11月8日中国青年记者协会（简称“青记”）的成立。例如：

> 63年前的11月8日，范长江等人发起成立了中国青年新闻记者协会，旨在团结全国人民抗日救国；新中国建立以后，这个协会历经周折，发展成为中华全国新闻工作者协会，成为团结全国新闻工作者的纽带；今天这个“记者之家”诞辰的日子被定为中国记者的节日。回首世纪沧桑，这是中国记者几代人的光荣与骄傲！（《今天是我们的节日》，《新华每日电讯》，2000-11-08）
>
> 抗日战争爆发后，上海新闻界同仁为推进新闻战线的抗敌斗争，深感有进一步组织起来的必要。1937年11月4日下午，《大公报》记者范长江和新闻界同仁胡愈之、夏衍、碧泉、恽逸群、章汉夫等在一起商量，决定组织“中国青年新闻记者协会”（简称“青记”）。11月8日晚7时，该协会在上海山西路南京饭店举行了成立大会，推举范长江、恽逸群、羊枣、碧泉等5人为总干事，夏衍、邵宗汉等10余人为候补干事。会议认真讨论了战事的发展趋势，并授权范长江筹备协会的武汉分会。（《范长江促成记者节》，《北京青年报》，2006-11-06）

尽管这两个语段详略程度有别，但它们都明确地建构出了一个“团结抗战”的抗争叙事，包括新闻从业者在内的中国人民和日本侵略者分为正义和邪恶的一方。总之，新、旧记者节虽然同为抗争叙事，但一为国内抗争，一为民族-国家层次的抗争。

尽管康纳顿说得没错，任何刻意为之的开端都具有某种任意性，然而我们仍有必要追问，为何选择的却是“这一个”开端呢？具体而言，两个记者节为何会选择9月1日和11月8日呢？最基本的原因恐怕在于，一个社会、群体或职业需要为节日建构出某种有望获得广泛认同的“神圣性”，否则节日的合法性容易受人质疑。杭州记者公会把1933年9月1日国民党政府颁布通令视为争取新闻自由取得胜利的一个象征性事件，通电全国，倡议“九一”记者节，最终得到了职业共同体的广泛认同。而就“一一·八”记者节而言，中国记协将自身历史的“开端”神话——“青记”的成立——作为职业节日的开端。一方面，在中国现代新闻史上，“青记”的成立被纳入“抗日民族统一战线”的叙事框架；若再往前推衍一步，它自然也被纳入新中国的建国神话的叙

① Connerton，P.，*How societies remember*. Cambridge：Cambridge University Press，1989.

事框架。因此，这个日子能赋予记者节一种政治性的资本与荣光。另一方面，中国记协显然有意让记者节的神圣性“溢出”到它主持的最高新闻人物奖——长江韬奋奖，进而唤询当今的新闻从业者追随新闻史上的著名模范来增强自身的职业认同和荣誉认同。当然，这里面有一个基本的历史前提，即范长江是“青记”成立过程中的发起人和领导者之一。在前引的两个语段中，第一段将青记发起人略称为“范长江等人”，第二段尽管在正文中列举了总干事名单，标题却是《范长江促成记者节》。在样本中，我们经常见到“以范长江为首的左翼新闻工作者”这样的表述，通过淡化其他发起人和领导者来达到突出范长江在“开端”神话/记忆中的地位。个别文章甚至不惜扭曲历史事实。2009年，适逢范长江百年诞辰，不止一家报纸载文称是范长江创建了“青记”，并称记者节正是为了纪念他。例如，《新华每日电讯》在《做百姓记者 用脚板跑新闻》中这样写道：“为纪念范长江同志，每年的11月8日，即他创建‘中国青年记者学会’的日子被国务院确定为‘中国记者节’。以他名字命名的‘范长江新闻奖’，成为我国新闻界的最高奖项。”尽管这一叙述有违历史事实，然而却并不太会让新闻从业者感到格格不入。原因很简单：中国记协多年来一直将长江韬奋奖的颁奖典礼作为记者节庆祝活动的一部分，因此这一仪式实践有助于该语段中的逻辑“自然化”（naturalized）。

五、经典的、另类的与发明的传统

（一）新闻业的经典传统

中国新闻业渊源庞杂，从民国到新中国，新闻体制与意识形态更是几经更易与转折。李金铨[①]指出，中国新闻业的原始基调是儒家自由主义，都通过创办杂志开启民智，打造出“文人论政”的传统。而近现代中国的主流报纸则大致存在三种范式，分别是民营商业报纸（如《申报》《新闻报》）、专业报纸（如《大公报》），以及党报系统（如国民党的中央通讯社和《中央日报》，共产党的《解放日报》和《新华日报》）[②]。

如何在“断裂”之中努力寻求“延续”的新闻传统，如何将当代新闻业与

---

① 参见李金铨：《从儒家自由主义到共产资本主义：记者角色的冲突与汇流》，《超越西方霸权：传媒与文化中国的现代性》，香港：牛津大学出版社，2004年。

② 参见李金铨：《〈文人论政〉序言》，《文人论政：知识分子与报刊》，桂林：广西师范大学出版社，2008年。

经典传统“接续”起来？这是记者节话语“再造”新闻传统时面临的一个重要的叙事挑战。我们发现，记者节话语对于经典传统的勾勒呈现出三个方面的特征。首先，所谓经典传统或者新闻业的“正统”，其内核是红色新闻业，外延是“进步”新闻人，文人论政传统、商业报刊传统和国民党报人处在边缘地位甚至彻底缺席。以梁启超为例，他在样本中仅被提及一次，文章称其“最早提出了新闻舆论监督思想”。第二，与新中国成立后单一的党的新闻事业相比，民国时期新闻业的状况远为驳杂，这就带来了叙事上的更多困难。因此，新中国成立后的新闻史叙事多强调经典的新闻作品，而民国时期则以著名新闻人物和红色革命家史为基本的叙事模式。这些经常被提及的新闻人物包括范长江、黄远生、邵飘萍、邹韬奋等，他们多从属于“进步”传统。第三，与上文引述的范长江和“青记”的例子类似，经典传统叙事常常凸显核心人物，弱化其他人物，致使历史建构流于简单化。

在首个“一一·八”记者节到来之际，新华社电文《今天是我们的节日》用很长的篇幅梳理了中国新闻业的发展历程，为我们提供了最系统的经典叙事。文章将现代中国新闻业的开端追溯到申报于19世纪70年代对“杨乃武案”的报道，而整个历史叙事的重心则放在党的新闻事业上。文章先以“我们不能忘记”的三组排比句，列举了新华社历史上因公殉职的记者，分别是1947年在敌占区采访被捕而牺牲的钱毅，1955年奔赴万隆参加亚非会议途中遇难的沈建图，以及1999年因南联盟大使馆被炸而牺牲的邵云环。这三个历史时间点串联在一起，也是为了建立一以贯之的光辉传统。文章随后列举了一系列党的新闻事业的优秀作品和践行者，包括50年代《谁是最可爱的人》等抗美援朝报道、郭超人的攀登珠峰报道、罗开富在20世纪80年代重走长征路的报道、穆青采写《县委书记的榜样——焦裕禄》、60年代的《“一厘钱”精神》、1978年《光明日报》发表《实践是检验真理的唯一标准》、1978年11月15日新华社的《天安门事件完全是革命行动》、范敬宜的《莫把开头当过头》《深圳特区报》，1992年3月26日发表的《东方风来满眼春》，以及中央电视台1994年4月1日开播的《焦点访谈》栏目。显然，这里强调的并不是这些作品在新闻专业上的成就，而是它们与“重要历史节点”的呼应，比如“文化大革命”之后的拨乱反正、十一届三中全会、1992年邓小平的南方谈话，等等。这一点在下面这段表述中，也体现得非常明显：

> 在中华民族最危险的时刻，年轻的范长江历时10个月，万里走单骑，发表了轰动全国的《中国的西北角》；著名摄影家沙飞，用相机镜头记录下中国人民浴血抗战的悲壮瞬间。在社会主义建设时期，穆青奔波在兰考

> 大地，兰考人民称赞他长着“八路军的腿，老百姓的嘴”，誉他为“活着的焦裕禄”；1992 年，深圳特区报记者陈锡添一篇《东方风来满眼春》，生动反映了时代巨人视察南方的身影，推动了改革开放的浪潮。(《肩负起时代的使命》，《人民日报》，2006－11－08)

从范长江到陈锦添，历史时空几经变幻，不变的是“人民的记者”“和人民同呼吸、和祖国共命运”的传统。这再一次表明，经典传统强调的乃是新闻事业融入革命和建设的“时代大潮”，推动历史进步。

同样的，秉持专业主义准则的市场化媒体也参与了构建经典新闻传统的叙事。例如，2006 年记者节当天，《南方都市报》发表评论《记者的权力》，其中写道：

> 今天是中国记者节。在这样的时刻，总令人遥想当年叱咤风云的前辈们，远的如民国时期不畏强权被张作霖杀害的一代报人邵飘萍，近的如在 1978 年掀起真理标准讨论的《光明日报》，正是他们对新闻的执着追求，就像灯塔照亮我们前赴后继，走上这条极富理想色彩的星光大道。(《记者的权力》，《南方都市报》，2006－11－08)

这里提及的两个经典的新闻史节点时隔半个多世纪，跨越了中华民国和中华人民共和国的制度更迭。作者的用意既不在于强调新闻对历史进步的推动作用，也不在于强调新闻人的“道德”标杆；而是试图回到“新闻”本身，将这个传统的精髓提炼为“对新闻的执着追求”，并以“灯塔”和“极富理想色彩的星光大道”来进行隐喻化。

（二）另类传统的建构

可以说，正是上述这些名字、作品与历史断片连缀成了记者节话语中最具有支配性的经典传统。不过，在经典传统之外，某些媒体也力图拓展出一个另类的叙事传统。上文所引的《南方都市报》的评论即带有一定的另类色彩。另类叙事的建构主要通过两种方式来实现。方式之一：选择被正统叙事边缘化的人物，将其纳入“典范”的行列。例如，《南方周末》2000 年 11 月 9 日记者节特刊“光荣”版面列举了新闻史上的六位著名人物：前四位（黄远生、邵飘萍、范长江和邹韬奋）是前述经典传统中的典范人物；第五位是《文汇报》创始人、“能够坚持做记者的总编辑”徐铸成。最后一位则是最具独立色彩的储安平，其个人小传这样写道：

不过，绝大多数时候，市场化媒体对替代性传统的建构并没有走这么远，它们更多地采用第二种方式，即对已经被纳入经典传统的新闻人物或事件进行另类解释。例如，《南方周末》同一版在介绍邹韬奋时，强调他“一生坚守独立精神的报格、人格，绝不肯将社会给予的‘信用’转送、附会”。再举邵飘萍为例，正统的新闻史叙事强调他死于军阀之手，是为新闻而牺牲的，如《南方日报》给他贴的标签是“在80年前的血雨腥风中以身殉报的《京报》创始人邵飘萍”。然而，另类叙事则强调其他品质。2006年11月6日，《南方都市报》刊载的《邵飘萍：幸还是不幸》一文强调，黄远生和邵飘萍代表了本国新闻史中的“独立性”传统，之所以“他们留下的文字几乎可以当作信史来看”，“就在于他们坚持了新闻的独立性，而没有依附于当时的不同势力和利益”。有必要指出的是，在建构另类传统的过程中，市场化媒体并没有将民国时期的商业化媒体引为典范。这大概缘于市场化媒体内部的分化，其中的商业性媒体（如《华西都市报》）大致依循党报建构的正统，而精英媒体则更强调“独立性”等专业价值，由此而反向地溯源或者投射到了新闻史上的某些人物和组织。

（三）“被发明的传统”

从当下的新闻业情境或“现实需要”出发，记者节话语致力于寻求历史脉络中的“传统”，或者重新阐释新闻传统，以此改造历史叙事“古为今用”。这方面的典型案例就有“三贴近”和“走转改”，它们都是近年来宣传主管部门提出的新闻改革话语和实践。在记者节话语中，它们都与“群众路线”接续起来，建构出对它的一种“继承”和“延伸”。在此过程中，在经典新闻传统中占据一席之地的著名新闻人也会因为当下的需要被“挪用”或“重释”。2013年记者节当天，《人民日报》的评论《记者的荣光永在前方》就生动展示了这一过程：

> 正如马克思所说，记者应当生活在人民当中，“真诚地和人民共患难、同甘苦、齐爱憎”。从范长江提出“一张报纸，一个记者，其基础在群众，前途也在群众”到穆青以“勿忘人民”激励青年，再到“走转改”活动提倡“同群众坐在一条板凳上”，激荡不变的是赤子情怀。

不论是范长江，还是曾任新华社社长的穆青，他们都是经典传统的代表人物。将穆青与范长江并置，要强调的并不是范长江的典范地位，而是他在20世纪60年代关于“群众路线”的言论。这段话从马克思开始，贯穿了革命时期、社会主义建设时期，并以“赤子情怀”作为核心，建构出一个悠久的人民报刊传统。通过“历史”与“现实”的结合，“走转改”不仅被赋予正当性，而且肩负起了重振（失落的）“传统”的使命。

就穆青而言，除了“勿忘人民”的格言，最经常被提起并当作“走转改”活动之“范例”的便是他参与了对焦裕禄的报道。2011年记者节期间，中宣部、中国记协组织部分中央和地方媒体的记者编辑奔赴河南兰考，“以深入基层实地调研采访、征求基层干部群众对新闻宣传工作意见的特殊方式迎接自己的节日，表达深入开展‘走基层、转作风、改文风’活动的坚定决心”（《拜人民为师 向实践学习》，《新华每日电讯》，2011－11－09）。诞生过焦裕禄报道的兰考被树立为一个与“走转改”相关联的饱含象征意义的“记忆之场”。这次重返历史现场显然属于节日仪式操演的一部分，它不仅再次确认了焦裕禄报道的范例意义，更是一个针对当下新闻改革话语和实践的集体性“表决心”姿态。

在当代新闻史上，穆青一直被看作新闻宣传战线的典型。不过，在以“走转改”为主题的记者节话语中，新闻界强调的并不是穆青的“道德品质”，也不是焦裕禄报道作为文本的经典意义，而是该报道体现出的“扎根群众”的采访方式，由此就与“走转改”活动建立起了直接的传承关系。一些文章表达了一种强烈的“唤询”意识。例如，《人民日报》的评论《做人民的记者》（2011－11－09）就号召新闻工作者，“要像穆青同志那样以‘勿忘人民’为座右铭，贴近实际、贴近生活、贴近群众，把实践当成最好的课堂，把人民当成最好的老师，在向实践、向人民学习中不断提高做好新闻宣传工作的能力，真正做‘人民的记者’”。

更值得关注的是记者节话语对这则范例的表述方式。前引新华社的电文称，“1966年，穆青等3位新华社记者深入兰考蹲点调研，写出长篇通讯《县委书记的榜样——焦裕禄》”。这篇新闻史名作由穆青、冯健和周原三人合作合署，但记者节的历史叙事绝大多数强调穆青，另外两人被一笔带过，比如“新闻界老前辈、当代著名记者穆青同志等人深入兰考采访”。不少时候，另两人甚至完全被略而不提，例如，“穆青奔波在兰考大地”“一提到焦裕禄，人们就想到新闻记者的榜样穆青”“无论是魏巍的《谁是最可爱的人》，还是穆青的《县委书记的榜样——焦裕禄》”，“我们来到兰考，就是要继承和发扬穆青同志‘勿忘人民’的精神”。总之，记者节话语中的穆青被重塑为“群众路线”的代表人物或“符号”，当代“走转改”活动的“精神起点”，然而这样的片面做法也有意无意地简化甚至歪曲了历史。顺便指出，“开端记忆”一节提到的片面强调范长江而弱化其他“青记”同仁的做法和这里片面强调穆青而弱化其他合作者的做法如出一辙，都是“个人化的”历史书写思维，也印证了新闻声誉累积过程中的“马太效应”。

六、角色模范及其话语

（一）谁是角色模范？

任何节日几乎总是会努力发掘并建构出某些历史的或当代的典型人物，以便人格化其尊奉的理想价值体系与行为方式。用社会学的术语来讲，这些人就是“角色模范”（role model）。具体到记者节，角色模范同样是一个基本问题。在本文中，我们的分析将聚焦于历史角色模范，尤其是“经典时期”的角色模范。

本文的样本中提及数十位角色模范，大多数是中国新闻人。不过，被三篇及以上的文章提及者却屈指可数，仅有范长江、邹韬奋、邵飘萍、张季鸾、黄远生、林白水、李大钊、瞿秋白和史量才。在少数外国角色模范中，被三篇及以上的文章提及者仅有两人——马克思和普利策。在性别上，记者节话语里的角色模范高度失衡，男性占据绝对的统治地位。经典时期的性别失衡尤为严重，女性只有秋瑾和陈香梅，各被提及一次。由此，可得出一个基本结论：记者节话语里的职业角色模范基本上构成了一种“民族-国家”的象征秩序，同时也构成了一种典型的父权制的象征秩序。

记者节话语里的角色模范在政治光谱上颇为复杂。以左中右而论，在被三篇及以上文章所提及的角色模范中，李大钊、瞿秋白和范长江（中共党员）、邹韬奋（死后被中共追认为党员）和邵飘萍（中共秘密党员）属于左派，林白水、张季鸾和史量才属于“中间派”，而黄远生早在国民党和共产党成立以前就去世了，故不纳入“左-中-右”的架构中来定位。尤其引人注目的是，《南方周末》在第一个记者节时推出了“记者节特别报道”，其中“光荣版”上筛选出六位角色模范——黄远生、邵飘萍、范长江、邹韬奋、徐铸成、储安平，也同时对左派和“中间派”（徐和储）新闻人赋予了显要的社会承认。我们可以由此得出另一个结论：记者节话语往往借助左派和“中间派”的历史角色模范来定位、反思和想象当下的新闻业。

在角色模范的选择上，记者节表现出了一种明显的加冕“创伤”（trauma）的文化心理，尤其是对于“死亡”的意识形态化，即把为新闻殉职、为国殉难的新闻人抬升到极高的地位。这固然与20世纪中国动荡的社会政治背景有关，但或许也可以说，这种文化心理构成了近现代以来新闻史上一个恒久的价值观(enduring value)。在记者节的庆祝话语里，秋瑾、黄远生、邵飘萍、刘煜生、何云、钱毅、“亚非会议七烈士”、邵云环、许杏虎和朱颖以及甘远志都是以死亡的方式而完成了自身的“职业－政治”意义。例如，《海南日报》的甘远志因公殉职后，其事迹很快被拍成电影，中宣部和中国记协要求全国新闻界开展向他学习的活动。

至于角色模范的提及方式，则可分为“单一提及”和“复合提及”。单一提及是指整篇文章只提及某一位角色模范。当遇到某位历史角色模范的重要纪念年份时，采用该方式就拥有足够的正当性。例如，2005 年适逢抗战时期为筹办《新华日报》汉口版和华北版做出重要贡献的何云百年诞辰，《解放日报》在记者节当天发表了《永远的丰碑：太行深处编报人何云》，就采用了这种提及方式。复合提及意味一篇文章中出现了不止一位角色模范，存在几种不同的具体做法。最常见的是，在一篇文章的不同位置分散地提及角色模范。另一种做法是在一个句子中把多个人物相并举而建构出一个角色模范群。例如，2007 年 11 月 6 日，《中国青年报》的一篇文章就这样写道：“陈独秀、李大钊、毛泽东、瞿秋白、蔡和森……这些中国共产党和中国革命史上风云人物的革命生涯，几乎都是从办报、办刊开始的。”还有一种建构角色模范群的做法就是通过拟定一个富有涵盖力的标题，并辅之以版面编辑的手段。在第一个记者节到来时，《华西都市报》运用这种此方式，将毛泽东、周恩来、李大钊、马克思、恩格斯以及高尔基等人归为一组，而将秋瑾、恽代英、钱毅、伏契克以及汉斯－希伯等人归为另一组。

这两种角色模范的提及方式各有其社会控制功能。单一提及令新闻媒体及其主管部门得以策略性地对中国近现代新闻史进行“重写”，发掘那些已经或几近被遗忘的角色模范，赋予他们新闻史上的某种地位。而复合提及的社会控制功能则源于它可以灵活而策略性地选择出某些角色模范来并置。将几个彼此在生命或职业上存在或不存在交集的人并置，既可以让记者节实现面向现在和/或面向未来的某种“载道”目标（如“走转改”），也能引申出某种职业“传统”（如“群众路线”），从而完成对节日意义体系的塑造。

（二）“格言”的话语实践

在记者节这一仪式化的“热点时刻”，历史角色模范的某些被认为精辟或隽永的话语经常被援引来作为一种符号资源。我们把这一做法称为“格言”的话语实践，它是指记者节文章中以某种方式援引历史角色模范的话语，以便实现当下的某种传播意图。格言的话语实践诉诸“集体记忆”的文化逻辑：角色模范在过去所说的话成了后辈们文化记忆库的一部分，并在记者节时被激活，用于建构当下节日的某种话语主题。可见，这种话语实践提供了一个审视“历史”与“现实”之间对话的独特机会。

粗略的统计显示，在经典时期的角色模范中，被援引了格言者不下二十人。不过，被援引了两则及以上不同格言的人却屈指可数，仅有范长江、邹韬奋、邵飘萍、穆青、储安平、普利策以及马克思。其中，以范长江的格言被引用得最为多样化，这也从一个侧面印证了范长江在中国共产党新闻事业里占据的中心位置。

我们可以按两种不同的标准来对格言话语实践加以分类。一是根据格言援引的“真值”程度将其分为“正常引用”和“套用”。前者是指以直接或间接引语的方式据实援引。而“套用”则意味着作者通过故意改变原话而试图表达某些新意义。例如，“套用美国报业大亨普利策的说法就是‘倘若灾难是一艘航行在大海上的船，新闻记者就是船头的瞭望者’”（《我们，行走在记录的路上》，《华西都市报》，2008－11－07）。作者用“灾难”替换了原格言中的“国家”一词。当然，此处的套用显得非常机械化。

二是按照是否明确交代被引格言的话语主体将其分为“明确引用”和“模糊引用”。样本中大多数时候采用的是明确引用的方法。在这种情况下，角色模范（如范长江和穆青）自身的地位会强化格言的“力量”。而模糊运用最频繁的一句格言应该是“铁肩担道义、妙手著文章”，几乎没有引用者标出格言语出李大钊，或许这句格言已经变成了新闻界常规语汇的一部分。有时候，模糊引用对读者的知识水平提出了很高的要求。例如，当一名普通读者面对下面这句话，“新闻界对自己的角色有一个形象的说法：‘把国家比作一艘航船，新闻工作者就是船头的哨兵，他监视着水下的暗礁和复杂的气候情况’”（《面对无聊新闻，是漠视还是在谴责中传播》，《中国青年报》，2006－11－10），未必清楚该格言出自普利策之口。而如果模糊引用不能让读者“认出”或“想起”特定的角色模范，那么诉诸“集体记忆”逻辑的格言话语实践在传播效果方面便会大打折扣。

模糊引用也有一种微妙的情形，即作者故意不明确交代角色模范。例如，“曾有位新闻前辈这样解释记者节的含义：‘我以为应有两个解释：一个就是记者的节日……再一解释就是记者节操’”（《记者节感想》，《中华新闻报》，2004－11－08）。模糊引用成为“弱化”格言作者的方式，也许是因为作者在政治上属于“中间派”，所在的《大公报》代表的并非中国共产党的党报新闻范式，而是以“四不主义”立报的专业报范式。

此外，需要指出的是，明确引用也存在张冠李戴的情形。“节日节操论”便是最典型的例子。1940年9月2日，王芸生在重庆版《大公报》发表社评《“记者节”》，为记者节的“节”字赋予了“节日”和“节操”的双重内涵[①]。这一格言在我们的样本中屡次被明确援引，然而却没有一篇文章正确地指出其归属（王芸生），均错误地认为语出张季鸾。根据我们的搜索，2003年记者节时，搜狐网发表了题为《记者的节日与记者的节操》的评论，率先将这则六十多年前的格言从故纸堆中“打捞”出来，用于批评当年山西繁峙矿难中的记者受贿事件[②]。十年后，新闻杂志《博客天下》（2013－11－15，第31期）在记者节之际也引述了这一格言，并且还重刊了1944年9月1日《大公报》发表的社评《祝记者节》，署名为张季鸾。可事实上，张早在1941年即已辞世。长期的张冠李戴，既说明当今新闻从业者对民国新闻史缺乏足够了解，也说明张季鸾在他们心目中占据着相当重要的位置。

对“节日节操论”的调用还存在另外一重扭曲，即对“节操”意义的重新诠释。这说明，格言话语实践中“过去”向“现在”发话时表现出了一种“古为今用”的逻辑：

新闻界前辈张季鸾，20个世纪40年代曾对“记者节”做过两个解释：一是记者的节日，一是记者的节操。今天的记者无疑面临更多考验。从“排队领封口费”到“陈永洲事件”，虽然只是少数人的行为，却仍足以让人警醒：金钱、权力总有大于想象的诱惑力。（《记者的荣光永在前方》，《人民日报》，2013－11－08）

这段评论的核心指向是在“节日”之际拷问“记者的节操”，是对封口费和陈永洲事件的批判。只不过，这里的“节操”含义已不同于王芸生的本意。在1940年的社评中，王芸生从《荀子·君子》出发，强调“我们所守的节操，就是要为国家尽忠，为社会行义”。他把“节操”视为一个相当宽泛的概念，更多地从“名节”或“气节”出发，铺陈出记者在战时对国家和社会的责任。然而，在近年的记者节话语中，“节操”的意义几乎无一例外都被高度收缩到“私人道德或伦理”层面，指向新闻记者有悖职业伦理的行为，而“节日节操论”也变成了批评相关事件或人物（如“陈永洲事件”）以及新闻敲诈、新闻

① 参见曹立新：《在统制与自由之间：战时重庆新闻史研究（1937—1945）》，桂林：广西师范大学出版社，2012年。

② 束学山：《记者的节日与记者的节操》，http://news.sohu.com/38/33/news215343338.shtml.

道德滑坡等一般性现象的话语资源。

大体上，记者节里的格言话语实践不外乎这样两种用途，即“范式重申”和“范式修补”。一方面，在记者节的仪式时刻，新闻界对照自身在过去一年来的良好表现，重申在中国现行新闻体制之下新闻业的一些基本理念与准则，诸如新闻媒体的“记录者”和“守望者”的社会角色，新闻的真实性原则、新闻的党性原则以及新闻的职业操守。援引那些已用一生树立起自身职业权威的角色模范们的格言，能够为抽象的新闻理念和原则赋予一种“人格化”的说服力。此乃范式重申的社会功能。另一方面，在仪式时刻，新闻界也会对过去一年中典型的越轨行为——新闻从业者可能是作恶者（如收受贿赂），也可能是受害者（如记者被打）——进行检讨或发出呼吁，让某些受损的理念和准则（如媒介公信力）得以修补，从而继续对新闻实践发挥指导作用。历史角色模范的格言经常被拿来作为范式修补的符号资源。我们认为，这两种功能都是非常重要的。

结语

尽管记者节是新闻界常规的热点时刻，历史书写却并不是记者节话语的内核，与其他专门的“纪念”场景相比，记者节生产出的历史叙事缺乏特定的焦点和指向。如前所述，它们更多展示出“常识性的知识”（common knowledge），不仅失之简单化，甚至不乏错讹之处。那么，对“记者的新闻史”进行研究又有何意义呢？新闻人不是历史学家，对其历史叙事的准确性和丰富性，我们不必苛责。正是在这样一个非纪念性的话语场景之下，新闻记者有意或无意间提及的新闻传统的断片或角色模范折射出了中国新闻界深层次的历史意识、新闻文化与集体记忆。

与围绕“关键事件”而展开的论述不同，记者节话语中的历史书写代表了更寻常的“记忆工作”，它建构的也是更具一般意义的历史叙事和集体记忆。我们对十二份主流报纸分析后发现，新闻界试图将自身的处境“历史化”，这不仅包括记者节“开端”神话的建构，也包括从头绪纷杂乃至“断裂”的历史中清理出某些“延续的”新闻传统，并重塑“角色模范”的当代意义。在理论层面上，值得关注的第一个问题是不同类型的媒体在“记忆工作”方面的异同。就新闻传统而言，尽管市场化媒体也跟党报媒体一样，参与了正统传统的建构，然而前者有时候也会挖掘一些另类传统，来标举自身的合法性与文化权威。不过，这种差别不应被过分夸大。毕竟，它们大体上共享着共同的历史资源和为数甚少的“范例”，而市场化媒体也是在接纳官方大叙事的前提下来适度地做了一些“另类”文章。此外，无论是党报媒体还是市场化媒体，都在历史叙事中自觉地凸显新闻人对于社会进步的推动作用，并以此作为新闻正当性的核心基础。

第二个富有理论意义的问题是“历史”与“当下”的关联方式，或者说，新闻记者如何将历史带入面向当下的话语实践之中。无论是对新闻传统还是角色模范的分析都可以发现，在记者节的话语中，对新闻史的讨论不时跟“当下”纠缠在一起。历史被“挖掘”出来，“挪用”到新的场景之下，要么被“重构”为当下议题的历史源头或正当性来源（“被发明的传统”），要么被“改造”为评判当下的标准（“今不如昔”）。在此过程中，历史叙事也往往失之简单化（乃至“美化”），新闻史人物的模范意义也被重塑。

瑶族游梅山书的宗教叙事与族群记忆[①]

张　悦　张泽洪

摘　要：瑶族游梅山书是一种送亡灵回归梅山祖地的经书，是瑶族在丧葬仪式中使用的科仪本。笔者通过比较已收集的国内外九种游梅山书文本，尝试解读瑶族游梅山书宗教叙事与族群记忆的文化内涵。游梅山书的宗教叙事具有表现族群迁徙、祖先崇拜、圣地崇拜的多重内涵和价值。瑶族游梅山书中的梅山为祖先居住之地，作为瑶人集体记忆的梅山“神圣历史”，也深受道教、佛教思想的浸润影响，此“小传统”的民间手抄本是瑶族先民精神世界的真实反映。

关键词：游梅山书　瑶族梅山十峒　族群记忆

瑶族游梅山书是一种送亡灵回归梅山祖地的经书，它真实地反映了瑶族先民的迁徙过程和精神世界，对于研究瑶族历史文化有着重要的学术价值。当今学术界流行“大传统”与“小传统”的文化分析模式，所谓“大传统”，指以士大夫阶层为主导的文化；“小传统”则指乡村社会普通民众的文化。从“大传统”与“小传统”理论出发，或从精英文化与大众文化的分野来看，官方收集整理的文献属于大传统，而瑶族的游梅山书则属于小传统。本文通过分析小传统的瑶族游梅山书文本资料，尝试解读瑶族游梅山书反映的宗教叙事与族群记忆的文化内涵。

一、瑶族游梅山书文本的内容特点

游梅山书是瑶族送亡仪式的经本，在贺亡送终大别道场仪式中使用，以送亡父母之灵回归祖居地梅山。瑶族游梅山书产生流播的时代背景，可以追溯至

① 张悦、张泽洪：《瑶族游梅山书的宗教叙事与族群记忆》，《世界宗教研究》2016年第1期。

北宋熙宁年间章惇大规模的开梅山之举。关于宋代开梅山的历史，《宋史》卷四百九十四《西南溪峒诸蛮下》之《梅山峒蛮》有较为详细的记载，当代学者向祥海、吴永章、伍新福、周探科亦有初步的研究。[①] 开梅山在南方少数民族历史上影响深远，明杨慎《开梅山》评价说："开梅山，开山易，防獠难，不如昔人闭玉关。……自熙宁至今，永无蛮獠之患，则惇之此举，一秦之长城也。"[②] 杨慎将宋代开梅山的功绩与秦代修长城相提并论，足见开梅山是中央王朝开发南方少数民族地区的重大事件。

宋代开梅山征服的梅山蛮，其族属主要是西南地区的瑶族先民，本文讨论的瑶族游梅山书，就是从梅山迁徙的瑶族族传承的经本。目前公开出版的或图书馆收藏的游梅山书至少有六种，日本白鸟芳郎教授在泰国清迈发现的《游梅山书》，是从广西迁徙至泰国的瑶人传承的经书。[③] 法国图卢兹图书馆收藏的《又到游梅山三十六洞念》经本，是印度支那战争迁徙至法国的越南瑶人的经书。英国牛津大学博德莱安（Bodleian）图书馆瑶族道经 S3354 号《具游梅山三十六洞书》，是在东南亚地区收集的原出自广西瑶族的经书。湖南瑶族经书《梅山科》，广西壮族自治区图书馆收藏的《送梅山书》，分别出自湖南、广西瑶族民间。[④] 此外，目前笔者搜集到的游梅山书，有广西瑶族的《梅山科》《送亡师入梅山十八洞书》《送梅山洞书》。而据罗宗志在广西的田野考察所见，还有《送梅山拾捌洞》《送终过梅山书、送终过梅山科文》《送梅山》《送乐梅

---

① 2015 年国家社会科学基金重点项目"瑶族宗教经书与道教科仪经书文化内涵比较研究"（15AZJ006）。向祥海：《开梅山考议》，《湘潭大学学报》1990 年第 2 期；周探科：《梅山地域考》，《湖南人文科技学院学报》2012 年第 6 期；吴永章《瑶族史》第七章第二节第十小节"开梅山"，吴永章：《瑶族史》，成都：四川民族出版社，1993 年，第 177－183 页；伍新福：《湖南民族关系史》第三章第四节第二小节"宋王朝'开梅山'和'经制''南江诸蛮'"，其中第 153－155 页涉及"开梅山"；伍新福：《湖南民族关系史》（上卷），北京：民族出版社，2006 年，第 153－157 页；笔者亦有《中国南方少数民族的梅山教》（《中南民族大学学报》2003 年第 4 期）及《宋代开梅山及梅山教研究》（待刊稿）予以讨论。

② 杨慎：《升庵集》卷七十六，《文渊阁四库全书》第 1270 册，第 757 页。

③ 白鸟芳郎编《傜人文书》主要分为两部分：第一，《文书》部分收有《评皇券牒》《家先单》《招魂书》《超度书》《金银状书》《游梅山书》《开坛书》《叫天书》《安坟墓书》《洪恩赦书》《女人唱歌》等文书的影印件；第二，《解说》部分分为《评皇券牒》《瑶族的迁徙路线》《瑶族调查之背景》《瑶族的大堂神（十八神画像）》《所收经典之解说》《瑶族的〈家先单〉》等六个小节，对文书进行了初步的整理与阐释。

④ 《送梅山书》为手写油印本，16 开，一页两栏，封面题录"瑶族黄金福抄存，广西民族学院中文系民族民间文学教研组翻印"，笔者的博士研究生许晓明在广西壮族自治区图书馆录入全文，特此致谢。

山》等。[①] 如此多的游梅山书在瑶族社会的传承，必然有其产生存在的社会历史原因。

20 世纪 70 年代，日本白鸟芳郎教授率团在泰国清迈考察，其收集出版的瑶人文书共 11 种，其中第 6 种是《游梅山书》。该文书末写明“抄书人董胜利，在广西来太国地坊”。这就说明此瑶人文书是广西瑶人传入泰国的，在泰国抄写完成的时间是 1973 年 11 月 21 日。1989 年广西民族学院赴泰国考察组考察当地瑶人，所收集的泰国瑶经中也有《游梅山书》。[②]

英国牛津大学博德莱安图书馆以历史悠久闻名，该馆特藏部收藏了 311 册收集于东南亚地区的瑶经。郭武教授于 2010 年 3—9 月在英国牛津大学中国研究访问期间拍摄了部分瑶经[③]，承蒙郭武教授无私相赠 S3354 号文书图片，笔者得以开展对游梅山书的比较研究。英国牛津大学博德莱安图书馆瑶经 S3354 号文本，封面题为《游梅山卅六洞书》，封底题“具游梅山三十六洞书”，此“具”字涵义是备有、具有，表示拥有此部经书之意，故应名为《游梅山三十六洞书》。S3354 号文书封面还题录：“书主邓明贵记号游梅山卅六洞书，中华民国十三（万千）次甲子岁中春，始平人帮她起度主人邓明贵总管，流传万代，子孙应用，香到兴旺，大吉大利。”该文书末又题录：“赵富清出卖六文银子，邓文贵将钱所买。嘉庆十一年二月廿日抄成《梅山洞歌语》一卷，付与其男赵元周（府县）兄弟三人，后代永收付应用。不识者枉废存收。”该经中有最早收藏者赵万学的七处题记，分别为“赵万学书一本卷，梅山幽冥卅六洞”“赵万学书一本”“赵万学号”“赵万学计”“号”“赵万学号记”“号记”。[④] 七处题记的书法与经文一致，据此可知清嘉庆十一年（1806）赵万学抄写此经，付与其子赵元周、赵元府、赵元县兄弟三人。中华民国十三年甲子岁中春，即 1924 年农历干支的甲子岁。由此我们知道邓明贵于 1924 年农历春二月，以六文银子的价格，从赵万学后代赵富清手中购得此经书。

法国图卢兹图书馆收藏的《又到游梅山三十六洞念》，是印度支那战争后迁徙至法国瑶人传承的经书。该经封面题经名《又到游梅山三十六洞念》，并

---

① 罗宗志：《信仰治疗——广西盘瑶巫医研究》，北京：中国社会科学出版社，2012 年，第 170—171 页。

② 广西民族学院赴泰国考察组：《泰国瑶族考察》，广西人民出版社，1992 年，第 273 页。

③ 郭武：《牛津大学图书馆藏瑶族道经考述》，《文献》2012 年第 4 期，第 140—148 页。

④ 见该经第 1、10、18、21、25、34、35 页。一般瑶经手抄本并未著录页码，郭武教授将该经拍照，除封面、封底未编号外，内文翻开 2 页拍摄为一张图片，其编号共为 43 页，按原经书页码则共为 86 页。但 43 页后半页为空白，第 1 页前半页是空白，故此经内文文字页共计 84 页。以下引用此瑶经手抄本时，不再注明页码。

注明“原存法国图鲁兹瑶族之中，李穆安先生收集，周宪老师提供”。法国学者雅克·勒穆瓦纳（Jacques Lemoine）中文名即为李穆安，他在移居法国图卢兹的东南亚瑶人移民中收集此经，并于1994年4月赴湖南新化考察古梅山时，将此经复印件赠送给新化的周宪先生。[①]《又到游梅山三十六洞念》是繁体字的抄写本，用钢笔书写的字迹较为潦草，显示抄写人汉字水平不高。瑶族是中国西南的跨境民族，上述三种游梅山书都是东南亚瑶人传承的文书，文书的源流出自中国西南瑶族之中，是明清以来随瑶人向东南亚地区迁徙而流播国外的。

湖南瑶族经书《梅山科》是1999年搜集编注出版的《瑶人经书》中的一篇，该书内容多出自湖南江华瑶区搜集的清代手抄本。广西壮族自治区图书馆收藏的《送梅山书》为手写油印本，16开，一页两栏，封面题录“《送梅山书》，瑶族黄金福抄存，广西民族学院中文系民族民间文学教研组翻印”。广西民族学院中文系民族民间文学教研组于1978至1980年成立，该经书的翻印应该在1980年左右。广西恭城瑶族《梅山歌》是送梅山仪式的唱词，刊载于恭城县民委编印的《广西恭城瑶族历史资料》中。S3354号《游梅山三十六洞书》经文中说“过三十六洞歌句科书”，故广西恭城游梅山书名为《梅山歌》是有道理的。我们知道瑶族经书一般要注明抄写人、抄写时间，或注明收藏经书的其他信息，这对判断经书的年代至关重要。遗憾的是国内这三部经整理编注的游梅山书，仅收录了游梅山书经本的正文，而忽略了经书封面、封底抄写年代等信息的记录。笔者收集的三本广西瑶族游梅山书，沿袭瑶族经书习惯都有抄写人的题记，且三本经书都分别盖有书主或抄写人的印章。《送梅山洞书一本十八洞》第二页著录：“光绪二十年甲午岁六月初三日依右誊抄《梅山科》一卷，付与陇西堂印，荣朝珠为记。代录人，贺邑龙应氏印，儒林堂浅笔。”《梅山科》封面著录：“《梅山科》一卷，陇西堂印，荣朝珠号。”《送亡师入梅山十八洞书》经末著录：“送入梅山十八洞书，于二〇〇四年甲申仲春抄录，陈法胜号，龙塘道馆。”上述中外瑶族不同文本的九种游梅山书，对研究瑶族历史文化有重要的学术价值。

英国牛津大学博德莱安图书馆S3354号《游梅山三十六洞书》，与泰国瑶人《游梅山书》、法国瑶人《又到游梅山三十六洞念》，无论是经名还是内容，都是最为接近的游梅山书写本。清嘉庆十一年（1806）抄写的《游梅山三十六洞书》，是目前所见游梅山书中较早的抄本，比1973年抄成的《游梅山书》早

---

① 笔者得到湖南梅山文化研究会李新吾转赠此游梅山书复印件，特此致谢。

167年。该经用毛笔楷体墨书在本色土绵纸上，自右而左、自上而下竖行抄写，最后在右侧用线装订为书册。德国学者欧雅碧（Lucia Obi）《欧美的瑶族写本的收藏》（“Yao manuscripts in Western Collections”）一文，指出牛津大学博德莱安图书馆馆藏瑶经写本是最古老，也是保存较为完好的，其中多是来自中国优勉瑶的写本。[①]

《游梅山三十六洞书》与《游梅山书》的开篇、结尾基本一致，应该是源自同一祖本。两部经书都以“梅山三元教主祖本程引”开篇。《游梅山三十六洞书》结尾是：“今夜送过梅山超度了，逍遥快乐往生天。”《游梅山书》结尾是：“今夜送过梅山殿，逍遥快乐往天生。”1973年抄成的《游梅山书》在传写中存在的脱漏，可以用清代的《游梅山三十六洞书》校正。《游梅山三十六洞书》之《梅山四殿五官冥王》说：“听闻丧鼓闹当当，四殿五官说言章。四洞便是五官殿，奈何江淮又能长。得是奈何休烦恼，一直送你到梅山。亡师辞别妻儿去，当时别了到梅山。今夜孝男送师会，保祈男女寿延长。”而泰国瑶族《游梅山书》之《梅山四殿五官冥王》，在此处就脱漏了后三句神唱。瑶经作为小传统的民间写本，在抄写中出现错误是常见现象，如S3354号《游梅山三十六洞书》“赵万学书一本倦”，应为“赵万学书一本卷”。泰国瑶人《游梅山书》“在广西来太国地坊”，应为“在广西来泰国地方”。正因为瑶经在传写过程中容易产生错误，因此学界普遍认为明清时期的瑶经古写本价值较高。

《游梅山三十六洞书》封面写：“流传万代，子孙应用，香到兴旺，大吉大利。”泰国瑶人《游梅山书》末尾在经文之外注明说：“哪个家先多有罪业，做事不用理，不容情，可以戒过、游过梅山，子孙阳世安乐得平安。”[②] 法国瑶人文书《又到游梅山三十六洞念》末写：“天运皇上民国管下×年×月×日时吉牒入师，戢位为号。”这些本经之外的叙事话语，表达了瑶族人对游梅山书的重视，期望流传万代，香到兴旺，更期望祖先亡灵顺利回归梅山，以保佑子孙后代的平安。

S3354号《游梅山三十六洞书》开篇的《北极驱邪院给送入梅山程引》载“今据大清国□道□府□县□乡□社，立宅居住奉道追修报恩阳中孝男□、孝妇□氏、合孝等。”[③] 而泰国瑶族《游梅山书》开篇的《北极驱邪院给送入梅山程引》载：“今据大民国□道□府□县□寨行游社下，立宅居住奉道追修报

① 欧雅碧：《欧美的瑶族写本的收藏》，神奈川大学瑶族文化研究所、湖南省民间文艺家协会：《瑶族传统文化研究国际研讨会论文集》，2010年，第11－25页。

② 白鸟芳郎：《傜人文书》，东京：讲谈社，1975年，第127页。

③ 原文书多用近似“厶”的符号表示空格待填写，本文统一用“□”符号表示空格。

恩阳中孝男□人、孝妇合家等。”此经抄写人将“大清国”改为“大民国”，这是抄写人根据时代的改写，由此也透露出抄写者是民国时期人的信息。法国瑶族文书《又到游梅山三十六洞念》末署“大清法国管巴黎道李荣府马德列都瘟县管人”。此处沿袭瑶族文书时代、住址的书写格式，而填入瑶族移居法国的住址，说明此文书是瑶族移居法国后抄写的。瑶族社会有抄写经书的传统，经书年久破损就会重新抄写，南岭走廊炎热、潮湿的地理环境，导致经书不易长久保存，因此现存瑶族经书最古为清代写本。湖南瑶族《梅山科》北极驱邪院梅山十八洞照牒：“今据大清国祠下居住道升度梅山，阳中孝男某合孝等。”[①]显示此篇经书为清代的抄本。学界认为现存瑶经最早是明代的写本，如广东八排瑶经书《架桥书》之《架桥文疏》开篇就说：“本院今具大明国广东道广州府连州连山县永福乡唐家水下坪原大掌岭东向立坛居住，奉法架桥弟子信士△人合家等谨启。”[②] 从经书中所称大明国可知是明代传承的写本。尽管如此，我们还可以从瑶经提及的地名推断。广西瑶族经书《梅山科》说：“法书落在江陵府，梅山石上在中央。”唐宋时期有江陵府的设置，这亦可作为判断经书产生时代的依据。

广西瑶族经书《梅山科》唱梅山四界说：“梅山东至磨石岭，磨石岭上有神仙。都是仙人磨铁剑，磨刀石上出青烟。南至东京大水路，水向东流河白源。西至鸡宁沙罗路，灵公昔日过江边。便是仙娘去斗法，至今出圣李通天。北至金鸾鸟山大，金鸡玉兔在身边。”[③] 经书中提及的“梅山东至磨石岭”，梅山地区确有磨石岭之地，清道光《宝庆府志》卷六十载：“萧家之正脉入绥宁为茶江山、磨石岭、分水坳、鸡笼山（即金龙山）、江口神山，为武冈西面之外蔽，磨石当黔滇孔道，而山路绝险。”[④] 瑶族游梅山仪式是“象征”社会现实的，经书中记载的磨石岭之地名，就是瑶族先民对梅山的真实历史记忆。

笔者据已分析的九种游梅山书，大致分出游梅山十洞、梅山十八洞、梅山三十六洞三类。其中英国牛津大学博德莱安图书馆瑶族文书 S3354 号《游梅山三十六洞书》和法国瑶人文书《又到游梅山三十六洞念》、泰国瑶人文书《游梅山书》三篇为送梅山三十六洞；广西、湖南瑶族传承的各种游梅山书，多是送亡灵回归梅山十八洞；而广西恭城瑶族《梅山歌》，则是送亡灵回梅山十洞。

---

① 郑德宏、李本高、任涛、郑艳群：《瑶人经书》，长沙：岳麓书社，2000 年，第 378 页。

② 李默、房先清：《八排瑶古籍汇编》，广州：广东人民出版社，1995 年，第 506 页。

③ 笔者得广西民族大学罗宗志惠赠其收集的此篇科仪本，特此致谢。以下引用此经，不再注明。

④ 黄宅中等：《宝庆府志》，邓显鹤等纂，清道光二十九年（1849）刻本。

我们都知道唐宋史籍记载的“梅山十峒獠”“梅山峒蛮”，[①] 这是真实的梅山十峒所在。[②] 古梅山核心地区确有九溪十八峒，广西地区也有三十六峒之说，[③] 这些溪峒都是历史上瑶族活动的地区。

法国瑶人《又到游梅山三十六洞念》开篇第一部分先历数梅山三十六洞，一一呈告每洞的先师。第二部分是请十殿冥王名号。第三部分逐一演唱送亡灵经过梅山三十六洞，得各洞先师护持回归梅山的历程。每洞先师都有五句七言神唱，述说该先师的法力。如“梅山六洞教主先师”“梅山十一洞正魂置命先师”“梅山十七洞元教主正法先师”“梅山三十二洞唐葛周三将军”，甚至说“四十八洞玄天洞，玄天上帝镇法门”[④]。

湖南瑶族的《瑶人文书》，将所收经书分还盘王愿经、传度经、安龙奠土经、道场经四类，《梅山科》被列入道场经类。《游梅山三十六洞书》经文有“梅山三十六洞科书”之说，可知此经取名《梅山科》是有道理的。经中开篇是“引进梅山法事”，即引入梅山十八洞的经文，然后分目有《灵前亡师十别辞文》《又到十别科唱》《十送亡师早登梅山》《梅山科引度亡师》《五方黄坛大法师主降》《梅山仙境问路去》，“参见梅山十八洞洞主”[⑤]，最后是《亡师归真墓坟，先去立营盘后可葬发兵唱》。广西壮族自治区图书馆收藏《送梅山书》，分《赞梅山仙境》《陞堂请见》《登真人殿位》《送天桥》《天桥用》五部分，而称前三部分为“梅山科”。广西恭城瑶族《梅山歌》，分《送法师十洞歌章》

---

① 《新唐书》卷一百八十六《邓处讷传》载“向环召梅山十峒獠断邵州道”。（欧阳修、宋祁：《新唐书》第 17 册，北京：中华书局，1975 年，第 5421 页。）《宋史》卷四百九十四《梅山峒蛮传》载：“梅山峒蛮，旧不与中国通，其地东接潭，南接邵，其西则辰，其北则鼎、澧，而梅山居其中。”（脱脱等：《宋史》第 40 册，北京：中华书局，1985 年，第 14196 页。）

② 《宋史》卷八十八《地理志四》载新化县：“熙宁五年，收复梅山，以其地置县。有惜溪、柘溪、藤溪、深溪、云溪五砦。”（《宋史》第 7 册，第 2200 页。）北宋王朝设置安化县后，亦修筑梅子口、七星、白沙、首溪、游浮五寨。此十寨即史称的梅山十峒。参见笔者的《宋代开梅山及梅山教研究》（待刊稿）。

③ 顾炎武：《天下郡国利病书・湖广下》，载《衡州府志险要》说：“若衡山之草市大洲，耒阳之罗渡，常宁之杉树，黄茅、衡头、白沙、黄峒有九溪十八峒，延袤百里。”（《续修四库全书》编纂委员会：《续修四库全书》第 579 册，上海：上海古籍出版社，1995 年，第 203 页。）明嘉靖《南宁府志》卷一载南宁为两江都会“而三十六峒之蛮，错居其间”。［方瑜纂修：《南宁府志》，明嘉靖四十三年（1564）刻本。］

④ 《又到游梅山三十六洞念》手抄本。由法国学者雅克・勒穆瓦纳（Jacques Lemoine）赠送新化当地学者周宪。作者得梅山文化研究会李新吾转赠此复印件，特此致谢。本文引用游梅山书手抄本，一律不注明页码。

⑤ 开篇的“引进梅山法事”和后面的“参见梅山十八洞洞主”，原经文并未列出章节之目，系作者根据经文内容拟定。

《引动大梅山》两部分，仅编辑整理原经书中的神唱部分，此与游梅山书的道场科仪本不同。

二、游梅山书的宗教叙事与仪式象征

瑶族游梅山书用于“打斋”，即丧葬仪式为死者超度亡灵，是众多打斋文书中的一种。游梅山仪式具有丰富的象征意蕴，可以表达瑶族人对梅山祖地的复杂感情。《游梅山三十六洞书》宗教叙事（religious narratives）的基本结构可分为四部分：（一）梅山三元教主祖本程引，（二）梅山三元教主程牒，（三）幽冥十殿为梅山殿请，（四）又到请唱用一件。[①] 第四部分是赞颂梅山三十六洞神灵和梅山十殿冥王的神唱，这段描述梅山的神唱可谓是游梅山书的核心内容，是各种游梅山书都有的神唱。清代的《游梅山三十六洞书》对梅山有深刻的族群记忆：

不唱前王并后帝，且唱梅山洞里名。
梅山出世闰州界，东京案下是龙王。
梅山墙城八万里，行罡作法大威灵。
行法护身出初国，天下州逢师有名。
梅山门作卯一向，两条江水一条清。
一年全发生茅草，其山一夜放毫光。
且唱梅山有四至，梅山四至有名声。
东至便到梅山岭，梅山岭上叫三声。
南至便到八梅水，水面南流河有名。
西至便到沙滩上，令公过海水中游。[②]

瑶族人以生动的语言记述梅山的地理环境，通过梳理梅山墙城、梅山四至、梅山洞、梅山门、梅山岭等代表性建筑或风景，旨在渲染梅山祖居地的神圣性。经文叙事中提到的闰州，不同文本的游梅山书又载为润州、永州、运州，这是瑶经传写中记音不同所致。广西壮族自治区图书馆收藏的《送梅山

① 该经此处未标明目录，而另外书写一句“梅山九帝出游行，便是条唱太平年”的经文，当有脱漏。法国瑶人的文书《又到游梅山三十六洞念》第4部分为《又到请唱用一件》，泰国瑶人《游梅山书》第4部分则为《又是换声唱六洞戒罪何顺歌用》。据此，则《游梅山三十六洞书》第4部分可标为《又到请唱用一件》。

② 《又到游梅山三十六洞念》手抄本，第4页。

书》，在这段神唱前加标题为《赞梅山仙景》，此标题较之《又到请唱用一件》，更能凸显对梅山圣地仙境的赞美之情。

游梅山仪式的程序是先发牒引科仪，即牒文呈送驴梅二殿十八洞，超度亡魂过三十六洞、梅山十殿阎君。经文以七字句式的宗教神唱，叙述超度亡灵回梅山三十六洞。“今夜孝男送师会，送到梅山万万春”①；“今夜梅山送师会，送到梅山见法主”②；“参拜梅山三十六洞先师”③；“三十六洞梅山路，梅山石上路中存。”④ 经三十六峒仙师、十殿冥王的接引，“过了一洞又一洞，过了一王又一王”⑤，最后将亡人灵魂送达天堂，“超度梅山送师会，呈送亡人到梅山”⑥；“今夜超度送师会，亡人真去到梅山”⑦；“亡人得坐梅山殿，管下诸州第一名”⑧；“今夜送过梅山殿，逍遥快乐往天生”⑨；“六亲九眷来相送，送归梅山作真仙”⑩。瑶族游梅山书以宗教叙事的神圣方式，通过送亡灵神游梅山仪式的象征表现，无论是主持仪式的法师还是仪式参与者的普通瑶族人，都会在此送灵坛场体验到梅山圣地仙境的感染力。

《游梅山三十六洞书》之《梅山三元教主程牒》说：“北极驱邪院梅山十八洞进程一道，修设梅山三十六洞进程三七夜。”瑶族通过丧葬仪式的送灵道场，来强化族群对梅山祖居地的集体记忆，而游梅山书的递代传写也有效维持了族群的集体记忆。经文强调仪式的主旨和功能：“奉三清、救苦天尊证盟，修设贺亡送终大别道场一供，已昼已夜，引度亡师□，经过往去，复回十八洞恭见法王、法主九郎，为凡入圣，炼度生方，较量善果，受品南宫，不入地府。”经文提及诸多道教神仙，其中道教科仪文书格式、术语的运用，充分彰显了梅山教深受道教的影响。在申告梅山十峒的牒文中，申告道教神仙的就有：“一牒伸太上老君仙洞”“一牒伸张天师仙峒”“一牒伸太上老君仙峒”“一牒伸开司真武玄天上帝法师仙峒”。此申文属道教的奏申文状、奏申文检、奏申文檄的文书格式。

① 白鸟芳郎：《傜人文书》，东京：讲谈社，1975 年，第 120 页。
② 白鸟芳郎：《傜人文书》，东京：讲谈社，1975 年，第 121 页。
③ 白鸟芳郎：《傜人文书》，东京：讲谈社，1975 年，第 107 页。
④ 白鸟芳郎：《傜人文书》，东京：讲谈社，1975 年，第 121 页。
⑤ 白鸟芳郎：《傜人文书》，东京：讲谈社，1975 年，第 124 页。
⑥ 白鸟芳郎：《傜人文书》，东京：讲谈社，1975 年，第 120 页。
⑦ 白鸟芳郎：《傜人文书》，东京：讲谈社，1975 年，第 121 页。
⑧ 白鸟芳郎：《傜人文书》，东京：讲谈社，1975 年，第 125 页。
⑨ 白鸟芳郎：《傜人文书》，东京：讲谈社，1975 年，第 127 页。
⑩ 白鸟芳郎：《傜人文书》，东京：讲谈社，1975 年，第 127 页。

《游梅山三十六洞书》所说“右恭叩正一显佑真君证盟”，即指道教的“正一靖应显佑真君”。南宋理宗嘉熙三年（1239），张陵被加封为“三天扶教辅元大法师正一靖应显佑真君”。据此，《游梅山三十六洞书》可能最早产生于南宋时期，或许此经是瑶人从梅山地区南迁不久时编写而成的。

《游梅山三十六洞书》用专门的篇幅述说武当山玄天上帝：“四十八洞玄天洞，玄天上帝镇法门。居在武当山上住，武当山上定乾坤。脚踏南蛇八卦龟，手中执剑斩邪神。此是四国神仙门，却告无人到法门。总记四十五道法，将来送度救传人。孝堂打鼓闹丧送，送去梅山洞里人。”宋代是玄天上帝信仰盛行时期，这或许从另一侧面说明了游梅山书确乎产生于南宋。

《游梅山三十六洞书》开篇的“北极驱邪院给送入梅山程引”，经书所谓的北极驱邪院是道教科书中常提及的执法机构，道教阴间执法的北极驱邪院，犹如世俗社会的殿帅兵府。道教的章文、牒文、札文、檄文、榜文、奏状、关文等科仪文书，要专门送达北极驱邪院处理。游梅山书开篇送入梅山的程引，就是由北极驱邪院颁发的文书。湖南瑶族《梅山科》最末是《梅山牒》，即“梅山十八洞宣化，北极驱邪院梅山十八洞照牒”，牒文分别送呈梅山十八洞各洞的法主。瑶族游梅山书虽汲取了道教科仪的元素，但又保持着瑶族宗教叙事民俗化的鲜明特色。

《游梅山三十六洞书》用于超度死者，该仪式又称“修斋报恩道场”，这是一个道教色彩颇浓的词汇。道教举建斋醮科仪法事，在经书中习称为修斋设醮。而此“修斋报恩道场”，瑶族又习称为“梅山会”。经书是引导亡灵前往“梅山殿”的程引，也是指引亡灵寻祖之路的指南。泰国瑶人《游梅山书》抄写人甚至自称“梅山弟子”，① 西南梅山教法师在祭祀请神时常自称梅山弟子，可见对梅山的记忆为族群中的大多数所共享。

《游梅山三十六洞书》之《幽冥十殿为梅山殿请》，列举梅山十殿冥王是梅山一殿秦广冥王、梅山二殿楚江冥王、梅山三殿宋帝冥王、梅山四殿五官冥王、梅山五殿阎罗天子、梅山六殿变成冥王、梅山七殿太山冥王、梅山八殿平称冥王、梅山九殿都市冥王、梅山十殿转轮冥王。此十殿冥王又称十殿阎王，分别为地狱十殿的主宰，十殿冥王在唐代已基本形成。唐代佛教宣称有十个主管地狱的阎王，分别是秦广王、楚江王、宋帝王、五官王、阎罗王、卞成王、泰山王、平等王、都市王、轮回王。虽然在瑶经传写过程中十殿冥王有明显错误，但还是能看出瑶族的梅山十殿冥王来源于佛教的十殿冥王。在唐代佛教宣

① 白鸟芳郎：《傜人文书》，东京：讲谈社，1975年，第127页。

扬的地狱变相中，就描画过人死之后的各个时日，在地狱要分别见十殿冥王。如人死初七见第一殿秦广冥王，七七见第七殿泰山冥王，百日见第八殿平等冥王，周年见第九殿都市冥王，转生时见第十殿转轮冥王。在唐代多元一体的政治格局之下，佛教的十殿冥王说传入瑶族社会，这是不难理解的。

《又到游梅山三十六洞念》称："三清救苦天尊证盟，修设贺亡师送终大别道场一供，书导引亡师师法经过往去，复回十八洞恭见法王、法主九郎，为凡入圣。""修设梅山三十六洞，进程七夜送终游兵度将贺贤，亡师送终九日大别道场，游梅山伸文一纸。"西南各地梅山后裔虽然远徙他乡，仍然不忘祖先所在的梅山，要将亡师魂魄送回梅山祖地。经文在宗教的神圣叙事中屡屡提及梅山："法主冥王殿上座，诸师元师来朝王。直引亡师一条路，接引亡人到梅山。""超度亡师送山阴，去到梅山万万年。""师人得见梅山路，逍遥向后永无踪。""超度梅山送师会，梅山殿上去安身。"广西瑶族《梅山科》说："唱尽梅山十八洞，至今万古永流传。"在西南瑶族的宗教观念中，梅山为祖先曾经居住之地。作为瑶族人集体记忆的梅山"神圣历史"，是瑶族先民精神生活的共同体验，游梅山书对梅山圣地仙境的渲染，表达出族群对古梅山生活经历的记忆和怀念。

湖南瑶族《梅山科》旨在送亡灵回归梅山，经文对梅山有不同程度的描绘："梅山殿上好逍遥，五色鲜花朵朵潮"①；"惟愿七师承道力，早超梅殿礼虚空"②；"我去梅山为法主，梅山殿上我为尊③；"孝子修建梅山会，专来度送师父亲，劳动太上游兵鼓，一吹一曲透梅山"④；"中央黄坛法主降，梅山会上作证盟。劳动太山仙家鼓，再吹一曲透梅山"⑤；"便在梅山开法院，诸兵将吏在身边"⑥；"便在梅山为法主，便将符法度师男"⑦。参见梅山十八洞法主的经文，每洞经文末都强调修设梅山会，仪式的法器音声会"透梅山"。诸如"今宵修设梅山会，急吹声角透梅山"⑧；"孝子修设梅山会，声锣动鼓透梅山"⑨；

① 郑德宏、李本高、任涛、郑艳群：《瑶人经书》，长沙：岳麓书社，2000年，第365页。
② 郑德宏、李本高、任涛、郑艳群：《瑶人经书》，长沙：岳麓书社，2000年，第366页。
③ 郑德宏、李本高、任涛、郑艳群：《瑶人经书》，长沙：岳麓书社，2000年，第369页。
④ 郑德宏、李本高、任涛、郑艳群：《瑶人经书》，长沙：岳麓书社，2000年，第370页。
⑤ 郑德宏、李本高、任涛、郑艳群：《瑶人经书》，长沙：岳麓书社，2000年，第370页。
⑥ 郑德宏、李本高、任涛、郑艳群：《瑶人经书》，长沙：岳麓书社，2000年，第371页。
⑦ 郑德宏、李本高、任涛、郑艳群：《瑶人经书》，长沙：岳麓书社，2000年，第376页。
⑧ 郑德宏、李本高、任涛、郑艳群：《瑶人经书》，长沙：岳麓书社，2000年，第372页。
⑨ 郑德宏、李本高、任涛、郑艳群：《瑶人经书》，长沙：岳麓书社，2000年，第372页。

“弟子修设梅山会，齐吹法乐透梅山”[①]；“孝子修设梅山会，调神舞曲过梅山”[②]；“孝子修设梅山会，齐吹一曲透梅山[③]；“孝子修设梅山会，再吹一曲透梅山”[④]。《游梅山书》运用宗教叙事和瑶人特有的七字句神唱，反复表达了梅山教信仰的宗教内涵。

广西壮族自治区图书馆所藏《送梅山书》内容是送亡灵回归梅山十八洞。该经从梅山一洞至梅山十八洞，逐一述说送亡灵回归梅山祖地，然后经书注明“梅山科完”。该经特点是送亡灵到达每洞之后，有法主与引进师的问答。如梅山第六洞后的问答是：

> 下令：法堂惊动，外面甚么人？
> 答曰：引进师带徒弟羽化亡师△△过梅山求名。
> 下令：过了几洞？
> 答曰：过了六洞。
> 下令：参见△△法主？
> 答曰：参见侯王法主。
> 下令：是了。既是老君之子，跪念功据、乡贯、生于△△年月日传度，念得便是。若念不出，则是妖魔，赶出法堂，既得即赏。[⑤]

法主的下令查问与引进师的回答是送灵仪式中科仪程式的实录，广西瑶族《梅山科》亦有法主与引进师的问答，可知与《送梅山书》为同一源流的经书。广西瑶族经书《梅山科》所载第一洞至第十八洞的梅山法主，分别为梅山铁七郎、太上老君、张天师、习学先生、刘五郎、张侯、九天玄女、董仲仙师、龙树医王、李靖先师、赵五郎、雷山九郎、白马十三郎、梅山金七郎、玄圣真人、左圣三郎、行虎五郎真人、右圣真人。不难看出瑶族游梅山书的梅山十八洞法主，是道教、佛教、民间土俗神的多元构成，其中道教神灵居于主导地位。

广西壮族自治区图书馆所藏《送梅山书》第一部分梅山科，分《赞梅山仙景》《登真人殿位》，第二部分《送天桥》，分《造桥送亡》《天桥用》。《送梅山书》之《赞梅山仙景》说：“便在梅山为法主，梅山洞里为法王。今宵弟子梅

---

① 郑德宏、李本高、任涛、郑艳群：《瑶人经书》，长沙：岳麓书社，2000年，第372页。
② 郑德宏、李本高、任涛、郑艳群：《瑶人经书》，长沙：岳麓书社，2000年，第372页。
③ 郑德宏、李本高、任涛、郑艳群：《瑶人经书》，长沙：岳麓书社，2000年，第373页。
④ 郑德宏、李本高、任涛、郑艳群：《瑶人经书》，长沙：岳麓书社，2000年，第376页。
⑤ 广西壮族自治区图书馆所藏《送梅山书》手写油印，第3页。

山会，常将符法符香坛。”“张天法主作法王，今日梅山开道场。便在梅山开法院，诸司帅将立身边。”“今宵弟子梅山会，兵官唱双过梅山。”“弟子修建梅山会，缓吹一曲入梅山。”“弟子学法梅山会，敕赐名位法堂中。”“有劳太上诸兵众，再吹一曲过梅山。”十八洞每洞经文之后，都有“今宵弟子梅山会，慢吹一曲入梅山”，或“弟子行法梅山会，鸣角兵马起分分”等神唱作结。

广西恭城瑶族《梅山歌》之《送法师十洞歌章》说：“化师不管人间事，逍遥快乐入梅山。棺前孝子哀声哭，感动盘人泪两行。仙童玉女前头引，梅山法主护相行。笙前鼓后亲奉送，本度师爷引前行。坛前兵马纷纷乱？旗号飞飞入梅山。”[①] 广西恭城瑶族《梅山歌》之《引动大梅山》载送化师回归梅山十洞：

> 鼓亦齐时马亦齐，阴阳相送老师行。化师不管人间事，今日得道往西行。棺前孝子哀哀哭，众师相送入梅山。……三魂渺渺梅山洞，真魂常护庙堂中。收旗勒马归家宅，奉送南山立命中。[②]

瑶族宗教信仰中具有朴素的三魂观念，认为人死以后会有三魂存在，而梅山洞是灵魂的最后归宿。游梅山仪式是在瑶族社会长期积淀下来的具有深刻意涵的文化现象，游梅山的仪式象征是最能体现瑶族人怀念梅山的行为表述与符号表述。游梅山仪式其实是一种符号和意义的复杂体系，它为参与仪式的瑶族人提供了梅山教信仰的特殊体验。

三、瑶人游梅山书族群记忆的文化阐释

西南瑶族各种不同文本的梅山书，都是古梅山神话原型的诠释和梅山历史的记忆。游梅山书是瑶族社会传承久远的宗教仪式经书，我们对这些瑶族社会隐秘的宗教叙事文本的解读，有助于了解瑶族对古梅山族群记忆的文化内涵。游梅山书中有大量对梅山圣迹的歌颂，对梅山神灵的赞美，再配合送魂仪式中师公的歌诵、禹步和科仪表演，通过喃词、诵神、步罡、跳神的复杂仪式程序的送魂象征表现，游梅山送灵仪式宗教叙事的特殊表达，神圣世界和世俗世界借助仪式象征而融合，从而构成瑶族人梅山崇拜的精神意识。仪式表达了瑶族

---

① 李刚、俸斌、俸艳、俸贵华：《广西恭城瑶族历史资料》，桂林：漓江出版社，1990年，第36－37页。

② 李刚、俸斌、俸艳、俸贵华：《广西恭城瑶族历史资料》，桂林：漓江出版社，1990年，第37－39页。

人不能忘记梅山的信息和意志。仪式功能则渲染了梅山祖地的神圣，祈求梅山神灵护佑梅山子民。历史上称为“梅山猺”的族群，通过递代传承的送梅山书，强化了族群对梅山祖地的历史记忆。瑶族人对梅山的记忆不仅限于游梅山书，在西南瑶族宗教的科书、神唱中，有大量怀念梅山的唱词，如广西瑶族《还盘王愿》之《接下坛歌》：“起请梅山高案主，叫着梅山郎十九。”① 云南瑶族《救科》说：“梅山法主不敢送，应时佩卯入梅山。”② 梅山是瑶族送灵仪式中重要的象征符号，它蕴藏着瑶族人与古梅山的多重文化内涵，更是深深植入历代瑶族人心目中的族群记忆。族群记忆（ethnie memory）是一个特定的概念，它与集体记忆（collective memory）属于同一范畴，族群记忆从本质上说是一种集体记忆。集体记忆是一个特定社会群体成员共享往事的过程和结果，关于集体记忆的功能内涵，法国学者莫里斯·哈布瓦赫（Maurice Halbwachs）认为：“一个民族或一个社会的记忆是对过去的重构。”③ 瑶族人对梅山的族群记忆之所以延续千年、传承至今，是族群顽强保持此历史记忆的寻根意识。北宋熙宁五年（1072）章惇开梅山之后，梅山蛮人开始逃亡迁徙，梅山蛮人及其宗教信仰沿南岭走廊流播至西南各地，这在西南瑶族的《梅山洞歌》《梅山峒歌》《梅山十峒歌》《梅山大峒歌》《梅山歌》中有生动的反映。西南瑶族怀念梅山的唱词，述说梅山仙境、梅山法主、梅山各峒的情况，折射出梅山在瑶族人精神生活中的重要影响。梅山在瑶族人的信仰体系中，有着很深刻的象征意义，游梅山书正反映出瑶族人眷恋梅山的集体无意识和族群记忆。广西瑶族《梅山峒歌》唱道：

梅山正在永州界，安平乐县在东京；
梅山离州一百里，十八峒里住瑶人。
梅山东至磨山岭，南至东京火水路；
西至鸡宁沙罗路，北至金鑁鸟上天。
梅山四至都有界，横七竖八千把里；

---

① 张声震：《还盘王愿》，广西民族古籍整理出版规划办公室，2002 年，第 253 页。

② 《富宁和麻栗坡两县瑶族支系情况》，国家民委：《民族问题五种丛书》，编辑委员会：《中国民族问题资料·档案集成》，编辑委员会编：《中国民族问题资料·档案集成第 5 辑中国少数民族社会历史调查资料丛刊第 103 卷〈民族问题五种丛书〉及其档案汇编》，北京：中央民族大学出版社，2005 年，第 101 页。

③ 哈布瓦赫：《论集体记忆》，毕然、郭金华译，上海：上海人民出版社，2002 年，第 58 页。

后来官家占我地，瑶人逃荒四分离。[①]

瑶族各个支系传承的不同文本的《梅山峒歌》，其共同主题都是怀念梅山峒，述说被迫逃离梅山峒的历史。游梅山仪式确乎潜藏着丰富的文化象征，它是一种符号和意义的复杂体系，为瑶族人提供了梅山教信仰的特殊体验，并通过游梅山仪式而不断延续、加强。各地瑶族的《梅山洞歌》，所指梅山有梅山十洞、梅山十八洞、梅山三十六洞之说。北宋时期的梅山"其地东接潭，南接邵，其西则辰，其北则鼎、澧，而梅山居其中"[②]。梅山蛮区东接潭（今长沙），南接邵（今邵阳），其西则辰（今沅陵），其北则鼎、澧（今常德、澧县）。清同治《新化县志》卷二《舆地二》说："梅山十峒，为新化、安化二县之总名。"[③] 古梅山十峒的湖南新化、安化二县，是历史上梅山蛮人活动的核心地带。正因为宋代开梅山的历史影响，梅山地区族群信仰的宗教被称为梅山教。宋代以后梅山教从古梅山向西南地区的传播，是历史上南岭走廊族群迁徙与文化传播的典型例证。由于种种历史原因，信仰梅山教的族群辗转迁徙至西南各地，但他们对梅山祖地的怀念之情始终保存在族群的神唱仪式的记忆之中。集体记忆又称社会记忆，法国学者莫里斯·哈布瓦赫在《记忆的社会性结构》中说："集体记忆在本质上是立足现在而对过去的一种重构"[④]，"民族古老的历史，是在其传统中度过的，因而也全部都渗透着宗教观念"[⑤]。西南瑶族内容丰富的游梅山书，各种瑶族经书中记录的"梅山"，就是瑶族先民对梅山集体记忆长期积淀的结果，对已迁徙离开梅山的瑶族人来说，他们对梅山的信仰只能通过游梅山仪式来表达。

《游梅山书》经文演唱的内容，是亡灵神游梅山过程的象征表现。"今夜孝男送师会，送到梅山万万春"；"今夜梅山送师会，送到梅山见法主"；"三十六洞梅山路，梅山石上路中存"；"今夜超度送师会，亡人真去到梅山"；"今夜送过梅山殿，逍遥快乐往天生"。[⑥] 宗教叙事关心的是法师生命的终极关怀，瑶族关于梅山的历史传说，瑶族梅山教的教义与神灵系统，都融入了游梅山书的

---

① 黄书光、刘保元等：《瑶族文学史》，南宁：广西人民出版社，1988 年，第 97 页。姚舜安：《瑶族民俗》，长春：吉林教育出版社，1991 年，第 179 页，亦收录此梅山歌，为作者 1963 年在广西灌阳县收集。

② 《宋史》卷四百九十四《西南溪峒诸蛮下》，《宋史》第 40 册，第 14196 页。

③ 甘启运、关培钧：《新化县志》，刘洪泽等纂，清同治十一年（1872）刻本。

④ 哈布瓦赫：《论集体记忆》，毕然、郭金华译，上海：上海人民出版社，2002 年，第 59 页。

⑤ 哈布瓦赫：《论集体记忆》，毕然、郭金华译，上海：上海人民出版社，2002 年，第 145 页。

⑥ 白鸟芳郎：《傜人文书》，《傜人文书》，东京：讲谈社，1975 年，第 120、121、121、121、127 页。

宗教叙事之中。

在西南瑶族的族群记忆中，对梅山的怀念凝聚了族群认同，梅山被视为族群祖先发祥之地。梅山峒蛮所生息的梅山“旧不与中国通”[①]，曾是一块桃花源般美好的地方。历史上瑶族沿南岭走廊迁徙，但不管迁徙至世界的何方，瑶族始终不忘祖先居住的梅山。因此，游梅山书是瑶族祖先崇拜的产物。我们知道，《指路经》是西南少数民族祖先崇拜的诗篇，也是在丧葬仪式中送灵指路的经书，《指路经》中的“路”是指引亡人魂归祖界的道路，是先民从原始住地迁徙到现时居住地的路线。瑶族游梅山书与《指路经》为亡灵指明阴间路程不同的是，游梅山书超越时空直接指引亡灵回归梅山圣地。梅山十峒、梅山十八峒、梅山三十六峒是具有多重意义的象征符号，所谓“峒”指四面环山的山间盆地，瑶族人祖先居住的古梅山确有梅山十峒的存在。游梅山书撰写者以丰富的想象力，以虚实结合的象征手法，建构出梅山十峒、梅山十八峒、梅山三十六峒法主神灵体系，编织出一条与祖先相聚的便捷道路。游梅山仪式确乎具有丰富的象征意涵，生动表达瑶族人期盼回归梅山祖地的愿望。

西南信仰梅山教的族群有瑶、壮、苗、侗、仫佬、毛南等，但仅在瑶族人中保存着游梅山书，这或许说明瑶族人是宋代梅山蛮的核心族群。游梅山书作为瑶族人的集体记忆文本，是以瑶族人的方式保存下来的关于梅山的历史记录，对梅山的族群记忆本质上是一种集体性的文化积淀。当今瑶族社会所见的各种游梅山书，充分说明瑶人对古梅山的集体记忆历经千年不衰，在西南瑶族人中长期共享、传承。宋代梅山蛮在迁离梅山的过程中，瑶族先民对梅山蛮后裔的身份认同持续保持，梅山蛮祖先的事迹在瑶人的心灵深处激起波澜，族群历史在瑶族子孙的记忆中被建构，最终形成了游梅山书的宗教叙事经本。时至今日，游梅山度亡送灵仪式在瑶族社会仍然盛行，不断强化着瑶族子孙对梅山祖地的集体记忆。

四、结语

游梅山书是瑶族度亡送灵的经书，在游梅山书生动的宗教叙事话语中，梅山是具有关键意义的象征符号，梅山峒是象征祖先居住的神圣之地。历史上沿南岭走廊迁徙的瑶族人，虽然分布于广西、广东、贵州、云南甚至东南亚各地，但仍然不能忘记祖先居住的梅山。中国西南梅山教的发源地梅山，具有瑶

---

① 《宋史》卷四百九十四《西南溪峒诸蛮下》，《宋史》第 40 册，第 14196 页。

族人生命最后归宿的象征意义。西南各地瑶族老人去世以后，送灵时要将灵魂送归梅山十峒。瑶族不同文本的游梅山书，其送亡仪式的经文均以生动的语言回忆梅山，梅山确乎是迁徙各地瑶族人心目中的圣山。宋代开梅山是南方民族史上的重要事件，开梅山之后瑶族沿南岭走廊迁徙，瑶族先民历史上受到道教、佛教影响，这些在游梅山书中都有生动的叙述。不难看出，来自民间“小传统”的瑶族游梅山书，确实能反映出瑶族历史文化的重大问题。研究者若从西南梅山教视野多维度思考，或许能解读出游梅山书蕴含的更多文化信息。

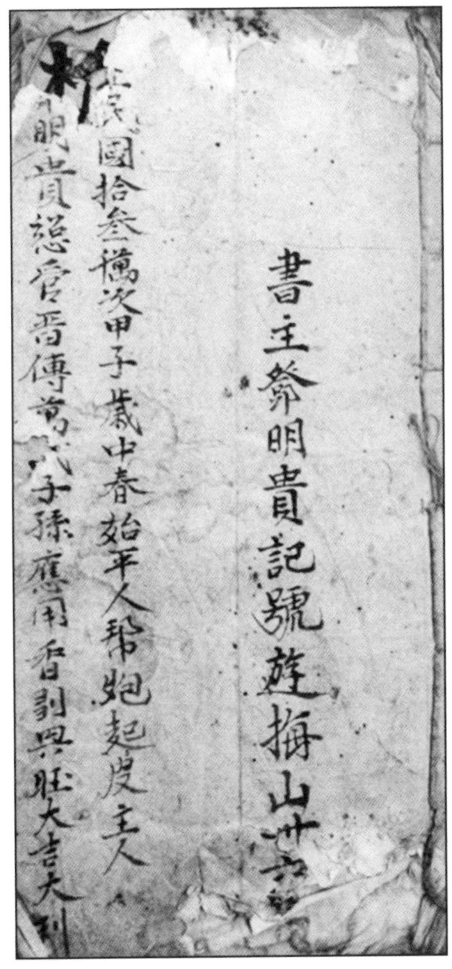

图1　英国牛津大学博德莱安图书馆S3354《游梅山三十六洞书》封面

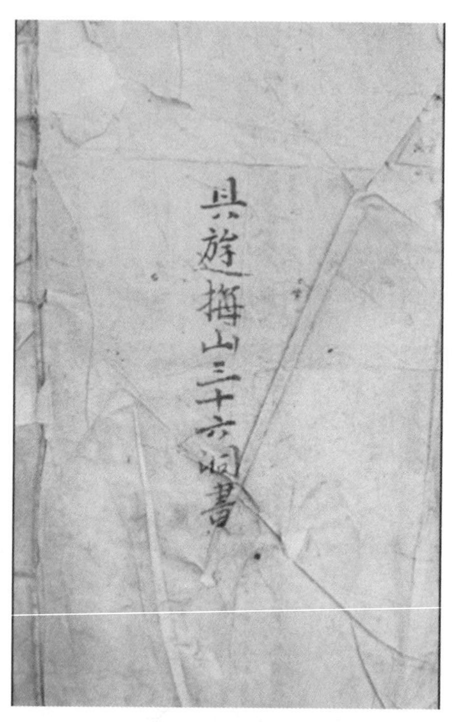

图 2　英国牛津大学博德莱安图书馆 S3354《具游梅山三十六洞书》封底

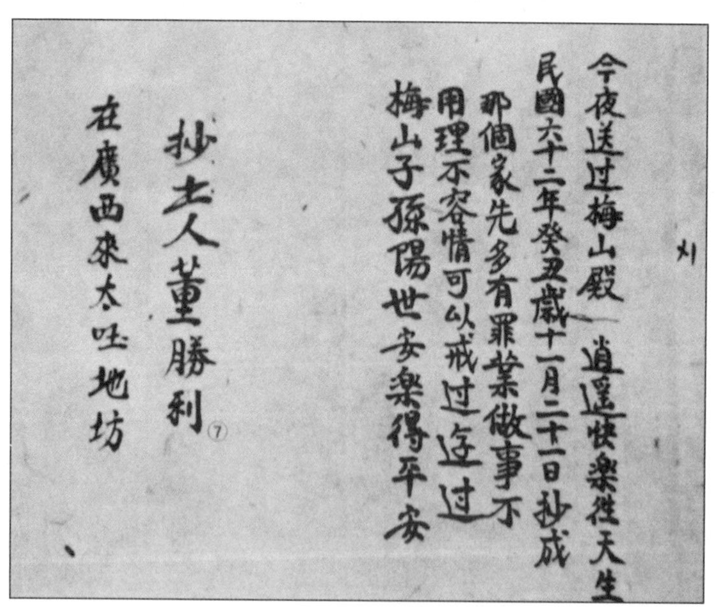

今夜送过梅山殿　逍遥快樂往天生
民國六十二年癸丑歲十一月二十二日抄成
那個家先多有罪業做事不
用理不容情可以戒过连过
梅山子孫陽世安樂得平安

抄士人董勝利[7]
在廣西來太吐地坊

图 3　泰国瑶人《游梅山书》封底

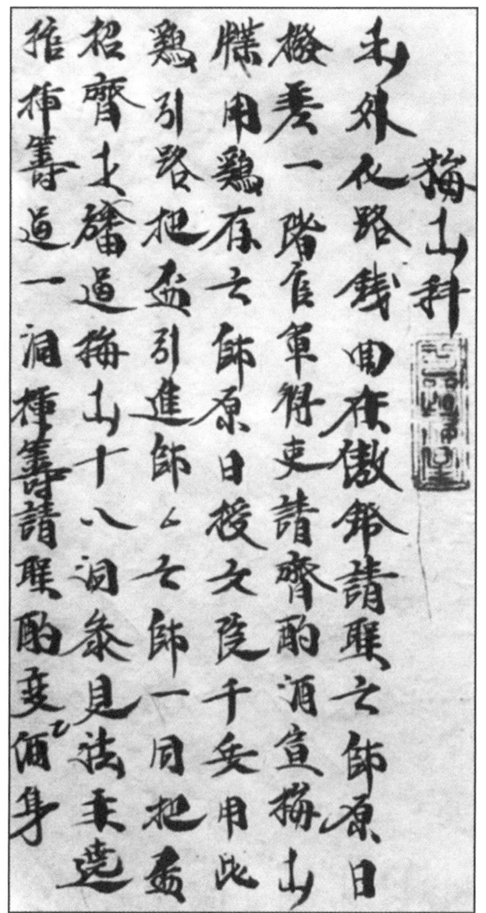
梅山科
私外衣路錢用在傲錢請聖亡師原日
機委一階官軍得吏請齋酌酒宣梅山
牒用雞存亡師原日授文隨千兵用此
雞引路把盞引進師師亡師一同把盞
招齊土幡道梅山十八洞參見法乘遣
推稱籌道一洞稱籌請聖酌乞酒身

图 4　广西瑶族文书《梅山科》第一页

专题Ⅳ

网络人际传播形态、机制与效果研究

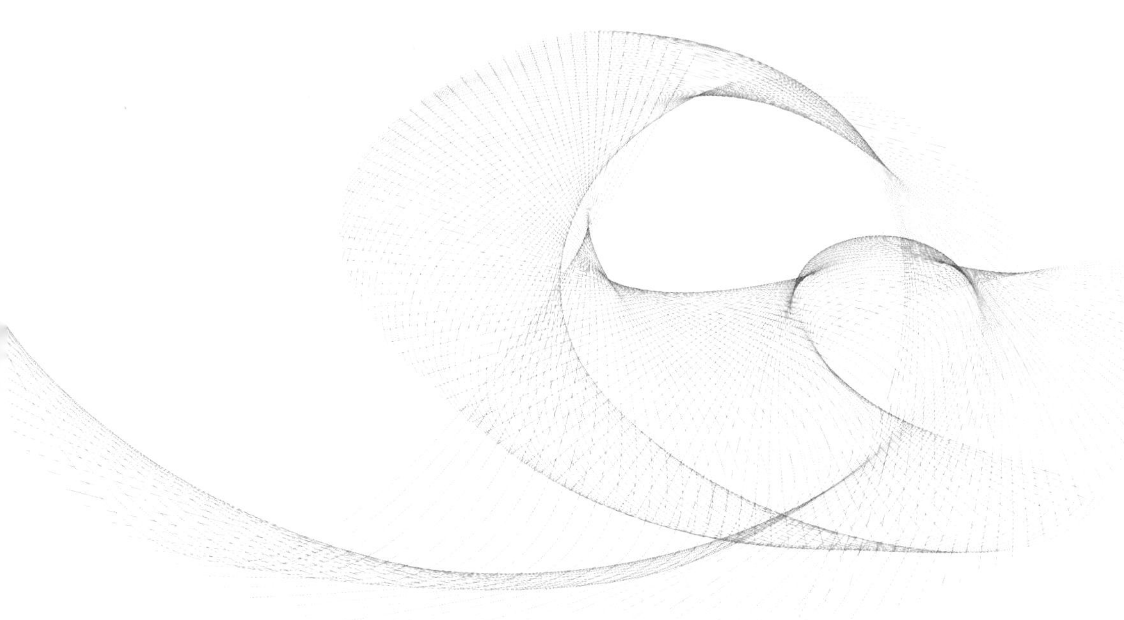

主持人语

张　放

“网络人际传播形态、机制与效果研究”这一专题包括《网络人际传播中印象形成机制的实验研究》(《新闻与传播研究》2012 年第 3 期)、《Playing for Love in a Romantic Video Game：Avatar Identification，Parasocial Relationships，and Chinese Women's Romantic Beliefs》(*Mass Communication and Society*，2016 年第 3 期)、《微信春节红包在中国人家庭关系中的运作模式研究——基于媒介人类学的分析视角》(《南京社会科学》2016 年第 11 期)、《在美中国旅居者在社交媒体上的自我呈现动机研究》（《国际新闻界》2018 年第 3 期）4 篇代表性论文。

正如芝加哥学派所言，“社会不仅是由于传递、由于交流而得以存在，而且完全可以说是在传递、交流之中存在着”，交流也即人际传播，是人类社会赖以存在的基础。而网络媒介及其构造出的虚拟空间从微观上改变了人与人之间的交流互动方式，形成了网络人际传播这一全新的人际传播形态，并催生了宏观社会结构的变革。如是观之，网络人际传播毫无疑问是人类人际传播史上的一座里程碑。因此，围绕网络人际传播的发展变迁、信息机制、影响效果等展开研究，是把握网络社会的本质及其对人类社会经济、政治、文化等方面影响的前提与基础，具有十分重要的意义。而四川大学新闻传播学近十年来的网络人际传播研究秉持“以无界为界，以无法为法”的理念，采用心理学、社会学、人类学、民俗学、历史学、符号学与文化研究等多元化视角与控制实验、问卷调查、田野考察、文献考据、文本分析、思辨阐释等多元化方法，对本领域的重要基础概念以及微博、微信、脸书、推特等社交媒体与网络游戏平台上的不同网络人际传播形态、机制与效果展开了广泛而深入的考察，不仅关注多样的传播主体（如女性、家庭成员、跨国旅居者等），关注其中复杂的信息或符号交换过程机制（如自我呈现、印象形成、准社会互动等），还尤其关注对网络人际传播发生的社会文化情境，包括日常生活情境、历史情境、跨文化情境等的发掘与还原，同时也在国内较早对化身互动（avatar communication）、表情符号互动（emoticon communication）、拟人化互动（personificational communication）等网络人际传播特定形态展开研究，进一步拓展了人际传播学的研究视野与理论体系。

网络人际传播中印象形成机制的实验研究[①]

张　放

摘　要：以社会信息加工理论和超人际模型为代表的线索补偿论，是对原先具有技术决定论色彩的线索消除进路的发展，其出现对网络人际传播中印象形成效果的作用机制提出了新的问题。SIDE和网络正向晕轮效应表明网络人际印象形成过程中可能存在图式对线索的信息补偿。实验以线索（强/弱）和图式（强/弱）为自变量，采用2×2析因设计，并以启动效应对图式的强弱程度进行控制，最后通过方差分析和独立样本t检验探明两个自变量因素对网络人际印象形成产生的影响。有120名被试分为4组参与了实验。其实验结果揭示了图式对线索的效应并非简单补偿，而是在印象形成的不同维度中有不同作用。实验结果还提供了对网络人际传播中印象形成过程的描述，提出了网络印象形成双因素三段式模型。

关键词：网络人际传播　印象形成　实验　独立样本t检验　启动效应

一、研究回顾与问题的提出

早期网络人际传播研究认为，网络媒介环境会消除大量有利于印象形成的交际线索，由此形成了包括交际在场感理论（social presence theory）和交际情境线索缺失假说（hypothesis of lack of social context cues）等理论的线索消除论进路（cues filtered-out approach）。[②]维塔利·杜布洛夫斯基（Vitaly Dubrovsky）等学者对线索消除论所反映的情景有着生动的描述：网络人际传

① 张放：《网络人际传播中印象形成机制的实验研究》，《新闻与传播研究》，2012年第3期。.

② 张放：《网络人际传播效果研究的基本框架、主导范式与多学科传统》，《四川大学学报》（哲学社会科学版）2010年第2期，第61—67页。

播中被削减的线索"会让人们忘记了讯息在传播，而以为自己是在对着电脑喃喃自语。人们忘了他们还拥有一大堆叫作'受众'的人，甚至忘掉了自己的传播将会被他人解读"①。

然而，互动社会语言学（interactional sociolinguistics）中的不确定性削减理论（uncertainty reduction theory，URT）② 指出，在人际交往中，人们总是利用一切可能得到的信息对他人形成印象——即对他人的个性做出一些判断，或是根据对方是什么样的人来对其做出判断。③ 有学者据此提出了社会信息加工理论（social information processing，SIP）和超人际模型（hyperpersonal model）④ 等有别于原先具有技术决定论取向的线索消除进路的理论模型，在承认部分交际线索在网络传输过程中被阻碍的前提下，认为传播参与者能够主动搜集其他可利用的信息对缺失的线索进行替代，同样能够达到甚至超越面对面传播下的效果水平。这一进路被我国台湾学者吴筱玫称为线索补偿（cues compensation）论。⑤ 如果承认线索补偿论是对线索消除进路的发展，那么有一个问题就会很自然地被提出来：在网络传播条件下，究竟是什么补偿了被消除的线索，以至于出现了网络传播的超人际效果？或者说，在线索消除的基础上，网络传播的超人际效果究竟是怎样形成的？

二、理论假设与研究假设

在持线索补偿观点的理论模型中，有一个独具特色的理论模型，即 SIDE（social identity model of de-individuation effects）。该模型并未明确指出网络人际传播中的参与者通过主动搜集其他可利用的信息来对缺失的线索信息加以替代和补偿，但其前所未有地重视了社会认同（social identity）在网络人际印

---

① Dubrovsky, V. J., Kiesler, S., & Sethna, B. N. "The equalization phenomenon: Status effects in computer-mediated and face-to-face decision－making group", *Human Computer Interaction*, 6, 1991, pp. 119－146.

② Berger, C. R., & Calabrese, R. J. "Some explorations in initial interaction and beyond: Toward a developmental theory of interpersonal communication", *Human Communication Research*, 1, 1975, pp. 99－112.

③ Taylor, S. E., Peplau, L. A., & Sears, D. O. *Social psychology*. Beijing: Peking University Press. 2004, pp. 33.

④ 张放：《网络人际传播效果研究的基本框架、主导范式与多学科传统》，《四川大学学报》（哲学社会科学版）2010 年第 2 期，第 61－67 页。

⑤ 吴筱玫：《计算机中介传播：理论与回顾》，杜骏飞、黄煜：《中国网络传播研究》（第 1 卷第 1 辑），复旦大学出版社，2007 年，第 35－61 页。

象形成中的关键作用，并提出了一个至关重要的理论问题，即传播参与者自身的刻板认知与交际线索结合并共同发生作用之后对印象形成产生了什么样的影响。模型认为，线索的缺乏一方面导致强烈的群体认同，另一方面又导致个体摆脱社会规范或群体规范约束的去抑制行为（uninhibited behavior），即身份认同极化（polarization of communicators' identity）。这虽然是模型概括的行为结果，却只是一个延伸的结论。问题的关键还在于造成身份认同极化的原因——去个性化效果（de－individuation effect）的产生。SIDE 将其归因于社会刻板印象（social stereotype）的形成，并认为后者是计算机网络媒介的过滤之下仅剩的交际线索触发的。换言之，该模型认为网络人际传播中形成的印象是由少量的交际线索触发的刻板印象，而非真实准确的印象。

追溯 SIDE 的理论来源我们不难发现，社会心理学的社会认同与自我归类理论（social identity/self-categorization theory）[①] 是其重要基础。该理论认为个体在对某个特定的社会群体存在认同感的情况下，倾向将自身归属于该社会群体。根据这一理论，网络传播条件下“线索的相对缺乏导致传播参与者更加依赖社会归类（social categorization）来对可得信息做出解释，以便形成一个相对完整的交际情境”[②]。当传播者对印象目标进行社会归类之后，便会把该社会类别的所有典型特征赋予对方，从而形成刻板印象。这就意味着：在网络人际印象形成过程中，可能存在图式加工[③]。

在先前的网络人际传播中印象形成效果的实验研究（以下简称网络印象效果实验）中，我们发现了人际印象形成的网络正向晕轮效应，并推测该效应可能是由其中携带信息的交际线索和作为信息理解、阐释框架的互动者的认知图式两个因素带来的，且后者对前者可能存在一种完形机制。[④] 这与 SIDE 中隐含的图式加工观点具有一致性，故本文不妨做出如下理论假设：在网络传播条

① 见于 Tajfel，H.，Turner，J. C. “The social identity theory of inter-group behavior”，in Worchel，S.，Austin，J. W. （eds.），*Psychology of Intergroup Relations*，1986，pp. 7 － 24. Chigago：Nelson－Hall.

② Lea，M.，& Spears，R. “Paralanguage and social perception in computer-mediated communication”，*Journal of Organizational Computing*，2，1992，pp. 321－341.

③ 当人们接触外界事物时，常会在记忆中检索那些与输入信息最相符合的认知图式与之对照，并加以理解与解释，这个过程称为图式加工（schematic processing）。参见章志光、金盛华：《社会心理学》，北京：人民教育出版社，1996 年，第 116 页。其中图式（schema）是依据先前经验把各种相关概念有意义地组织起来的认知模式。参见斯滕伯格：《认知心理学》（第 3 版），杨炳钧等译，北京：中国轻工业出版社，2006 年版，第 437 页。

④ 张放：《网络人际传播中印象形成效果的实验研究》，《国际新闻界》2011 年第 33 卷第 2 期，第 76－82 页。

件下，正是传播者本身具有的认知图式介入了印象形成，并提供了本应由被消除的交际线索提供的信息，从而导致网络人际印象形成的过程得以完成，即存在图式对线索的补偿效应。

这一理论假设包含了两个基本判断：第一，线索是网络人际印象形成的基础，对网络印象的各个方面都或多或少地存在影响；第二，图式是线索的补充，也会对网络印象各个方面产生影响。

概括而言，即网络人际印象形成是线索与图式共同作用的结果。根据先前的网络印象效果实验中提出的网络人际印象形成的测量指标体系，我们从鲜明度、全面度、好感度和失真度 4 个维度对其进行考察，并可以形成如下研究假设：

H1 网络传播条件下，线索与图式共同影响印象鲜明度。

H2 网络传播条件下，线索与图式共同影响印象全面度。

H3 网络传播条件下，线索与图式共同影响印象好感度。

H4 网络传播条件下，线索与图式共同影响印象失真度。

三、研究方法

对控制实验研究而言，一个操作上的难题是对图式如何实施控制。认知图式形成的基础是个体的个人经验，而现实中每个个体的经验千差万别，存储的图式也各不相同。再者，根据社会认知学者的研究，图式的激活、调用与其使用频度、上一次激活时间间距、观察目的、动机、情绪等多个因素有关，即便在特定的情境下面对特定的认知目标，感知者使用的图式也具有很大的随意性。那么，如何才能让感知者按照实验的安排来激活和调用记忆中的图式呢？

启动效应的相关研究为我们提供了一个可行的操作方案。苏珊·菲斯克（Susan Fiske）和谢莉·泰勒（Shelley Taylor）将启动效应（priming effects）定义为“先前的背景对其后解释信息和提取信息的影响”。[①] 目前这一概念已经被运用到许多学科领域——包括大众传播领域著名的议程设置理论。[②] 启动

① 菲斯克、泰勒：《社会认知：人怎样认识自己和他人》，张庆林等译，贵阳：贵州人民出版社，1994 年，第 242 页。

② 参见刘海龙：《大众传播理论：范式与流派》，北京：中国人民大学出版社，2008 年，第 228－229 页。具有代表性的研究文献如 Holbrook，R. A.，& Hill，T. G. “Agenda-setting and priming in prime time television：Crime dramas as political cues”，*Political Communication*，22，2005，pp. 277－295.

效应的存在导致研究者能够通过启动的方式把感知者记忆中的一个特定的认知图式转移到记忆结构中最容易被联结或复制的位置，并保证感知者在接触到目标刺激后能够以最大的概率将其调用到对目标的认知加工过程中。研究者已经证明，在特定的情境下让个体事先接触到相应的特质（traits），能够让处于不同情境中的人们不知不觉地改变看待社会认知对象的方式。[①] 相关的研究被称为“特质启动研究（traits-priming study）”。

因此，本文拟采用启动的方式来激活相应图式，从而实现在实验中对图式强度水平的控制。

（一）实验设计

本实验采用“2×2”（二因素二价）析因设计（factorial design），以认知启动（强/弱）和交际线索水平（强/弱）为自变量进行匹配（见表1），然后通过方差分析和简单效应检验探明两个因素对网络人际印象形成产生的影响。

表1 “2×2”设计自变量安排表

强启动		弱启动	
强线索	弱线索	强线索	弱线索
第1组	第2组	第3组	第4组

我们从四川大学选取了120名本科二年级学生（其中男性60名，女性60名）作为实验被试，以发给小礼品作为实验酬劳。严格保证被试在实验之前未接触过实验材料及相关信息。按照完全随机分配的原则将被试分配到前述相等的4个组（每组30人）中，分别呈现不同的启动刺激材料和交际线索材料。

本文中用到的强线索材料将使用同时包含资料线索、语言线索、内容线索[②]的对话记录材料；相对的弱线索材料则使用仅有语言线索而缺乏资料线索和内容线索的对话记录材料。

本实验使用的启动刺激采用单极设计（启动特质相同但刺激强度不同），启动形式为评价启动（让被试对启动刺激材料进行评价），启动性质为测量某

---

① De Coster，J.，& Claypool，H. M. “A meta-analysis of priming effects on impression formation supporting a general model of information biases”，*Personality and Social Psychology Review*，8（1），2004，pp. 2—27.

② 资料线索包括网名（ID或昵称）、虚拟形象（头像或虚拟人物形象）、在线个人资料和个性签名；语言线索包括语言风格和电子表情；内容线索即语言内容，主要包括交流中通过自我表露和回答询问的方式展示出来的、以语言为载体的相关信息。

一特质的启动对于人们在对目标（靶子）进行判断时使用该特质的倾向起到何种作用的特质性（descriptive implication）启动。[①] 实验在强、弱启动条件下均采用前意识启动方式，即将启动刺激单独呈现给被试，同时确保被试认为启动刺激与其对印象目标的判断绝对无关。实验不设定延迟时间，启动之后立即对被试呈现线索材料。一般而言，异常启动比非异常启动对于印象形成有着更强烈的效果，所以通常负面信息对道德和人格方面的评判产生的效果较为明显；而正面信息对能力方面的评判产生的效果较为明显。[②] 尽管本实验主要关注人格特征的评判，但由于并不需要过度加强启动产生的效果，因此采用中性的启动刺激。综上，本研究拟对相应的启动材料和启动过程进行如下设计：

首先，启动材料是包含 5 组共 50 个形容词的一道所谓的“基本语言能力测试题”。该测试题要求被试将每组 10 个词中的 3 个通常用于直接形容人的词挑选出来，填入指定的表格中。强启动材料中应当被选出的 15 个词均为描述目标特质的启动词；弱启动材料中应当被选出的 15 个词中有 10 个为描述目标特质的启动词，5 个为削弱启动效果的干扰词。

其次，实验的主体程序实施之前要求被试完成启动材料中关于基本语言能力的“预测试”，并告知被试此“预测试”的目的在于测验实验参与者的语言理解能力和判断能力，以防稍后的实验结果出现较大的误差，如果“预测试通过”，方能进入正式的实验程序。对于采用强启动的分组，在被试完成“预测试”之后，还须将预先做好的“标准答案”发给其自行对照，以加强启动效果；对采用弱启动的分组则不设这一程序。整个“预测试”结束即为启动完成。

（二）实验程序

采用强启动条件分组的实验程序如下：首先告知被试，为了避免稍后的实验在结果上出现较大的误差，在实验进行之前需要测试其基本的语言理解能力和判断能力，然后发给被试启动材料“基本语言能力测试”，让被试按照材料上的要求完成填答。填答完成之后将启动材料收回。随后将“基本语言能力测试答案”发给被试，由被试自行对照判分。判分完毕并获得被试分数之后，告知被试“你的测试已通过，你具备参加本实验的基本条件”，并按分组将相应

---

① Devine, P. G. “Stereotypes and prejudice: Their automatic and controlled components”, *Journal of Personality & Social Psychology*, 56 (1), 1989, pp. 5—18.

② Skowronski, J. J., & Carlston, D. E. “Negativity and extremity biases in impression formation: A review of explanations”, *Psychological Bulletin*, 105 (1), 1989, pp. 131—142.

水平的线索材料和 NEO 五因素形容词评定量表发给被试，请被试按要求仔细阅读材料之后填写量表。完成之后回收量表。

采用弱启动条件的分组的实验程序如下：首先告知被试，为了避免稍后的实验在结果上出现较大的误差，在实验进行之前需要测试其基本的语言理解能力和判断能力，然后发给被试启动材料“基本语言能力测试”，让被试按照材料上的要求完成填答。填答完成之后将启动材料收回并判分，继而告知被试“你的测试已通过，你具备参加本实验的基本条件”，并按分组将相应水平的线索材料和 NEO 五因素形容词评定量表发给被试，请被试按要求仔细阅读材料之后填写量表。完成之后回收量表。

（三）因变量的设置与测量

本实验的因变量为网络人际印象效果，因此将沿用网络印象效果研究所使用的四个测量指标，即印象鲜明度（intensity of impression）、印象全面度（breadth of impression）、印象好感度（valence of impression）和印象失真度（error of impression），以及每个指标相应的操作定义和测量方法。[①]

四、实验结果

（一）印象鲜明度

从分析结果（表 2）中可以看到，虽然启动因素（F（1，116）＝2.734，Sig. ＝0.101＞0.05）和线索因素（F（1，116）＝0.246，Sig. ＝0.621＞0.05）均未表现出显著的主效应，但两个因素的交互作用达到了显著水平（F（1，116）=6.528，Sig. ＝0.012＜0.05）。故需要利用 SPSS 做出其线索—启动二次交互作用图解（图 1）。

① 张放：《网络人际传播中印象形成效果的实验研究》，《国际新闻界》2011 年第 33 卷第 2 期，第 76－82 页。

表 2　印象鲜明度的二因素方差分析结果

组间效应检验结果

因变量：印象鲜明度

来源	第三类平方和	自由度	均方	F 值	显著性
校正模型	1.972 (a)	3	0.657	3.169	0.027
截距	376.869	1	376.869	1.817E3	0.000
启动	0.567	1	0.567	2.734	0.101
线索	0.051	1	0.051	0.246	0.621
启动 * 线索	1.354	1	1.354	6.528	0.012
误差	24.056	116	0.207		
总数	402.896	120			
校正后总数	26.027	119			

a　R 平方=0.076（调整后 R 平方=0.052）

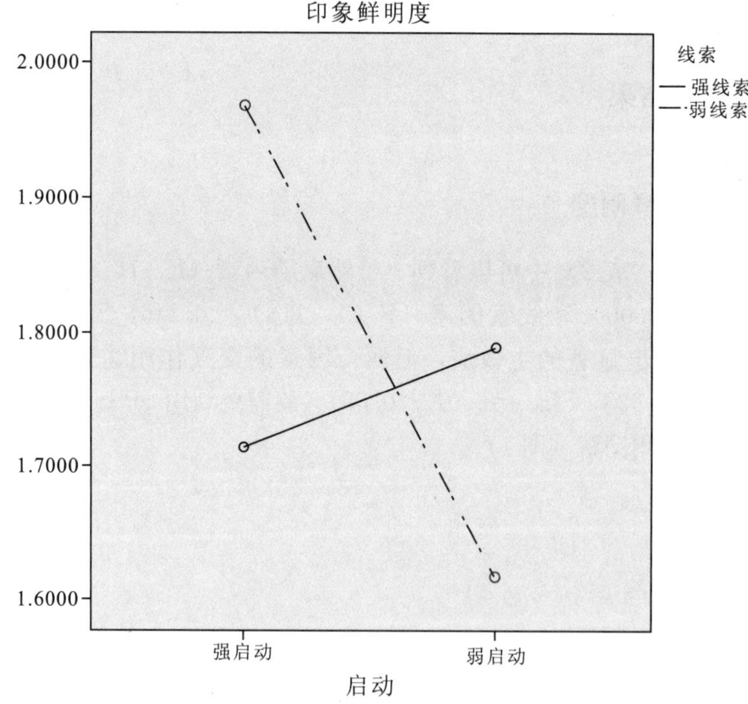

图 1　印象鲜明度的线索—启动二次交互作用图解

从图中线条可以看出，在线索充分的情况下，启动强度对印象鲜明度的影响并不明显，强、弱启动二组的独立样本 t 检验的结果对此也进行了证实：t(58)=0.723，p>0.05，Sig.（2−tailed）=0.473>0.05；而在线索相对不足的情况下，启动效果的变化能够强烈地影响印象鲜明度（t(58)=−2.692，p>0.05，Sig.（2−tailed）=0.009<0.01）。这就是说，“线索—启动”的二次交互效应是在线索微弱的水平上呈现的。且启动强度正向作用于印象鲜明度，启动强度越强，激活的图式就越明晰，形成的印象就越鲜明。

（二）印象全面度

分析结果（表 3）表明，启动和线索两个因素之间存在显著的交互作用（F（1，116）=4.201，Sig. =0.043<0.05）。其中，启动因素未对印象全面度产生显著的主效应，F（1，116）=0.071，Sig. =0.790>0.05；而线索因素却对印象全面度呈现出显著的主效应，F（1，116）=5.789，Sig. =0.018<0.05，说明线索是造成印象全面度发生变化的影响因素。利用 SPSS 做出其线索—启动二次交互作用图解（图 2）。

表 3 印象全面度的二因素方差分析结果

组间效应检验结果

因变量：印象全面度

来源	第三类平方和	自由度	均方	F 值	显著性
校正模型	42.233（a）	3	14.078	3.354	0.021
截距	20540.833	1	20540.833	4.893E3	0.000
启动	0.300	1	0.300	0.071	0.790
线索	24.300	1	24.300	5.789	0.018
启动 * 线索	17.633	1	17.633	4.201	0.043
误差	486.933	116	4.198		
总数	21070.000	120			
校正后总数	529.167	119			

a R 平方=0.080（调整后 R 平方=0.056）

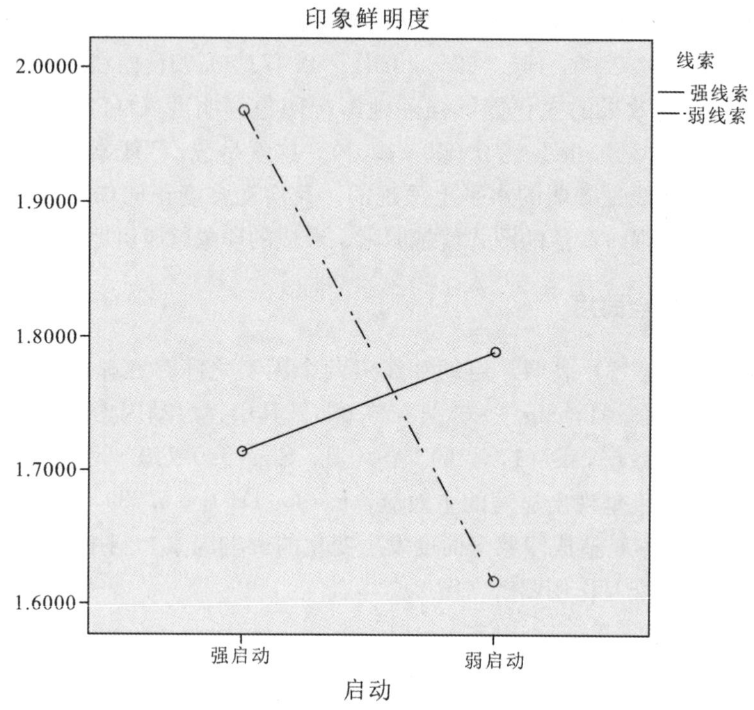

图 2　印象全面度的线索—启动二次交互作用图解

图解显示，在线索水平较低的情况下，启动强度的增加只对印象的全面度有些许影响，独立样本 t 检验的结果也表明，此时两个启动水平下印象全面度的均值差异是不明显的（t（58）=－1.058，p>0.05，Sig.（2－tailed）=0.294>0.05）。而在线索水平较高的情况下，强、弱启动水平下的全面度均值经独立样本 t 检验显示差异是显著的（t（44.047）=2.148，p>0.05，Sig.（2－tailed）=0.037<0.05），此时较强的启动反而会明显降低形成印象的全面度。

以上分析说明，图式对印象全面度这一指标的影响发生在线索水平较高的条件下，且呈反向变化。

（三）印象好感度

对于印象好感度（表 4），启动和线索两个因素的交互作用未达到显著水平［F（1，116）=1.464，Sig.=0.229>0.05］。其中，启动因素的主效应［F（1，116）=0.036，Sig.=0.849>0.05］不显著；而线索因素的主效应则体现出一定显著性［F（1，116）=6.168，Sig.=0.014<0.05］，说明线

索是引起印象好感度变化的影响因素。

表 4　印象好感度的二因素方差分析结果

组间效应检验结果

因变量：印象好感度

来源	第三类平方和	自由度	均方	F 值	显著性
校正模型	15.758 (a)	3	5.253	2.556	0.059
截距	16.875	1	16.875	8.212	0.005
启动	0.075	1	0.075	0.036	0.849
线索	12.675	1	12.675	6.168	0.014
启动 * 线索	3.008	1	3.008	1.464	0.229
误差	238.367	116	2.055		
总数	271.000	120			
校正后总数	254.125	119			

a　R 平方=0.062（调整后 R 平方=0.038）

利用 SPSS 计算线索因素的边际均值，得到线索水平较低的情况下印象好感度的均值为 M=−0.7000；而线索水平较高的情况下印象好感度的均值为 M=−0.0500，这表明线索水平对印象好感度的影响是正向的，线索水平越高，感知者对印象目标的好感就越强。

（四）印象失真度

对于印象失真度（表 5），启动和线索两个因素的交互作用为 F（1，116）=2.262，Sig. =0.135>0.05，仍然未达到显著水平。启动因素的主效应同样不显著（F（1，116）=0.019，Sig. =0.891>0.05）；而线索因素却呈现出强烈的主效应，其 F（1，116）=14.610，Sig. =0.000<0.01，这意味着网络人际印象形成的偏差大小主要取决于线索的充足程度高低。

表 5　印象失真度的二因素方差分析结果

组间效应检验结果

因变量：印象失真度

来源	第三类平方和	自由度	均方	F 值	显著性
校正模型	2.661 (a)	3	0.887	5.630	0.001

续表5

来源	第三类平方和	自由度	均方	F值	显著性
截距	431.424	1	431.424	2.739E3	0.000
启动	0.003	1	0.003	0.019	0.891
线索	2.301	1	2.301	14.610	0.000
启动*线索	0.356	1	0.356	2.262	0.135
误差	18.274	116	0.158		
总数	452.359	120			
校正后总数	20.934	119			

a　R平方=0.127（调整后R平方=0.105）

利用SPSS计算线索因素的边际均值，可得到线索水平较低的情况下印象失真度的均值为M=2.0345；而线索水平较高的情况下，印象失真度的均值为M=1.7576，线索水平的提升能够显著降低印象失真度，即增加所形成印象的准确性。

五、解释与讨论

实验结果表明：在网络人际印象形成过程中，图式主要在特定的线索水平下对印象鲜明度和全面度产生显著影响；而印象好感度及失真度则基本依赖交际线索的水平，而与图式无关。以下分别展开讨论。

（一）线索与图式对印象鲜明度的影响

分析数据显示，图式对印象鲜明度的强烈影响，主要在线索缺乏的条件下产生。这说明，在交际线索不足之时，网络互动者如果要形成关于对方的印象，必须激活和调取相关的图式，一旦图式参与印象形成的信息加工，最终形成的印象会非常鲜明。这一结论充分验证了假设H1的判断。

随着个体相关经验的增加，网络互动者会不断地对图式进行修正和提炼。在这一过程中，图式就会带上或多或少的典型特征，由于这些典型特征是经过许多次积累和抽象而保留下来的，因此在个体的记忆中会得到特别清晰地表征。一旦个体在认知他人的信息加工过程中运用相关的图式，那么图式具有的相应典型特征就会被赋予到印象目标身上，从而导致形成的印象也变得非常鲜明。但如果印象形成过程中线索本身较为丰富，感知者调用的图式成分较少，那么对印象形成的鲜明程度的影响将会削弱。

如果进一步联系之前的网络印象效果实验结果，我们会发现，之所以网络传播形成的印象比面对面更为鲜明，很有可能是因为网络人际印象形成过程有更多的图式成分参与其中。不仅如此，既然交互作用显示图式对于鲜明度的强烈影响主要存在于交际线索缺乏的环境下，那么完全可以形成如下合理推断，即网络传播中交际线索的确是较为缺乏的。线索消除论在这里再次得到确证，而且更加明晰化的一点是：线索消除论恰恰是超人际模型成立的理论前提和基础，两者在逻辑上是互洽的，而非传统技术决定论的线索消除论所认为的那样，线索消除进路必然导致去人际效果（impersonal effects）论。

（二）线索与图式对印象全面度的影响

实验结果的分析数据表明，图式和线索对于印象全面度有达到0.05显著水平的交互作用。这一交互作用的含义是：在线索水平较低的情况下，启动的增强几乎不会影响印象的全面度；而在线索水平较高的情况下，较强的启动反而会明显降低形成印象的全面度。

然而，这一结果却并不完全符合传统社会认知研究中的内隐人格理论。内隐人格理论（implicit personality theory，IPT）提出，人们总是认为他人的人格特质之间是存在关联的，具有某些特质的人必定具有另一些与之相关联的特质。[①] 所以，在人际感知过程中，感知者就可能将一些关联特质赋予印象目标，从而扩大对印象目标特质的判断范围。这就是说，同样，在交际线索不足的情况下，感知者会形成自己对印象目标“了解比较全面”的错觉。既然如此，实验结果是否与内隐人格理论相矛盾呢？我们认为，这需要进一步分析。

首先必须明确的是，内隐人格理论不是心理学家的人格理论，而是普通人对人的基本特性（human attribute，如智力、品德和人格特征等）持有的基本认知图式或朴素理论。[②] 随着近年来对内隐人格理论研究的深入，有的研究者已经发现其实际上包含了两种迥然不同的认知模式，即实体论者（entity

---

① 德维托：《人际传播教程》（第12版），余瑞祥等译，北京：中国人民大学出版社，2011年，第74—75页。

② 王墨耘、傅小兰：《内隐人格理论的实体论—渐变论维度研究述评》，《心理科学进展》2003年第11卷第2期，第152—159页。

theorist）模式和渐变论者（*incremental theorist*）模式。[①] 而原始的内隐人格理论属于前者。不仅如此，研究者还发现了内隐人格理论的跨文化差异，即与西方人不同，东方人倾向整体性的具体关系思维和辩证思维，因此在对人的认识上也更倾向渐变论，少犯基本归因错误[②]。

所以，当线索不足时，图式只能对提升印象全面度起到很小的作用，这一结论并不与内隐人格理论冲突。对于内隐人格理论的渐变论者而言，如果没有线索作为基础，图式很难帮助感知者延伸出其他毫无蛛丝马迹的特征判断。若要进一步形成更全面的印象，只能依靠更多更丰富的线索。

那么，当线索充分时，为什么较强的启动会明显降低印象的全面度呢？按照图式加工的一般原理，在进行人际感知之时，若线索较为充分，那么无须借助图式，即可形成一个较为全面的印象。但我们必须注意到，这种情况下的图式实际上处于一个较弱的水平。借助SPSS进行统计可以看出，若图式处于较弱的水平，充分的线索足以形成一个较为全面的印象（弱图式的两组全面度均值为M=13.1333，理论最大值为15），说明本研究中图式与线索对全面度的交互作用是符合图式加工一般情况的。然而，一旦条件变化，若由于某种原因（如深刻的联想、强烈的主观预断或顽固的偏见等，在本实验中是强启动的设置）而存在较强的图式激活和调用，同时线索依然充分的话，两者在不一致的细节上就会发生冲突，反而会使感知者对印象目标的判断失去原有的把握。此时图式对印象形成起到的是负面作用，这就是线索充分的情况下强启动明显降低印象全面度的主要原因。

（三）线索与图式对印象好感度的影响

分析结果表明图式与印象好感度无关，而线索对后者是正向影响因素。假设H3未得到支持。

在马丁·里（Martin Lea）和拉塞尔·思皮尔斯（Russell Spears）1992年的经典研究《网络传播中的副语言与社会感知》[③] 中，有一个研究结论与图

---

① Plaks, J. E, Grant, H., & Dweck, C. S. "Violations of implicit theories and the sense of prediction and control: Implications for motivated person perception", *Journal of Personality and Social Psychology*, 88, 2005, pp. 245—262.

② 王墨耘、傅小兰：《内隐人格理论的实体论－渐变论维度研究述评》，《心理科学进展》2003年第11卷第2期，第152—159页。

③ Lea, M., & Spears, R. "Paralanguage and social perception in computer-mediated communication", *Journal of Organizational Computing*, 2, 1992, pp. 321—341.

式对印象好感度的影响问题有一定的关联。该结论如下：在群体身份较为突出的情况下，去个性化（de-individuation）[①] 能够强化个体对群体认同的感知。群体身份的突出会导致社会刻板印象的形成，而社会刻板印象则是认知图式中较为典型的一种，那么此处的“群体身份突出”这一条件实际上就是对图式的调用。同时，个体对群体认同的态度，在实验中的操作定义恰恰正是好感度（likeability）的数值水平，好感度高即为认同感强，好感度低即为认同感弱。实验结果表明，两者的相关系数为 $r=0.63$，伴随概率 $p<0.05$，相关关系成立。那么，该研究结论至少意味着图式中的一类（群体刻板印象）在一定程度上与感知者对感知对象的好感度存在共变关系，这与本研究的结果是不符的。

然而，马丁·塔尼斯（Martin Tanis）和汤姆·珀斯特默斯（Tom Postmes）2003 年的研究[②]却未能对里和思皮尔斯的结论提供支持。在其实验 1 中，同样设置了印象目标的群体身份这一自变量，用以激发感知者的刻板印象（图式），但实验结果却显示，印象目标群体身份的变化对包括印象正面度（positivity）在内的两个因变量指标都没有影响（既不存在显著的主效应，也不存在更高阶的交互效应）。这一结论与本实验关于图式对印象好感度的影响的数据分析结果相同。

如果对两个实验的细节进行全面比较，可以发现后者的结论更具有参考价值。因为前者的好感度（认同度）是针对群体设置的，即测量的是感知者对群体目标而非对个体目标的好感度；而后者的印象正面度指标是针对个体目标而设置的，与本实验的设定相同。因此，本实验在印象好感度维度上的结果验证了塔尼斯和珀斯特默斯研究的结论，再次提供了图式与印象好感度无关的证据。

但是对比先前的网络印象效果实验的分析结果，就会发现有一些问题。网络印象效果实验证明网络传播条件下的印象好感度明显高于面对面条件，而前者由于线索消除，所以线索的丰富程度不如后者，这样就可以得到一个推断：线索水平较低的情况下，印象好感度更高。这与本实验的结果是完全相反的。目前尚没有足够的证据对此加以解释，但考虑到面对面情形下的交际线索与网络传播中基于文本符号的交际线索在类型上存在明显的差异，我们可以据此尝试性地提出一个假设，即线索水平对印象好感度的影响可能与线索类型有关，

① 在该实验中，去个性化是通过制造视觉遮蔽和身体隔离来实现的。

② Tanis, M., & Postmes, T. “Social cues and impression formation in CMC”, *Journal of Communication*, 53, 2003, pp. 676—693.

以待今后的研究进行更深入的探索。

（四）线索与图式对印象失真度的影响

对于印象失真度，线索因素呈现出强烈的主效应，而图式的影响却不显著，二者之间也不存在交互效应，这意味着网络传播条件下所形成的印象的偏差大小主要取决于线索的充足程度。

但若从常理推断，由于依靠认知启发（cognitive heuristics）[①] 进行图式加工的过程是一个认知加工的“捷径”，那么必然不可能在细节上做到非常准确的加工，而只能是在追求效率的基础上满足形成印象的基本要求。如此一来，在网络印象形成的特定情境下调用的人物图式（personal schema）往往并非高度匹配的“模板”，而只是与印象目标存在非常有限的关联性，于是会导致印象形成产生较大的认知偏差。那么为什么会出现这样的悖论呢?

其实，图式会带来认知偏差并不必然推导出图式一定会对印象的准确程度产生显著影响的判断。在通常情况下，互动者之间总是通过有限次数的互动对对方形成印象。从理论上讲，感知者永远都无法对印象目标做出一个完全准确的特征判断。更何况，在大多数网络人际传播实验中均采用的是一次性互动（其实在涉及面对面或电话传播的实验中也是如此），就更不可能形成完全准确的印象，甚至连相对较为准确的水平都达不到。换言之，在信息不够充分的情况下（事实上信息充分到能够完全准确地把握对方的各项特征只具有理论上的可能性），无论感知者激活和调用的图式的强弱水平如何，他都无法得到一个完全准确的关于对方的印象。因此，图式的强弱变化最多只可能在某一个特定的区间内改变印象的失真程度，或者说，使印象从一个偏差水平变到另一个偏差水平，而不可能做到让印象从某一个偏差水平发展到完全准确的水平。而这个印象的失真程度因受到图式影响而改变的区间（偏差水平的差异），实际上正如实验结果所揭示的，是一个还达不到显著差异水平的变化区间。若要大幅度提升印象的准确性，让其失真的程度明显降低，只能依靠获取更多的相关信息才能实现。这就是为什么线索因素对印象失真度会呈现出强烈的主效应。所以，所谓的悖论只是一种主观上的错觉而已。

当然，得出线索才是真正显著影响印象失真度的因素这一结论，还有另外

---

① 在某方面信息缺失的情况下，人会自动利用一些特定的捷径来把复杂的问题变成较为单一的判断过程，这些捷径被称为认知启发。见于 Tversky, A., & Kahneman, D. “Judgement under uncertainty: Heuristics and biases”, *Science*, 185, 1974, pp. 1124－1130.

一个意义。先前的网络印象形成效果实验中对印象失真度的考察表明，网络传播条件下形成的印象明显不如面对面条件下的准确，结合本实验研究的结果可以推断，网络传播中互动者获得的关于对方的线索的确要少于面对面的情形，这直接导致了印象偏差的增大。这一论断也再次为网络人际传播的基本研究进路——线索消除论提供了有利证据。

六、结论

在对网络传播条件下所形成印象的 4 个指标的测量结果加以分析和解释的基础上，可知线索与图式对印象各个维度的影响已初步明晰，如表 6 所示：

表 6　网络传播条件下线索与图式对网络印象不同维度的影响

网络印象维度	线索与图式的作用
鲜明度	线索缺乏时图式具有正向影响
全面度	线索充足时图式具有负向影响
好感度	线索独立影响，与图式无关
失真度	线索独立影响，与图式无关

从表 6 的结果来看，网络人际印象形成过程中，的确存在图式对线索的补偿效应，但该效应主要集中体现在印象形成的鲜明度这一维度上，而非如预设的那样在印象形成的所有维度上都有所体现。而在印象形成的全面度这一维度上，则体现了与假设完全相反的效应，即图式对线索的削弱效应。而在印象形成的好感度和失真度上，图式对线索是零效应。

综合以上结论，我们可以描述出一个包括三个阶段的网络人际传播中印象形成的变化过程：

第一阶段：线索极度缺乏的阶段。在网络互动的初始阶段，线索极度缺乏，此时互动者调用的图式会增强形成印象的鲜明度，也就是说，对方会给互动者留下一种非常鲜明的印象；但图式对印象的其他维度几乎没有影响。而由于缺乏线索，互动者对对方的好感度较低，基本持负面评价，互动随时可能因此而中断。随着网络互动的开展，线索信息量逐渐增加，增加到一个在网络传播条件下相对充足的水平时 ，图式就不再影响印象的鲜明度；同时负面评价和失真程度均有所降低。

第二阶段：线索相对充足阶段。此时线索相对充足，图式转而影响印象形成的全面度，对方给互动者的印象开始由相对比较全面逐渐地变得集中于几个显著特征。在这一过程中，随着线索水平的继续提升，互动者对对方的好感也在增加，同时所形成印象的准确程度也渐趋改善。

第三阶段：线索趋于稳定阶段。当线索水平趋于稳定之后，好感不再增加，印象的准确程度也停留在一定的偏差上。最终，基于较长时间的互动之后，网络互动者对对方形成了一个在部分人格特征上较为鲜明且存在一定偏差的良好印象。

以上三个阶段可以称为网络印象形成双因素三段式模型。当然，这一模型还有很多细节亟待完善。正如前文探讨中提到的，结合网络印象效果实验和本实验的结果来看，很可能存在不同类型线索对网络人际传播中印象造成的不同影响，这是下一步值得我们探索的课题。

Playing for Love in a Romantic Video Game: Avatar Identification, Parasocial Relationships, and Chinese Women's Romantic Beliefs[①]

Wen Song　Jesse Fox

Department of Literature and Journalism, Sichuan University

School of Communication, The Ohio State University

Abstract: Previous studies have identified relationships between romantic media consumption and users' romantic beliefs, but romantic video games (RVGs; i. e., games in which players attempt to foster a romantic relationship with a chosen game character, also called dating games or dating simulators) remain understudied. Using a cultivation framework, we conducted an online survey of female Chinese players to determine their consumption of the RVG genre, identification with their avatars, and parasocial relationships with the romantic targets they pursue in the game, as well as their beliefs about romantic relationships. Although the amount of time spent playing RVGs did not directly predict idealized beliefs about romantic relationships, the hypothesized mediation model revealed that it indirectly predicted romantic beliefs through identification with avatars and parasocial relationships with video game characters. We discuss the implications for studying romantic media, dating simulations, interactive narratives, and other video game genres.

Key words: Romantic video games, cultivation theory, identification,

① Wen Song, Jesse Fox. "Playing for Love in a Romantic Video Game: Avatar Identification, Parasocial Relationships, and Chinese Women's Romantic Beliefs", *Mass Communication and Society*, 2016, 19 (2).

parasocial relationships

Romantic media often depict love as powerful, unwavering, and able to overcome all obstacles. Once a person has found "the one," the person falls in love quickly, and "the one" is a perfect match on all levels, from deep understanding to sexual compatibility (Galician, 2004). Although these myths are common, such unrealistic beliefs about the nature of romantic relationships can be detrimental to relationship maintenance and satisfaction (Demo & Ganong, 1994; Epstein & Eidelson, 1981). Media portrayals are a key contributor to individuals' enactment and understanding of romantic relationships; several studies have demonstrated an association between television viewing and viewers' relational beliefs and attitudes (e. g., Bond & Drogos, 2014; Hefner & Wilson, 2013; Jin & Jeong, 2010; Osborn, 2012; Segrin & Nabi, 2002; Vu & Lee, 2013; Zurbriggen & Morgan, 2006). Specifically, romantic-4themed television has been associated with unrealistic beliefs about relationships, such as idealized expectations for intimacy in marriage.

Previous research has focused on traditional media, but little is known about whether this relationship holds true in interactive media such as video games. Also, previous studies on cultivation and particularly the relationship between media consumption and romantic idealism have been mostly limited to U. S. samples (Vu & Lee, 2013). The current study addresses these gaps by investigating the relationship between Chinese women's romantic video game play and their romantic beliefs.

Video games are the fastest growing media market across the globe, and Asia remains the dominant market (Ong, 2013). Despite the massive Asian market, most video game effects research has been conducted in Western countries. In addition, much of the literature has focused on violent video games; limited attention has been devoted to other game content (Behm-Morawitz & Mastro, 2009). Romantic video games (RVGs) constitute a genre in which players control a character whose primary goal is to identify a mate and pursue a romantic relationship. This genre has enjoyed significant popularity in Japan, China, Korea, and Singapore (Pettman, 2009; Taylor,

2007).

Another understudied aspect of video games is the women who play them. The Entertainment Software Association (2014) reported that 48% of game players are women. Despite the prevalence of gaming among women and their distinctive experiences (e. g., Fox & Tang, 2014; Holz Ivory et al., 2014; Yee, 2014), limited research has focused on female players, particularly outside of Western countries.

Thus, this study addresses multiple gaps in existing research. Furthermore, it explores the viability of the cultivation framework in a new genre 198 SONG AND FOX of video game (i. e., RVGs) and investigates new constructs (e. g., avatar identification) relevant to a potential relationship between romantic video game play and Chinese female players' romantic beliefs. It also seeks to test whether predictions and findings from previous studies on romantic media and beliefs are supported in the context of RVGs.

Romantic Video Games

RVGs (ren'ai games or 恋愛ゲーム in Japanese), also known as dating simulators, are video games with dating or romance as the major theme. These games are marketed as an opportunity for players to vicariously experience and fulfill romantic fantasies (Taylor, 2007). RVGs typically feature static, anime-style graphics and branching storylines. Players experience the romantic narrative through an avatar that is typically a young adult in high school or college, interacting with computer-controlled characters by selecting their avatar's dialogue or actions from a selection of responses.

The goal of the game is to pursue and achieve romantic success with another character that is often selected from a pool of potential mates (Kim, 2007). When a player interacts with other characters in the game, successful action or dialogue choices will cause the target character's interest in the player's avatar (often measured by a "love meter") to rise. After completing the game, players can replay the game and pursue different characters and narratives. Subcategories of RVGs include *Bishōjo gēmu* ("beautiful girl games" in Japanese) that are designed for male consumers and feature heterosexual relationships, and otome games or *jyoseimuke gemu* ("female-oriented games") that are designed for female consumers and feature heterosexual relationships. Given that our goal was to examine potential effects of romantic media (as opposed to pornographic content, which prevails in male-oriented games; Galbraith, 2011; Taylor, 2007), we focused on female-oriented games.

Several features of this genre are relevant to understanding how RVGs may influence players' romantic beliefs. Similar to television and movie portrayals (Eyal & Finnerty, 2009; Galician, 2004; Hefner & Wilson, 2013), RVGs provide highly stereotypical and distorted representations of romantic relationships (Kim, 2007, 2009). These games feature highly romanticized scenes, emotionally provocative interactions with pursuable characters, and unrealistic love stories. For example, Tokimeki Memorial, one of the most popular romantic game series in Asia (Pettman, 2009), includes a story in which the female protagonist and the male protagonist meet on the first day of high school. Over the course of the game, it is revealed that they were childhood sweethearts who had made a promise to be together forever but lost contact. The characters fall back in love, and the game ends with the happy, reunited couple. Exposure to such idealized portrayals may influence consumers' beliefs about romantic relationships outside the mediated context (Hefner & Wilson, 2013; Osborn, 2012; Segrin & Nabi, 2002). To test this possibility, this study adopted a cultivation framework to examine the link between RVGs and romantic beliefs.

Cultivation

Cultivation posits that habitual exposure to television shapes people's beliefs about social reality (Gerbner & Gross, 1976). Heavy viewers of television are more likely than moderate or light viewers of television to develop perceptions that are consistent with those portrayed on television (Gerbner et al., 2002). This perspective has been employed to investigate effects of television viewing on topics such as perceptions of crime, gender and racial stereotypes, political opinions, and health beliefs (Gerbner et al., 2002). These studies have generally found significant, although small in terms of effect sizes, associations between television exposure and perceptions (Morgan & Shanahan, 1997).

Although cultivation was originally intended to account for effects of overall television viewing on viewers' beliefs and attitudes (Gerbner et al., 2002), later studies have discovered genre-specific cultivation effects of viewing of specific television genres or programs (e. g., Cohen & Weimann, 2000; Potter & Chang, 1990). Several studies have found relationships between the consumption of romantic programming (e. g., romantic dramas, soap operas, and reality dating shows) and romantic beliefs

For example, Segrin and Nabi (2002) found that overall television viewing was not a good predictor of idealized expectations of marriage, whereas consumption of romantic programs was significantly related to idealized expectations of marriage and the intention to marry. Zurbriggen and Morgan (2006) found that reality dating show consumption was related to negative sexual beliefs and stereotyped beliefs about men, women, and relationships. Osborn (2012) found that married individuals who are heavy viewers of romantic programs reported lower commitment and higher expected costs of marriage. Results of these studies consistently demonstrate a relationship between the viewing of romance-themed television and romantic beliefs.

Although these studies contributed to the understanding of the impact of consuming romantic media on people's romantic beliefs, these studies focused only on television programming. Research on the effects of RVGs is scarce. Given the significant popularity of RVGs in Asia (Pettman, 2009; Taylor, 2007), it is also important to understand the role these games play in people's beliefs about relationships.

Cultivation and Video Games

Applied to video games, the cultivation perspective suggests that repeated exposure would cause players to form perceptions and beliefs of social reality consistent with what is depicted in the game world (Chong et al., 2012). The limited studies on cultivation effects of video games have found some evidence supporting this prediction (e. g., Anderson & Dill, 2000; Behm-Morawitz & Ta, 2014; Chong et al., 2012; Poels et al., 2014; Williams, 2006). For example, Williams (2006) conducted a longitudinal study and found that people who played a video game over the course of 1 month changed their perceptions of physical world dangers to match what was portrayed in the game world. Poels et al. (2014) surveyed habitual game players and found that increased playing time predicted greater incorporation of game experiences (such as game-specific language) into offline life.

Most of these past studies focused on cultivation effects of exposure to violent video games. It is necessary to examine whether the relationship between genre consumption and beliefs holds in terms of RVGs. Similarly to the way violence is overrepresented and normalized in violent video games, romantic relationships are typically idealized and distorted in RVGs (Kim, 2007, 2009). According to cultivation, exposure to these idealized portrayals of romantic relationships over time may lead an individual to form expectations of real-life relationships consistent with these portrayals. Therefore, we expect the following:

H1: Women who spend more time playing RVGs will express greater endorsement of idealized romantic beliefs.

One interesting aspect is that most of these studies found only limited evidence for first-order cultivation effects (i. e., estimations of probability and prevalence of situations verifiable in the real world) but no evidence for second-order cultivation effects (e. g., beliefs, attitudes, and opinions; see Shrum, 1995). Van Mierlo and Van den Bulck (2004) found a significant relationship between playing violent video games and two game-related first-order judgments (i. e., estimates of violent crime and the number of police officers in the workforce) but no significant relationship between playing violent video games and second-order judgments such as beliefs and attitudes about law and order. Similarly, Chong et al. (2012) conducted a longitudinal study of repeated exposure to a violent video game and found support for first-order cultivation effects but only minimal support for second-order effects.

Two possible explanations for the inconsistent findings on second-order effects include the complex underlying process of cultivation effects and the interactive nature of the video game environment. According to Shrum's (1995) social cognitive approach, it is not merely the sheer amount of time of message exposure, but also factors such as involvement that play important roles in shaping the effects of a message on a person's beliefs and attitudes (Shrum, 2004).

Another explanation is that the video game world is highly interactive compared with television viewing. When watching romantic television, a person can observe only romantic partners interacting with each other; when playing RVGs, a person can not only interact directly with romantic targets in the games through the eyes of the avatar but also influence what happens to the relationship between the avatar and romantic targets. This interactivity and high involvement in game narratives may further complicate the cultivation effects of video games, rendering them more inconsistent than cultivation effects commonly found in television viewing.

Indeed, Chong et al. (2012) argued that active involvement during the course of playing video games may mediate the effects of video games on players' beliefs and attitudes. When studying RVGs using the cultivation perspective, it is important to look at relevant types of involvement. Thus, we examined two concepts reflecting involvement in romantic video game play: identification with one's avatar and parasocial relationships (PSRs) with the characters one pursues.

Identification

Identification refers to the extent to which an individual relates to a media character and feels that she or he is similar to the character (Bandura, 1977; Cohen, 2001). Observers may then adopt the character's perspective and experience the mediated environment as the character (Cohen, 2001). Specific to video games, the experience of identification has been described as "a temporal shift of players' self-perception through adoption of valued properties of the game character" (Klimmt et al., 2009). Identification with one's character is often an outcome of extended play in virtual spaces, and people can develop deep relationships with their avatars over time (Boellstorff, 2008; Taylor, 2002). Higher levels of identification with mediated characters leads to greater shifts in beliefs, attitudes, and behaviors in accordance with the characters' experiences (e. g., Bond & Drogos, 2014; Fox & Bailenson, 2009; Klimmt et al., 2009).

Klimmt et al. (2009) distinguished avatars' capacity to promote identification from characters in books or on television. Due to avatars' interactivity and the user's control over the avatar, video games create a monadic relationship wherein "players do not perceive the game (main) character as a social entity distinct from themselves, but experience a merging of their own self and the game protagonist" (p. 354). Indeed, considerable research has found that game players identify with their avatars (Boellstorff, 2008; Taylor, 2002; Van Looy et al., 2012). Further, the amount of time spent playing the game is associated with higher levels of identification (Lewis et al., 2008). Thus, we hypothesized the following:

> H2: Women who spend more time playing RVGs will have higher identification with their avatars.

Identification has often been examined as a mechanism explaining the outcomes of game play. Previous studies have found that identification with characters influences outcomes both inside and outside the virtual environment, such as aggression (Konijn et al., 2007), self-efficacy (Peng, 2008), and physical activity (Fox & Bailenson, 2009). Thus, identification with avatars can be a powerful experience that carries over into the physical world after game play. In RVGs, the player's avatar is on a quest to identify, romance, and secure a romantic partner. As such, we would expect the following:

> H3: Women who have higher identification with their avatars will have greater endorsement of idealized romantic beliefs.

Parasocial Relationships

Another important concept related to RVGs is the parasocial relationship (PSR). PSRs were originally described by Horton and Wohl (1956) as the "simulacrum of conversational give and take" that characterized the "seeming face-to-face relationship between spectator and performer" (p. 215). Rather than treating a media figure as a distant or fictional entity, observers perceive the figure socially, in the same manner that they perceive a friend (Giles, 2002; Klimmt et al., 2006; Perse & Rubin, 1989; Tukachinsky & Tokunaga, 2013).

Although some scholars have applied the concept of PSRs to video games (e. g., Hartmann, 2008; Klimmt et al., 2006), few studies have elaborated its role in the gaming experience. Some that have examined parasocial processes confound them with identification. Cohen (2001) distinguished these concepts, noting that "when identifying, one lacks an awareness of the self, and, therefore, the distinction between self and other—necessary for interaction—is missing" (p. 253). As Klimmt et al. (2009) noted, in video games, identification is experienced as a merging of the self with the playable avatar, thus meeting Cohen's conditions for identification. Thus, players experience identification with their own avatars but experience PSRs with other characters in the game (Tukachinsky & Tokunaga, 2013).

Because these PSRs with game characters resemble interpersonal relationships, they are likely to be fostered the same way: Liking and intimacy increase through ongoing disclosure and interactions (Giles, 2002; Rubin & McHugh, 1987). Thus, we expect the following:

H4: Women who spend more time playing will experience stronger PSRs with romantic targets.

Because identification predicts perspective taking and empathy (Cohen, 2001; Klimmt et al., 2009; Van Looy et al., 2012), it is likely that players who identify strongly with their avatar would be more likely to adopt the feelings of their avatar toward other game characters. In RVGs, we would expect that higher levels of identification with one's avatar would be associated with forming a stronger PSR with the avatar's romantic target:

H5: Women who have higher identification with their avatars will report stronger PSRs with romantic targets.

Because they are perceived similarly to interpersonal relationships, PSRs with media characters can become intense (Perse & Rubin, 1989). In an RVG, the player also has the ability to make choices about the course of the PSR, much in the way he or she would make decisions about actions in a relationship with another person. Thus, PSRs in gaming environments may be more influential than those with characters in traditional media because they maximize the individual's opportunities for social interaction with the characters (Hartmann, 2008; Klimmt et al., 2006). Previous research in traditional media environments has demonstrated that the stronger the PSR, the greater the influence on the consumer's attitudes and behaviors (Bond & Drogos, 2014; Giles, 2002). Thus, we anticipate the following:

H6: Women who have stronger PSRs with romantic targets will have greater endorsement of idealized romantic beliefs.

Summarizing the preceding hypotheses, a mediated model of cultivation effects of video games is proposed (see Figure 1). Similar to Bond and Drogos (2014), we anticipate that identification and PSRs will mediate the relationship between exposure and cognitive outcomes. In our model, the time spent playing RVGs not only directly predicts endorsement of idealized romantic beliefs (H1) but also indirectly predicts endorsement of idealized romantic beliefs through identification with the avatar (H2, H3), the strength of the PSR with the romantic target (H4, H6), and through identification with avatar and PSR with romantic targets sequentially (H2, H5, H6).

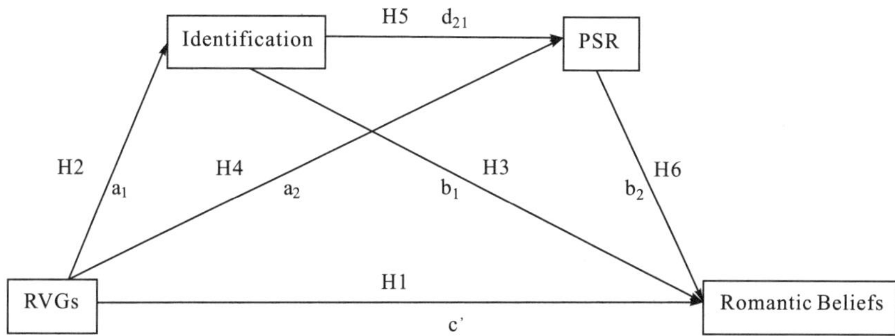

Figure 1 Serial mediated model of the playing of romantic video games' (RVGs') direct and indirect influence on endorsement of idealized romantic beliefs through identification with avatars and parasocial relationships (PSR) with romantic targets

Method

Sample and Procedure

Approval was obtained from The Ohio State University Institutional Review Board. A recruitment ad and survey link were posted on the Otomedream online forum ("翼之梦论坛", http://www.otomedream.com/forum.php), one of the most popular online forums specifically dedicated to discussions about female-oriented games in China. Each participant received 30 virtual forum tokens (worth approximately US \$.50) as compensation. A total of 535 participants initiated the online survey; 317 met criteria for inclusion, but 143 were excluded due to missing data on the variables of interest. Participants who did not identify as female or were younger than 18 were also excluded. The final sample included 174 Chinese female players of female-oriented RVGs ranging in age from 18 to 31 (M=20.97, SD=2.61).

Measures

Consumption of RVGs. Participants' consumption of RVGs was measured by an open-ended question asking participants how many hours of RVGs they played in an average week (M=10.67, SD=9.60).

Identification with Avatar. Cohen's (2001) media character identification scale was adapted to measure identification with avatars. Participants were asked to name one of their favorite RVGs and rate on a 5-point Likert scale from 1 (strongly disagree) to 5 (strongly agree) the degree to which they identified with the avatar in this game. Sample items include "I tend to understand the reasons why the avatar does what she does" and "While I was playing the game, I wanted the avatar to succeed in achieving her goals." A Cronbach's alpha of. 89 was achieved.

PSR with romantic target. Participants responded to a 10-item, 5-point Likert scale from 1 (strongly disagree) to 5 (strongly agree) to indicate their PSR with their favorite romantic target. Items were based on Perse & Rubin (1989) but reflected the nature of interaction with romantic targets in RVGs. These included "I felt I was in a relationship with him when I was playing the game" and "I continued to think about him even when I was not playing the game." Reliability for this measure was α =. 86.

Romantic beliefs. Sprecher and Metts's (1989) 15-item Romantic Beliefs Scale was used to measure participants' idealized romantic beliefs. Sample items include "I believe that to be truly in love is to be in love forever" and "There will be only one real love for me." Participants indicated their agreement on a 5-point scale from 1 (strongly disagree) to 5 (strongly agree) with each statement. Reliability for this measure was α=. 82.

Covariates. According to the literature, factors such as age, consumption of romantic-specific media genres, and general media consumption may also be related to a person's romantic beliefs (Osborn, 2012; Segrin & Nabi, 2002; Zurbriggen & Morgan, 2006). Therefore, these factors were treated as covariates in this study.

Mass media consumption was assessed by providing participants a list of media channels (e. g. , television, movies and video games) and asking them to indicate the number of hours they spent on each of the media channel in an average week. The measure of total mass media consumption was constructed by summing the number of hours for all of the media channels reported by each participant (M=57. 67, SD=36. 14).

To measure romantic media consumption, participants were presented a list of romance-specific media genres and were asked to report the number of hours they spent consuming each (e. g. , romantic reality shows, romantic manga, and romance novels) in an average week. The measure of total romantic media consumption was constructed by summing the number of hours for all of the romantic media genres reported by each participant (M = 9.13, SD = 12.91).

Correlations

Bivariate correlation analysis and serial mediation model testing were used to test the hypotheses. Table 1 shows the bivariate correlations among the variables, as well as their means and standard deviations. Consistent with past research (e.g., Segrin & Nabi, 2002), overall consumption of mass media was not significantly related to romantic beliefs (r = .02, p = .79), whereas the consumption of romantic genre media was significantly related to romantic beliefs (r = .15, p = .046). Time spent playing RVGs was not significantly associated with romantic beliefs, however (r = .09, p = .24); H1 was unsupported. Avatar identification and parasocial interaction with romantic targets were significantly associated with romantic beliefs, such that the stronger the identification with the avatar (r = .32, p < .001) and the stronger the parasocial interaction with game character (r = .48, p < .001), the more idealized the participant's romantic beliefs were, providing some preliminary support for H3 and H6.

Table 1　Means, Standard Deviations, and Intercorrelations Among Variables

	M	SD	1	2	3	4	5	6	7
1. Romantic video game consumption	10.67	9.60	—	.19*	.17*	.09	.03	.44‡	.32‡
2. Identification	3.70	.73	.19*	—	.60‡	.32‡	.02	.06	.21†
3. Parasocial relationship	3.79	.77	.17*	.60‡	—	.48‡	−.14	.10	.16*
4. Romantic beliefs	3.29	.66	.09	.32‡	.48‡	—	−.19*	.02	.15*
5. Age	20.97	2.61	.03	.02	−.14	−.19*	—	.04	.001
6. Mass media consumption	57.67	36.14	.44‡	.06	.10	.02	.04	—	.54‡
7. Romantic media consumption	9.13	12.91	.32‡	.21†	.16*	.15*	.001	.54‡	—

* p<.05, † p<.01, ‡ p<.001.

Analysis

Collectively, Hypotheses 1 to 6 suggest a serial mediated relationship (see Figure 1), in which RVG consumption not only directly predicts endorsement of idealized romantic beliefs (H1) but also indirectly predicts endorsement of idealized romantic beliefs through identification with avatars (H2, H3), PSRs with romantic targets (H4, H6), and through identification with avatars and PSRs with romantic targets sequentially (H2, H5, H6). We employed the PROCESS macro developed by Hayes (2013) to test this serial mediation model (Model 6), in which RVG consumption was entered as predictor variable, romantic beliefs as dependent variable, identification with avatars as the first mediator, and PSR with romantic targets as the second mediator (i. e. , playing of RVGs → identification with avatars → PSR with romantic targets → idealized romantic beliefs). In this analysis, participants' age, consumption of romantic-specific media genres, and general media consumption were entered as covariates. All paths for the statistical model are illustrated in Figure 1 and their corresponding coefficients are provided in Table 2. Variance inflation factors for all predictor variables in the model were tested. None exceeded 1.60, suggesting no problem with multicollinearity in this analysis (Tabachnick & Fidell, 1996).

H1 was tested by assessing the direct relationship between RVG consumption and endorsement of idealized romantic beliefs. Similar to the correlation analysis, results produced by PROCESS indicated that there was no significant direct relationship between RVG consumption and romantic beliefs ($p=.97$). Thus, H1 was not supported.

H2 predicted that RVG consumption is related to higher identification with the avatar. For this to be true, RVG play would need to be positively related to identification with the avatar (a_1 path). As can be seen in Table 2, playing RVGs was positively related to identification with the avatar ($p=.03$), suggesting that women who spent more time playing RVGs experienced higher levels of identification. H2 was supported.

H3 predicted that women who have higher identification with their avatars will have greater endorsement of idealized romantic beliefs. As shown in Table

2, identification with their avatars was not significantly related to idealized romantic beliefs ($p=.52$). Therefore, H3 was unsupported. Although the relationship between identification with avatars and romantic beliefs was significant on the bivariate level ($r=.32$, $p<.001$), the relationship became nonsignificant when PSR with romantic targets was added to the model as a mediator, suggesting that the association between identification with avatars and romantic beliefs may be mediated by PSRs with romantic targets.

H4 suggested that women who spend more time playing RVGs will experience higher levels of PSRs with romantic targets. As can be seen in Table 2, there was no significant relationship between the playing of RVGs and PSRs with romantic targets ($p=.60$; path a_2), disconfirming H4. The relationship between the playing of RVGs and PSR with romantic targets was significant on the bivariate level ($r=.17$, $p=.03$), but the relationship became nonsignificant when identification with avatars was added to the model as a mediator, indicating that the relationship between playing of RVGs and PSR with romantic targets may be mediated by identification with avatars.

H5 suggested that women who have higher identification with their avatars will have stronger PSRs with romantic targets. As can be seen in Table 2, identification was positively related to PSRs with romantic targets ($p<.001$; path d_1), suggesting that women who had higher identification with their avatars had stronger PSRs with romantic targets. Thus, H5 was supported.

Table 2 Path Coefficients from the Serial Mediation Model Estimated Using PROCESS

	b	SE	t	p
a_1	.01	.006	2.21	.029
a_2	.003	.006	.52	.601
b_1	.05	.08	.64	.522
b_2	.35	.07	4.89	.000
$d_2$1	.62	.07	9.44	.000
Direct path	B	SE	t	p

(To be continued)

(Continued)

	b	*SE*	*t*	*p*
Path: c'	.001	.005	.16	.873
Indirect paths	*Effect*	*Boot SE*	*LLCI*	*ULCI*
Path 1: a_1b_1	.001	.001	−.002	.004
Path 2: $a_1d_21b_2$	.003	.002	.001	.008
Path 3: a_2b_2	.001	.002	−.003	.005

Note: $N=174$ participants (only cases with no missing values across variables were included in the analysis). 10, 000 bootstrap samples with 95% CI. Direct path: Playing of RVGs → Idealized romantic beliefs. Indirect paths: Playing of RVGs → Identification with avatars → Idealized romantic beliefs (Path 1); Playing of RVGs → Identification with avatars → Parasocial relationship with romantic targets → Idealized romantic beliefs (Path 2); Playing of RVGs → Parasocial relationship with romantic targets → Idealized romantic beliefs (Path 3).

H6 predicted that women who have higher levels of PSRs with romantic targets will have greater endorsement of idealized romantic beliefs (path b_2). Results showed that the level of PSRs with romantic targets was positively related to the level of endorsement of idealized romantic beliefs ($p<.001$), suggesting that women who had higher levels of PSRs with romantic targets had greater endorsement of idealized romantic beliefs. Therefore, H6 was supported.

Hypothesis testing for H2, H5, and H6 collectively showed that playing RVGs was significantly positively related to identification with avatars (path a_1), which was positively related to PSRs with romantic targets (path d_1), which was positively related to idealized romantic beliefs (path b_2). Furthermore, bootstrapping revealed that the path of playing RVGs to identification with avatars to PSRs with romantic targets to idealized romantic beliefs (path $a_1d_1b_2$) was significant, suggesting that identification with avatars and PSRs with romantic targets sequentially mediate the relationship between playing RVGs and idealized romantic beliefs.

Finally, because our data were collected at a single time point, we investigated alternative models, including single mediator models and one in which beliefs predicted consumption. Alternative models were not significant (95% confidence intervals overlapped with zero) and not supported.

Discussion

Past research investigating the association between romantic media consumption and users' idealized romantic beliefs primarily focused on romantic television. The goal of this study was to extend this research to the realm of RVGs. Contrary to previous findings on romantic media consumption, our study indicated that solely the time spent consuming romantic games is not significantly associated with idealized romantic beliefs for these women. Instead of a direct cultivation effect, our findings support a mediated relationship between exposure to RVGs and idealized romantic beliefs. Women spending a large amount of time playing RVGs indicated higher levels of identification with their avatars; this identification predicted stronger PSRs with the male characters who were their romantic targets in the game. PSRs in turn predicted players' endorsement of idealized romantic beliefs. Our findings are consistent with Osborn's (2012) conclusion that the nature of viewing, rather than sheer amount, is a better predictor of relationship-related attitudes.

Theoretically, our findings lend support to Shrum's (2004) social cognitive view of cultivation effects, which argues that the cognitive processes related to exposure play an important role in shaping a person's beliefs and attitudes. Furthermore, this study supports emerging research focusing on the importance of identification and PSRs with characters in predicting media consumers' beliefs and attitudes (e. g., Bond & Drogos, 2014). This coincides with the notion advanced by the extended elaboration likelihood model and the entertainment overcoming resistance model that narrative-related factors such as identification and parasocial interaction with media characters may reduce resistance to persuasion and enhance persuasive outcomes (Moyer-Guse', 2008; Slater & Rouner, 2002).

Although causality cannot be established in a single survey, these results provide evidence of a relationship between playing RVGs and the endorsement of idealized romantic beliefs. It should be noted that the observed relationships could also be reversed in that people who hold idealized romantic beliefs are likely to spend more time playing RVGs, thus having stronger identification with avatars, and stronger PSRs with romantic targets (although alternative testing of our data did not support this model). Experimental research is necessary to clarify causality. An additional limitation of this study was the small sample size. A larger sample would have provided greater confidence in our findings, and as such, replication is necessary.

Despite contributing to a deeper understanding of the application and the underlying mechanism of cultivation, results of this study also have practical implications. On the one hand, this study indicates that playing RVGs may indirectly influence players' idealized romantic beliefs. Because maintaining unrealistic expectations for romantic relationships may lead to disappointment, tension between partners, and eventual dissolution (Epstein & Eidelson, 1981; Galician, 2004), those who are heavy consumers of RVGs may experience more relationship difficulties than those who are light consumers. Education on realistic relationship beliefs and expectations may help buffer the negative influence of RVGs on these individuals. On the other hand, because RVG consumption does not directly predict romantic beliefs, effective interventions to buffer the negative consequences of playing RVGs may focus on factors affecting the exposure-identification link or the identification-PSR link. For example, priming players to focus on the differences between themselves and their avatars may decrease identification, thus reducing the chances of cultivating idealized romantic beliefs.

This study also enriches the literature on video game effects research by exploring a new genre of video games. Although RVGs are more prevalent in Asian countries than in Western societies (Taylor, 2007), other popular genres in Western societies (e. g., online role-playing games) often contain substantive romantic elements or enable game-based romantic relationships with other players (Yee, 2014) and should be studied. Also, we focused on one subgenre of RVGs-female-oriented games; other subgenres merit further research, particularly those aimed at men.

It is important to note that this study focused on Chinese RVG players, who may conceptualize romantic relationship differently and have a different set of idealized romantic beliefs from players with other cultural backgrounds. Weaver and Ganong (2004), for example, found that romantic beliefs varied between African Americans and European Americans in a U. S. sample. Future studies should examine this relationship among other cultural groups. It would also be interesting to explore whether other relevant cultural aspects, such as sex role stereotypes or marital norms, play a role in the consumption of RVGs and idealized romantic beliefs.

In conclusion, our study provides further support to findings on the association between consumption of romantic media and romantic beliefs and extends this work into a new medium. In addition, this study identified experiences specific to video game play (e. g., identification with one's avatar and PSRs with game characters) that are key to understanding the link between play in the virtual world and beliefs in the physical world. These findings indicate that video games have implications for interpersonal relationships and well-being, and consumers should be mindful of the permeable boundaries of play.

Acknowledgements

Both authors contributed equally to this article. We acknowledge and extend our gratitude to Yuti Su for her generous support and vital help in participant recruitment.

References

Anderson, C. A., & Dill, K. E. (2000). Video games and aggressive thoughts, feelings, and behavior in the laboratory and in life. *Journal of Personality & Social Psychology*, 78, 772—790. doi: 10.1037/0022—3514.78.4. 772.

Bandura, A. (1977). *Social learning theory*. Englewood Cliffs, NJ: Prentice-Hall.

Behm-Morawitz, E., & Mastro, D. (2009). The effects of the sexualization of female video game characters on gender stereotyping and female self-concept. *Sex Roles*, 61, 808—823. doi: 10.1007/s11199—009—9683—8.

Behm-Morawitz, E., & Ta, D. (2014). Cultivating virtual stereotypes? The impact of video game play on racial/ethnic stereotypes. *Howard Journal of Communications*, 25,

1—15. doi：10.1080/ 10646175.2013.835600.

Boellstorff，T. (2008). *Coming of age in second life*. Princeton，NJ：Princeton University Press.

Bond，B. J.，& Drogos，K. L. (2014). Sex on the shore：Wishful identification and parasocial relationships as mediators in the relationship between Jersey Shore exposure and emerging adults' sexual attitudes and behaviors. *Media Psychology*，17，102—126. doi：10.1080/ 15213269.2013.872039.

Chong，Y. M. G.，Teng，K. Z. S.，Siew，S. C. A.，& Skoric，M. M. (2012). Cultivation effects of video games：A longer-term experimental test of first-and second-order effects. *Journal of Social & Clinical Psychology*，31，952—971. doi：10.1521/ jscp. 2012.31.9. 952.

Cohen，J. (2001). Defining identification：A theoretical look at the identification of audiences with media characters. *Mass Communication & Society*，4，245—264. doi：10.1207/S153278 25MCS0403_01.

Cohen，J.，& Weimann，G. (2000). Cultivation revisited：Some genres have some effects on some viewers. *Communication Reports*，13，99—114. doi：10.1080/089342100 09367728.

Demo，D. H.，& Ganong，L. H. (1994). Divorce. In P. C. McKenry & S. J. Price (Eds.)，*Families and change：Coping with stressful events* (pp. 197—218). Thousand Oaks，CA：Sage.

Epstein，N.，& Eidelson，R. J. (1981). Unrealistic beliefs of clinical couples：Their relationship to expectations，goals and satisfaction. *American Journal of Family Therapy*，9，13—22. doi：10.1080/01926188108250420.

Entertainment Software Association. (2014). Essential facts about the computer and video game industry：2014 Sales，demographic and usage data. Retrieved from http：//www. theesa. com/ facts/pdfs/ESA_EF_2014. pdf.

Eyal，K.，& Finnerty，K. (2009). The portrayal of sexual intercourse on television：How，who，and with what consequence? *Mass Communication & Society*，12，143—169. doi：10.1080/ 15205430802136713.

Fox，J.，& Bailenson，J. N. (2009). Virtual self-modeling：The effects of vicarious reinforcement and identification on exercise behaviors. *Media Psychology*，12，1—25. doi：10.1080/ 15213260802669474.

Fox，J.，& Tang，W. Y. (2014). Sexism in online video games：The role of conformity to masculine norms and social dominance orientation. *Computers in Human Behavior*，33，314—320. doi：10.1016/j. chb. 2013.07.014.

Galbraith，P. W. (2011). Bishōjo games："Techno-intimacy" and the virtually human in

Japan. *Game Studies*, 11 (2). Retrieved from http://gamestudies.org/1102/articles/galbraith.

Galician, M. L. (2004). *Sex, love, and romance in the mass media: Analysis and criticism of unrealistic portrayals and their influence*. Mahwah, NJ: Erlbaum.

Gerbner, G., & Gross, L. (1976). Living with television: The violence profile. *Journal of Communication*, 26, 172—194. doi: 10.1111/j.1460—2466.1976.tb01397.

Gerbner, G., Gross, L., Morgan, M., Signorielli, N., & Shanahan, J. (2002). Growing up with television: Cultivation processes. In J. Bryant & D. Zillman (Eds.), *Media effects: Advances in theory and research* (2nd ed., pp. 43—67). Mahwah, NJ: Erlbaum.

Giles, D. C. (2002). Parasocial interaction: A review of the literature and a model for future research. *Media Psychology*, 4, 279—305. doi: 10.1207/S1532785XMEP0403_04.

Hartmann, T. (2008). Parasocial interactions and paracommunication with new media characters. In E. A. Konijn, S. Utz, M. Tanis, & S. B. Barnes (Eds.), *Mediated interpersonal communication* (pp. 177—199). New York, NY: Routledge.

Hayes, A. F. (2013). *Introduction to mediation, moderation, and conditional process analysis*. New York, NY: Guilford.

Hefner, V., & Wilson, B. J. (2013). From love at first sight to soul mate: The influence of romantic ideals in popular films on young people's beliefs about relationships. *Communication Monographs*, 80, 150—175. doi: 10.1080/03637751.2013.776697.

Holz Ivory, A., Fox, J., Waddell, T. F., & Ivory, J. D. (2014). Sex-role stereotyping is hard to kill: A field experiment measuring social responses to user characteristics and behavior in an online multiplayer first-person shooter game. *Computers in Human Behavior*, 35, 148—156. doi: 10.1016/j.chb.2014.02.26.

Horton, D., & Wohl, R. R. (1956). Mass communication and para-social interaction. *Psychiatry*, 19, 215—229.

Jin, B., & Jeong, S. (2010). The impact of Korean television drama viewership on the social perceptions of single life and having fewer children in married life. *Asian Journal of Communication*, 20, 17—32. doi: 10.1080/01292980903440806.

Kim, H. (2007). Women's games: Definition, structure, and aesthetics (Unpublished master's thesis, Seoul National University). Retrieved from http://bk21comm.snu.ac.kr/files/20070607_12.pdf.

Kim, H. (2009). Women's games in Japan: Gendered identity and narrative construction. *Theory, Culture & Society*, 262, 165—188. doi: 10.1177/0263276409103132.

Klimmt, C., Hartmann, T., & Schramm, H. (2006). Parasocial interactions and relationships. In J. Bryant & P. Vorderer (Eds.), *Psychology of entertainment* (pp. 291—313). Mahwah, NJ: Erlbaum.

Klimmt, C., Hefner, D., & Vorderer, P. (2009). The video game experience as "true" identification: A theory of enjoyable alterations of players' self-perception. *Communication Theory*, 19, 351—373. doi: 10.1111/j. 1468—2885.2009.01347.

Konijn, E. A., Bijvank, M. N., & Bushman, B. J. (2007). I wish I were a warrior: The role of wishful identification in the effects of violent video games on aggression in adolescent boys. *Developmental Psychology*, 43, 1038—1044. doi: 10.1037/0012—1649.43.4. 1038.

Lewis, M. L., Weber, R., & Bowman, N. D. (2008). "They may be pixels, but they're MY pixels": Developing a metric of character attachment in role-playing video games. *Cyber Psychology & Behavior*, 11, 515—518. doi: 10.1089/cpb. 2007.0137.

Morgan, M., & Shanahan, J. (1997). Two decades of cultivation research: An appraisal and meta-analysis. *Communication Yearbook*, 20, 1—45.

Moyer-Gusé, E. (2008). Toward a theory of entertainment persuasion: Explaining the persuasive effects of entertainment-education messages. *Communication Theory*, 18, 407—425. doi: 10.1111/j. 1468—2885.2008.00328.

Ong, J. (2013, January 9). *China's video game industry brought in $9.7 billion in 2012. The next web.* Retrieved from http://thenextweb.com/asia/2013/ 01/08/chinas—video—game—industrybrought—in—9—7—billion—in—2012—report/.

Osborn, J. L. (2012). When TV and marriage meet: A social exchange analysis of the impact of television viewing on marital satisfaction and commitment. *Mass Communication & Society*, 15, 739—757. doi: 10.1080/15205436.2011.618900.

Peng, W. (2008). The mediational role of identification in the relationship between experience mode and self-efficacy: Enactive role-playing versus passive observation. *Cyber Psychology & Behavior*, 11, 649—652. doi: 10.1089/cpb. 2007.0229.

Perse, E. M., & Rubin, R. B. (1989). Attribution in social and parasocial relationships. *Communication Research*, 16, 59—77. doi: 10.1177/009365089016001003.

Pettman, D. (2009). Love in the time of Tamagotchi. *Theory, Culture & Society*, 26, 189—208. doi: 10.1177/0263276409103117.

Poels, K., Ijsselsteijn, W. A., & de Kort, Y. (2014). World of Warcraft, the aftermath: How game elements transfer into perceptions, associations and (day) dreams in the everyday life of massively multiplayer online role-playing game players. *New Media & Society*, 17, 1137—1153. doi: 10.1177/14614448 14521596.

Potter, W. J., & Chang, I. C. (1990). Television exposure measures and the cultivation hypothesis. *Journal of Broadcasting & Electronic Media*, 34, 313 — 333. doi:

10.1080/08838159009386745.

Rubin, R. B., & McHugh, M. P. (1987). Development of para-social interaction relationships. *Journal of Broadcasting & Electronic Media*, 13, 279－292. doi: 10.1080/08838158709386664.

Segrin, C., & Nabi, R. L. (2002). Does television viewing cultivate unrealistic expectations about marriage? *Journal of Communication*, 52, 247－263. doi: 10.1111/j.1460－2466.2002.tb02543.

Shrum, L. J. (1995). Assessing the social influence of television: A social cognition perspective on cultivation effects. *Communication Research*, 22, 402－429. doi: 10.1177/009365095022004002.

Shrum, L. J. (2004). The cognitive processes underlying cultivation effects are a function of whether the judgments are on-line or memory-based. *Communications*, 29, 327－344. doi: 10.1515/comm.2004.021.

Slater, M. D., & Rouner, D. (2002). Entertainment-education and elaboration likelihood: Understanding the processing of narrative persuasion. *Communication Theory*, 12, 173－191. doi: 10.1111/j.1468－2885.2002.tb00265.

Sprecher, S., & Metts, S. (1989). Development of the "romantic beliefs scale" and examination of the effects of gender and gender-role orientation. *Journal of Social & Personal Relationships*, 6, 387－411. doi: 10.1177/0265407589064001.

Tabachnick, B. G., & Fidell, L. S. (1996). *Using multivariate statistics* (3rd ed.). New York, NY: Harper Collins.

Taylor, E. (2007). Dating-simulation games: Leisure and gaming of Japanese youth culture. *Southeast Review of Asian Studies*, 29, 192－208.

Taylor, T. L. (2002). Living digitally: Embodiment in virtual worlds. In R. Schroeder (Ed.), *The social life of avatars: Presence and interaction in shared virtual environments* (pp. 40－62). New York, NY: Springer.

Tukachinsky, R., & Tokunaga, R. S. (2013). The effects of engagement with entertainment. *Communication Yearbook*, 37, 287－322.

Van Looy, J., Courtois, C., De Vocht, M., & De Marez, L. (2012). Player identification in online games: Validation of a scale for measuring identification in MMOGs. *Media Psychology*, 15, 197－221. doi: 10.1080/15213269.2012.674917.

Van Mierlo, J., & Van den Bulck, J. (2004). Benchmarking the cultivation approach to video game effects: A comparison of the correlates of TV viewing and game play. *Journal of Adolescence*, 27, 97－111. doi: 10.1016/j.adolescence.2003.10.008.

Vu, H. T., & Lee, T. T. (2013). Soap operas as a matchmaker: A cultivation analysis of the effects of South Korean TV dramas on Vietnamese women's marital intentions.

Journalism & Mass Communication Quarterly, 90, 308 – 330. doi: 10.1177/1077699013482912.

Weaver, S. E., & Ganong, L. H. (2004). The factor structure of the romantic beliefs scale for African Americans and European Americans. *Journal of Social & Personal Relationships*, 21, 171–185. doi: 10.1177/0265407504041373.

Williams, D. (2006). Virtual cultivation: Online worlds, offline perceptions. *Journal of Communication*, 56, 69–87. doi: 10.1111/j. 1460–2466.2006.00004.

Yee, N. (2014). *The Proteus paradox: How online games and virtual worlds change us—and how they don't*. New Haven, CT: Yale University Press.

Zurbriggen, E. L., & Morgan, E. M. (2006). Who wants to marry a millionaire? Reality dating television programs, attitudes toward sex, and sexual behaviors. *Sex Roles*, 54, 1–17. doi: 10.1007/s11199–005–8865–2.

微信春节红包在中国人家庭关系中的运作模式研究

——基于媒介人类学的分析视角[①]

张　放

摘　要：本文以传统春节红包运作的流动范围、流动方式和流动的性质与功能为参照框架，从媒介人类学的视角对微信春节红包在中国人家庭关系中的运作模式进行了分析。经研究发现，微信春节红包的流动范围并不仅限于家庭内部，在流动方式上以“抢红包”为主要发放形式，其流动路径在结构上构成了不同于传统春节红包的“去顶金字塔”结构，并呈现出使家庭关系扁平化的趋势，其性质可以界定为一种具有仪式性的互动游戏。因此，微信春节红包在中国人家庭关系中的运作可能对后者产生相应影响，包括触动以纵轴为中心的传统家庭关系、消融家庭与社交的边界及解构家庭节庆的神圣空间三个方面。尽管微信春节红包和传统春节红包不能相互替代，但前者对技术的依赖大于后者，因此在未来，可能会被更具共享性和互动性的娱乐方式替代。

关键词：微信　春节　红包　中国人　家庭关系

近年来，移动互联网红包作为一种新兴移动应用进入了大众的日常生活。其中最具代表性的微信红包，因操作便利、互动性强赢得了巨大的用户黏性。学界目前对微信红包的研究主要围绕商业价值（广告价值）[②]、人际传播（人

---

① 张放：《微信春节红包在中国人家庭关系中的运作模式研究——基于媒介人类学的分析视角》，《南京社会科学》，2016 年第 11 期。

② 徐琦、宋祺灵：《“微信红包”的“新”思考：以微信“新年红包”为例分析新媒体产品的成功要素》，《中国传媒科技》2014 年第 3 期；李正良、赵顺：《微信红包的广告价值探析》，《新闻知识》2016 年第 3 期；王庆凯、王军峰：《新媒体与商业再造新年俗——关于春节微信红包的分析》，《青年记者》2016 年第 14 期。

际关系）[①]、相关法律与伦理问题[②]等几个主题展开，但其作为一种社会交换的新形态，势必会涉及中国人所处的独特文化背景，仅仅从传播学的角度进行分析，显然无法挖掘出其丰富内涵。特别是对于微信红包大行其道的传统民俗节日——春节而言，微信红包能否取代传统红包？它的出现对中国人的家庭关系会产生什么样的影响？这些都是值得思考的问题。因此，笔者试图从媒介人类学的视角入手，通过与传统春节红包比较，对微信春节红包在中国人家庭关系中的运作模式展开分析。

一、作为参照框架的传统春节红包运作

要对微信春节红包的运作及其对中国人家庭关系的影响进行微观层面的考察，首先要确定考察的参照框架。考虑到传统春节红包是中国传统文化中能够较为准确、完整地反映家庭关系的载体，故不妨从其入手来建立一个参照框架。

（一）流动范围：家庭内部的礼物流动

在大多数情况下，礼物流动出现在非亲属的社会关系之中，作为维护社会关系的一种交换形式。这其中当然也有红包形式的馈赠。但春节属于时历仪礼（岁时仪礼），其传统红包是局限于具有亲属关系的双方之间的一种礼物流动形式——甚至严格来说，"正宗"的春节红包只有一种，即家中长辈向幼辈发放压岁钱时所采用的用红纸包裹的礼物形式。这表明其必然与中国人的家庭关系存在着极为密切的联系，属于中国人家庭内部的礼物流动。家庭对于中国人的重要性，历来学者多有指出，例如张东荪说过，"中国的社会组织是一个大家庭而套着多层的无数小家庭。可以说是一个'家庭的层系'（a hierarchical system of families)"[③]。而林语堂的总结更为全面："家庭制度是中国社会的根基，由此而生发出各种社会特点，这个家庭制度以及乡村制度——家庭制度的更高一级阶段——可以用来解释中国社会中的所有问题。……从家庭制度中生

---

① 陈琦、刘磊：《社会化媒体环境对受众角色的重构和信息传播影响：从微信红包引爆羊年春节谈起》，《当代传播》2015 年第 3 期；王瑞：《浅析微信红包对人际传播的积极影响与消极表现》，《东南传播》2015 年第 7 期；申思达、陈勇：《微信红包传播对人际关系的影响初探》，《科技传播》2015 年第 8 期。

② 王亚平：《关于微信红包的人际传播反思》，《传播与版权》2016 年第 6 期。

③ 张东荪：《理性与民主》，长沙：岳麓书社，2010 年，第 82 页。

发出家庭观念，从家庭观念中生发出一定的社会行为规范。”[①] 那么，作为家庭内部礼物流动形式的传统春节红包，一定在家庭关系（亲属关系）的背后担负着某种社会功能；而且这种功能，必然有利于中国人家庭制度和秩序的维护传承。

（二）流动方式：“赏赐”与“金字塔”结构的礼物流动

《孝经》有云：“教以孝，所以敬天下之为人父者也。教以悌，所以敬天下之为人兄者也。”可见，孝道应该是中国家庭观念的核心。而与之对应的，最能体现孝道的家庭成员间礼物流动则是所谓的“孝敬”。由严复翻译的启蒙思想家孟德斯鸠著作《法意》中文版在谈到孝敬时曾经说过：“彼惟孝敬其所生，而一切有近于所生表其年德者，将皆为孝敬之所存。”[②] 故此，“孝敬”时至今日仍在中国人的社会关系中广泛存在，更遑论其最原始的状态——家庭内部的“孝敬”。例如，红极一时的商业广告“孝敬爸妈脑白金”就是这一礼物流动形式在当今中国社会依然普遍存在的明证。而传统春节红包最典型的流动方式是由家中长辈向幼辈发放，这是一种跨辈单向性的礼物流动。如果说“孝敬”式的礼物流动指向体现了家庭长幼关系的正序的话，那么传统春节红包恰恰属于与之相对的长辈向幼辈馈赠的礼物流动形式，具有“赏赐”的性质，因此具有与“孝敬”完全相反的指向性。[③]

但实际上，这种单向的“赏赐”性只是一种表面现象。按照春节民俗传统，家中长辈向幼辈发放红包并不是无条件的，而是有一个前提，即幼辈必须在大年初一向长辈行拜年礼。这种拜年礼在过去家族式大家庭的条件下，可能只是一套形式化的虚礼（如跪拜、致拜年辞等），不伴随任何物质流动[④]；然而随着社会的发展，无论是在当代中国的城市还是农村，聚居的家族式大家庭已经几不可见，成年子女一般都会离开父母而以核心家庭的形式独立居住，如此一来，春节拜年就必须“上门”到长辈家（最为典型的是祖父母家、外祖父

---

① 林语堂：《中国人》，杭州：浙江人民出版社，1994 年，第 180－181 页。

② 孟德斯鸠：《法意》，严复译，北京：商务印书馆，1981 年，第 415 页。

③ 关于孝敬与赏赐，阎云翔在其文《中国的孝敬与印度的檀施——非对称性礼物馈赠文化的人类学分析》中有分析，参见阎云翔：《礼物的流动——一个村庄中的互惠原则与社会网络》，李放春、刘瑜译，上海：上海人民出版社，2000 年，附录。

④ 娄子匡《新年风俗志》的“浙江绍兴篇”中曾有记述：“这是辈分较小的向着生存着的辈分较高的年长的人拜新的礼节。幼者要跪下叩头三响，长者只需俯首揽臂道好，不过客气一点的长辈，他就跟着跪下，还要送红纸小包的拜钱几角或几元，叫小辈去自买玩具或食物。”娄子匡：《新年风俗志》，上海：上海文艺出版社，1989 年，第 35 页。

母家、父母家、岳父母家四种情况），所谓行拜年礼也就不可能再保持虚礼的形式，而是必须进行实物性的礼物馈赠了。换言之，在春节要获得长辈馈赠的红包，幼辈必须首先上门送上“孝敬”。这说明，所谓传统春节红包的单向性，内里还是礼物双向交换结构中的“半边天”，具有“以慈促孝”的内涵和功能。

不过，跨辈流动也仅仅是传统春节红包的表面特征。一般而言，当代家庭的拜年活动形式有两种：一是第二代成年子女携各自的第三代子女（包括成年与未成年）到第一代老年父母家中拜年，以第二代成年子女的核心家庭为单位向第一代老年父母呈上“孝敬”，后者收下“孝敬”之后，会以红包的形式将压岁钱发给第三代子女；二是第三代成年子女携各自配偶到父母或岳父母也即第二代成年子女家中拜年并呈上“孝敬”，后者收下孝敬之后再给前者发放红包。这两种情况均属春节红包的跨辈流动。然而，不能忽略的是，第二代成年子女之间，还会互相给对方的第三代未成年子女发放红包。这一红包流动环节表面上看似乎也是跨辈的，但与前面一种红包流动不同，它并非在直系亲属关系之间流动，而是在跨辈的同时也跨越了小家庭（核心家庭）。这一过程可以称之为春节红包的跨核心家庭流动。从中国人的传统观念来看，显然后面这一种红包流动的“账”应当以第二代核心家庭为单位来计算。而由于双方家庭属于同辈，为了不欠对方的人情，双方家庭给予对方第三代幼年子女的红包就会在数量上大致持平。如此，可以发现，在传统春节红包的流动轨迹中，并不只是存在一个跨辈（垂直）维度，而是同时存在同辈（水平）维度。这意味着，在春节红包的整个流动体系中，将部分地呈现通常礼物流动的互惠原则和不可让渡性（inalienable）。[①] 所以，从运作模式上来看，传统春节红包的流动其实包含了两个相互嵌套的运作环节：一是成年长辈（包括第一代老年父母和第二代成年子女）与第三代子女之间通过红包“以慈促孝”的环节；二是第二代成年子女核心家庭之间通过红包“礼尚往来”的环节。这样的运作模式使三代家庭成员在春节这一礼节域中得以通过红包流动产生多个“三角形”叠加的结构，从而强化了对整个大家庭也即核心血缘关系的整合。

（三）流动的性质与功能：传统家庭关系（孝—慈关系）再生产的仪式

传统春节红包的流动作为一种只在民俗节庆期间发生的行动体系，其性质

---

① 关于礼物的互惠原则和不可让渡性，可参考阎云翔在“人类学话语中的礼物”中的介绍和探讨，参见阎云翔：《礼物的流动——一个村庄中的互惠原则与社会网络》，李放春、刘瑜译，上海：上海人民出版社，2000 年，第 4—13 页。

首先会让人联想到其有可能是一种仪式。正如彭兆荣所指出的那样，尽管仪式研究被“视为人类学学术传统和知识系统的一个重要部分”，然而其也是“一个从内涵到外延都不易界定的巨大的话语包容”①。近年来吴乔以其田野个案为例，对仪式要素进行探讨后提出：所谓仪式性并不是按照当代人的“技术性/神秘性”“世俗/神圣”“非象征/象征”等一系列二元划分界定出来的，而是依据两个标准来加以判断：一是是否具有深层文化意义；二是是否模式化。这里所说的深层文化意义是指一个民族或一个群体特有的，也即具有排他性(exclusive)的意义。② 因此吴乔对仪式给出了一个相对精确的定义：“仪式是蕴含有深层文化意义的模式化的人类活动。”③ 这可以作为本文界定仪式的标准。

在中国人的日常生活中，礼物流动既有与仪式有关的，也有与仪式无关的。在一些特殊的重要仪式上，礼物流动是必不可少的，例如婚礼、诞礼、寿礼、葬礼、贺礼（庆典）等生命仪礼。④ 而此时的礼物流动不仅附着了仪式本身具有的深层文化意义，同时自身也作为整个仪式的一部分而成为模式化的事物，从而具备了仪式性。如前文所述，春节属于岁时仪礼，因此其间发生的红包馈赠，显然也属于仪式性的礼物流动：一则传统春节红包起源于“压岁钱”，已被赋予“压祟”这样一种极具中华文化特色的象征意义；二则其必须在幼辈向长辈致拜年礼之后发放，也属于模式化礼仪的一部分。故就其本身而言，的确具备了仪式的基本要素，从而具有表达参与者情感和规范参与者行为的作用。但需要注意的是，仪式有时（甚至在大多数时候）所谓的“情感表达”并非是指参与者个体对实然状态下真实情感的表达，而是在进行一种某种程度上具有强制规范性的应然状态的“情感表达”。具体到传统春节红包的馈赠过程，其附着的就是幼辈对长辈的尊敬及其背后更深层次的孝顺，还有长辈对幼辈的慈爱及其背后更深层次的权威。这里的尊敬、慈爱，乃至孝顺、权威，都未必是具体的某个幼辈或者长辈实际具有并希图表达的情感，而是社会规范对处于幼辈或长辈角色的人的行为准则要求。在此基础上，传统的家庭关系才得以延续。这说明，传统春节红包作为仪式性的礼物流动，具有突出的规范和引导功

---

① 参见彭兆荣：《人类学仪式研究评述》，《民族研究》2002年第2期。

② 吴乔：《仪式的要素与仪式研究——以国内个案对国外人类学仪式理论的再探讨》，《世界民族》2013年第5期。

③ 吴乔：《仪式的要素与仪式研究——以国内个案对国外人类学仪式理论的再探讨》，《世界民族》2013年第5期。

④ 参见黄玉琴：《礼物、生命仪礼和人情圈》，《社会学研究》2002年第4期。

能。如果按照哈鲁米·贝夫（Harumi Befu）礼物交换的表达性功能/工具性功能二分法来划分，可以看出传统春节红包具有的是不创造新社会关系的表达性功能，而正是通过这种表达性功能，使其得以实现对家庭关系的强化和对家庭结构的整合。

二、中国人家庭关系中的微信春节红包运作

根据对传统春节红包的考察建立起来的参照框架，我们可以从微信春节红包的流动范围、流动方式以及流动的意义与功能展开分析。

（一）流动范围：家庭与社交

微信春节红包甫一问世，便表现出与传统春节红包在流动范围上的不同。首先引起大众注意的微信春节红包，就是由部分商家向移动互联网用户大规模派发的。[①] 从性质上来说，这更像是一种公共关系促销手段而非人际间的礼物流动。而如果将眼光放到人际关系上，则可以看出微信春节红包至少涉及两种类型：一是家庭关系（亲属关系），二是社会交往关系。其中前者既有类似于传统春节红包，由家中长辈向幼辈发放的带有压岁钱性质的微信红包；也有不同于传统春节红包的家庭同辈之间互相发放的微信红包。而后者与传统红包不同，即便是在春节这种以家庭为中心的传统民俗节日，其也经常在好友、同事、同学等家庭关系之外的社会关系中发放。这有可能是一种提示，即微信春节红包的社会功能并不仅仅指向中国人的家庭。当然，囿于本文的主题，笔者的讨论重点只能放在家庭关系范畴之内，但不能忽略的是，微信春节红包在社交关系中的流动与运作完全有可能为我们理解家庭关系中的微信春节红包运作提供颇具价值的启示。

（二）流动方式："抢红包"与"去顶金字塔"结构的非礼物流动

流动于家庭关系之中的微信春节红包在发放形态上与传统春节红包的一个明显区别在于：其通常以"抢红包"的形式出现。而且，"抢红包"并不发生于物理空间之中，而通常是在被定性为"虚拟空间"的微信群中进行的。那

---

① 孙冰：《移动支付将消灭现金银行卡?》，《中国经济周刊》2014 年第 7 期；刘振华：《微信红包红火背后争议多 红包变成"炸金花"》，人民网：http://culture.people.com.cn /n/2014/0219/c22219－24401328.html，2014 年 2 月 19 日；刘夏、苏曼丽、沈玮青：《抢红包"太疯狂"微信红包出故障》，网易财经：http://money.163.com/14/0130/02/9JQ8JD0E00254 TI5.html，2014 年 1 月 30 日。

么，厘清家庭微信群中的“抢红包”究竟是如何发生的，便成了分析微信春节红包运作的重要前提。

首先必须注意的是，家庭微信群的成员相较传统的家族式大家庭成员在结构上还是存在一些差异的：后者由家庭中的三代人或更多代人组成，而前者由于第一代长辈在年龄及媒介使用习惯上的限制，往往仅包含第二代子女和第三代子女。这就使传统家族式大家庭中最为传统的春节红包流动模式——由第一代长辈向第三代子女发放春节红包的模式难以在家庭微信群中复制。故微信春节红包的流动就只能发生在第二代子女和第三代子女的两代人结构之中。这一结构相较传统春节红包的完整“金字塔”结构，少了整个家庭“金字塔”的顶端（第一代老年父母），因此是一个“去顶金字塔”型的结构。尽管相对于原“金字塔”结构而言，这是一个局部的改变，却改变了整个家庭红包流动结构的性质。一方面，原有的“金字塔”结构包含的两个相互嵌套的运作环节——第二代成年子女与第三代子女之间通过红包“以慈促孝”的环节和第二代成年子女核心家庭之间通过红包“礼尚往来”的环节——均荡然无存；另一方面，尽管结构上缺失了一块，但红包的流动环节反而多了一个原本没有的部分，即第三代子女之间通过红包进行互动的环节。

这就是说，微信春节红包在“去顶金字塔”结构中的流动路径理论上存在三种可能，即第二代与第三代之间、第二代相互之间和第三代相互之间。诚然，由于“抢红包”与传统春节红包的发放方式有着极大的不同，上述三种流动路径在事实上未必能够各自单独成立，但我们仍不妨先按照马克斯·韦伯（Max Weber）的“理想类型”（ideal type）视角予以分析，再依照现实情况进行综合考察。

首先来看与传统春节红包流动结构中有着对应部分的第二代和第三代之间的红包流动。若是传统春节红包，第二代成年子女对于特定的某个非本人子女的第三代子女只会发放一次，而且对放置其中的压岁钱金额，会根据经济实力、子女年龄等条件谨慎权衡，以免因过多或过少而导致两个核心家庭之间产生不必要的紧张关系；对于拟发给本家子女及配偶的春节红包，其数额也会有所考虑。而在通过微信群发放红包的时候，不仅时常会针对包括自己子女在内的全部第三代子女多次发放，而且还会在红包金额的设定上较为随意，有时会相对较多，有时则相对较少，但在大多数情况下均远远小于传统红包的数额。这种随意性导致第二代成年子女对自己所发放的微信红包总额通常都不会记得十分清楚，更遑论考虑核心家庭之间的金额平衡了——其背后的潜台词是“微信红包不够有分量”。这其实意味着微信春节红包某种程度上并未被视作馈赠对方的礼物，或者说，微信春节红包已经丧失了在传统节日礼仪中所具有的礼物属性。这样一来，就会在两个方面产生相应的后果。一方面，从水平流动结构上来看，第二代成年子女向其他核心家庭第三代未成年子女发放微信红包的行为对于各自所属的两个核心家庭而言，很难再称得上是“礼尚往来”。另一方面，从垂直流动结构上来看，传统春节红包“以慈促孝”的内涵已经变得非常淡：一是微信春节红包的发放并不以拜年“孝敬”为前提，无论第三代子女是否在春节拜年时送上“孝敬”，都能够参与微信群中的“抢红包”活动，这使传统春节红包表达的以“孝敬”换得“慈爱”示范性效应在某种程度上被消解了；二是发放春节红包的第二代子女与接收红包的第三代子女之间主要是旁系亲属关系，这与传统“孝”观念所要求的“孝悌”均指向“父母”“兄长”等直系亲属的情况并不一致，故而也不可能产生典型的“孝敬”关系。

而除此之外的其他两种流动路径，都为传统春节红包之所无。如第二代相互之间的直接微信红包流动，由于发放者和接收者一般均为长期工作的成年人，并不存在需要“照顾”的尚在学校就读而不具备独立经济能力的“弟弟妹妹”，故相互之间也并不存在一种足以彰显“慈爱”或是“孝敬”的典型长幼关系。不难发现，第三代之间的微信红包流动也与此相似。不仅如此，与前文所分析的第二代与第三代之间的微信红包流动难以归为“礼尚往来”类似，此时的两种情况也很难将其界定为相互之间带有人情色彩的礼物交换行为。

以上内容仅仅是针对微信春节红包流动的理想类型展开的分析，而在实际操作中，无论红包发出者是谁，都几乎不会专门指明自己在微信里发出的红包是特意发放给某一代对象的。这就使前述三种微信春节红包流动路径的理想类型往往是相互伴随的，如某一第二代子女在群里发放红包，其他第二代子女会和第三代子女同时进行“抢夺”；而某一第三代子女在群里发放的红包，在被其他第三代子女“抢夺”的同时也会遭遇第二代子女的“觊觎”。其中后一种情况甚至是在传统春节红包运作过程中是不可想象的，因为其完全打破了红包作为长辈对幼辈的“赏赐”的运作“规矩”。这一现象表明，家庭微信群中的红包发放在实际效果中恐怕无法像传统红包发放一样进行清晰的“点对点”划分，而是始终处于一种“混合”状态。这种混合状态显然无法体现传统中国家庭的辈分等级，相反却呈现出一种所有家庭成员均具有“平等参与”权利的内涵。如此一来，人们就不得不重新思考春节期间微信红包在中国人家庭关系中流动的意义与功能。

（三）流动的性质与功能：家庭关系扁平化互动游戏及其仪式性

直观而言，微信春节红包具有“抢红包”“拼手气”等特质，可以将其视为一种并不局限于家庭内部的互动游戏。按照约翰·赫伊津哈（Johan Huizinga）在《游戏的人》（*Homo Ludens*）一书中的经典界定，游戏具有自主参与、不涉功利以及进程独立三个主要特征。[①] 这些特征，微信春节红包也恰好具有：第一，“抢红包”完全自主参与。家庭成员在微信群中是否发放红包，什么时候发放红包，是否“抢夺”红包，抑或是否这一轮“不抢”而下一轮“抢”，等等。这些问题均由个人自行决定，不带有任何强制性。这与传统春节红包的发放和收取过程完全不同，后者在某种程度上是强制性的——如果某一家庭成员没有过硬的理由（如身体抱恙）而不参与其中，极有可能会被视为“不孝”而遭到整个家庭的“蔑视”甚至“唾弃”。第二，“抢红包”以家庭成员的参与本身为乐趣。如果谁抱有“抢钱”的动机参与其中，是非常不现实的，因为微信红包金额的上限为200元，并不算多，更何况大多数时候发送红包的金额远远低于这一上限；其最主要的乐趣在于“看谁的手快”以及“手气如何”，是典型的为了娱乐而娱乐（only for fun）。正如有的学者所说：“‘抢’的动作在增添游戏性的同时使用户对这场‘抢钱’游戏产生群体性麻痹。随机算法也巧妙地避开了‘包多少钱合适’的心理障碍，更让趣味性超越了功利性趋向，更容易获得传播。”[②] 相比之下，传统春节红包的工具性意义是较为明显的，担负着“以慈促孝”并借此实现传统家庭关系再生产的社会功能。第三，“抢红包”的整个过程从某一家庭成员在群中发放红包开始，至所有红包被抢完或是收回为止，是一个相对独立的进程，时间和空间也相对封闭。当然，尽管此刻的空间并非物理空间而是网络虚拟空间，但其仍然是相对封闭的——参与者不可能跳出微信群完成这一过程。

以上三者中，前两者是微信春节红包区别于传统春节红包的重要特征。正是由于过程的自主参与和不涉功利，才使微信春节红包具有与传统家庭中辈分等级秩序相反的特质，即去权威化。而且，只有在微信群“抢红包”的情形下，才有可能出现第二代长辈反过来“抢夺”第三代幼辈的红包的情况。在这一过程中只有游戏的参与者（包括红包的发放者和“抢夺”者），而不存在传

---

① 赫伊津哈：《游戏的人：文化的游戏要素研究》，傅存良译，北京：北京大学出版社，2014年，第8-11页。

② 徐琦、宋祺灵：《“微信红包”的“新”思考：以微信“新年红包”为例分析新媒体产品的成功要素》，《中国传媒科技》2014年第3期。

统家庭关系中长辈/幼辈的等级划分。不仅如此，由于第一代长辈无法参与微信春节红包流动，还使原三代家庭成员在春节这一礼节域中得以通过传统红包流动形成的多个“三角形”叠加的“金字塔”整体结构缺少了最重要的仪式角色（最大的“孝”所指向的对象），从而形成了一个缺少顶端的“去顶金字塔”结构。辈分等级的消弭和参与代际层级的减少，导致整个家庭关系呈现扁平化趋势。

如果说传统春节红包流动是典型的仪式，那么微信春节红包是否也具有仪式性？尽管微信春节红包在家庭关系中运作的功能已与传统春节红包完全不同，然而就此断定其不具有仪式性则是有问题的。下文中我们仍然以吴乔的仪式二要件作为判断标准进行分析。

从模式化这一要素来看，传统春节红包发放程序中幼辈向长辈致拜年礼的形式已经发生了巨大的变化，从较为正式的跪拜、作揖等形式变为通过微信这一移动互联网平台致以言语（文字或语音）问候，既缺少了整个身体的在场，又缺少了互动社会语言学意义上的社交线索（social cues），其传统程序的意义似乎已变得较为薄弱。但必须警惕的是，我们不能因为程序空间的变换而直接否定其作为程序的属性。什么是程序？笔者认为，人们遵循规则设定的时限和时序并按照规则设定的方式和关系进行的一系列行为就是程序。按照这一标准，在微信“抢红包”的过程中，从红包金额、类别的设定，红包说明的填写，到红包的发放，再到群中家庭成员依次点击红包得到相应的份额，无论是参与的时限还是进行的时序，无论是参与方式还是参与者之间的关系，都遵循微信平台设定的相对稳定的规则；而且每一次“抢红包”均完全按照这一流程进行，周而复始，不曾发生变更。这就表明其完全符合程序的定义，是具备模式化要素的。

从具有深层文化意义这一要素来看，虽然微信春节红包并未继承传统春节红包最早所具有的“压岁（祟）”以及后来出现的维护传统家庭“孝—慈”关系的文化意义，但这并不意味着前者就不具备自身独特的深层文化意义。就“抢红包”本身而言，如前文所述，它并不仅仅存在于春节这一节庆期间，也并不局限于发生在家庭内部，而是更多地出现在日常生活之中。除了作为日常转账的工具之外，其典型作用通常是用于活跃微信群的气氛——不少微信群在一段时间无人发言陷入冷寂之后，会忽然有人放出一个红包，众人在抢过红包之后纷纷发言，或感谢、或遗憾、或打趣、或调侃，于是群里氛围又复归热络。这至少表明，微信“抢红包”在维持社会交往热度方面是一种有效的手段，也因此被赋予了延续社会交往关系的特殊意义。而与以“孝—慈”为基础的中国人家庭关系一样，含有长久延续期待的社会交往关系[①]在中国社会中被尤为看重，因而也在中国文化特质中具有特别重要的地位。可见，就维护和延续，也即再生产具有中国文化特色的社会关系这一功能而言，微信春节红包和传统春节红包可谓如出一辙。

这就足以说明，微信春节红包同样具有仪式性。但就仪式的性质而言，其与传统春节红包的差异是显而易见的：如果说后者仅在春节节庆期间发生并完成是开辟了一个相对独立于日常生活的神圣空间，那么前者则是直接将反复存在于日常生活中的行为体系[②]挪移到了一个原本具有神圣性的非日常生活空间之中，可能对其形成一定的“剥蚀”，致使其神圣性逐渐消解而变得世俗化，继而对中国人的家庭关系带来潜移默化的影响。

三、微信春节红包对中国人家庭关系可能产生的影响

以上对微信春节红包的分析表明，微信春节红包尽管具有仪式性，但却无助于实现传统家庭关系的再生产，相反还具有一些与传统家庭伦理指向完全不同的属性，如对权威的隔离和消解，以及由此而导致的家庭关系扁平化等，故其出现对于中国人的家庭关系而言也许会带来一定的影响。笔者认为，这种可能的影响集中体现在以下三个方面。

第一，触动以纵轴为中心的传统家庭关系。传统家庭的“孝—慈”关系凸显出以纵轴为中心的结构，这一结构不仅包括代际关系（孝），也包括同辈当中的长幼关系（悌）。但微信春节红包的运作模式显然与此相悖，其作为一种通过游戏平等参与促使家庭关系扁平化的机制趋向于重新建立一种以横轴为中心的家庭关系，在潜移默化中可能对传统家庭的纵轴中心结构产生影响。

第二，消融家庭与社交的边界。前文在考察微信春节红包的流动范围时即已提到，其运作并不仅限于家庭内部，而是更多地出现在社会交往的范畴。在日常生活中，大量处于远距离物理空间的人际关系依赖微信红包游戏而得以保持相当的活跃度——这在各种微信群中并不少见；而在春节这样对于家庭而言

---

① 中国人社会交往关系的特征是倾向对关系的长久期待。参见翟学伟：《中国人的关系向度及其在互联网中的可能性转变》，《中国人的关系原理：时空秩序、生活欲念及其流变》，北京大学出版社2011年版，第289—310页。

② 笔者认为此即一些学者定义的“日常仪式化行为”。参见Rook，D. W. “The ritual dimension of consumer behavior”，*The Journal of Consumer Research*，12（3），1985，pp. 251—264；吴艳红、J. David Knottnerus：《日常仪式化行为：以知青为例的研究》，《社会》2005年第6期。

有着特殊意义的岁时仪礼期间，会出现人们同时与亲、友两种不同的群体进行同一种游戏娱乐的情形，从而可能产生淡化节庆家庭意义的效果。而传统的春节娱乐方式由于受到地域的限制则不会出现类似的情况，例如除非因加班或未买到机票或车票而未能及时赶回家中等特殊原因，几乎不会有人在春节期间不与家人共同观看春节联欢晚会电视直播，而选择与朋友一起观看。

第三，解构家庭节庆的神圣空间。以家庭为中心的春节，其意义之一在于通过传统春节红包流动以及类似活动的仪式性运作而建构出一个神圣空间；在这个有着时空边界的神圣空间中，一切都因与日常生活相异而能够起到强化，也即再生产家庭伦理传统的作用。但本身即作为带有世俗仪式性的微信红包不但无法承担起建构，甚至只是维持这一神圣空间的功能，反而还会因日常生活化的特征对家庭节庆期间既有的神圣空间进行解构，使其失去神圣性而逐步退化为与日常生活无异的世俗空间。而随着类似微信红包的移动互联网应用对民俗节庆越来越多地介入，所谓的“春节新民俗”很有可能越来越庸常化，进而成为一种“伪存在”。

结语

从以上对传统春节红包运作模式和微信春节红包运作模式的比较分析可以看出，二者虽均名为“春节红包”，但具有完全不同的性质与功能。因此，微信春节红包和传统春节红包是不能相互替代的。作为中国人与家庭有关的四大传统民俗节日之一的春节，其仪式性和娱乐性都是不可或缺的：从家庭的意义而言，需要一种仪式来进行传统家庭关系（“孝—慈”关系）的再生产，从而完成文化血脉的传承；从节庆的意义上而言，也需要一种游戏来促进和加强家庭成员之间的互动，从而实现佳节欢庆的共享。二者同时满足着中国人家庭的不同需要，故而都具有自身的存在价值。但总体上而言，传统春节红包的可替代性还是要远远低于微信春节红包。这是因为，对前者而言，毕竟很难找到能实现其相同社会功能的其他春节仪式；对后者而言，其本质上和春节期间一大家子在一起打麻将或是观看春节联欢晚会电视直播并没有太大区别，所以并不是那么不可或缺。可以预见，在未来很长的一段时期内，传统春节红包将会持续存在，而微信春节红包反而有可能被其他共享性和互动性更强的娱乐方式替代。

尽管以微信春节红包为代表的移动互联网应用正在越来越多地介入人们的日常生活世界，然而从本文的论述可以看到，其对日常生活的影响并非如我们想象的那样巨大，笔者也只能使用“可能产生的影响”这种谨慎的措辞来表达——也许传播学传统上的“有限效果”反而是一个更恰当的概括。毕竟，日常生活世界中有太多因素推动着我们的文化变迁，很难直陈某种变化确定是由某个因素导致的。在这样的情况下，媒介效果研究常用的量化研究方法难有用武之地，这就为本文最终选择媒介人类学的范式在本文开头所述理论视角维度的正当性之外，又提供了方法论维度的正当性支持。

在美中国旅居者在社交媒体上的自我呈现动机研究[①]

杨 恬 蒋晓丽

摘 要：基于跨文化语境，本文研究了在美中国旅居者在社交媒体上的主要呈现动机及其强弱排序，并比较了中美两国社交媒体上自我呈现动机的差异。经研究发现，“维系国内关系”与“从众”分别是旅居者在中美两国社交媒体上呈现自我的首要动机。在关系动机层面，“维持国内关系”动机比“发展与美国人的关系”动机更明显；在个体心理需求动机层面，“从众”“自我确认”“减压”动机都在中国社交媒体上而非美国社交媒体上体现得更明显。整体而言，旅居者在中国社交媒体上的呈现行为更主动，在美国社交媒体上则显得比较被动；这在一定程度上表明旅居者在美国社交媒体上进行跨文化传播（交际）时依然面临不少阻力。

关键词：在美中国旅居者　跨文化语境　社交媒体　自我呈现

一、研究缘由

在“拟剧论”中，戈夫曼（Erving Goffman）认为生活中每个人或是个体表演者，或是剧组中的一员，总是在特定场景中，按一定要求，在观众注视下进行自我呈现。自我呈现在人际交往中发挥着重要作用，主要动机是为了实现“社会阶层的向上流动”（戈夫曼，1989：206）[②]。

当个体自我呈现的情境从物理空间拓展至基于互联网技术的社交媒体空

① 杨恬、蒋晓丽：《在美中国旅居者在社交媒体上的自我呈现动机研究》，《国际新闻界》，2018年第3期。

② 戈夫曼：《日常生活中的自我呈现》，黄爱华、冯钢译，杭州：浙江人民出版社，1989年。

间，时空界限模糊泛化、多元文化融合之际，人们进行在线自我呈现的主要动机又是什么？这一议题已经受到国外学界的关注，但绝大部分文献研究的是人们在本国使用社交媒体进行自我呈现的动机，尚未关照到跨文化语境下不同文化群体在线呈现动机的特殊性与复杂性。一个不容忽视的事实是，在全球化浪潮裹挟下，跨文化语境已然成为这个流动的当代社会中最为普遍的传播语境之一。在美国，由留学生、学术交流人员、商旅人士等流动性的旅居者人口构成的"跨文化交往群体"与日俱增，中国旅居者更是这个群体的重要组成部分。根据美国国际教育机构（Institute of International Education）的权威报告"Open Door Report"，2015至2016年度，在美国高校留学的1043839名国际生中，中国留学生仍是数量最大的群体，占比32%；2015年中国赴美访问学者已达到40193人，是美国最大的国际访问学者群体[①]；此外，国家汉办派出的孔子学院教师、民间经贸往来的商旅人士人数近年来也在逐步攀升。中国旅居者在跨文化交流中扮演着越来越重要的角色，而他们在社交媒体上的自我呈现行为也成为人际传播、跨文化传播的一种主要方式。那么，身处跨文化语境，哪些动机驱使中国旅居者进行社交媒体上的自我呈现？他们更倾向维护国内关系，还是发展跟美国人的关系以便融入当地社会？中国和美国社交媒体，哪一个平台更有助于满足旅居者的心理需求？回答这些问题，对理解中国旅居者以及他们在跨文化语境下的在线传播行为特征都具有重要意义。可惜现有国内外文献对这些问题的研究几乎处于空白状态；本文的主要研究动机就是通过探讨以上问题，为弥补这一空白做出一定贡献。

本文采用量化与质化相结合的研究方法，首先对在美中国旅居者在社交媒体上的自我呈现行为展开问卷调查，实证检验旅居者在线呈现自我的主要动机，对动机进行强弱度排序，并比较中美两国社交媒体上的动机差异。在此基础上，围绕"首要呈现动机"对部分旅居者进行访谈，阐释实证研究结果，探究首要动机形成的具体原因。根据研究需求，本文从问卷和访谈中抽取关于"自我呈现动机"的数据与材料以进行专门研究。

---

① 数据来自 Institute of International Education 官方网站：https://www.iie.org/Research-and-Insights/Open-Doors/Open-Doors-2016-Media-Information.

二、研究设计

（一）跨文化语境与社交媒体上的自我呈现

在美中国旅居者在社交媒体上的自我呈现语境具有以下特征。首先，该语境是一种基于技术平台的互动性“信息系统”①，融合了真实与虚拟世界的特征。其次，该语境具有跨文化特征，旅居者身处美国，他们在美国社交媒体上的“朋友圈”由来自不同文化的“观众”构成，其传播语境具有跨文化性。在中国社交媒体上，“朋友圈”则以国内亲人、朋友、同事等为主，同时，一些美籍华人及其他文化背景的个体也慢慢进入“朋友圈”，所以传播语境也被赋予了一定的跨文化特征。在跨文化语境下，本文的自我呈现专指中国旅居者在美国或中国社交媒体上的角色扮演行为。

（二）自我呈现的动机类型

借鉴西方学界对单一语境中自我呈现动机的研究，本文先将社交媒体上的呈现动机分为自我强化、自我确认、维持与发展关系、从众、减压五种主要类型。在此基础上增加了“发展与美国人的关系”“发展与当地华人关系”这两个跨文化语境下的动机类型。

戈夫曼认为，人们呈现自我时，会通过自我表达来影响他人的“情境定义”，引导他人自愿按照呈现者自己的计划行事，最终满足呈现者“向上流动”本能。② 继戈夫曼之后，陆续有学者运用实证方法研究自我呈现动机。在西方学界，有的学者指出，“自我强化”与“自我确认”是人们在线呈现自我的两类主要动机（Liad Bareket-Bojmel，Simone Moran & Golan Shahar，2016）。“自我强化”是强化自我观点与自我公共形象积极性的动机，旨在维持自我价值，获得最大化社会认同，削弱社会对自我的负面评价，具体包括塑造理想的

---

① 梅洛维茨：《消失的地域——电子媒介对社会行为的影响》，肖志军译，北京：清华大学出版社，2002 年，第 31 页。

② 戈夫曼：《日常生活中的自我呈现》，黄爱华、冯钢译，杭州：浙江人民出版社，1989 年，第 30 页。

自我形象，积极管理印象等[①]。本文参考 Wiesenfeld[②] 等人的动机问卷，设定了“自我强化动机”题项“通过塑造理想形象，体现积极品质”。与自我强化动机不同，“自我确认”理论认为，人们有强烈的欲望确认和巩固对自我的真实看法。直抒己见，抒发真情实感都属于自我确认行为。[③] 本文参考 Bazarova 和 Choi（2014）的动机问卷，设定了“自我确认动机”题项“展示与表达真实的自己”。

亲和需求是“寻求或维持与他人情感联系的倾向”。[④] 西方一些社交媒体研究指出，亲和需求能促使人们积极参与线上活动（如自我表现、聊天、约会等），并从中获得人际交流的满足感；亲和需求还被视为影响人们使用社交媒体的重要变量。根据研究需要，本文将亲和需求具体表述为“发展与维系关系动机”以作为考察呈现动机的维度之一，针对中美社交媒体设计了“维持国内关系”“发展与美国人关系”“发展与美国华人关系”三个题项。此外，社会心理学研究表明，[⑤] 从众动机、减压动机都会不同程度地影响人们的自我呈现与交往行为，因此本文分别设计了题项“跟随大众潮流”与“减少压力”。本文对 7 个题项的测量形式采用里克特五度量表，测量指标选项按照对动机表述的同意程度从弱到强依次是“1－完全不同意”“2－不同意”“3－中立”“4－同意”“5－非常同意”。如果某个动机题项的得分在问卷中的均值明显大于 3，则我们认为该动机为是一个显著的呈现动机。

（三）调查对象及研究方法

在美中国旅居者专指带着特定留学、访学、工作等目标和预设回国计划来到美国，与中国血脉相连，同时需要不断调整文化适应状态，以实现自己旅居

① Leary，M. R. “Motivational and emotional aspects of the self，” Annual Review of Psychology，(58)，2007，pp. 317－344.

② Wiesenfeld，B. M.，Swann，W. B.，Brockner，J.，& Bartel，C. A. “Is more fairness always preferred? Self-esteem moderates reactions to procedural justice”，*Academy of Management Journal*，50 (5)，2007，pp. 1235－1253.

③ Seih，Y. T.，Buhrmester，M. D.，Lin，Y. C.，Huang，C. L.，& Swann Jr，W. B. (2013). “Do people want to be flattered or understood? The cross－cultural universality of self-verification”，*Journal of Experimental Social Psychology*，49 (1)，2013，pp. 169－172.

④ 黄含韵：《中国青少年社交媒体使用与沉迷现状：亲和动机、印象管理与社会资本》，《新闻与传播研究》2015 年第 10 期。

⑤ 侯玉波：《社会心理学》（第 2 版），北京：北京大学出版社，2012 年，第 159、217 页。

目的的人群。[①] 2015 年 10 月至 2016 年 5 月期间，笔者考察了西雅图地区中国旅居者的社交媒体使用情况，发现该群体大部分人保持了同时使用中国与美国社交媒体的习惯。本文于是采用“立意抽样”与“滚雪球抽样”方法抽取西雅图地区最有代表性的样本。从 2016 年 3 月 1 日开始，笔者分别选择了西雅图地区的中国留学生、访问学者、孔子学院教师、短期旅居者作为主要样本群；随后联系了在这四个群体里认识的人，请他们在线填写“在线自我呈现行为”问卷，并散发调查问卷链接。就这样如滚雪球般扩大样本规模，至 2016 年 4 月 1 日共回收 300 份问卷，经统计有效问卷共 223 份，有效回收率为 73%。基于问卷回收数据，本文利用 STATA 13.0 统计软件，分别对中国旅居者在中国和美国社交媒体上的自我呈现动机进行统计分析，并通过 t 检验分析不同呈现动机的强弱排序及动机在中美社交媒体上的差异。进一步的，笔者以目的性抽样方法为原则从 223 名调查对象中选出 8 位受访者（表 1），进行了 8 场正规型半开放访谈，对其中核心问题进行了分析、讨论。

表 1　参与访谈的旅居者信息

姓名（字母缩写）	年龄	性别	在美居住时间	身份
1. WL	24	女	2 年	华盛顿大学研究生
2. XW	25	男	3 年	华盛顿大学研究生（已毕业留美工作）
3. ZS	33	男	2 年	孔子学院教师
4. WQ	43	女	4 年	孔子学院教师
5. YR	26	女	3 年半	华盛顿大学研究生（已毕业回国工作）
6. WDM	31	男	4 年	哥伦比亚大学博士生
7. ZW	32	女	6 年	华盛顿大学教师
8. SH	24	男	2 年半	华盛顿大学研究生（已毕业留美实习）

① 王逊：《以差异化为荣的数字化“跨国人”——在德中国旅居者新媒体使用与身份认同》，《华南师范大学学报》2016 年第 4 期，第 27—33 页。

三、量化研究结果

本文首先对旅居者使用中国社交媒体呈现自我的动机进行了统计，并采用了 t 检验方法进行强弱差异的显著性检验，结果见表 2。

表 2　中国社交媒体自我呈现动机统计分析（有效样本数量为 223 个）

自我呈现动机强度排序	均值	邻位均值差	邻位均值比较 T 值	隔位均值差	隔位均值比较 T 值
维系国内关系	4.381***				
跟随大众潮流	3.578***	0.803***	11.22		
展示与表达真实自我	3.502***	0.076	0.94		
发展与当地华人的关系	3.381***	0.121	1.49	0.197**	2.457
减少压力	3.323***	0.058	0.71	0.179**	2.443
塑造理想形象体现积极品质	2.955157	0.368***	4.60	0.426***	5.41

注：**，*** 分别代表在 5%和 1%的水平上显著。表中第二列“均值”的显著性是代表与数值 3（中立）相比较的显著性。邻位均值差代表比当前动机高一位的动机强度与当前动机强度的均值差，隔位均值差代表比当前动机高两位的动机强度与当前动机强度的均值差。

表 2 结果显示，通过中国社交媒体“维系国内关系”是旅居者在线自我呈现的最主要动机，其他显著的动机从强到弱依次是从众动机（跟随大众潮流）、自我确认动机（展示与表达真实自我）、关系动机（发展与当地华人关系）和减压动机（减少压力）。而自我强化动机（塑造理想形象体现积极品质）并不显著。通过邻位均值比较发现，“维系国内关系”动机在 1%的水平上显著强于排第二位的从众动机，从而也显著强于其他所有动机。进一步，通过表 2 的隔位均值比较我们发现，从众动机比“发展与当地华人的关系”更重要；此外，自我确认动机比减压动机更重要。

表 3 对旅居者在美国社交媒体上的呈现动机进行了统计分析，结果显示在美国社交媒体上显著的呈现动机按强度均值从大到小依次是从众动机（跟随大众潮流）、关系动机（发展与美国人关系）和自我确认动机（展示与表达真实自我）。通过邻位均值比较和隔位均值比较，我们发现这三种动机强弱并没有

显著差异性。减压动机、自我强化动机、关系动机之“发展与当地华人关系”在美国社交媒体上并不显著。

表 3 美国社交媒体自我呈现动机的统计分析（有效样本数量为 218 个）[①]

美国媒体动机强度排序	均值	邻位均值差	邻位均值比较 T 值	隔位均值差	隔位均值比较 T 值
跟随大众潮流	3.229***				
发展与美国人关系	3.216***	0.014	0.181		
展示与表达真实自我	3.183***	0.032	0.445	0.046	0.537
减少压力	3.046	0.138	1.653*		
塑造理想形象体现积极品质	3.041	0.005	0.058	0.142	1.772**
发展与当地华人关系	2.922	0.119	1.59	0.124	1.58

注：**，*** 分别代表在 5%和 1%的水平上显著。表中第二列“均值”的显著性是代表与数值 3（中立）相比较的显著性。邻位均值差代表比当前动机高一位的动机强度与当前动机强度的均值差，隔位均值差代表比当前动机高两位的动机强度与当前动机强度的均值差。

为了更清晰地比较旅居者在中国、美国社交媒体的呈现动机差异，本文做了分组 t 检验，结果如表 4 所示。

表 4 中美社交媒体上自我呈现动机的比较（有效样本数量为 218 个）

变量	均值	中美社交媒体均值差	中美社交媒体比较 T 值
维系国内关系（中）	4.372***	1.156***	14.953
发展与美国人关系（美）	3.216***		
跟随大众潮流（中）	3.583***	0.354***	4.006
跟随大众潮流（美）	3.229***		
展示表达真实自我（中）	3.509***	0.326***	3.703
展示与表达真实自我（美）	3.183***		

① 223 份回收问卷中有 5 份问卷没有回答美国社交媒体呈现动机的相关题项。

续表4

变量	均值	中美社交媒体均值差	中美社交媒体比较T值
发展与当地华人的关系（中）	3.404***	0.482***	6.568
发展与当地华人的关系（美）	2.922		
减少压力（中）	3.323***	0.2936***	−5.0605
减少压力（美）	3.046		
塑造理想形象，体现积极品质（中）	2.955	−0.0688	1.3027
塑造理想形象，体现积极品质（美）	3.041		

注：*** 代表在1%的水平上显著。表中第二列“均值”的显著性是代表与数值3（中立）相比较的显著性。

结果显示，在“发展与维持关系动机”上，旅居者在中国社交媒体上“维系国内关系”的动机显著高于其在美国社交媒体上“发展与美国人关系”的动机。说明虽然身处美国，但旅居者对国内关系的依赖性仍强于对美国人际关系的依赖。中国社交媒体上的自我呈现及互动成了维护国内关系网络的重要途径之一，旅居者也可以从中获取不同程度的“回报”，例如安全感、归属感、他人与自我认同等。相对而言，美国的人际关系植根于个人主义文化语境，与中国人关系的“长期性、无选择性”相比，它具有“短期性、选择性”的特征。① 对旅居者而言，跟美国人建立和维持关系时，都存在文化心理与行为的调整、适应，简单而言，“发展与美国人关系”并非易事。因此，旅居者更倾向通过自我呈现来巩固国内关系。此外，我们看到，与美国社交媒体相比，旅居者在中国社交媒体上“发展与当地华人关系”的动机更显著，说明他们倾向与华人在中国文化语境中来深化对彼此的认识，进而建立更密切的中国式关系。

研究发现，旅居者在中国社交媒体上的从众、自我确认、减压等个体心理需求动机的均值都显著高于美国社交媒体，说明旅居者更习惯从熟悉的社交媒体语境中满足精神心理需求。这一结果也反映了中国人对关系的依赖：个体和

① 参见翟学伟：《中国人的关系原理——时空秩序、生活欲念及其流变》。北京：北京大学出版社，2011年，第292页。

许多重要的他人相依赖，构成难分彼此的网络，[①] 从而确认自我价值，减少精神压力，获取认可。此外，自我强化动机在中美社交媒体上都不明显，但在美国社交媒体上稍强一些，说明美国文化语境中旅居者还是会突出自我理想的一面。

整体来看，除“自我强化动机”，中国社交媒体上每项动机均值都显著高于美国社交媒体，表明旅居者在中国社交媒体上的自我呈现行为更主动，而在美国社交媒体上相对被动。本文推测这可能与社交媒体上供旅居者自我呈现的情境特征有关。中国社交媒体上的社交网络及其中的文化价值观、行为规范，大都是旅居者认可遵循的，这为旅居者提供了主动表达自我的环境。相较之下，美国社交媒体情境的异质性与跨文化性都很明显。旅居者在适应与传播时，会存在由文化差异带来的不同程度的跨文化阻碍，这些都可能影响他们的在线表达主动性。

四、质化研究结果

在量化研究基础上，本文围绕“自我呈现的首要动机”，对前述 8 位旅居者进行采访，以便深入地理解影响动机形成的因素和动机特征。

（一）维持国内关系：旅居者在中国社交媒体上的首要呈现动机

实证结果表明“维持国内关系”是旅居者自我呈现的首要动机，通过访谈，本文发现旅居者需要维持的关系主要分为亲属关系、朋友关系以及同事关系。通过在线自我呈现来维持这些关系，是旅居者在异乡获取不同层面上的归属感，以及维护本国文化身份的力量源泉。

作为中国社会的基本特征之一，关系概念首先是从家庭和亲属特征发展出来的，[②] 受访者表示在中国社交媒体上呈现自我首先是为了让家人看见。WL说：“微信是最重要的，不能丢掉跟家人的联系啊。展现自己的生活，让家人知道自己在做什么，了解他们的状态，感觉就像在国内一样。跟美国相比，跟中国人、跟家人的联系更重要。”不过，旅居者更倾向向家人呈现积极的一面。XW说：“肯定要随时跟家里人‘汇报’，我是典型的报喜不报忧，他们只看得

---

① 翟学伟：《本土的人际传播研究：关系的视角与理论方向》，《新闻与传播研究》2008 年第 15 期，40—43 页。

② 参见翟学伟：《中国人的关系原理——时空秩序、生活欲念及其流变》，北京：北京大学出版社，2001 年，第 141 页。

见我开心很适应……心情低落脆弱的一面，不会让他们知道，免得担心。”

旅居者在中国社交媒体上需要维持的第二层关系是朋友关系。XW 认为国内朋友才是“真正的朋友”，即便远在美国，维持国内朋友关系是“生活中很重要的一部分”：“我是一个需要朋友的人，这占据了大约一半我活着的意义。国内朋友认识很多年了，可以分享，相互理解，国外不能比……社交媒体上connected，微信上发照片，po 帖子就是喜闻乐见的形式呀。”

通过在线自我呈现与朋友保持联系，既可以让旅居者“刷存在感”，也可以获得“安全感”。ZS 说：“发帖子是生活的一部分，自身的社交需求，无论在哪里，人要和朋友互动，最关心的人的生活情况，知道国内发生了什么，也告诉对方，自己的近况，不是出国了就消失了，存在感……还有这样的关系保持着，对双方来说，都会有安全感，就是归属一样的。”

有旅居者表示，通过在社交媒体上自我呈现来与国内朋友保持联系，社交压力较小。SL 的生活状态、观念与国内朋友大不相同，与朋友已不如以前那样熟络，但朋友“毕竟是和我一起长大的。即便不像以前那么亲近了，还是想保持联系，感情和精神上需要吧，会记住自己是谁”。这时候社交媒体就尤为重要了，SL 说：“在微信上 po 图，发点感想，朋友看得到，有时候也回复，这样联系比直接语音更轻松，不是没话找话说，也可以保持相互关注吧。”

本文发现旅居者对“朋友”的界定并没有因为地理和文化空间的转移而发生根本改变，仍然植根于中国文化语境，具有长时效、高选择性。[①] “朋友”是与自己有着经常性交往，并且保持着长期和密切联系的人；在朋友关系中，自己会投入情感和寄托精神诉求。在美国，高速流动的社会关系较难孕育中国式的长时效性友谊。在个人主义文化语境中，美国人的自我圈子划得比较小，个体独立地存在是其成熟的标志。他们在与人交往时具有较强的社会契约观念，遵循一定的时间和距离，这种交往模式形成的关系常常比较松散，与中国人对关系建立的认知存在明显差异，[②] 由此为中国旅居者与美国人交朋友带来了挑战。正因为跟美国人交友并非易事，与国内朋友的情谊就显得格外珍贵：旅居者选择在社交媒体上向中国朋友呈现美国的生活状态，所思所想，从被观看以及由呈现引发的互动中获得情感和精神支持。

旅居者在社交媒体上维持的第三层关系是同事关系。WQ 说：“微信主要

---

① 参见翟学伟：《中国人的关系原理——时空秩序、生活欲念及其流变》，北京：北京大学出版社，2011 年，第 292 页。

② 参见陈向明：《旅居者和“外国人”——留美中国学生跨文化人际交往研究》，北京：教育科学出版社，2004 年，第 181 页。

用来保持社会关系，向国内的领导、同事，呈现工作状态，分享国外的信息。他们看不见你在做什么嘛，所以需要放在微信上面，让他们知道你在做事。这是最主要的。”对于在美国工作的旅居者而言，通过在线自我呈现来维系社会关系可被视为对他们“关系性身份”的建构与管理。“有关身份的传播理论”指出，身份由“个人维度”与“认定维度”构成，两个维度在“个人层面”“表演层面”“关系层面”“群体层面”相互作用。其中，“关系层面”是个体“以他人为参照对自己的认识”，它最为明显的体现正是各种“社会性关系”。[①] 以 WQ 为例，她通过在线自我呈现，旨在建构一种关系性社会身份，该身份将她与国内同事联系起来，一方面可以让对方了解她在美国的事业进展，促进他人认可；另一方面维护这一层社会性关系，也有助于强化个体对自我社会性价值的认同。

（二）从众：旅居者在美国社交媒体上的首要呈现动机

量化研究结果显示，从众动机是促使旅居者在美国社交媒体上呈现自我的首要动机。通过访谈，这一结果被进一步证实，8 位受访旅居者表示，在美国，学习、工作和生活的环境都促使他们不同程度地参与到与当地人的互动当中，而社交媒介的介入也让他们跟随大众潮流，通过在线自我呈现来生产与传播意义。本文认为，旅居者在线从众行为也是为了避免自己被边缘化。但美国社交媒体上明显被动的呈现行为也说明旅居者对跨文化语境下的自我表达持有保留态度。与在中国社交媒体上通过呈现来寻求归属感、巩固自我文化身份不同，对参与调查的旅居者而言，美国社交媒体更多是信息生产与交换的工具，与美国人之间的传播交往阻碍，并没有因为社交媒体的嵌入而得到彻底解决。

WDM 在哥伦比亚大学攻读博士学位，发现美国教授、同学在社交媒体上都会参与到各种学术小组中，发表观点，分享信息，交流学术问题。“这是你学术的圈子，你把这个东西（研究）当工作，那肯定会受周围影响。老师，同学，都在上面，你肯定也得在上面啊。特别美国，没有人会主动来关心你，都是你自己，像是在刷‘存在感’，别人知道你，能记住你，我就是这个动力。”不过，WDM 表示在线呈现也主要局限在“学术圈”里，他很少在社交媒体上发布个人生活动态：“他们不懂你在说什么，你的问题在他们那儿也许不是事儿。”

---

① 参见李特约翰、福斯：《人类传播理论》，史安斌译，北京：清华大学出版社，2004 年，第 103—105 页。

YR发现跟随身边人使用社交媒体，发表与分享观点，是防止自己被边缘化、“在特定社区中保持活跃状态”的途径。“美国人有很清晰的人际交往界限。他们更近的关系，有时候会在社交媒体上建立起来，其实对外国人来说，也简单一点。比如，我分享了一些爱听的电子音乐，对电影的看法，美国同学看了也很喜欢，我们就会聊得更开。”对YR来说，跟随潮流使用社交媒体来呈现自我，可以展现不同于学生身份的一面，让别人更了解自己；但美国社交媒体上可共享的信息也有限：YR很少表露个人情感，“特别是负面情绪，不想给别人增加负担”，她说。

另外，在美国工作的旅居者在社交媒体上展示工作进度，是融入美国工作环境的重要一步。WQ说：“美国同事都在线上，分享心得，有了什么进展……我不能保持沉默啊，而且我代表了中方。所以必须和他们一样，才能有共同的可以说，也是为进一步合作打好基础。”

除学校老师、同学以及同事，对与美国人共同生活的旅居者而言，“美国家人”形成的社交压力也是促使他们使用美国社交媒体的原因。“老少都在用，他们会问我也开一个（账户），互相加，这好像也是想融入的途径。”SH说，“最开始我很少用Face Book发，不想太公开。可是住家说，‘哎呀，你怎么都不更新’，这也是他们了解我的地方，因为面对面交流时，语言有时不那么清楚，还不如Face Book或者Instagram上发发照片，啰嗦几句来得快。”

XW使用美国社交媒体来表达的动力也主要来自他的美国住家（host family）。“他们在Face Book上有封闭小组，家庭成员都在里面，我也进去了。其实我不喜欢太活跃，可是大家都在用……我常发图，简单明了。”他表示，因为文化差异，他与美国“家人”并没有太多共同爱好，有时候为了找话说，他不得不主动向美国家人的兴趣靠近，例如看美式足球，星球大战系列等。“刷存在感，可是自己真的感情，想法，很少说，跟语言能力、环境有关吧，一些个人的他们也不理解。”他说。ZW说：“我用Face Book，Instagram是才来美国的时候，大家都在线上，不用有点怪，作为补充吧。但开心、低落的情绪，我不会放上面，我还是会告诉身边的中国朋友。”

本文发现，旅居者在外部环境的社交压力之下，产生了从众动机，依随他人的行为模式在社交媒体上有限地呈现自我。从众行为不同程度地帮助旅居者桥接了与当地人的弱关系，减少了边缘化的可能性。同时，相对被动的自我呈现行为也表明，社交媒体虽然让来自不同文化的个体的表达与互动行为更方便，但跨文化传播（交际）的阻碍依然存在。

综合量化与质化研究结果，本文认为，对于旅居者在中美社交媒体上不同的自我呈现动机，可以从戈夫曼对“情境定义”的阐释中获得启发。戈夫曼指出，情境定义是“对情境内存在的和不存在的一切的主观性判断和定义，其内容包括角色、规则、任务、目标、出场人的特征以及对参与者的看法等等。……‘情境定义’直接影响人的互动行为，甚至决定了人的互动行为……‘情境定义’也会根据互动的进行而不断调整”；[①] 他随后提出了“框架”概念：“是一种情境定义，这是根据支配事件的组织原则以及我们在其中的主观投入做出的”。[②] 戈夫曼认为，具体情境中人们会在一定的框架内（特定的规则、规范等）定义情境并做出反应。人们的主体性会受到框架影响甚至限制。[③]

本文发现，即便在跨文化语境下，参与调查的大多数旅居者依然依赖在国内形成的文化框架来进行“情境定义”。在这个固有框架中，基于长时间、持续性关系网络而形成的认知与行为规范，深刻地影响着旅居者自我呈现与表达的动机与目标、角色、遵循的规则、需要完成的任务等。中国社交媒体的情境特征与这一框架中的规则规范大致吻合，因此旅居者使用中国社交媒体表达自我的动力更充足，呈现行为更加自如自然，并可从中获得不同程度的归属感、认同感等。但美国社交媒体混杂的跨文化语境，高流动性、短时性的人际关系网络，却可能与旅居者固有的文化框架产生冲突，不同程度影响他们的情境界定行为，其呈现的动机、对角色与规则的认识、自我形象塑造等都受到不确定因素的影响，而处于某种混淆状态中。部分旅居者还没有及时调整“情境定义行为”，在此阶段，从众行为无非是最安全的选择。因此，量化与质化研究结果都显示了旅居者明显的从众意愿。如果说中国社交媒体是为旅居者提供了归属感与精神表达自由的“家园”，那么美国社交媒体更多只是扮演了信息交换工具的角色。

结语

本文采用量化与质化分析相结合的方法，研究了在美中国旅居者在社交媒体上的主要呈现动机及其强弱排序，并比较了中美两国社交媒体上自我呈现动

---

① 参见戈夫曼：《日常生活中的自我呈现》，黄爱华、冯钢译，杭州：浙江人民出版社，1989 年，第 9 页。

② 参见戈夫曼：《日常生活中的自我呈现》，黄爱华、冯钢译，杭州：浙江人民出版社，1989 年，第 10 页。

③ 车淼洁：《戈夫曼与梅洛维茨“情境论”比较》，《国际新闻界》2011 年第 6 期，41—45 页。

机的差异。研究表明，在跨文化语境下，“维系国内关系”与“从众”分别是旅居者在中美两国社交媒体上呈现自我的首要动机。在关系动机层面，“维持国内关系”动机比“发展与美国人的关系”动机更显著；这说明虽然身处美国，但旅居者的认知与行为模式仍然以中国文化中的关系属性为基础——他们通过在线呈现，与亲人、朋友、同事互动，认可并且不同程度地依赖这种线上关系，并从中获取归属感、认同感。

在个体心理需求动机层面，“从众”“自我确认”“减压”动机都在中国社交媒体上而非美国社交媒体上体现得更为明显，说明旅居者更倾向在中国社交媒体中满足情感与精神的需求，维护与巩固自身文化身份。

总体而言，旅居者在中国社交媒体上的呈现行为更主动，在美国社交媒体上则显得比较被动。本文认为，旅居者对中美两国社交媒体情境的定义一定程度上影响了他们的自我呈现行为动机。中国社交媒体情境与他们在国内形成的固有文化框架大致符合，有助于他们更主动地进行自我呈现；相反，美国社交媒体异质化的、复杂的文化情境为旅居者的情境定义行为带来了一定的挑战，在较难顺利地认识与定义情境的过渡阶段中，不少旅居者会选择更安全的从众型呈现行为。这也表明旅居者在美国社交媒体上进行跨文化传播（交际）时，依然面临不少阻力。需要说明的是，旅居者在中美两国社交媒体上如何进行情境定义？情境定义行为怎样具体地影响旅居者的呈现动机？除情境定义，还有哪些因素在影响旅居者的自我呈现动机？这一系列问题，笔者将在日后继续展开系统性研究。

专题Ⅴ

新闻舆论、公共传播与社会动力话语表征研究

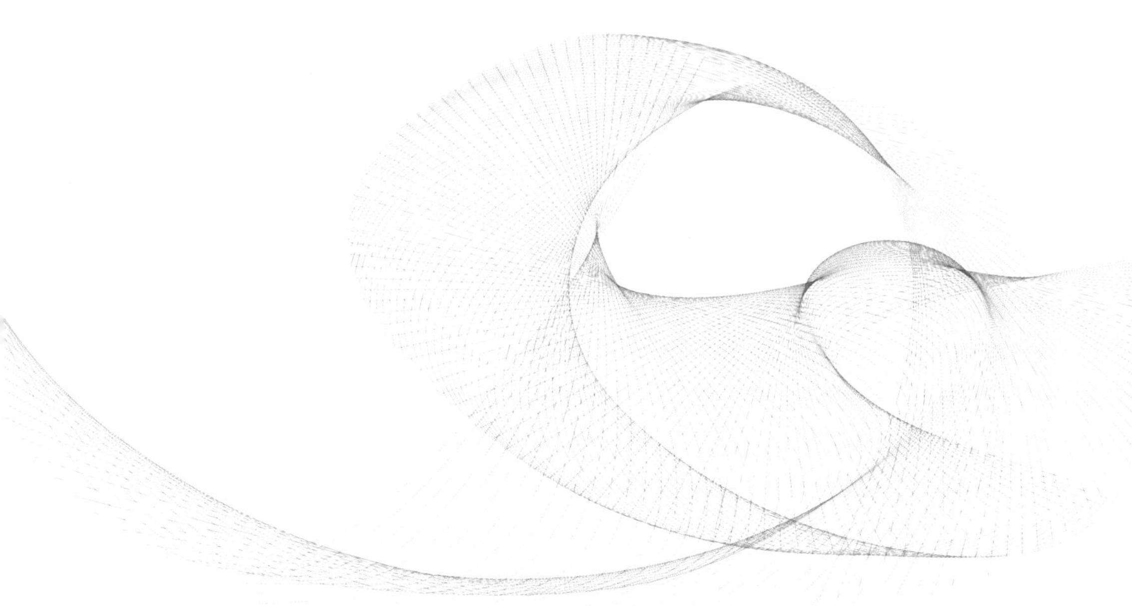

主持人语

王炎龙

在四川大学新闻传播教育开展四十周年之际，我们特推出“新闻舆论、公共传播与社会话语表征”专栏，本专栏共包括《互联网情绪传播研究的新路径探析》《动员、信任与破解：网络谣言的圈子化传播逻辑研究》《大数据背景下城市灾难事件舆情治理研究及路径转向》《“共责”与“尽责”：舆论监督“敏感症”如何治》《“舆论”与“共同生活”：罗伯特·E. 帕克新闻思想中两个被忽视的关键词》5 篇论文。

新闻舆论是人们认识主客观世界并加以沟通协商进而取得共识的重要媒介，属于社会意识形态范畴。在新媒体语境下，新闻舆论的主体与客体呈现出复杂融合的趋势，不断推动我国新闻舆论研究走向深入。习近平总书记在党的十九大报告中强调，坚持正确舆论导向，高度重视传播手段建设和创新，提高新闻舆论传播力、引导力、影响力、公信力。这表明如何有效进行舆论监督和舆情治理已上升至国家战略层面，其中如何引导公民的情绪型舆论及治理网络谣言是重中之重。社会与媒介环境的变化，尤其是新媒体技术的出现与发展，激活了我们对公共传播的“想象”，引导我们重新审视中国语境下公共传播的时代背景。公共传播的内涵与外延也随之发生相应变化，公共传播的主体、实践、结构与空间更具开放性和不确定性。公共传播中社会认同危机、社会风险、信任危机等现实问题都需要研究者不断探索和研究，以实现提升社会公共利益的目的，促进社会认同与公共之善，从而构建公共传播的社会共同体。从本质上说，社会、媒介、人三者之间的互动关系是新闻传播学研究的核心命题，单一主体无法孤立存在。社会始终是动态的、发展的、进化的，社会动力话语表征是透视社会生态系统的窗口，其历时变化体现出这三者之间的社会关系，揭示社会语言与社会共变的规律。

本专栏将具体讨论情绪传播、谣言传播、舆情治理、舆情监督、新闻思想史、传播学元问题等内容。其一聚焦理论问题：既系统研究以罗伯特·E. 帕克为代表的新闻思想史，又在不断否定中提出“三位一体”的传播学元问题；其二立足社会现实：既分析情绪传播研究的跨学科路径，又探究网络谣言的圈子化传播逻辑；其三回应重大命题：既聚焦舆论监督“敏感症”的深层原因及如何脱敏，又关注大数据背景下城市灾难事件舆情的治理路径。现实媒介环境的变迁对学术研究提出了较高的挑战，学者们对于相关现象进行的梳理与研究，有助于我们厘清和深入探究现象背后的运行逻辑和动力机制。本专栏的六篇文章在这一方面做出的有益探索，引导人们在新闻舆论、公共传播与社会动力话语表征的现象领域走向更高层面和更深领域的认识。

互联网情绪传播研究的新路径探析[①]

朱 天 马 超

摘　要：在既有研究基础上，本文对情绪传播在舆论学、心理学、计算机科学三个学科面向的研究路径进行了探讨。在未来的情绪传播研究中，应注重从“事件导向型情绪”向“全域整体型情绪”研究深化；聚焦网络公共事件中的反向认知情绪研究；关注行业舆情中的情绪判别与口碑营销。

关键词：情绪传播　情感传播　网络舆情　社会情绪　反向认知情绪

随着信息技术的发展，开放的互联网不仅带来了信息传播的便捷，同时也降低了公众参与传播的门槛，人们凭借互联网表达观点、交流思想、宣泄情绪，这其中既有各种思想的交锋，又有多元观点的争鸣，更有多种情绪的发酵。这也使互联网环境中的情绪传播问题，成了一个必须给予重视并加以深入研究的议题。基于此，本文力图探讨互联网形态下情绪传播的新变化，以及在舆论学、心理学、计算机科学等不同学科中产生的情绪传播研究新路径。

一、互联网环境中情绪传播的发展特征

传统媒体环境中的传播活动有两个显著特征：一是人们的交往空间常常局限在一定范围内，因此情绪的传染面积有限，形成的社会影响自然也有限；二是传播的时效不强。从事件发生到媒体报道再到公众接收，往往存在一定滞后性，因此情绪的蔓延进程也很慢。此外，在传统媒体环境下，主流媒体掌握着信息发布的主导权，对容易激发人们强烈情绪的事件，媒体的运营者在报道时间与报道方式的选择上拥有绝对的主导权。于是，公众情绪的产生与变化，很

① 朱天、马超：《互联网情绪传播研究的新路径探析》，《现代传播（中国传媒大学学报）》，2018年第6期。

大程度上受到主流媒体报道选择和报道方式的影响。而互联网的兴起赋予了公众极大的参与权和表达权，社会情绪的重要性也由此浮现出来。

（一）互联网的公开性大大提高了社会情绪的“能见度”

网络的开放性使任何一名网民都可以上网发布信息。公共事件一旦发生并经过新媒体的传播，在信息广为扩散的同时，人们的社会情绪也会被瞬间激活。为了维系公信力和影响力，传统媒体在报道时效与样态上也必须与新媒体相适应。因此，在数字媒体时代，网民和各类媒体会共同传播容易激起人们强烈情绪的事件，这样就会大大提高社会情绪的能见度。

（二）互联网的连接性拓展了情绪传播的覆盖面

社交媒体的盛行不仅为人际交往和关系维护提供了便利，也极大地方便了信息的传导与渗透。微博这类具有弱连接特性的社交媒体就具有开放性和嵌套性，可以拓展情绪扩散的广度；微信这类具有强关系特征的社交媒体则有利于信任和认同的建立，可以促进情绪扩散的强度。经由四通八达、无远弗届的社交网络连接和传递，社会情绪不再局限于一隅而“孤掌难鸣”，而是同时在各地“同频共振”。

（三）互联网的匿名性助长了负面情绪的流动性

匿名的网络身份既有助于人们畅所欲言地行使表达权和监督权，同时也会助长生成一些不良情绪。一些网民由于个人原因，在现实中失意，便将不满情绪带到网上肆意发泄。另一些人为了博取人们的同情不惜使用极度夸张的语言煽动社会情绪，为网络空间注入大量负能量①。还有一些网民为了“圈粉”成名，不惜捕风捉影、捏造事实，故意散布消极情绪，造成人们的恐慌和对现实的不满。这些网络乱象对社会情绪的干扰同样值得我们重视。

（四）互联网环境增加了情绪传播的变异性

网络空间中情绪变异的情形大致可分为三种：一是事件的发展是一个循序渐进的过程，真相的调查、信息的披露也是一个渐次呈现的过程。有时候某一

① 张志安等研究者通过对大粤网一年中 845 条新闻后的网友投票进行统计后发现，网民的愤怒情绪占据主导地位（41.8%），悲伤、厌恶、恐惧等负面情绪分别为 10.77%、9.71%和 5.32%，正面情绪高兴仅占 12.34%。参见王俊秀、杨宜音：《中国社会心态研究报告》，北京：社会科学文献出版社，2014 年，第 102 页。

关键细节被挖掘出来致使舆情反转，人们的认知发生改变，情绪也随之得到调节，网民的正面情绪顷刻之间会变成负面情绪；二是事件本身在层层传播中扭曲失实，引发不同的接收者产生不同的情绪。奥尔波特和波斯特曼在谣言传播过程中发现了“磨平”（leveling）、“削尖”（sharpening）、“同化”（assimilation）的效应。[①] 其实在任何信息传播过程中，都会出现信息变异的情况。信息在转发过程中一旦遗漏或改变了某些关键细节，人们就会产生截然不同的认知和情绪；三是在信息传播过程中受到其他意见影响的人们对事件的认识发生了变化，进而认知和情绪也发生了改变。情绪的变异特性提醒我们在对传播现象分析时，既要关注社会情绪的变化走势，又不能忽略传统的信息流变化。只有将信息流和情绪流结合起来，才能审视网络舆论的全貌。

二、互联网形态下情绪传播的三种研究路径

互联网形态下传播生态的变化，也为情绪传播研究提供了一些新的路径选择，本文将着重从舆论学、心理学、计算机科学三个方面对该问题展开探讨。

（一）舆论学视角下的情绪传播

1. 基础研究：作为舆论形态的社会情绪

陈力丹在对“舆论”下定义时就指出，舆论是一种“信念、态度、意见、情绪表现的总和”[②]。他区分了舆论的三种基本形态为潜舆论、显舆论和行为舆论[③]，并进一步指出，情绪是潜舆论的一种表现形式。[④] 刘建明也曾指出，“潜在舆论是意见的萌芽或潜伏形式，情绪是这种舆论的唯一外部形态”[⑤]。

在陈力丹看来，重视这种情绪型潜舆论，至少有两重意义：第一，显舆论的表达会受道德、法规等因素的规范，而各种社会规范很难直接干预情绪型舆

---

① Allport，G. W，Postman，L.，*The Psychology of Rumor*，New York：Henry Holt&Co，1947，pp. 75，pp. 86，pp. 100.

② 陈力丹：《舆论学：舆论导向研究》，上海：上海交通大学出版社，2012 年，第 33、86、87 页。

③ 陈力丹：《舆论学：舆论导向研究》，上海：上海交通大学出版社，2012 年，第 33、86、87 页。

④ 陈力丹：《舆论学：舆论导向研究》，上海：上海交通大学出版社，2012 年，第 33、86、87 页。

⑤ 刘建明：《基础舆论学》，北京：中国人民大学出版社，1988 年，第 350 页。

论的表达。在较少约束的情况下，情绪型舆论反而是真实民意的体现。第二，情绪型舆论是显舆论的原始阶段。如果在这种舆论形态下对公众的不良情绪进行引导，效果比潜舆论转化为显舆论显著得多，也更有利于社会稳定。[①]

本文认为，信息传播中实际上包含了两重舆论，一是信息流，二是情绪流。这两种舆论形态是相互影响的。一方面，信息流中既有事实性信息，也有意见性信息（如图1）。一些社会现实问题会直接引发人们的情绪（图1，路径一），而其他民众对事件的评论也会间接触发人们的情绪（图1，路径二）；另一方面，当公众产生一些非理性情绪后，引发的恐慌、焦虑情绪又容易滋生谣言等虚假信息干扰舆论（图1，路径三）。

2. 研究转向：由“事件导向型情绪”向“全域整体型情绪”深化

移动互联网、大数据、云计算等新兴技术的兴起，激发了学界对舆论研究的新热情，从既往研究来看，已有研究既有讨论信源特征的，也有关注信息内容的，还有聚焦信息扩散影响因素的。[②] 其中，从信息内容特性的研究来看，多数研究者关注的焦点集中在信息的主题分类和信息的表达方式上[③]，却忽视了信息中包含的网民情绪。实际上，互联网上公众情绪的表达可被看作现实社会动向的风向标。[④] 尤其是网络意见领袖在社会化媒体上的情绪表达可能直接影响事件的进程和方向。因此，重视情绪在舆情研究中的地位和作用，已成为舆论学研究的一个重要议题。

---

① 陈力丹：《舆论学：舆论导向研究》，上海：上海交通大学出版社，2012年，第33、86、87页。

② Macskassy, S. A., Michelson, M., “Why do people retweet? Anti-homophile wins the day!” in I. Adamic, R. Baeza-Yates, and S. Counts (eds.), *Proceedings of the Fifth International AAAI Conference on Weblogs and Social Media*. Palo Alto, CA: AAAI Press. 2011, pp. 209—216.

③ Zhao, W. X., Jiang, J., Weng, J. et al. “Comparing Twitter and Traditional Media Using Topic Models”, *Lecture Notes in Computer Science*, 2011, pp. 338—349.

④ 刘丛、谢耘耕、万旋傲：《微博情绪与微博传播力的关系研究——基于24起公共事件相关微博的实证分析》，《新闻与传播研究》2015年第9期。

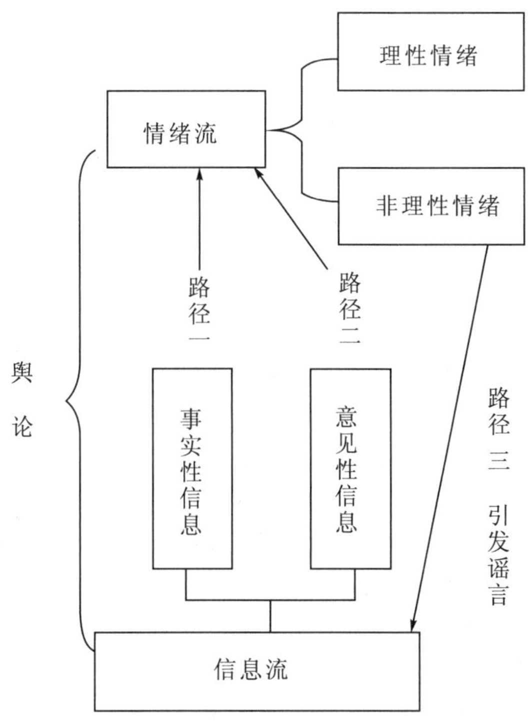

图1　信息传播中的两重舆论

然而从当前的研究来看，多数研究者的目光都投向了单一事件中的情绪传播上。[①] 诚然，个案研究有助于深入剖析事件中的细节。但每一起公共事件产生的背景、诱发的原因、进展的过程都各不相同，如果局限于单一类别事件的重复研究，难免产生“只见树木，不见森林”的褊狭认识。实际上，国内一些研究团队已经在关于社会整体情绪的研究中迈出了重要一步，如王俊秀自2010年就开始对国民社会心态问题展开实证调查，从2011年开始就陆续出版了一系列《社会心态蓝皮书》。在新闻传播学领域，李良荣带领团队开展了覆盖多元群体的“中国网络社会心态调查”，这项调查产生了一系列有影响力的成果，如在对新浪微博1800名用户进行为期两年的追踪调查后发现，网络用户的理智情绪依然占据主流，建设性诉求明显高于破坏性诉求。[②] 此外还有研究者对微博用户表达的极端情绪进行潜类分析，拟合出“酱油众”“冷漠族”

① 参见焦德武：《微博舆论中公众情绪形成与传播框架分析——以“临武瓜农之死”为例》，《江淮论坛》2014年第5期。

② 参见郑雯、桂勇：《网络舆情不等于网络民意——基于“中国网络社会心态调查（2014）的思考》，《新闻记者》2014年第12期。

"铁血爱国派""愤世嫉俗派"和"民粹主义者"五类群体。①

上述研究表明，从宏观层面对中国网民的整体情绪进行研究，不仅可以从全域视角关照当前公众的社会心态，洞见民众对不同议题的认识与态度，还可以深化对网民社会信任、阶层认同、价值观念、生活满意度等领域的认识。

（二）心理学视角下的情绪传播

1. 基础研究：从情绪到行为的交互影响

在心理学领域，情绪的涌现与扩散长期都被视为一种社会心理现象来关注，因此学界往往从情绪与社会适应、情绪与人格特征、情绪与人际信任、情绪障碍与干预等角度进行研究；而在传播学领域，过往的多数研究往往将信息传播行为视为理性人的信息沟通，却忽略了个体内心的情感活动。实际上，作为人类多种感觉、思想、行为综合产生的心理和生理状态，情绪既能影响个体的日常行为，同样也会影响人们的信息传播行为。

重拾情绪传播的重要性，需要将其纳入"社会心理—情绪—态度—行为"的循环模型中去考量（如图 2）。第一，社会心理可以看作循环的起点，但由于人们的心理活动复杂多变，难以实时观察与度量，而社会情绪是社会心理在可见形式下寻求的表达，亦即人们内心世界的反映，因此通过对社会情绪的监测可以间接观察人们的社会心理活动。第二，社会情绪虽然通常是短时期的认知和体验，但当人们的各种情绪积累到一定程度就会形成相对稳定的社会态度，而人们的社会态度将会引发人们特定的社会行为。第三，当人们施行某种社会行为后，行为所形成的后果又会对人们的心理产生影响。第四，在情绪产生、态度形成、行动促发的整个过程中，人们都会受到外部事件和环境的刺激和影响。

---

① 桂勇、李秀玫、郑雯、黄荣贵：《网络极端情绪人群的类型及其政治与社会意涵：基于中国网络社会心态调查数据（2014）的实证研究》，《社会》2015 年第 5 期。

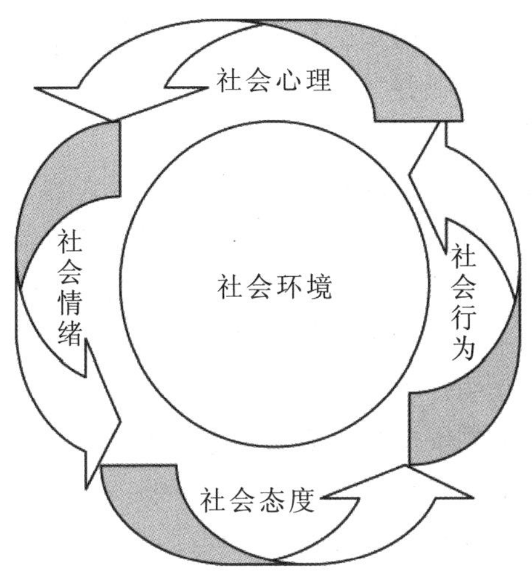

图 2　“社会心理—情绪—态度—行为”的循环模型

在这个循环过程中，社会情绪至少发挥了三种重要的作用：首先是“呈现”作用，即社会情绪可以间接呈现人们的社会心理活动。比如对违反社会道德的各种行径，往往会引发人们愤怒的情绪，并从谴责的言辞中表现出来；对于体现人类美德的行为，往往会引发人们的正面情绪，并在赞赏认同的评价中体现出来。这说明对情绪的研究可以为转型时期培育和塑造人们健康的社会心态提供重要指导。

其次是“诱导”作用，即一个人的情绪达到一定强度后，情绪既可以通过社会态度来间接引致人的行动，又可以直接引发其做出相应的行动（比如情绪直接引发冲动行为）。因此，了解公众情绪的性质和强度，可以预测公众的行为倾向，这就对危险行为的干预（比如悲观情绪可能引发的自残行为）提供了方向。

最后是“预警”作用，即社会情绪的生成受社会事件、社会现象和社会环境的刺激，透过社会情绪我们可以洞见人们对社会问题的认识和看法，这就为公共决策的制定和调整提供了参考。

2. 议题拓展：重视公共事件中的反向认知情绪

2013 年，中国社科院社会学研究所发布了《中国社会心态研究报告 2012—2013》，首次从官方层面提出了“反向社会情绪”概念。该报告指出，“反向社会情绪”是指人们在一些社会事件中表现出来的反常的情绪反应：本该引起大家同情的事，却有很多人表现出欣喜；本该是引起公愤的事情，却有人在赞美和钦佩；从本该被谴责的行为中，看到的却是社会性冷漠。该报告指出，这种现象既与社会普遍存在的“群体性怨恨”有关，也与社会极化、群体之间相互不信任有关。[①]

面对快节奏的生活和高强度的压力，许多年轻人容易滋生迷惘、焦虑、困惑、沮丧等负面情绪。处于这种心境下，人们对事物的看法多为消极的。出于压力释放和情绪宣泄的本能，一旦找到出口，即便是正面或中性事件，一些人也会反向解码和负面解读。加之当前社会分层、社会不公等现象客观存在，一些人心理结构失衡、情绪浮躁，每当一些敏感群体卷入热点事件时，一些网民的感性便压倒理性，开始不由自主表达出反向情绪。

除了网民自身的心态失衡以外，媒体的推波助澜也是一个重要因素。一些媒体只顾吸引眼球，罔顾社会责任和职业规范，公共事件发生后不去耐心细致调查事件发生的原委，而是用大量时段和篇幅去炒作渲染，或夸大事实，或隐瞒细节，无形中为反向情绪煽风点火，在社会上产生了极大的不良影响。

总之，社会反向情绪的存在，不仅影响了公众正常的认识与判断，也损坏了政府的公信力和社会的安定团结，而学界对这个领域的研究还远远不够。

（三）计算机学科视野中的情绪传播

1. 基础研究：网络情绪识别的方法与步骤

数字媒体时代，互联网不仅成为各种情绪的集散地，而且成了反映社情民意的“晴雨表”。加之社会化媒体时代各种数据痕迹遍布网际，这也为计算机科学领域的学者进行语义情感[②]分析提供了用武之地。网络情绪的判别涉及信息检索、数据挖掘、文本分类、自然语言处理等多种技术。简而言之，我们对其进行的分析大致可以分为两个步骤。

第一步是对文本进行预处理，包括分词、词性标注和句法分析等过程。其中分词是指筛选过滤掉诸如@、#、URL 链接和标点符号等；词性标注是指识别出词语的性质是名词、形容词、动词还是副词，情绪分析着重分析形容词和副词；而句法分析主要是识别出句子的结构，对抓取到的文本进行分拆（比如可以按句分拆），检测每一部分是否包含某种情绪（是客观描述还是主观评

---

① 王俊秀、杨宜音：《中国社会心态研究报告 2012－2013》，北京：社会科学文献出版社，2013 年，第 19－20 页。

② 计算机学科的学者倾向将“sentiment”一词翻译为“情感”，为了遵循其学科惯例，本文在这一部分中保留该学科的习惯称谓。

价），下一步会将带有主观色彩的句子挑出来进一步分析其情绪。

第二步是对情绪信息的提取和判别。通常来讲，情绪分析有两种路径：一种是词典路径（lexical approach），通过建立包含一定预标记情感词汇的词典作为基准，当机器识别到文本中类似词汇后便自动进行情感编码；另一种是监督学习路径（supervised learning）。监督学习的又大致分为三步：首先建立包含人工分类数据的语料库（corpus），这是计算机用来进行学习的训练数据；其次用语料库训练机器学习自动进行语言处理；最终再用训练之后的计算机自动实现更多文本的情绪分类。

值得注意的是，基于“词典路径”和“监督学习”这两种不同的分析路径，又形成了两种主流的方法：基于语义词典的情绪分析①和基于机器监督学习自然语言处理的情绪分析。②

基于语义词典的情绪判别方式大致可以分为三类。一是用情感词典里面收录的词库直接判别，即当需要分析的词汇与情感词典里面已经收录的词汇一模一样时，可以直接判别该词的情感特征；二是建立同义词典判别③；三是根据语义相似语判别。④ 自从这一方式创立以来，许多学者纷纷采用这种路径进行尝试。在国外，有的学者选取了汽车、银行服务、电影、旅行四个领域的网上评论，采用基于情感词典的方法进行情绪分析，发现情感词典路径的准确率从汽车评论的 84％到影评的 66％不等，平均准确率为 74％。⑤ 在国内，Yan 等学者基于 hownet 建构了中国的情感词汇本体构造，本体包含了 5500 个单词，分为 113 类情绪。⑥

这种方法的难点在于情感词典的建构问题。具体而言研究者面临三种挑

① Taboada，M.，Brooke，J.，“TofiloskiM. etal. Lexicon-based Methods for Sentiment Analysis”，*Computational Linguistics*，vol. 37，no. 2，2011，pp. 267－307.

② Yi，J.，Nasukawa，T.，Bunescu，R.，et al，“Sentiment Analyzer：Extracting Sentiments About a Given Topic Using Natural Language Processing，Techniques”//*IEEE International Conference on Data Mining*. *IEEE Xplore*. 2003，pp. 427－434.

③ 王素格、李德玉、魏英杰等：《基于同义词的词汇情感倾向判别方法》，《中文信息学报》2009 年第 5 期。

④ 朱嫣岚、闵锦、周雅倩等：《基于 HowNet 的词汇语义倾向计算》，《中文信息学报》2006 年第 1 期。

⑤ Turney，P. D.，“Thumbs Up or Thumbs Down：Semantic Orientation Applied to Unsupervised Classification of Reviews”，*Proceedings of Annual Meeting of the Association for Computational Linguistics*. 2002，pp. 417－424.

⑥ Yan，J.，Bracewell，D. B.，Ren，F. et al，“The Creation of a Chinese Emotion Ontology Based on HowNet”，*Engineering Letters*，2008，vol. 16，no. 1，pp. 166－171.

战：一是面对每年层出不穷的网络词汇，情感词典如何具有完整性和包容性；二是在汉语中经常出现一词多义的现象，在没有人工介入的情况下情感词典如何准确判定；三是人们对某一主体的评价不仅要看某一具体的词汇，而且要看整个句子表达的态度。情感词典的判别方法主要是通过计算一个句子中正负情感词汇的相对数量来判断句子的情感倾向，但现实中人们会具有欲扬先抑、先抑后扬等情绪表达方式。

基于机器监督学习的方法主要包括支持向量机方法（support vector machines 简称“SVM”）[①] 和贝叶斯算法两种。这种方式的步骤可以简单分为两步：第一步是建立一个语料库，其中包含多篇语料，正反语料各一定篇数，将一定比例的语料用作训练集，剩下的用作测试集；第二步是将人工标注好情绪极性的词汇作为训练集，通过机器学习算法训练得到分类模型，再用建立好的分类模型用于以后大规模词语的分类。

有的研究者采用机器学习的方法进行情感分析，准确率达到了 87.5%。[②] 但机器学习方法的前提是要建立大规模的真实语料库。为此，国内外的研究者们纷纷进行了尝试。比如瓦利图蒂（Valitutti）等人开发了情感词汇资源数据库“Wordnet-affect”。塞巴斯蒂亚尼（Sebastiani）等研究者开发的词汇分类工具“SENTIWORDNET”。加西亚－塞拉诺（García-Serrano）等研究人员在“Senti Word Net”基础上改进后的词源分类系统“Q-WordNet”等。随着社交媒体的普及，一些学者也开始着手研究社交媒体的情感分析工具。比如朗卡西里（Rungkasiri）等开发出了一款名为“micro-blog sentiment analysis system”的情感分析系统，通过对用户推特文章的分析，可以发现消费者对不同特性产品流露的情感。[③]

鉴于语义词典的路径与机器学习的路径各有所长，也有学者将语义词典和

---

① Wang, H., Yin, P., Yao, J., et al. “Text Feature Selection for Sentiment Classification of Chinese Online Reviews”, *Journal of Experimental & Theoretical Artificial Intelligence*, 2013, vol. 25, no. 4, pp. 425－439.

② Pang, B., Lee, L., Vaithyanathan, S., “Thumbsup: Sentiment Classification Using Machine Learning Techniques”, Proceedings of the ACL02 Conference on Empirical Methods in natural Language Processing Volume 10. *Association for Computational Linguistics*. 2002, pp. 79－86.

③ Chamlertwat, W., Bhattarakosol, P., & Rungkasiri T., “Discovering Consumer Insight from Twitter via Sentiment Analysis”, *Journal of Universal Computer Science*, vol. 18, no. 8, 2012, pp. 973－992.

机器学习结合起来分析。[①] 总体而言，学者普遍认为，基于支持向量机模型和贝叶斯算法的机器学习方法在准确率上优于语义词典。[②]

2. 落地深耕：重视服务行业中的网络情绪判别与口碑营销

在当前舆情研究的版图上，关于政务舆情的研究历时较长而热度不减。服务行业的舆情研究却相对冷落。因此，未来的研究应重新审视服务业的舆情研究；服务行业直接面向市场，了解消费者对商品和服务的评价，是每个企业持续发展的动力。传统的市场调研主要通过抽样调查的方式进行，而抽样调查往往存在覆盖面偏差[③]和自选性偏差[④]等问题。而大数据的兴起则为掌握消费者的评价反馈情况提供了新途径。首先，各电商平台都为消费者提供了售后评价的入口，消费者可以在上面留言阐述自己的消费感受；其次，消费者除了在电商平台上留言之外，还会在各种社交媒体上评论晒图表达自己的观点。因此，对电商平台和社交媒体上的评价文本进行数据抓取和语义分析后，可以通过消费者的情绪特征发现销售中的问题。目前，通过对消费者评论的情绪分析来判断消费者满意度已成为一个新兴研究热点。比如对旅游市场的研究发现，游客情感作为中介因素，可以正向影响其满意度和口碑宣传。[⑤] 也有研究探析了网络口碑与酒店绩效之间的关系，发现网民的总体评价越好，酒店的经营绩效越高，而酒店对负面评价的回应越充分，酒店销售绩效也会更好。[⑥]

---

① Khan, A. Z. H., Atique, M, Thakare, V. M., "Combining Lexicon-based and Learning-based Methods for Twitter Sentiment Analysis", *International Journal of Electronics, Communication and Soft Computing Science &Engineering* (*IJECSCSE*), 2015, p. 89.

② Kolchyna, O., Souza, TTP., Treleaven, P., et al. "Twitter Sentiment Analysis: Lexiconmethod, Machine Learning Method and Their Combination", in Mitra, G. and Yu, X., eds., *Handbook of Sentiment Analysis in Finance*, 2015.

③ Bethlehem J, "Selection bias in Web Surveys", *International Statistical Review*, vol. 78, no. 2, 2010, pp. 161-188; Smyth, J. D., Dillman, D. A., Christian, L. M., et al. "Using the Internet to Survey Small Towns and Communities: Limitations and Possibilities in the Early 21st Century", *American Behavioral Scientist*, vol. 53, no. 9, 2010, pp. 1423-1448.

④ Radojevic, T, Stanisic, N., "Ensuring Positive Feedback: Factors that Influence Customer Satisfaction in the Contemporary Hospitality Industry", *Tourism Management*, vol. 51, 2015, pp. 13-21.

⑤ 粟路军、黄福才：《服务公平性、消费情感与旅游者忠诚关系——以乡村旅游者为例》，《地理研究》2011 年第 3 期。

⑥ Kim, W. G., Lim, H., Brymer, R. A., "The Effectiveness of Managing? Social Media on Hotel Performance", *International Journal of Hospitality Management*, vol. 44, 2015, pp. 165-171.

另一方面，在媒介渠道泛滥和信息爆炸的时代，消费者对传统的广告、促销等形式产生了极强的免疫力，开始转而重视同类群体的意见。消费者评价的情绪倾向具有很强的感染力，如果用户体验不佳，消费者便会在社交媒体上发泄自己的不满。这种负面情绪不仅影响了用户的后续消费，也会在其朋友圈中激起一场负面的口碑风暴。反之，如果消费者体验良好，其发表的正面评论则可以放大积极口碑的影响力。由此可见，充分利用计算机科学技术在数据挖掘和语义分析方面的优势，对网上售后评论中的情绪进行分析判断，也是把握情绪传播与研究价值的一个重要来源。

结语

情绪的表露与传递不仅是心理学意义上知觉态度的体现，也可以通过社会认知和行为映射出来。因此，社会情绪的表达与扩散引发了不同学科研究者的关注。在新闻传播学领域，谢耘耕等对 2013 年 24 起公共事件的相关微博分析后发现，微博信息中以消极情绪为主，微博负面情绪越强烈，其被评论转发的次数越多，这表明负面情绪更容易在微博平台上传播。隋岩指出，新媒介为个人情绪的社会化传播创造了技术条件；“意见领袖”是个人情绪的放大器；而群体传播是个人情绪社会化的核心动因。① 徐翔在对新浪网“社会新闻”版块的网民留言进行实证研究后发现，网络媒介中存在“情绪偏好”的特性，愤怒情绪具有比其他情绪更多的数量和更高的比重，新闻的情绪强度与愤怒情绪之间存在着较其他情绪更紧密的正相关性；新闻的传播热度与愤怒情绪之间，存在着较其他情绪更紧密的正相关性。② 丁汉青等通过文献计量学的方法绘制出情绪识别、情绪感染学术领域的科学知识图谱③，为网络舆情研究提供了指引。

近年来，情绪传播成为传播学的热门议题，备受关注，但“情绪”与“情感”常被视为同一概念混用，进而引发不同研究结论的间隙和学科认同的歧义。本文采用“情绪”的概念，一方面是因为情绪是情感的外显形式，另一方面情绪具有情境性和暂时性，网络事件的演化势必会引发公众情绪的时刻变

---

① 参见隋岩、李燕：《论群体传播时代个人情绪的社会化传播》，《现代传播》2012 年第 12 期。

② 参见徐翔：《新浪社会新闻传播中的“情绪偏好”效应与特征研究———基于新浪社会新闻的网络挖掘与实证分析》，《国际新闻界》2017 年第 4 期。

③ 参见丁汉青、刘念：《情绪识别研究的学术场域——基于 CiteSpace 的科学知识图谱分析》，《新闻大学》2017 年第 2 期。

化，因而采取“情绪传播”的用法更能反映其动态特征。正基于此，本文提出了情绪传播的三种路径。分别是聚焦情绪型舆论形成的舆论学视角、关注情绪引致行为的心理学视角和致力于语义识别的计算机科学视角。与之对应，三种学科各自在情绪传播研究中的未来方向是：注重从“事件导向型情绪”向“全域整体型情绪”的研究深化；注重网络公共事件中的反向认知情绪研究；注重行业舆情中的情绪判别与口碑营销。

情绪传播的现象由来已久，然而今天其又被赋予了新的意义，这不仅是因为互联网技术发展带来了情绪表达渠道的拓展，更源于当前社会结构调整和利益格局变革引发的社会心态变化。在情绪传播的研究过程中，除了立足本学科的优势特长，还需要将其置于新兴技术发展和现实社会变迁的背景中，从跨学科、多领域的视角切入。只有从心理学、社会学、经济管理学和计算机信息科学等多元学科中汲取理论和方法的营养，才能在包容互鉴中拓展传播学情绪研究的一方沃土。

动员、信任与破解：网络谣言的圈子化传播逻辑研究[①]

陈华明　刘效禹

摘　要：网络圈子是依托网络平台，以情感、利益、兴趣等维系的具有特定关系模式的人群集合。谣言作为一种“信息噪音”和“社会心理镜像”，在网络圈子中的生成、扩散与破解，表现出个体信息获知需求与信息公开度矛盾驱使下的圈子内协作生产、多元信源背书下的谣言扩散、多重主体协同下的破圈行为等新的谣言传播特征。本文首先对圈子及圈子化传播进行了理论溯源和现状梳理，明确了运用圈子化理论研究网络谣言的适用机制和路径，并以新型冠状病毒肺炎疫情谣言为例，通过对本次重大突发公共卫生安全事件中谣言圈子化传播现象和传播诱因加以剖析，对网络谣言如何在圈子化客观存在中生成、扩散并最终被破解的过程加以诠释，对圈子与圈子化传播在这一过程中起到何种作用等问题加以回应，并以此为基础探寻圈子化视域下止谣、辟谣、治谣的机制与路径。

关键词：谣言　圈子化传播　新型冠状病毒

网络谣言，简而言之，是指在网络上传播，没有事实依据且带有迷惑性、攻击性、目的性的特定话语或消息。在当前，不同的网民开始基于血缘、地缘、学缘、业缘和趣缘等形成了独立的圈子。相较于高高在上的主流媒体，网民们更愿意依赖一个个“部落化小圈子”以获得资讯、分享观点、寻求精神慰藉、获取归属感。[②] 伴随圈子作为基本传播单元的普及，网络谣言的生成与传播也表现出鲜明的圈子化特征。

---

① 陈华明、刘效禹：《动员、信任与破解：网络谣言的圈子化传播逻辑研究》，《现代传播（中国传媒大学学报）》，2020 年第 10 期。

② 李彪：《后真相时代网络舆论场的话语空间与治理范式新转向》，《新闻记者》2018 年第 5 期。

本文将以新型冠状病毒肺炎疫情谣言为例，观照网络谣言的圈子化传播规律，对网络谣言中圈子化传播进行理论性梳理，研究网络谣言在圈子中的生成、扩散、破解的具体路径、动因、表现。本文试图回答如下问题：网络谣言如何在圈子中生成、扩散并最终被破解？谣言的圈子化传播具有哪些特征？圈子与圈子化传播在网络谣言一系列过程中起到何种作用？并以此为基础，探寻圈子化视域下止谣、辟谣、治谣的机制与路径。

一、从圈子到圈子化传播：理论溯源与研究现状

所谓“圈子”，是“以情感、利益、兴趣等维系的具有特定关系模式的人群集合”[①]。这种稳定的人群集合是关系互动的产物，关系对研究圈子具有重要意义。在国内，有关圈子的研究大体可以追溯至20世纪初费孝通的“差序格局”理论。在对中国传统社会结构进行研究时，费孝通指出，传统社会中，人们基于血缘、地缘建构起了一张张的社会关系网络，这一社会关系“好像把一块石头丢在水面上所发生的一圈圈推出去的波纹。每个人都是他社会影响所推出去的圈子的中心。被圈子的波纹所推及的就发生联系”[②]。在基于关系而形成的“差序格局”中，每一个体都拥有以自我为中心的关系圈子，也处于多个由他人所建构的关系圈子之中。因此，一方面，依照在社会交往中的亲疏远近，圈子将一个个零散的个体连接在一起，形成或强或弱、或频繁或稀疏的互动与交流，共同形塑了社会关系与社会范围边界；另一方面，各类信息依托圈子得以获得传播的土壤，圈子成为传统社会中个体接收与传播信息，获取资讯的重要渠道，构成了传统社会信息流通的重要渠道单元。

基于差序格局理论而延伸出的“圈子”概念揭开了国内圈子研究的序幕。不少学者从社会学视角出发，将圈子置于社会关系情境中，聚焦圈子的社会意义与行动机制开展研究。如周建国从差序格局出发，对中国人际关系的结构与功能进行研究，提出随着社会的现代化转向，社会结构正在向紧缩圈层结构转变的论断。[③] 黄光国等人从中国人的社会交往动机出发，指出情感关系、混合关系和工具性关系构成了中国社会的三大人际关系，且每种关系都有其对应的

① 彭兰：《网络的圈子化：关系、文化、技术维度下的类聚与群分》，《编辑之友》2019年第11期。

② 费孝通：《乡土中国》，北京：北京出版社，2005年，第32页。

③ 周建国：《紧缩圈层结构论——一项中国人际关系的结构与功能分析》，《社会科学研究》2002年第2期。

独特互动机制等。[①] 可以说，在圈子研究初期，社会学领域占据了主要的研究阵地，并十分关注现实社会关系这一核心要义。

从国外研究来看，不同于国内研究者对“圈子”一词的本土化使用，国外研究者承袭了发端于20世纪30年代的社会网络理论。西方学者从社会网络中的关系着手，主要对社会行为个体与其所处社会网络的关系加以探究，研究问题多数较为具体。如Lewis、Michael、C. Feiring以儿童群体为研究对象，对家庭、朋友、熟人、同龄人等社会关系网络对其成为社会群体或网络一员过程中所扮演的角色进行研究。[②] Christopher P Diehl，Galileo Namata等人聚焦情报分析与诉讼支持等领域的网络协作问题，通过对这些领域中的群体和组织关系的形成和演变加以研究，并试图建构社会网络关系图。Ellison Nicole B，Vitak Jessica等人以614名美国成年人为对象，对感知桥接社会资本与Facebook线上沟通行为之间的关系进行了研究，等等。[③]

互联网时代的到来，扩展了“差序格局理论”和“社会网络理论”研究的圈子范畴，但都不能绕开“个体中心”这一客观存在。互联网圈子框定人的互动范围并将其分层与序列化，它是人类生活圈子的体现和延伸。[④] 与传统社会中的圈子不同，互联网圈子表现出了独有的特征。从组成动因来看，除了血缘、地缘等传统因素之外，趣缘、业缘甚至学缘也成为影响圈子组成的重要因素。从传播模式来看，相较于传统社会中的圈子传播，互联网时代的圈子传播形式更为多元化，既包括圈子内的内部传播，又包括圈子间的信息流动以及线上及线下的网络互动传播。从传播力度来看，除了传统的关系与信任之外，圈子内外之间的协作也成为影响一则信息传播力度的关键因素。互联网与圈子的结合大大促进了圈子研究的传播学转向。不少学者开始将视野投注于互联网圈子这一研究对象上来，并以具体媒介或传播现象作为对象，进行了一系列或宏观或具象的研究。如朱天等人将互联网圈子定义为“社会成员基于不同缘由，以社会关系的远近亲疏作为衡量标准，通过互联网媒介平台集聚与互动，所建

---

① 黄光国、胡先缙等：《人情与面子：中国人的权力游戏》，北京：中国人民大学出版社，2004年，第5页。

② Lewis，Michael，C.，Feiring，“The Child's Social Network：Social Object Social Functions，and Their Relationship”，*The Child and Its Family*，New York：Springer US，1979，pp. 9－27.

③ Diehl，Christopher，P. G.，Namata，L. Getoor.，“Relationship Identification for Social Network Discovery”，National Conference on Artificial Intelligence AAAI Press，2007.

④ 周大勇、孙红昶：《互联网“圈子”传播：分层互动与关系的弥合》，《图书馆学研究》2018年第17期。

立并维系的一个社会关系网络”，从形态、影响等方面对互联网圈子进行的研究。[①] 蔡骐等人聚焦趣缘圈子与虚拟社区之间的关系，对虚拟社区中的趣缘文化传播的研究。[②] 彭兰从关系、文化、技术三维度下对网络圈子化进行的研究等。[③] 不少研究者就圈子化传播的基本形态基本达成共识，即“线上圈子内传播”“线上圈子间传播”“线上/线下圈子间传播”。这些构成了当前国内圈子化传播研究的基础。

可以说，现实社会和网络中的圈子化传播都是依托“差序格局理论”与“社会网络理论”发展起来的。虽然切入点不同，表述各异，但两种理论进路都强调“关系”在圈子形成中的基础作用，都承认“社会关系”在社会圈子构成中的重要地位，这里就不再赘述关系概念了。本文将继续延续“差序格局理论”与“社会网络理论”，围绕“关系”这一共有核心内涵，以关系中的动员、信任、协作为着力点，从网络谣言的生成、扩散与破解三个基本维度出发，探寻圈子化中的动员、信任、协作等机制在网络谣言各个阶段中的影响作用，并以此为基础寻求圈子化视域下止谣、辟谣、治谣的思考指引。

二、网络谣言的生成：多元心理作用下的圈子内情绪动员

心理因素是网络谣言生成的重要诱因，最重要的诱因就是情绪。情绪是多维度而非在离散状态下存在的，网络传播圈子内的谣言主体常常在谣言传播的议题中传递着多维度的情感状态，表现出有关挑唆、愤怒、厌恶、焦虑、悲观等情绪向度和表达特征。在当前传播环境下，一方面，任何网络谣言的发起者均属于某一个或多个网络传播圈子，其作为圈子成员的身份为进入圈子及在圈子中传播信息提供了便利条件；另一方面，受血缘、地缘、业缘等影响，同一圈子成员在认知、文化、阶层等方面具有一定共通性，在一定程度上加剧了谣言在圈子内散播的可能性。谣言主体在某种表达动机驱使下，在较高开放性和无门槛的圈子内直接通过议题表达，传递高唤醒度情绪、消极情绪、高唤醒度消极情绪三种心理感受。这些心理感受触发圈子内其他成员的欲求动机和防御动机干扰，产生情绪上的波动和反抗，会相应出现更具破坏力的谣言传播行为

① 朱天、张诚：《概念、形态、影响：当下中国互联网媒介平台上的圈子传播现象解析》，《四川大学学报》（哲学社会科学版）2014 年第 6 期。

② 蔡骐：《网络虚拟社区中的趣缘文化传播》，《新闻与传播研究》2014 年第 9 期。

③ 彭兰：《网络的圈子化：关系、文化、技术维度下的类聚与群分》，《编辑之友》2019 年第 11 期。

和对谣言“深信不疑”的传播现象。谣言主体利用既有社会关系对圈子内成员进一步做情绪动员，最后演变为有机体应对环境的一系列复杂行为。此时，圈子已不再是单纯的交往空间，而成了谣言的“培养皿”。在一个相对封闭的传播圈子中，谣言得以吸收最初的养分，接受圈子内部成员的“检验”，以获得进一步传播的能量，进入下一个传播圈子，或者在“培养皿”中消亡，停止传播进路。

在此次新型冠状病毒肺炎疫情中便出现大量以微信、微博、抖音等平台进行谣言传播的案例。例如2020年1月26日，江西省网民李某某在其微信群发布虚假信息，谎称由于有人感染肺炎，某酒店员工集体被隔离，并在微信群中制造恐慌。再如湖南省网民王某某拍摄当地省直中医院大门关闭的视频，将其发到微信群中，并散布了多人感染肺炎导致医院关门的谣言，引起民众恐慌。有学者指出，新媒体环境下的谣言主体社会心理主要表现在四个方面，即对权威的认同心理、对安全感缺失的焦虑与恐惧心理、获利心理与好奇心理。[①]

在这些案例中，谣言发布者正是以某一传播圈子成员的身份出现，借助地缘上的接近性，利用带有明显的心理导向的字词激发圈内成员的焦虑与恐惧心理，从而达到造谣、传谣的目的。且圈子化“时刻在场”的传播模式以及微信等媒介对多元信息形式具有包容性的传播特性也为谣言发布者及时回复质疑，采取“摆事实”的方式为加强谣言“可信度”提供了便利。莫斯科维奇曾有言：“一旦人们被聚集在一起，并融为一个群体，他们就失去了各自的鉴别力……他们理解的唯一语言是那种绕过理性，直接向灵魂讲述的语言，这种语言所描述的现实比实际的情况既不更好，也不更坏。”[②] 在理性包装下的非理性语言的煽动之下，圈子内成员被焦虑与恐惧情绪主导，既使个体丧失了信息鉴别能力，谣言也因此进一步蔓延。

麦库姆斯和肖1999年对议程设置理论修订时提出了“议程融合”假设。该假设出发点是社会大众，着重研究社会大众为何使用各类传播媒介、如何使用传播媒介以及使用传播媒介所达到的社会效果。[③] 该假设认为现代社会中个人必须加入某个社会群体以获得安全性和确定性，为了融入自己要加入的群体，个体必须接触与该群体相关的媒体以获取信息。与此类似，相较传统的谣

① 张志安、束开荣：《微信谣言的传播机制及影响因素———基于网民、媒介与社会多重视角的考察》，《新闻与写作》2016年第3期。

② 安德森：《想象的共同体：民族主义的起源与散布》，吴叡人译，上海：上海世纪出版社，2005年，第167页。

③ 黄瑚、李俊：《“议题融合论”：传播理论的一个新假设》，《新闻大学》2001年第2期。

言传播模式，网络圈子中的谣言传播是传谣者与信谣者为了在节点间的链接中获得存在感和确定性，为了加入自己要加入的网络群体，个体必须接触与该群体相关的媒体和信源（即使是不可信的信源），并使自己的议程与这一群体议程一致，从而形成圈子内谣言传播的议程融合。同时，如果发布者与接收者对信息的心理期望匹配度高，则容易引发情感共鸣，便于形成蔓延局势。传播圈子的相对封闭性为谣言从滋生到壮大提供了稳定的外部环境；谣言发布者与圈内成员之间或强或弱的关联性为谣言传播提供了足够的信任基础；圈子成员的随时在场性为谣言接收与传谣者对质疑之声的快速回应，以及传谣策略的调整提供了便利的客观条件；而圈子依托的传播平台其本身所具有的对多元信息形式的包容性则为文字之外的东西，如截图、视频等在内的更具“真实性”的谣言信息提供了存在的可能性。正是在这一系列要素的作用下，谣言得以在圈子这一“培养皿”中生根、发芽、壮大，并最终走出圈子，获得进入其他圈子的传播能量。

三、网络谣言的扩散：“信任”背书下的圈子间“议程设置”

圈子化的传播机理实质上是基于不同条件信源下的一种二次传播，或者说是N次传播。[①] 当一则谣言完成对圈内成员的情绪动员，“圈子”中的核心受众便将接收到的信息传播给较活跃的受众，最后传播给其他人。在大多数情况下，人们只会传播那些他们认为可信的谣言。[②] 因此，信任在谣言扩散中起着至关重要的作用。在谣言的圈子化传播中，由于圈子特有的结构组成特征与传播特征，信任在其中起到的作用更加明显。这主要表现在以下几个方面：

从圈子内部的结构关系来看，部分圈子成员之间存在的从属关系导致圈子成员向圈内权威信源的顺服，在客观上为谣言传播提供了结构基础。Granovetter等人认为，在社会互动中的人们有着混合性动机（mixed sources of action），个人行为的动机不仅基于纯粹自我利益的理性选择，而且包括了源于信任的合作和慑于权力的顺服。[③] 谣言的转发行为也是一种社会互动。在

---

① 袁青、周蕊等：《传播学视阈下“圈子”文化的“价值观”聚合》，《编辑之友》2015年第10期。

② Rosnow, R. L., Yost, J. H., Esposito, J. L., “Belief in Rumor and Likelihood of Rumor Transmission”, *Language&Communication*, vol. 6, no. 4, 1986. pp. 189－194.

③ Granovetter, M., “Coarse Encounters and Formal Models: Taking Gibbons Seriously”, *Administrative Science Quarterly*, vol. 44, no. 1, 1986. pp. 158－162.

一些具有从属关系特征的传播圈子中，一旦具有话语权的成员发布谣言信息，处于从属地位的圈子内成员则极有可能向权威妥协，充当谣言转发者的角色。例如新冠肺炎疫情蔓延阶段出现的“（1 月 26 日 9 时 30 分，央视新闻频道 CCTV－13）将播出由白岩松主持的《防范新型冠状病毒肺炎》专题节目，钟南山院士受邀讲解相关知识，请广大师生届时收看，并主动做好各项防控工作”的谣言。在此谣言传播事件中，中小学教师群体充当了圈子中谣言的发布者。而由于在家校信息群中，基本遵从以教师为权威中心的结构关系，这就导致大量家长与学生的盲从，促进了谣言的扩散。

从圈子组成的聚合属性来看，大量专业化或“伪专业化”圈子的存在为谣言的生成与传播提供了信任基础。专业化传播圈子指的是以某一领域的专业人员组成的传播圈子，如医护人员传播圈子。通常情况下此类圈子的存在在谣言传播中应该起到阻断传播的作用。然而，一旦出于某种原因，如果专业化的圈子充当谣言的发布者，或者某些“伪专业化”圈子打着专业化的旗号散布谣言，那么其具有的权威性极有可能导致谣言的大爆发，成为谣言传播的重灾区。在此次新冠肺炎相关谣言中，一则题为“疫情之下的×××（×××为某个境外国家）”的谣言在华人社交圈子里大量传播，其内容大同小异，被称为“通稿式造谣”。尽管这些通稿式谣言最终被查实来自以福建的三家企业为主的运营主体的有意编造，但其作为专业圈子的身份拥有的权威性与信任度，无疑对华人群体造成了巨大冲击。

从圈子化传播中的谣言文本特征来看，有的研究表明，网络谣言的文本特征与用户信任之间具有相关性。如图片、视频、链接会影响用户的信任与关注度①，谣言内容的原创性、写作风格均会明显影响用户的关注度和信任度。②由于传播平台对信息形式的包容性，在圈子化传播中，谣言时常以多元形态出现在圈子成员面前；且借助现代技术，实现权威信源和不实信息之间的嫁接，从而达到借助权威信源背书进行传谣的目的。在关于新冠肺炎疫情的诸多谣言中，钟南山被作为信息的发出者多次出现。例如在“双黄连口服液有效防治新冠肺炎”和“钟南山院士建议盐水漱口防病毒”的谣言中，造谣者以钟南山院士在央视新闻接受采访的画面为背景，采用 PS 技术，在画面中呈现出“据可靠研究结果表明”“专家说”的字样，以期诱导受众传谣。此外，作为新兴传

① 张自立、姜明辉：《社会媒体用户对谣言关注度的实证研究》，《情报杂志》2012 年第 12 期。

② 邓胜利、付少雄：《网络谣言特征分析与预测模型设计：基于用户信任视角》，《情报科学》2017 年第 11 期。

播平台，抖音短视频在此次新冠肺炎疫情中成了谣言的重灾区。诸多网友采用视频这一表现形式在抖音平台发布不实信息，使抖音平台成为谣言的滋生地之一。

"网络谣言在一个圈子内部传播，会被信息桥节点转发到其他圈子，出现了圈子之间的嵌套、连接进而会产生情绪共振和情感共鸣。"① 在信任因素的主导作用下，当谣言在不同圈子之间扩散，相似性质的圈子之间便会产生"议程设置"。而谣言关涉的利益群体越大，其传播速度和覆盖面就越快、越广。当谣言关乎整个社会的个体切身利益时，便会在所有圈子之间形成大规模的"议程设置"。此时，若不及时、有效地辟谣，谣言的传播将会对个人和社会造成不可估量的损失。可以说，借助圈子的力量，网络谣言的传播已经显示出愈演愈烈之势。

四、网络谣言的破解：多重主体合力打破圈子"后真相"壁垒

在圈子化背景下，网络谣言的破解主要依靠包括媒体与个体在内的多元主体对圈子内及圈子间"后真相"壁垒的破除。"圈群化的嵌套传播结构是'后真相'时代信息传播的技术基础。"② 互联网时代的到来促成了人类社会的重新部落化。而包括微博、微信、抖音、快手等在内的媒介平台的出现，为这一重新部落化行为提供了有力的载体与支撑。借助这些平台，身处不同空间与地域的个体以各种缘由聚集在一起，成为一个或多个部落化圈子的一员。圈子内信息传播内容的重复与同质化，传播立场的倾斜与偏颇极易出现因情感与观点占据上风而导致的真相失语与情绪极化，并促使"后真相"现象出现。可以说，从某种程度上而言，无论是谣言生成初期的情感动员还是扩散过程中的圈子间"议程设置"，存在于圈子内外的"后真相"壁垒始终存在。

因此，当存在于圈子内外的"后真相"壁垒由于某种更具可信性与权威性的信源的出现而被破除时，谣言便失去了在圈子内继续传播和扩散的可能性。通常情况下，主流媒体与权威人士充当了辟谣主体，通过大众媒体等渠道将真相公之于世，从而起到破除谣言的作用。在这一过程中，无论从属于哪个传播圈子的个体，都能够无差别地接收事实的真相，圈子的"后真相"壁垒在事实

① 李彪：《不同社会化媒体圈群结构特征研究——以新浪姚晨微博、草根微博和人人网为例》，《新闻与传播研究》2013 年第 1 期。

② 李彪、喻国明：《"后真相"时代网络谣言的话语空间与传播场域研究——基于微信朋友圈 4160 条谣言的分析》，《新闻大学》2018 年第 2 期。

广泛传播的那一刻便不攻自破。而在圈子化的传播背景下，具有真相接近性的普通个体作为辟谣主体的广泛参与以及圈子间的信息共享，使圈子化背景下的辟谣行为表现出多元主体联合辟谣的显著特征。

一是谣言发布主体迫于某种外界压力，公开在圈子内外辟谣。一方面，圈子内成员之间广泛存在的线下社会交往关系在一定程度上为谣言发布者施加了心理压力；另一方面，圈子化的信息传播具有信源的可溯性，借用信息技术，可以很快追溯到谣言发布者，从而方便相关部门对造谣者施压。在此次新冠肺炎谣言治理过程中，不少在圈子中散布谣言的主体及群主均受不同程度的法律制裁，例如河北省某网信办依法约谈了某微信群因群成员散布疫情谣言而未履行群组管理责任的群主王某某，对其提出批评教育。贵州省某微信群群主姚某也因相似缘由被当地民警训诫等。借助法律的力量，谣言发布主体对造谣行为的公开承认客观上起到了辟谣的作用。

二是圈子成员作为核心事实的掌握者，以事实为依据进行辟谣。这主要表现在专业人士及事实接近者作为圈子成员在辟谣过程中发挥的作用。在此次新冠肺炎疫情中，专业医护人员以及湖北当地群众在疫情谣言的辟谣过程中发挥了至关重要的作用。如针对新冠肺炎爆发早期，国内诸多民众仍然坚信“病毒不存在人传人现象”的谣言，坚持不戴口罩，大量专业医护人员则通过自己所在的传播圈子发布权威疫情信息，促使普通民众意识到疫情的严重性，并做好早期防护工作。此外，不少湖北籍民众通过在各类平台实时发布疫情信息，让圈子内其他成员能够及时了解疫情中心地区情况，掌握事实真相，也在很大程度上起到了辟谣作用。可以说，此类个体的参与已成为圈子化背景下重要的辟谣途径。

三是不同圈子间成员信息互通，借助“节点”的力量破解了谣言圈子壁垒。在信息传播过程中，节点往往充当了信息从一个圈子向另一圈子转移的角色。当真相在某个圈子中传播，再通过“节点”进行转发，信息便会很快从一个圈子蔓延到其他圈子，并最终对谣言进行阻断。当充当信息传播节点的个体所在的传播圈子越多，信息转发行为越及时，转发面越广，谣言被快速制止的可能性便越大。正是在这一层层嵌套的传播结构中，真相最终获得了绝对话语权。

可以说，在圈子化的谣言破解中，除了传统辟谣方式，个体的参与和圈子间的协同也是重要辟谣力量。这就要求唯有剖析个体与圈子之间的复杂传播场域，从实践与理念上破除圈子场域带来的信息流通与认知观念壁垒，才能打破桎梏于某一圈子、某一谣言事件的视野局限，也才能顺应传播规律，借助多元化工具，合理利用圈子及其特征做好防谣治谣工作。基于此，本文认为圈子化传播背景下的网络谣言破解应当遵从如下几个方面。

首先，甄别与剖析圈子化背景下谣言生成、扩散过程中传播者的圈层背景、深层动机与谣言再造机制，做到针对性辟谣、治理性辟谣。首先应当通过圈子化的传播模式快速甄别传谣者的动机以及圈子内的意见气候，对谣言发起者、传播者、围观者的动机加以剖析。如通过对个体在谣言转发过程中的诸多谣言再造行为，包括忽略细节的谣言削平（leveling）行为、增加细节的谣言添加（adding）行为、突出某部分细节的谣言磨尖（sharpening）行为等加以研究，掌握谣言传播的内在规律，了解转发者的内在心理动机及其谣言传播行为的社会动机，快速掌握某一阶段、某一背景下某一群体聚焦与关注的社会问题，判断其潜在社会风险，有针对性地辟谣治谣。同时，在对谣言产生的社会背景与传谣者的心理动因深刻认识的基础上，将谣言出现的偶然性和整个社会发展及社会问题显露的必然性联系起来，将谣言的破解和社会治理的大环境与大视野结合起来。既关注圈子在谣言生成、传播中的特殊角色，掌握圈子本身的传播特征；又聚焦作为谣言生成与传播空间的文化、阶层场域与社会根基，将二者结合起来，做到综合考量、综合治理。

其次，引导圈子的社会认同与集体观念，培育自组织机制，发挥圈子作为有机体的辟谣能动性。圈子化谣言的有效破解还在于引导圈子作为一个有机整体发挥治谣作用。相较非圈子传播环境，圈子内的传播气候更加一致，也更容易达成统一的认知与意见。在这一背景下，一旦圈子内的传播风向发生偏转，将会导致整个圈子内成员在态度与行动方面的集体偏向，甚至造成整个舆论环境的负面导向。但反之，若能充分发挥圈子作为一个整体的特征与优势，那么就不仅可以对圈子内谣言有效破解，还可以以此为契机对整个圈子场域内的传播环境进行澄清与过滤，并提高圈子生态对谣言的抵抗能力。这就要求我们将圈子作为一个有机整体，充分发挥其在止谣、治谣过程中的能动作用。一方面，聚焦圈子内部成员结构，培养圈子内成员普遍的社会价值认同，引导圈子形成良性的信息沟通环境，使圈子成为意见交换与情感交流的有益场所。既要鼓励圈子内成员不断提高自身的媒介素养，增强对谣言信息的甄别能力，又要培养圈子内成员作为独立主体敢于发声、有效发声、抵制谣言的能力。从成员自身出发，优化圈子信息结构。另一方面，着眼于影响整个圈子构成与运行的复杂要素与机制。根据血缘、地缘、趣缘、业缘、学缘等分类，把握圈子的基本构成属性，发挥圈子中核心成员的把关人作用，确定圈子信息传播的责任人，针对不同属性的圈子形成相应的信息把关与谣言筛查的自组织、自过滤机

制。从而以圈子为基础，内外协同，净化圈子信息传播环境，突破圈子在谣言传播中的潜在壁垒，破坏谣言滋生与传播的土壤。

第三，要发挥技术的正向形塑与引导作用，建立真相与事实在不同圈子间的快速流动机制，尽可能缩减辟谣时差，做到快速辟谣、统一辟谣。在加强和统一圈子内部的集体认同与辟谣能动性的同时，还应有意识地加强真相在不同圈子之间的快速流动，从而做到统一辟谣。正如前文所言，由于个体在所处阶层、社交关系以及使用的媒介平台等方面的差异，不同群体所处的传播圈子表现出圈子内部高度同质，圈子之间异质严重的特征。这就导致谣言在各圈子中传播度的高度异质。即一则谣言在某一个圈子之中无法获得继续传播的机会，而在另一个圈子之中则会得到快速传播，或者在某一圈子中已经被证实为谣言的信息，在另一圈子中仍然被当作事实持续发酵。这就要求人们在尊重技术发展与信息传播规律的同时，尽可能增强事实与真相的传播力度，防止不同圈子之间出现信息差。具体而言，首先，应借助技术的力量实现最大范围的知识普及与素养提升，为谣言的有效分辨与真相的快速传播奠定受众基础。其次，利用多元化的传播平台实现真相的及时与即时输送。除了专业化媒体平台，还应充分利用圈子广泛聚集的社交媒体平台（如微博、微信），短视频平台（如抖音、快手），各类兴趣论坛（如豆瓣、哔哩哔哩）等，实现辟谣信息的全覆盖。此外，还要发动尽可能多的专业主体参与辟谣过程，例如此次新冠肺炎疫情中出现的“回形针”“春雨医生”“三甲传真”等公众号平台都发挥了科普与辟谣作用。从而实现多元辟谣、多方辟谣。

最后，建立圈子“协同进步”的耦合机制，既尊重多元圈子的区隔并存，又注重“破圈”协作。就当前的传播圈子来看，不同圈子之间水平参差不齐，这一现象已经严重阻碍了一个统一的、高水平的信息化社会的进程，也为谣言的滋生提供了可能的空间。在这一背景下，谣言的破解还应着眼于建立圈子之间“协同进步”的耦合机制。即在尊重不同圈子建立规则及成员关系与权益，尊重成员之间的客观差异与信息传播自由的基础上，尽可能地通过多种手段建构认同。以高媒介素养圈子带动低媒介素养圈子；以专业化圈子指引非专业化圈子；以统一政策规范圈子之内与圈子之间的行为准则，相互依托、相互关联，共同促进整个社会素养提升的“破圈”协作局面的形成。

借助多元主体的联合作用，使原先存在于圈子之内与圈子之间的“后真相”壁垒得以被打破。此时，事实代替情绪，真相接替谣言，重新主导了圈子内的话语空间，谣言也便由此消散。可以说，甄别、引导、破除壁垒、建构认同构成了圈子化传播背景下破解谣言的主要方式。这也是圈子这一特殊传播空间与传播范式能为我们带来的有关谣言治理方面的有效尝试。

结语

谣言和人类历史一样古老。在经历了部落化时代的口口传播、工业化时代的大众传播、互联网时代的网页传播之后，当前的谣言已经向后互联网时代重新部落化背景下的圈子化传播迈进。可以说，圈子化传播已经成为当前网络谣言最主要的传播形式之一。在圈子化的传播环境下，现实社会环境与个人主观意图等复杂因素是谣言生成的关键动因，信源与信息内容的可信度是谣言传播的关键基础，成员间的议程融合与情绪动员是谣言扩散的关键心理，多元主体以事实为武器对圈子间后真相壁垒的破除是谣言治理的关键手段。从工具属性或媒介研究的多维度审视，圈子已不仅仅以单纯的线上交往空间出现，而是发挥媒介化工具作用对谣言的生成与传播推波助澜。

谣言的研究往往指向对谣言防范的实践指引。“网络的复杂性决定了网络风险的复杂性，网络空间与现实社会交织也决定了网络风险与现实之间相互影响的关系。”① 圈子化传播具有的勾连网络空间与现实社会的架构特征，一方面导致了谣言从现实社会向网络空间的快速转移；另一方面也造成了网络空间潜在的谣言风险向现实社会持续蔓延。因此，无论从认识当前网络谣言传播特征与规律的层面出发，还是从对网络谣言的有效防范层面出发，圈子化视角都无疑为我们进一步观照网络谣言提供了值得借鉴的有益路径；而对包括圈子化传播在内的新的谣言传播形式的关注也应当成为未来网络谣言治理研究的重点之一。

① 陈华明：《网络社会风险论：媒介、技术与治理》，北京：中国社会科学出版社，2019 年，第 33 页。

大数据背景下城市灾难事件舆情治理研究及路径转向①

王炎龙

摘　要：本文通过梳理国内外城市灾难事件的舆情治理相关研究，考究大数据技术应用于城市舆情风险治理的可行性，进而提出应对城市舆情风险需要转向。既要转变态度，从原来的压制性管控模式向协商共建模式转向；又要转变方式，从舆情出现后的平复手段向舆情出现前和发生时的引导方式转向。

关键词：城市灾难事件　舆情治理　大数据　路径转向

互联网的出现给社会和城市发展带来了全新的信息环境和传播通路，城市灾难事件的社会舆情把握也因互联网的出现而产生了新的问题、路径和对策。回顾30年来中国城市灾难事件的发展历程，可知社会舆情的背后都有潜在规律，在某种程度上形成了“舆情曲线”。因此，对城市灾难事件的舆情治理，主要是抓住社会舆情的关键节点，进行介入、干预和引导，甚至扭转，进而实现舆情治理，实现公共危机管理的平稳过渡，甚至赢得一些转变机遇。对此，有以下问题值得我们探究。一是城市灾难事件舆情的潜在状态到形成舆情的关键转折在哪里？这一转折具有哪些特征？二是哪些因素决定了舆情的态势及正负走向？城市灾难事件舆情的消退，其关键转折在哪里？这一转折具有哪些特征？三是根据“舆情曲线”如何把握舆情治理的关键点？本文通过梳理城市灾难事件的舆情治理研究，将基于大数据语境提出城市舆情风险治理的路径转向。

① 王炎龙：《大数据背景下城市灾难事件舆情治理研究及路径转向》，《西南民族大学学报》（人文社科版）2017年第12期。

一、城市灾难事件及其舆情治理研究

灾难事件大致分为自然灾害、事故灾害、公共安全事件及社会安全事件。除地震、台风等自然因素造成的灾害，其他三种类型的灾害都在一定程度上与人为因素有关。这四类灾害中，社会安全事件在城市灾难中最常发生。随着城市化的推进和发展，原本有限的城市空间逐渐延伸出新的空间，同时滋生了各种显性或隐性的社会问题。城市化在社会空间中表现为城市对传统农村社区的接替，在社会主体层面上表现为失地农民身份向市民身份的嬗变和转型。它不仅表现为经济体制的转轨、社会结构的转型及文化模式的转换，而且表现为人们心理上的转型适应及社会认同上的巨大变化。① 崔波从城市化本质着手，即在生产力的发展、科学技术的进步及产业结构调整等客观因素共同催化下，以农业为主的传统乡村社会向城市型社会转变，提出在城市化过程中由于身份转型、文化转换、心理适应和社会认同等因素导致不同人群、不同空间出现危机，导致城乡接合部空间失序，这为社会安全事件发生制造了可能性。如果说城市化进程提高了城市灾难事件发生的概率，那么城市化与科学技术的融合则为城市灾难事件的扩张奠定了基础。科学技术的发展，尤其是信息科技，使城市成为一个信息场，形成了信息化城市。在信息化时代，城市灾难事件可以瞬间传遍整个城市，甚至蔓延至信息能够到达的任何空间。灾难信息在传播过程中很容易失真，对不明真相的接收者而言，失真、模糊、不确定的信息容易引起焦虑，造成恐慌，形成社会舆论。城市灾难性事件的发生属于“天灾人祸”，但其中发展为社会舆论并带来不良的社会影响的，多数是人为因素。纵观历史发展，天灾人祸古今中外皆有，为什么近些年才不断演变成舆论事件？传播学认为，这是因为人们在选择性地注意这些灾难事件。城市灾难事件的发生，在风险社会环境下，对社会大众来说存在风险，时刻威胁自身利益。在信息技术的催化下，有关城市灾难事件的信息不断扩散而形成舆论，并可能引发风险。

（一）风险传播与危机管理的西方视野

早在 20 世纪 70 年代，国外就已开始对城市灾难事件进行研究了，至 90 年代末逐渐走向成熟。国外有关城市灾难事件的研究大多是着眼于灾难事件的

① 参见崔波：《城市传播：空间化的进路》，北京：中国传媒大学出版社，2014 年。

发生、发展以及相关的预警措施。如哈马德·让（Hamard Jean）[①] 等学者研究了法国在核事故中的应急方法，从人人对事件发生时间和操作评估、干预、恢复等层面，利用相关模型对核释放的大小和时间以及"关键"放射性核素中的含量进行评估，并根据该网站的地理和人口特征，计划性地进行干预，系统地对法国核事故这一城市灾难事件进行的。其实，国外关于城市灾难事件的研究中，"风险社会"或者"社会风险"是国外学者绕不开的关键词，围绕城市灾难事件的研究多数是从灾难事件带来的社会风险层面进行研究，如金（J. S. Kim）[②] 等学者在 2015 年韩国爆发中东呼吸综合征期间进行了信息传播与感知感染风险的研究。他们借助大数据从韩国 171 个在线渠道检索了 8671695 个相关在线文档，通过使用多层次模型和数据挖掘方法对这些文档进行了分析。

20 世纪 90 年代末是西方国家突发事件的高发时期，西方各国在应急管理方面的研究开始重点关注如何通过信息管理提高应急反应能力。主要议题包括对突发事件中信息沟通策略的研究、在突发性的公共事件中信息传播的研究，以及突发公共事件应急管理的信息技术应用问题。从信息传播角度对风险应急的研究，大致可以从三个方面进行概括，即"管理取向""批判取向"以及"修辞取向"。其中，"修辞取向"研究的主要内容为在突发公共事件中危机信息的传播环节，以威廉·班尼特（William Benoit）提出的"形象修复"理论最经典。90 年代后期，国外学者对信息应用的研究更是上升到了一个新高度，学者们从更多的角度对其进行了研究。奥托·莱尔宾格尔（Otto Lerbinger）从"信息角度"对"危机管理者的职责与素质"进行了分析。库姆斯则从信息需求的视角提出了持续危机管理方法，并对如何寻求信息来预防危机，如何针对危机做准备、识别控制和恢复等问题进行了研究。通过个案对应急管理进行研究，也是国外学者研究焦点。

（二）社会预警与集群演化的本土视角

自 21 世纪初，国内学者逐步强化了对城市灾难事件的研究，主要从城市灾难事件的危机处理、预警机制建立、风险评估等方面着手。城市灾难事件一

---

① Jean, H., Genevieve, B., "The French Emergency Plans in the Event of Nuclear Accidents", *Health Physics*, vol. 5, 1984.

② Song, J., Song, T. M., Seo, D. C., Jin, D. L., Kim, J. S., "Social Big Data Analysis of Information Spread and Perceived Infection Risk During the 2015 Middle East Respiratory Syndrome Outbreak in South Korea", *CyberPsychology*, *Behavior & Social Networking*, vol. 1, 2017.

旦发生，其中涉及的主体以及灾难发生的性质、带来的影响等各不相同，因此学者的研究视角也就比较多。首先，部分学者着眼于灾难事件发生涉及的主体，从政府层面、公众层面等对城市灾难事件形成的原因进行了分析，进而提出预警机制。其次，城市灾难事件发生以后，灾难信息依靠现代的传播技术和手段迅速传播，扩大灾难事件的影响范围。因此，城市传播或者城市危机传播等传播学视角也成了学者们研究城市灾难事件的视角。如李宜航、郑杰[①]等从民生新闻的角度对都市媒体如何报道城市灾难事件展开研究，将城市灾难事件这一社会学领域话题与新闻传播学结合起来。如唐英、曹新伟[②]选取从多个角度研究风险沟通视野下的突发性灾难事件在不同场域的传播互动角度。大部分社会学者还从反思、追问等角度展开思考性的研究。如邓志伟[③]从社会公共安全问题、社会流动问题等方面入手，分析影响社会安全稳定的因素，从监控、预警等层面提出了社会预警机制的框架及其运作。

媒介环境的改变加剧了人们意识和觉察风险的能力。这就不难理解为什么目前学者将城市灾难事件的研究聚焦于媒介环境的改变，把风险的演化与新媒体、网络等结合起来，并把网络空间或者网络集群现象看作城市灾难事件演化为社会风险的一个阶段。城市灾难事件的舆情演化，在当今社会，主要借助网络等媒体渠道实现。涉及城市灾难事件的网络集群研究较多，如董天策[④]梳理了2003—2015年间由灾难事件上升到网络集群事件，滋生社会风险的网络集群研究。当城市灾难发生后，灾难事件包含的社会事实被人们认识，并与自身利益或者需求相联系，具有共同利益的人们就与和自己思想一致的群体达成了共识，原本潜在的风险会慢慢演化成社会风险。如一直为人们关注的雾霾问题，雾霾天气自古就有，只是在被媒体以“雾霾”的形式反复报道，形成一种社会议题后，才被人们意识到它的危害，并向可能的危害源发难。一些灾难事件都是由于相关项目在实施过程中对其他利益相关者造成威胁，才形成巨大影响的城市灾难事件。当利益相关者对风险达成共识以后，就形成了具有共同目标的群体。按照勒庞的观点，人们一旦集聚成群，原本约束个人的道德以及社

① 参见李宜航、郑杰：《都市灾难报道的民生视角——以广州特大暴雨为例》，《中国记者》2010年第10期。

② 参见唐英、曹新伟：《风险沟通理论下突发性灾难事件不同场域传播互动研究——以台风“尼伯特”事件为例》，《西南民族大学学报》（人文社会科学版）2016年第12期。

③ 参见邓志伟：《关于社会风险预警机制问题的思考》，《社会科学》2003年第7期。

④ 参见董天策：《从网络集群行为到网络集体行动——网络群体性事件及相关研究的学理反思》，《新闻与传播研究》2016年第2期。

会机制都将在群体中失去效力，同时，群体表现出的轻信、极端、情绪化反应等弱点，很容易被其他别有意图的人利用。因此，城市灾难事件发生后，谣言、反转等信息是相伴而生的，这些谣言等不实信息正是放大风险的始作俑者，不明真相的人们被放大后的风险支配，加速了城市灾难事件的风险演化。在当下的媒体环境以及风险被意识到并达成共识的前提下，主流媒体的议程设置显然不再具有引导的功能，人们更愿意相信利益相关者的议题。这些带有主观色彩的议题很容易引导更多的人去关注相关事件，将风险延伸、深化。张华①基于“大学生掏鸟窝获刑十年半”舆情事件，研究了在新媒体时代人们认识事件过程中的网络舆情反转，警示媒体在制作新闻报道标题时应寻找合适的认知参照点，避免出现“稿件洞”。同时，由于议题的客观性以及媒体环境等因素，有关城市灾难事件的信息很容易引发信息次生灾害。信息次生灾害是指在重大突发事件发展过程中，由于信息传播的结构性原因，导致公众非理性舆论大量滋生，进而产生的群体极化言论、情绪、态度及行为。② 信息次生灾害往往是以谣言、传言等形式出现的，故意引导人们偏离事实本身。信息次生灾害的出现影响了人们对社会事实的认知，加剧社会风险的形成。

综合分析国内外关于城市灾难事件的研究，可知国内外学者对该主题的研究基本上都是着眼于灾难事件的危害、特点、影响、应对机制等，从社会学、建筑学等视角研究城市灾难事件明显多于从传播学视角出发的研究。但随着媒体的不断发展，智慧城市的不断推进，城市传播学科逐步兴起，关于城市灾难事件的研究正在逐渐向传播学延伸。

二、基于大数据的城市舆情治理路径转向

在风险社会，城市灾难事件最终会发展成网络群体事件，以舆情的形式进入公众视野。关于舆情治理路径的研究主要包括以下几个方面：一是对国外灾难事件社会舆情治理的借鉴和对比研究，如周广艳③等学者从国际视野出发探究中国舆情治理的路径，提出借鉴国外舆情治理在网络立法、机构监管、行业

① 参见张华：《网络舆情反转现象中的“参照点效应”——基于对“大学生掏鸟窝获刑十年半”微博舆情的研究》，《新闻界》2016 年第 7 期。

② 参见王炎龙：《重大突发事件信息次生灾害的生成及治理》，《四川大学学报（哲学社会科学版）》2010 年第 6 期。

③ 参见周广艳、张亦工：《网络舆情突发事件治理：国际视野与中国路径》，《山东社会科学》2016 年第 1 期。

自律、媒介素养教育等方面的经验，加快网络立法进程，提高依法治理水平，确保我国网络舆情突发事件治理取得实效，重视组织机构建设，完善应急管理指挥协同体系加强行业组织自律，促进政府与社会“握手”共治，倡导网络信息公开，增强舆情快速反应能力，开展媒介素养教育，引导网民具备道德自主和伦理自觉。二是对我国城市灾难事件中社会舆情的治理对策研究。首先政府方面要有突发事件信息传播的危机意识，在舆情到达之前做好应急、处理准备，如曹英[①]提出的关于突发事件舆情引导的五个基本方略，及遵行“4小时黄金回应法则”，优先利用新媒体，以同情开头、道歉开始，承担责任优先。政府机关必须用一个声音说话，利用第三方专家论证。其次是媒体治理方面，学者们认为大众传播媒介在城市灾难事件的社会舆情上扮演着重要角色，其舆论引导功能对稳定人心、凝聚力量发挥着举足轻重的作用。社会舆论关乎社会稳定，媒体应承担社会责任，进行有效治理，及时披露真实信息，消除大众的焦虑。三是对具体灾难案例中的社会舆情进行治理研究。以个案从微观上对具体灾难案例进行社会舆情治理研究，尤其是以具有代表性的重大灾难和灾害事件为例，力求从个别案例中总结出一般规律。如郑保卫[②]等以天津“8·12”爆炸事故为例，提出从转变思想观念、调整运行结构、综合各种要素、改进引导方式等方面入手，探讨复杂性突发事件的舆论引导策略。赵振宇[③]等以北京“7·21”特大自然灾害事件为例，从传统媒体、新媒体和政府三个方面阐述了如何在突发事件中提高舆论引导能力。蒋叶莎、罗教讲[④]以南海仲裁案的舆情传播为例，从互联网媒介角度对传播途径、媒体报道、网民回应进行了详细阐述。目前关于城市舆情治理思维主要是试图通过建立一种一劳永逸的机制来应对城市舆情。当下社会，舆论借助网络工具，具有复杂性、割裂性、变动性等，给研究者和治理者带来了严峻挑战。[⑤] 因此，在复杂多变的网络环境下，对不确定的城市舆论进行治理需要寻求新路径。张爱军[⑥]对处理突发事件及其网络舆情解决提出了法治化、预警化和大数据化几种基本方法。基于此，我们可以借用大数据资源及其技术，为城市灾难事件舆情治理提供新的路径。

---

① 参见曹英：《新媒体时代突发事件舆情引导方略》，《领导科学》2012年第9期。

② 参见郑保卫、叶俊：《论复杂性突发事件的舆论引导策略——基于天津爆炸事故舆论引导的反思》，《新闻爱好者》2016年第2期。

③ 参见赵振宇、魏猛：《在突发事件中不断提高舆论引导能力》，《新闻与写作》2012年第8期。

④ 参见蒋叶莎、罗教讲：《互联网媒介之于国家认同的构建——以南海仲裁案舆情传播为例》，《新闻界》2016年第24期。

⑤ 参见张志安、曹艳辉：《大数据、网络舆论与国家治理》，《社会科学》2016年第8期。

⑥ 参见张爱军：《社会突发事件网络舆情演化规律及其治理》，《社会科学研究》2016年第6期。

（一）厘清城市灾难舆情治理路径转向的重点和难点

重点路径为：先树立治理目标，再寻找复杂环境下的路径和对策，最终解放思维，借鉴经验并创新方式方法。具体问题如下：1. 在新形势背景下，城市灾难事件舆情治理要实现的目标和要达到的状态是什么？2. 复杂网络舆论环境、风险社会中城市灾难事件的舆情该如何治理？又有什么样的路径可以遵循？可用的对策如何？3. 有什么传统经验可以借鉴及发扬？什么思维及治理方式应该摒弃？什么方式方法可以创新？

厘清城市灾难舆情治理路径的难点包括以下几个方面。其一，分类与分类治理。城市灾难事件类型众多，个体事件差别较大。通过历史事件的梳理和大数据研究，辨别不同类型、不同性质、不同级别（前文应对城市灾难事件进行分类、分级的城市灾难事件），其社会舆情其相似点是什么？差异是什么？这是否决定了其治理方式的异同？如以地震为代表的自然灾难事件中，其社会舆情往往朝着增强社会凝聚力、发掘民族友爱救助精神、共同战胜困难等正向方向发展。事故灾难中，其社会舆论往往朝着道德谴责、殃及池鱼，甚至煽动社会情绪等负向方向发展。公共卫生事件中，舆情往往引向政府监管防护机制等问题。重大社会安全案件中，舆情往往多向摇摆，复杂多变，有极大的不确定性。其二，大数据技术使用的切实性把握。如何用大数据技术来监测、评价、控制、扭转灾难事件中的社会舆情？包括数据的来源及供给、数据使用的方法及分析体系的建立、数据有效度的把控、对分析结果的价值评价与使用等。其三，技术成本与管理成本评估。用大数据解决城市灾难事件的舆情问题，数据成本可以为公共预算支出接受吗？其四，政企大数据共赢模式的设计。大数据不仅是进行舆情治理的工具，更是城市灾难事件的存在环境和舆情环境和多方利益共存、交锋的经济场域。如何以公共利益需求为导向，设置政企之间的共赢模式，有效利用市场大数据资源，让政府、互联网企业及大数据提供商、社会组织、咨询服务机构实现多方共赢？如何让大数据企业既获得经济收益又承担社会公共责任？

（二）从压制到协商的转向

压制手段，是在网络空间未形成气候之前，以及目前一些偏远地区治理舆情的手段，同时，也是激化和扩大舆情的一种手段。当公众利益诉求遭到压制而得不到满足时，网络就为公众提供了宣泄不满的平台。这种诉求一旦通过网络平台被表达出来，势必会以网络舆论的形式让舆情治理者重新审视公众诉求。在网络社会和大数据背景下，通过权力施威不再是一种治理舆情的手段。因此，舆情治理者应该转变观念和态度，将自上而下的治理模式转换为平等的共建协商模式。舆情治理者首先要转变的是危机意识，在大数据时代，人们解决问题的能力已经发生质的变化，因此，危机意识是城市舆情治理的第一步。具有风险意识以后，突破现有理念中“重应对、轻管理”的误区和“重权利、轻技术”的倾向[①]，运用大数据手段分析舆情公众行为数据、舆论主体关系网络等，为舆论主体建立协商提供条件。

舆情治理应该是各利益主体之间的博弈，通过协商建立一项各利益方满意的解决策略。通过大数据舆论研究，一方面可以帮助政府更好地把握社情民意和社会心态；另一方面也促进企业、社会组织、公民、媒体等多元主体更好地利用数据科学决策、理性参与。[②] 只有这样，基于互联网的大数据才可以为公共政策议程提供新的问题，也为政策制定、政策执行和政策评价提供新的方法。[③]

（三）从平复到引导的转向

目前，无论是政府还是媒体等机构，应对舆情采用的都是平复手段，等到舆情出现以后，采用各种手段平复、消解舆情，但是很多时候这种办法适得其反，并没有达到很好的治理效果，究其原因是平复的方向有可能并不是舆论追求的。随着互联网的发展，网络等新媒体成为公众意见表达和利益诉求的主要手段之一，对一些事件更是形成了“大闹大解决、小闹小解决、不闹不解决”的错误认知，也出现过以牺牲生命换取关注等灾难性事件。

大数据是舆情生产的信息环境，首先，舆情是在大数据中形成的。当城市灾难事件发生以后，大量的言论汇集为舆论的生成提供了沃土。随着言论不断积聚、慢慢发酵，舆论得以形成。其次，大数据为治理舆情提供了数据。当舆论的数量不断增加，我们可以利用数据挖掘手段，对这些舆论信息进行挖掘、处理，从大量的舆论信息中找到隐含的、先前未知的有价值信息，通过数据可视化手段，将每一个数据项作为单元元素进行成像，从数据图像中进行观察和分析舆论的重点以及要表达的诉求等，进而从中找到治理舆情的方法和策略。因此，通过大数据分析舆论，可以及时有效感知社会心理态势，确定公众需

---

① 祝兴平：《大数据与风险社会的危机管理创新》，《光明日报》，2015 年 9 月 6 日，11 版。

② 张志安、曹艳辉：《大数据、网络舆论与国家治理》，《社会科学》2016 年第 8 期。

③ 黄璜：《互联网+、国家治理与公共政策》，《电子商务》2015 年第 7 期。

求，从而及时确定政策制定和服务方向，然后根据公众诉求进行有针对性的引导。从舆论诉求出发的引导，能够有效解决舆论的焦点和核心问题，减少舆论诉求者的抵触情绪，从而有效对城市舆情进行治理。

三、结语

在大数据时代，城市灾难事件可以利用大数据进行数据处理和分析，建立城市灾难事件信息平台，为城市灾难事件的社会风险演化提供有效决策，降低社会风险。在具体实践中，“平复”舆论不是唯一的治理目标，舆情只是“象”，不是“质”，需要发现和解决社会深层次问题，以舆情治理带动社会改进，实现政治稳定和政见传播，防止社会情绪再次累积，避免负面舆情再次出现才是根本目的。同时，利用分类应对解决“一刀切”，对城市灾难事件的舆情进行分类治理研究，有助于解决舆情治理“一刀切”、一个模式的现状。可以说，大数据是技术工具，而且是语境，将大数据视为城市灾难事件的舆情环境不仅是解决问题的工具，更是互联网经济时代应有的基本视角。大数据技术是多方利益共存、交锋的经济场域，是互联网经济的巨大增长点，以城市灾难事件为契机，探索政企共赢、分享大数据、促进风险社会的公共治理模式建立，可称为城市社会舆情治理的路径。风险社会具有不确定性，综合使用大数据技术，及时有效地监控社会动态，高效准确地进行风险评估和干预，是媒介环境变革赋予的社会命题。

“共责”与“尽责”：舆论监督“敏感症”如何治①

操 慧

摘 要：舆论监督“敏感症”反映的是一种意欲追求自身权益最大化但又不愿过多担责的利己心理。“共责”理性缺失与“尽责”意识缺位，是舆论监督“敏感症”背后的深层次原因。舆论监督主体“脱敏”的根本在于培养主体间的责任共识和责任自觉，从而使每个人都能在舆论监督中各尽其责、各司其职、各获其益。

关键词：舆论监督 “敏感症” 责任意识

一、舆论监督“敏感症”表现了意欲使自身权益最大化但又不愿承担过多责任的利己心理

舆论监督，顾名思义就是用舆论来对违背共意的人或组织机构的不当言行及其带来的不良后果进行监管和督促，使其朝着合规律性、合目的性的方向发展，以公众趋于一致的观点、态度和立场来达成人们实践的合规律性与合目的性的有机统一。在具体实施过程中，监督会因主体能动的目的差异而产生不同的形态，比如行政监督、社区监督等。从其形构和社会功用来看，“舆论”本身就包含了“监督”的动机与形式。

作为监督的一种重要形态，舆论监督是促使现代社会公权力与私权力各司其职，并使其获得合法保障的重要力量。因此，以“权益”为核心的舆论监督在网络时代演化成为“众声喧哗”或“打捞沉默的声音”等媒介景观。它们或代表了不同社会阶层的民意诉求，或反映了急速变化的社会转型时期的义利失

① 操慧：《“共责”与“尽责”舆论监督“敏感症”如何治》，《人民论坛》，2019年第25期。

衡问题。

众所周知，舆论监督依托网络参与的便捷性、匿名性及交互性，已成为公权力主体和私权力主体的利益表达场和维权场。于是，维权便成为舆论监督主体层面的核心对抗，也正因为如此，权益在舆论监督中被天然赋予了"责任"的内涵。换言之，在维护既得利益的博弈中，人们必须以承担相应责任、履行相关义务为前提，这也是法律层面"权利与义务"的均衡原则。

在网络化、信息化、全球化加速发展的当今社会，当舆论经由网络传播而演变为网络舆情时，其"舆论监督"之实就呈现为多元主体的利益表达，如此一来，参与其中的各类主体就会出于对各自权益的考量，而结成彼此关联的"命运共同体"。在这个过程中，一些人往往会产生一种意欲最大限度维护自身权益但又不愿承担过多责任的利己心理，即我们所说的舆论监督"敏感症"。

正如权益的获取必须以同时承担相应责任的互构逻辑显示的，在日趋复杂和责重的舆论监督环境中，多元主体利益表达情绪化的信息流动，正在重构监督与被监督的关系。随着监督性舆论的扩散，利益表达主体的权、责不断交错互换，舆情反转现象不仅不再鲜见，反而有日渐增多的趋势。由此我们不难发现，这些"命运共同体"已经演变为"责任共同体"，这既是舆论网络化、信息化的新态势，同时也是舆论监督中主体关系动态演变趋于复杂化的新形势。基于此，我们深切感受到舆论引导与舆情应对应更加科学、精准与前瞻，因为它不仅关系到不同利益主体的权益维护，而且关系到公平正义的社会良序的共构。这既是舆论监督多元主体的责任与使命所在，也是社会发展亟待舆论监督主体自觉"脱敏"的智识选择。

二、舆论监督"敏感症"主体探因："共责"理性缺失与"尽责"意识缺位

舆论监督网络化的动态变异，促使我们从主体层面深入探究舆论监督"敏感症"产生的根源。立体审视目前舆论监督的敏感症候时，我们可以发现，监督与被监督主体间大多存在情绪对立或对抗的记录，两者皆表现出以自我为中心的"无责"心理，进而催发自我无辜或自我免责的利益表达，由此产生一方究责、问责，另一方推责、避责的拉锯与对抗。其间，"无直接利害冲突"的第三方（在网络舆论监督中被称为"围观者"）会伴随舆情的演变自觉加入，他们常以仲裁者的姿态参与其中，并对双方施压，试图打捞真相、主持公道。然而，随着舆论监督所关涉的主体被不断卷入，监督关系也变得愈加复杂，监

督中的“实情”不断反转，有时也会导致线下监督演化为线上事件，这样的现象被一些学者称为“后真相”。此时，舆论监督便在全民观看中变异为“声讨展演”与“个人极端情绪释放”，这不但偏离了舆论监督最初始的目标，而且可能给实施有效监督的主体增加行动阻力。

以个人利益为中心的价值取向会导致寻求自我最大化免责的行动逻辑，使舆论监督的善意和正义窄化为个体维权，这或许是因缺乏公益心和公德心而导致的一种变相“失智”。

命运与责任互动，责任与命运互构。没有公众的权益，何来个人的权益？因此，只有个人履职担当、形成合力，才能实现权益最大化。具体来讲，就是当纠纷或冲突发生、个人利益与公众利益失衡时，相关主体应当树立“共责”观：共同担当，走出利己一隅，以更加理性的眼光和更高的站位审视事件整体。只有从提升自身修养做起，才能自查、自律，避免造成负能量的舆论围观，积极主动地进行舆论监督“脱敏”的自我调适。

与“共责”理性相对应的，是一种实践层面积极能动的回应，即“尽责”实践。舆论监督走向网络化的今天，监督和被监督两大主体对“媒介公关”“危机传播”等应对之策都倍加关注和重视，其目的不仅是证明自身无责且符合规范，而且还是对自我形象的塑造以及对其社会责任担当的媒介化彰显。其中，能够在舆论监督的漩涡中突出重围、化危机为机遇的个案实例也不在少数。它们之所以能够变被动为主动，及时回应社会关切、重构社会信任，最根本的一点就是工作人员在本职工作或日常实践中尽责有据、尽责可证、尽责有信。只有具备这样的“知行合一”与日常担当，才能有效诠释“共责”理性，彰显“共责”道义。

自觉“尽责”主体意识的激发，有赖于全体社会成员的价值认同和对健康舆论生态的努力构筑。作为潜在的舆论监督主体，公民的责任缺失和认知偏差都将激化矛盾，陷入算计一己私利的恶性循环之中，进而损害舆论监督的公信力，最终的发展态势很可能大大低于公众对舆论监督的社会期待。

与其说“共责”与“尽责”是舆论监督主体的敏感源，倒不如说它们是主要脱敏点。“共责”与“尽责”，是一种互促互利的良性循环，若是有所缺失或者二者关系失衡，均无益于舆论监督主体“脱敏”。

三、舆论监督主体“脱敏”的根本在于培养主体间的责任共识和责任自觉意识

对舆论监督的“敏感”不仅仅是指主体担心个人利益受损或者既得利益有损，它也可以被视为一种主动感知、捕捉问题或矛盾隐患的洞见和判断力。公众意见和民意监督，实则包括了监察、监理、监办等建设性动因，并非我们通常理解的批评、曝光与处罚等意义。这样的建设性动因依托网络的多级传播，可以吸纳更多的善意和民智，令事态扭转，利他益己。此外，网络舆情表达中监督与被监督主体边界的延展，可以让社会各阶层的多元声音得以释放，助力实情呈现、真相浮出、情绪疏导，使各方达成理解与体谅，这应当是主体善于监督的必然结果。因此，我们要倡导合乎情理、彰显道义的舆论监督，使其在舆情引导中发挥积极作用。

促使舆论监督主体“脱敏”的更有效方式是行胜于言的自觉“尽责”以及利他“共责”。“尽责”的实质在于实干，只有以行对言，才能更好地以事实回应质疑，提升舆论监督的品质和效能。与此同时，我们还应当以“尽责”“共责”的自觉意识去影响和感染更多人，打造代表最大利益公约数的“责任共同体”，使每个人都能在舆论监督中各尽其责、各司其职、各获其益。

治疗舆论监督“敏感症”，其根本在于主体间的责任共识和责任自觉，使舆论监督和正面宣传相统一。无论是贯穿其间的“义利”还是“权益”，均需要我们胸怀坦荡，涵养家国情怀，强化“共责”意识。唯有如此，才能“脱敏”而利他，共筑网络舆论阵地的“命运共同体”。

舆论”与“共同生活”：罗伯特·E. 帕克新闻思想中两个被忽视的关键词①

刘　娜　黄顺铭　田　辉

摘　要：本文通过系统梳理罗伯特·E. 帕克有关新闻与传播研究的 9 篇论文，发现了两个此前被新闻思想史研究者忽视的关键词：舆论与共同生活。舆论是连接新闻与社会控制的必要节点，它产生于新闻及其引发的讨论之中，并借助其蕴含的集体性力量对社会稳定或社会变革产生条件性的影响。共同生活既是新闻得以成为社会共识之主要来源的基础，又是新闻、舆论与社会控制的终极关切。新闻建构出的共同生活的主要内容是本地新闻和人情味故事。本地新闻在新闻建构的共同生活与个体的日常生活之间建立联系，有助于社群成员重拾对共同生活的密切感与亲身参与感。人情味故事则借助其超越时空和历史语境的象征性，在过往与未来的共同生活中占据独特位置。“舆论”与“共同生活”是理解帕克新闻思想的关键节点，它们连接的新闻、社会共识、社会控制等概念是新闻社会学研究的重要关注点。

关键词：罗伯特·E. 帕克　新闻　舆论　社会控制　新闻社会学

一、引言

作为当代社会学的重要奠基人和芝加哥社会学派的重要创始人，罗伯特·E. 帕克（Robert E. Park，1864—1944）在广泛的学科领域内做出了杰出贡献，包括社会心理学与人格理论、社群研究、城市研究、人类生态学、作为社

① 刘娜、黄顺铭、田辉：《“舆论”与“共同生活”：罗伯特·E. 帕克新闻思想中两个被忽视的关键词》，《国际新闻界》2018 年第 8 期。

会机构的报纸、种族关系与文化冲突等[①]。帕克的研究成果主要汇集在6本专著或编著、3卷本论文集及1本博士论文之中。6本专著或编著主要聚焦于社会学的一般理论、移民、报刊以及城市等议题，而3卷本论文集则涵盖更广泛的研究题目，囊括了他三十年间写作的69篇论文[②]。在新闻与传播研究领域，帕克最广为人知的作品是《移民报刊及其控制》（*The Immigrant Press and Its Control*，1921），这也是他毕生唯一的学术专著。此外，帕克发表了数十篇有关新闻、报刊、舆论以及传播的论文，其中9篇被收录于三卷本论文集的最后一部《社会》（*Society*，1955），前两卷分别题为《种族与文化》（*Race and Culture*，1950）和《人类社群》（*Human Communities*，1952）。

这9篇论文发表于1918年至1941年间。最后一篇是有关美国的报纸研究文献，其余篇章则关乎新闻、报刊与舆论等主题。这组论文中蕴含的思想观点及其启发性并不逊色于专著《移民报刊及其控制》，甚至可以说，它们在思想性方面比这部专著更为多元和丰富。遗憾的是，迄今这组论文中的某些篇什及某些观点尽管已受到新闻传播学者较多关注，然而其他几篇则鲜有人问津。就关于帕克新闻思想的研究而言，缺乏对这一组论文的系统研究，可能会导致我们对其思想的理解残缺不全，甚至产生方向性偏差。为此，本文将在前人研究的基础上，尝试系统梳理帕克有关新闻与舆论的这一组论文，旨在重新发掘他的此前被忽视的某些思想与观点，相对完整地呈现帕克新闻思想的脉络。

二、文献回顾

学者对于帕克新闻与传播思想的研究，除了涵盖其生平经历、思想渊源、学术贡献等一般性议题[③]，还重点关注了以下几个观点：（一）“作为一种知识

---

① Faris, E., “Robert E. Park, 1864-1944”, *American Sociological Review*, vol. 9, 1944, pp. 322-325.

② Burnet, J., “Book Review: The Collected Papers of Robert Park”, *The Canadian Journal of Economics and Political Science*, vol. 23, no. 2, 1957, pp. 288-291; Faris, E., “Robert E. Park, 1864-1944”, *American Sociological Review*, vol. 9, 1944, pp. 322-325.

③ 参见切特罗姆：《传播媒介与美国人的思想——从莫尔斯到麦克卢汉》，曹静生、黄艾禾译，北京：中国广播电视出版社，1982年/1991年；罗杰斯：《传播学史：一种传记式的方法》，殷晓蓉译，上海：上海译文出版社，1997年/2012年。

的新闻”[①]；（二）“作为一种社会机构的报纸”[②]；（三）传播的参考与表达功能[③]；（四）传播作为一种社会整合和社会控制的机制[④]；（五）移民报刊对移民同化过程的推动作用[⑤]。其中，人们对新闻、报刊与传播功能的研究相对较多，对舆论及其社会功能的关注则稍显不足。

在新闻与报刊研究方面，李敬[⑥]从帕克提出的“人文生态”视角，阐述了帕克有关报刊演变历史与移民同化进程之关系的观点。胡锦山[⑦]论述了帕克有关移民报刊对移民融入美国社会的积极作用的观点，强调日常事件和人情味新闻的报道对于移民同化进程的意义。吴飞[⑧]在《移民报刊及其控制》的译本序言中，着重讨论了帕克的“边缘人”概念以及移民报刊在促进边缘人融入美国社会的过程中发挥的积极作用。而在传播研究方面，陈静静[⑨]重点梳理了帕克有关传播的参考与表达功能，并以此为基准点，系统论述了其有关报纸的起源、发展历程、政治功能以及社会功能等议题。柯泽[⑩]则从帕克的城市生态学研究框架出发，梳理传播在形成社会互动并由此增进社会调节与社会控制过程中的种种作用。在此框架下，传播不仅是社会互动与社会控制的工具，而且是

---

① 参见刘海龙：《重访灰色地带：传播研究史的书写与记忆》，北京：北京大学出版社，2015 年；王金礼：《作为知识的新闻：杜威、帕克与“夭折”的〈思想新闻〉》，《学术研究》2015 年第 3 期。

② 参见切特罗姆：《传播媒介与美国人的思想——从莫尔斯到麦克卢汉》，曹静生、黄艾禾译，北京：中国广播电视出版社，1982 年/1991 年。

③ 参见陈静静：《参考与表达——论罗伯特·E. 帕克的传播思想》，《国际新闻界》2012 年第 11 期。

④ Frazier，P. J. & Gaziano，C.，“Robert Ezra Park's theory of news，Public Opinion and Social Control”，*Journalism Monographs*，vol. 64，1979，pp. 1—51；柯泽：《帕克社会学理论中的传播思想及其反思》，《武汉大学学报》（人文科学版）2013 年第 66 期，113—119 页。

⑤ 吴飞：《译序一：如何理解“生活在别处”的“边际人”？——帕克的社会学思想漫谈》，帕克：《移民报刊及其控制》，陈静静、展江译，北京：中国人民大学出版社，2011 年，第 1—24 页；李敬：《帕克：人文生态学视角中的新闻报刊与社会“同化”进程》，《国际新闻界》2011 年第 11 期，49—55 页；胡翼青：《译序二》，帕克：《移民报刊及其控制》，陈静静、展江译，北京：中国人民大学出版社，2011 年，第 25—34 页；胡锦山：《罗伯特·帕克与美国城市移民同化问题研究》，《求是学刊》2008 年第 1 期，133—137 页。

⑥ 李敬：《帕克：人文生态学视角中的新闻报刊与社会“同化”进程》，《国际新闻界》2011 年第 11 期，49—55 页。

⑦ 胡锦山：《罗伯特·帕克与美国城市移民同化问题研究》，《求是学刊》2008 年第 1 期，133—137 页。

⑧ 吴飞：《译序一：如何理解“生活在别处”的“边际人”？——帕克的社会学思想漫谈》，帕克：《移民报刊及其控制》，陈静静、展江译，北京：中国人民大学出版社，2011 年，第 1—24 页。

⑨ 陈静静：《参考与表达——论罗伯特·E. 帕克的传播思想》，《国际新闻界》2012 年第 11 期。

⑩ 柯泽：《帕克社会学理论中的传播思想及其反思》，《武汉大学学报》（人文科学版）2013 年第 66 期，113—119 页。

社会得以形成与发展的内生机制之一。胡翼青[①]这样总结帕克以及芝加哥社会学派研究的基本特点：强烈的问题意识和社会敏感；强烈的对策意识和自由主义传统；强调具象的观察而非抽象的理念。已有的帕克研究大体上强调了两个主要观点：其一，新闻与报刊是社会整合的重要机构；其二，传播既是人类社会的基本过程，又是社会控制的主要机制。在帕克有关新闻与传播的著述中，这两个观点不可谓不重要，它们的确在很大程度上抓住了帕克思想的核心。然而，既有研究对“新闻”“报刊”“传播”“社会控制”与“社会整合”等一系列概念之间关系链条的厘定，却并不够清晰与完整，起码对两个非常重要的概念，即“舆论”（public opinion）和“共同生活”（common life）缺乏足够的观照。本文将尝试以“舆论”和“共同生活”这两个此前被忽视的关键词连接起此前人们常常探讨的“新闻”“传播”与“社会控制”等概念。

三、新闻、舆论与社会控制

1979 年，明尼苏达大学新闻与大众传播学院博士生 P. 琼·弗雷泽（P. Jean Frazier）和塞西莉·加奇诺（Cecilie Gaziano）发表专题论文，系统梳理了帕克有关新闻、舆论与社会控制的理论与观点。她们将帕克理论中的 6 个相关概念总结为一个渐进的演化过程，并用一个线性图示进行说明。简单来说：“新闻”（news）引起“讨论”（discussion），进而产生“舆论”（public opinion），并经由其集体力量而实施“社会控制”（social control），结果或带来“社会稳定”（social stability），或引起“社会变革”（social change），而此二者之间呈动态关联，且可相互转化。对帕克而言，社会控制是“社会的首要事实与主要问题”[②]，新闻与传播则是社会控制的运行机制之一。倘若一个社会越是依赖间接关系进行运作，那么舆论在社会控制中发挥的作用便越是重要[③]。为了进一步阐释帕克关于新闻、舆论与社会控制的理论，我们首先有必要厘清“新闻”这一概念。在《作为一种知识的新闻》一文中，帕克[④]对新闻

① 胡翼青：《译序二》，帕克：《移民报刊及其控制》，陈静静、展江译，北京：中国人民大学出版社，2011 年，第 25—34 页。

② Frazier, P. J. & Gaziano, C., “Robert Ezra Park's Theory of News, Public Opinion and Social Control”, *Journalism Monographs*, vol. 64, 1979, pp. 1—51.

③ Frazier, P. J. & Gaziano, C., “Robert Ezra Park's Theory of News, Public Opinion and Social Control,” *Journalism Monographs*, vol. 64, 1979, pp. 1—51.

④ Park, R. E., *News and the Human Interest Story*, In E. C. Hughes, C. S. Johnson, J. Masuoka, 1940/1955a.

的本质及其特征给出了内涵丰富的解释：

第一，新闻是介于“日常熟悉知识”（acquaintance with）和“系统理解知识”（knowledge about）之间的一种知识类型。相对而言，新闻更偏向前者，像历史但非历史，因为它总体上处理的是各种孤立事件，并不试图将事件联系起来。第二，“作为一种知识的新闻主要关心的既不是过去也不是未来，而是现在——被心理学家描绘为‘似是而非的现在’（the specious present）。可以说，新闻只存在于这样一种现在之中”（p. 78）。因此，新闻的特点是转瞬即逝、昙花一现。第三，新闻在告知公众周遭发生之事的同时，会促使公众开启交谈与讨论，进而引发意见和情感的交锋，“而这种交锋常常止于某种共识或集体意见，即我们所谓的舆论（public opinion）”（p. 79）。第四，新闻在一个政治社会中传播的程度决定了其社会成员参与政治行动的程度，因为政治行动需要一定程度的社会共识，而作为一种知识的新闻所提供的社会共识让政治行动成为可能。第五，新闻作为一种世俗现象，不同于谣言和小道消息，“新闻或多或少是经过证实的，这一观点是基于一个事实，即新闻已被曝光于公众的批判性审视之中，而这些公众正是新闻的传播对象和利益关注对象”（p. 81）。第六，新闻之所以被发表与传播，正是因为“新闻兴趣”，具体表现为新闻事件的重要性、紧迫性、趣味性、人情味等特征。第七，“新闻似乎唯有在一个既有某种程度的和谐，也有某种程度的张力的社会中，才能进行传播”（p. 85）。新闻一旦引起公众的注意力与紧张感，就会产生“聚光灯”效应，使采取某种行动的确定性增加，也使支配者的权力增强。最后，在这个瞬息万变的现代世界中，“与其他类型的知识（如历史）相比，新闻所肩负角色的重要性在增强，而非在减弱”（p. 87）。

以上观点基本涵盖了新闻的特征及其社会功能。在社会控制包含的“社会稳定”与“社会变革”两个维度上，我们对新闻的社会功能的审视需要有一种辩证的视角。帕克认为，新闻是一种公开发表的交流与传播，旨在提醒人们有关世事与周遭环境的变化，进而促进讨论与舆论。由于新闻使不同观点被公之于众并引起意见的交锋，甚至会促使人们为此而有所行动；因此它是引起社会变革的力量来源。假如我们在新闻与社会控制之间加上“舆论”的中介，那么新闻可能会间接成为社会稳定的来源。个中原因在于，新闻引发公众讨论，进而促进舆论的形成，尚处于形成过程之中的舆论或许会促进社会变革的发生，而“舆论一旦被固定下来被法规化，那么就变成了一种稳定且保守的力量，而非一种革新的力量"[①]。对这一观点的进一步阐释，则需要厘清"舆论"的概念。

在《新闻与报界权力》一文中，帕克[②]开篇即将"报界权力"（the power of the press）界定为"报纸在形塑舆论与动员社群采取政治行动方面施加的影响力"（p. 115）。可见，报界权力与舆论及其社会功能密不可分，甚至可以相互化约。在这一组关系中，集体性是一以贯之的一个核心概念，它至少暗含了三个理论维度。首先，如帕克所言，公众这一群体包含了不同的个体、群体、组织和政党。当新闻被公开报道并广泛传播时，它在公众群体中引发的解释是不同的，有时甚至是相互矛盾和冲突的。其次，当新闻被报道之时，公众群体中"各方之间都存在一种普遍理解和一种利益社群（community of interest），足以使讨论成为可能"[③]。这说明，一定程度的社会和谐与共识是舆论产生的必要条件。最后，多元观点的讨论与交锋最终会产生一个或两三个相对一致、较为占主导地位的意见，这便是舆论的成形，也即是集体意志的产生。因此，舆论实际上是一种多元观点相互妥协的结果，这正是社会控制的初步体现。我们可以将集体性的三个理论维度概括为"多元主体""社会共识"与"集体意志"。在现代社会中，多元主体常态化地存在，是新闻乃社会共识的主要来源之一，而集体意志形成的可能性则取决于公众注意力的集中程度。因此，新闻与舆论或多或少地指向权力、支配、集体行动等政治概念。从某种程度上讲，新闻构成了现代政治社会的基础，舆论则提供了更为直接的政治权力来源。

尽管帕克关于新闻、舆论与社会控制的理论生发于20世纪上半叶的美国社会，适于分析具有民主政治体制和异质人口结构、处于都市化和工业化进程的社会[④]，但它们对于当下世界各国的转型社会，仍然具有某种适用性。首先，我们分析新闻中"事实性信息"与"社论性观点"的比例，可以探究由新闻产生的观点多元性程度和社会共识的程度。如前所述，多元观点呈现的基础是基于事实的、客观的信息，只有当社会中的多元主体就事实性信息达成基本一致的理解和接受程度，才会产生基于信息做出的不同解释。一个社会如果对

---

① Park, R. E., "News and the Human Interest Story", in E. C. Hughes, C. S. Johnson, J. Masuoka, 1940/1955a, p. 116.

② Park, R. E., *Morale and the news*, in E. C. Hughes, C. S. Johnson, J. Masuoka, R. Redfield, & L. Wirth (Eds.), Glencoe, IL: The Free Press, 1941/1955a, pp. 126－142.

③ Park, R. E., *Morale and the news*. in E. C. Hughes, C. S. Johnson, J. Masuoka, R. Redfield, & L. Wirth (Eds.), Glencoe, IL: The Free Press, 1941/1955a, pp. 119－120.

④ Frazier, P. J. & Gaziano, C., "Robert Ezra Park's Theory of News, Public Opinion and Social Control", *Journalism Monographs*, vol. 64, 1979, pp. 1－51.

基本的事实性信息都存在分歧，那么不同的社会主体就很难在同一个话语场中进行对话。其次，分析一个社会中不同观点的自由表达程度，可以探究舆论产生的效率和质量。在一个多元观点自由表达的社会，舆论的产生过程是一个相对自然且渐进的过程，因此能够体现出集体意志的运作方式；相反，在一个信息垄断、无法自由发声的社会，则没有我们所谓的舆论的产生。更多的时候，支配性的政治权力和经济利益团体制造了“拟态舆论”（pseudo public opinion），这种舆论虽具有一定的统一性和强制力，但并不具备集体性的基础，因为其主体并非公众，而是利益集团。在综合考察新闻与舆论的基础上，我们可以得知经由新闻与舆论而进行的社会控制到底是促进社会变革还是维持社会稳定了。

我们在前文已检视了新闻作为社会共识的主要来源这一观点，如果将新闻－舆论－社会控制这一关系链条往新闻方向延伸，自然就会发问：“新闻何以成为社会共识的主要来源?”在帕克的理论视野中，回答这一问题的关键词是“共同生活”，或者更准确地说，是“对共同生活的想象”。

四、本地新闻、人情味故事与共同生活

帕克[①]指出，人类社会与动物群体最本质的区别在于社会控制，而社会控制的运行基础则在于社群成员对于共同生活“有意识的参与”（conscious participation，p. 17），这种参与是为了达至一个共同目标，语言与意义系统则提供了群体参与的可能性。在传统的乡村社会中，人们的日常生活相对固定和安稳，共同生活建立在熟人社会的基础上，“习俗和传统为日常生活中的所有紧急情况都做好了准备”[②]，社会控制主要依赖于人际交往和小道消息[③]。而在一个拥有几百万甚至上千万人的工业化大都市中，人们的共同生活远不如乡村社会那般直接，而是被各种各样的机构和制度所中介。帕克早在1918年即已观察出，“在政治、宗教、艺术以及体育领域，从前我们都会亲自参与其中，

① Park，R. E.，*Human Nature and Collective Behavior*. in E. C. Hughes，C. S. Johnson，J. Masuoka，R. Redfield，& L. Wirth (Eds.)，Glencoe，IL：The Free Press，1927/1955，pp. 13－21.

② Park，R. E.，*Foreign Language Press*. in E. C. Hughes，C. S. Johnson，J. Masuoka，R. Redfield，& L. Wirth (Eds.)，Glencoe，IL：The Free Press，1920/1955，p. 166.

③ Park，R. E.，*Natural History of the Newspaper*. in E. C. Hughes，C. S. Johnson，J. Masuoka，R. Redfield，& L. Wirth (Eds.)，Glencoe，IL：The Free Press，1923/1955，pp. 89－104.

而如今却被各种代理人所代表了。从前，我们所共享的一切形式的公共与文化活动，如今都被各种专业人士接管了，大多数人已不再是行动者，而只是旁观者了"[①]。共同生活的间接化，是新闻得以成为社会共识之主要来源的首要条件。

在此情形下，新闻提供的有关周遭世界发生之事的信息，不仅延续了传统乡村社会中人际交往和小道消息的社会控制功能，而且创造出一种有关共同生活的互动想象空间。帕克指出："我们每个人都生活在一个以自我为中心的世界，这个世界的种种维度是由新闻距离我们的远近和方向界定的……除非新闻显示出与人们活跃其中并以某种方式对其有序存在负有亲身责任的世界存在相关性，否则所有这些都无关紧要。"[②] 在所报道之事与个体的私人生活之间建立相关性，是新闻得以成为社会共识之主要来源的第二个条件。从帕克一直强调的社会互动论的视角来看，人们的自我定位、言行举止、角色扮演以及对社会生活"有意识的参与"都是自我意识与社会期待共同作用的产物，个体的存在实则是一种"公共的存在"（public existence）[③]。当每一个体都尝试在新闻所报道的外部世界与私人生活之间想象出一个重叠空间，并据此展开个体行动之时，个体的私人生活也就构成了社会的共同生活。

报纸等媒体的大众化与大众传播的兴起，是新闻得以成为社会共识之主要来源的第三个条件。众所周知，大众传播的开端以 19 世纪 30 年代大众化报纸的滥觞为标志。不同于面向少数有钱阶级的新闻信和面向精英阶层的政党报刊，大众化报纸是一种"男男女女都愿意阅读的报纸"[④]，这种报纸在现代生活的条件下存活了下来，在社群中持续发挥影响力。移民在大众化报纸的兴起与流行过程中扮演着不可或缺的重要角色。帕克发现，那些在母国没有阅读能力，或者有阅读能力而无报刊可读的移民，到达美国之后都逐渐变成母语报纸或本土报纸的习惯性读者。移民阅读母语报纸的原因之一在于，他们在母国不被允许这样做，这一方面是受他们的阅读与理解能力所限，另一方面则是由于母国报纸并非面向普通人创办与发行，报纸上的阳春白雪与普罗大众的生活相

---

① Park，R. E.. *Public Opinion and Social Service*. in E. C. Hughes，C. S. Johnson，J. Masuoka，R. Redfield，& L. Wirth (Eds.)，Glencoe，IL：The Free Press，1918/1955. p. 147.

② Park，R. E.，*Morale and the news*. in E. C. Hughes，C. S. Johnson，J. Masuoka，R. Redfield，& L. Wirth (Eds.)，Glencoe，IL：The Free Press，1941/1955a，p. 137.

③ Park，R. E.，*Human Nature and Collective Behavior*. in E. C. Hughes，C. S. Johnson，J. Masuoka，R. Redfield，& L. Wirth (Eds.)，Glencoe，IL：The Free Press，1927/1955，p. 18.

④ Park，R. E. *Natural History of the Newspaper*. in E. C. Hughes，C. S. Johnson，J. Masuoka，R. Redfield，& L. Wirth (Eds.)，Glencoe，IL：The Free Press，1923/1955，p. 89.

去甚远，因而很难让他们建构起一种对社群共同生活的想象。

来到美国后，大多数移民都或主动或被动地选择在移民聚居区生活，而几乎每一个移民社群都有自己的报刊。对尚未融入美国主流生活的第一代移民而言，母语报刊是他们在聚居地的流言蜚语之外了解美国、建构有关美国想象的主要渠道。同时，母语报刊也为移民们提供了一种关于母国生活的想象，尽管很多时候报纸上所描绘的那种生活在母国已不复存在了①。移民们阅读本土报纸的原因在于，这些报纸是他们"得以瞭望更为广阔的外部世界的一扇窗户"②。通过阅读美国本土的报纸，移民逐渐培养起了一种对美国生活的参与感，也由此加速了其美国化的进程。帕克曾感叹道："这个国家里的所有民族都朝着一种共同语言、一种共同生活和一种共同传统而去的这种趋势，是多么地缓慢，但从长远来看，这在美国生活的条件下又是全然无法抗拒的。"③ 这股不可抗拒的同化力量的来源之一，正是大众化报刊建构出来的社会共识与共同生活。

那么，经由大众化报刊建构的这种共同生活的内容到底是什么？帕克给出了两个答案，即"本地新闻"与"人情味故事"。如前所述，新闻成为社会共识的主要来源，其条件之一是建立新闻所报道的外部世界与社群成员的私人生活之间的相关性，这一相关性的主要载体正是本地新闻。在帕克看来，本地新闻的持续存在是大都市中报刊编辑努力恢复乡村中人际传播和小道消息所发挥功能的一个明证。帕克甚至将本地新闻的重要性提升到了民主制度的高度。他声称："若舆论将来仍想一如既往地继续发挥作用，倘若我们仍想维持杰斐逊所构想的那种民主政体，那么报纸就必须继续报道那些关乎我们自己的事情。我们必须以过去了解乡村社群及其各种事务的那种密切方式，来学着了解我们的都市社群及其各种事务。报纸必须继续成为一种关于所在社群的印刷版日记(printed diary)。结婚和离婚、犯罪与政治，这些事情都必须继续作为我们的新闻主体内容。本地新闻正是构成民主的基本内容。"④

---

① Park, R. E. , *Immigrant Community and Immigrant Press*. in E. C. Hughes, C. S. Johnson, J. Masuoka, R. Redfield, & L. Wirth (Eds.), Glencoe, IL: The Free Press, 1925/1955, pp. 152－164.

② Park, R. E. *Natural History of the Newspaper*. in E. C. Hughes, C. S. Johnson, J. Masuoka, R. Redfield, & L. Wirth (Eds.), Glencoe, IL: The Free Press, 1923/1955, p. 90.

③ Park, R. E. *Immigrant Community and Immigrant Press*. in E. C. Hughes, C. S. Johnson, J. Masuoka, R. Redfield, & L. Wirth (Eds.), Glencoe, IL: The Free Press, 1925/1955, p. 161.

④ Park, R. E. *Natural history of the newspaper*. in E. C. Hughes, C. S. Johnson, J. Masuoka, R. Redfield, & L. Wirth (Eds.), Glencoe, IL: The Free Press, 1923/1955, p. 93.

人情味故事是新闻建构共同生活的另一项重要内容。大众化报刊的流行，除了要归功于移民成为新的阅读公众这一因素外，报纸中人情趣味内容的增加是更为根本的推动力。帕克坦言："我们能拥有现代意义上的报纸，其原因在于，一百多年以前（确切地说是1835年），纽约和伦敦的几位报纸发行人发现：（1）大多数人——倘若他们能够阅读的话——发觉新闻比社论更容易阅读；（2）普通人宁可被娱乐，而不愿被教化。"① 这一有关人性的事实不仅有助于解释政党报刊的衰落与大众化报刊的兴起，而且有助于从一般意义上解释严肃新闻的式微与新闻信息娱乐化的泛滥。

那么，何谓人情味故事？帕克给出的答案是："人情味故事就是赋予新闻以故事性质的那种东西，读者即便对它作为新闻毫不在乎，也会因为其故事性而阅读它。人情味是新闻中的普适要素。它赋予新闻故事以象征性。"②

人情味故事的象征性，正是它连接过去与未来之共同生活的关键点。原因在于：首先，人情味故事被人们广泛阅读与津津乐道，恰好说明了其中的象征意义可以被社群成员理解与共享。其次，新闻一旦具有人情味，就"不再是完全个人化的了，它具备了一种艺术形式。新闻不再是对一个个男男女女所作所为的记录，而成了一种关于风俗和生活的客观叙述"③。在此意义上，新闻中的人情味故事是一种对于共同生活的再现，它传承并建构了人们对于习俗、传统、风俗、社会规范等共有精神财富的理解与记忆。由此，人情味故事中的象征性赋予了新闻一种超越时空的特性，它们可以在民间故事、文学与艺术中得到重现。

总之，新闻是一套符号与意义的系统，它日复一日地向社群成员呈现一种对于共同生活的想象，而共同生活正是构成社会共识的基础。凭借社群共同生活的间接化、与个体生活的相关性以及大众化报刊的兴起等条件，新闻成了社会共识的主要来源。在新闻所建构和呈现的共同生活中，本地新闻和人情味故事是其中两项重要的内容。本地新闻使社群成员重拾过去乡村社会中那种对于共同生活的密切感与参与感，从而有望成为恢复和巩固共同生活的良方。人情味故事则凭借其跨越时空的象征性，在人类社群共享的意义系统中也占据了一

---

① Park, R. E., *News and the Human Interest Story*. in E. C. Hughes, C. S. Johnson, J. Masuoka, 1940/1955a, pp. 106.

② Park, R. E., *News and the human interest story*. in E. C. Hughes, C. S. Johnson, J. Masuoka, 1940/1955a, p. 113.

③ Park, R. E., *Natural History of the Newspaper*. in E. C. Hughes, C. S. Johnson, J. Masuoka, R. Redfield, & L. Wirth (Eds.), Glencoe, IL: The Free Press, 1923/1955, p. 93.

席独特之地。

五、结论

本文聚焦帕克思想史研究中两个常被忽视的关键词——“舆论”和“共同生活”。我们首先论述了新闻与舆论的关系，以及二者在社会控制中发挥作用的种种条件。根据帕克的观点，新闻是舆论产生的前提条件，新闻的首要功能在于告知人们有关周遭世界发生的诸种情况，这种信息性的告知会引发社群成员的讨论，而不同观点、意见甚至情绪的交锋会进一步导致舆论的产生。舆论在不同社会情境下的社会控制功能不同：在一个媒体发达、信息表达自由的社会，舆论可能会促进社会变革；而在一个媒体失声、信息垄断的社会，舆论则可能成为维持社会稳定的力量。因此，要判断新闻与舆论究竟发挥何种社会控制功能，就必须研究：在特定社会情境中，新闻传达的事实性信息之丰富程度、新闻引起的观点自由表达之程度、观点的多元化程度，以及舆论产生的质量和效率等。新闻、舆论与社会控制之间的种种条件性，正是此前常遭忽视却真正有社会科学研究价值的内容。

其次，我们围绕“共同生活”这一关键概念，阐释了新闻何以成为社会共识之主要来源的三个条件：共同生活的间接化、新闻事件与个体生活的相关性以及大众化媒体的兴起。新闻正是通过报道本地新闻与人情味故事，在社群成员中间建构起了一种共同生活，或者说建构起他们对共同生活的想象。本地新闻的独特作用在于：力图恢复传统乡村社会中社群成员对于周遭事物的密切联系与亲身参与感，而人情味故事则以其超越时空的象征性，在人们共同生活的意义系统中长久地占据一席之地。

帕克在近一个世纪之前就敏锐地察觉到：“人们普遍承认，很大一部分现代生活所特有的躁动不安与对新奇和刺激的追求，要部分归咎于这样一个事实，即在都市生活的人为条件下，我们借以表达兴趣与活力的大多数自然渠道都已被剥夺了。只要此言非虚，那么，对于包括社会机构、教会、剧院、政坛以及酒馆在内的所有目前正在争夺我们的闲暇时间的机构而言，问题的解决方案就是某种能够让个体在与之有关的体制化生活中重拾一种亲身参与感的方法。"[①] 虽未明言重拾社群生活的亲身参与感的具体方法，但帕克已启发我们，要持续地报道与我们的日常生活密切相关的本地新闻，并重视新闻中的人情趣味，以故事来传承与建构我们共享的意义体系。与此同时，要有意识地参与到社群的公共事件当中，因为这种共同参与的意识和兴奋是“人类经验中最令人振奋和满足的体验之一。这种参与总是会在他人心中激起回响，于是每一位参与者的行动便获得了一种新的尊严、新的荣誉以及额外的道义支持”[②]。

帕克的学术思想虽极少以系统而抽象的方式来表达[③]，但那些俯拾皆是的思想之光总能照亮现实生活的诸多方面，带给我们深刻的启发。帕克的思想或许难以成为当今主流学术研究的关注点，但我们时常在各种议题的研究中与他不期而遇。可见，这位此前在新闻与传播领域被忽视、被边缘化的先行者值得我们去重新发掘与持续温故。

---

① Park, R. E., *Public Opinion and Social Service*. in E. C. Hughes, C. S. Johnson, J. Masuoka, R. Redfield, & L. Wirth (Eds.), Glencoe, IL: The Free Press, 1918/1955, pp. 147－148.

② Park, R. E., *Morale and the News*. in E. C. Hughes, C. S. Johnson, J. Masuoka, R. Redfield, & L. Wirth (Eds.), Glencoe, IL: The Free Press, 1941/1955a, pp. 127.

③ Rose, A. W, "Book review: Race and Culture by Robert Ezra Park," *Social Forces*, vol. 29, no. 3, 1950, pp. 212－213.

主要参考文献

一、中文文献

（一）专著、教材、典籍

敖峰. 肯定/否定篇章隐含情感倾向性分析［M］. 郑州：河南大学出版社，2011.

曾庆香. 新闻叙述学［M］. 北京：中国广播电视出版社，2005.

陈鼓应. 老子注译及评介［M］. 北京：中华书局，1984.

陈力丹. 舆论学——舆论导向研究［M］. 北京：中国广播电视出版社，1999.

陈成国. 礼记校注［M］. 长沙：岳麓书社，2004.

陈月生. 群体性突发事件与舆情［M］. 天津：天津社会科学院出版社，2005.

成伯清. 情感、叙事与修辞——社会理论的探索［M］. 北京：中国社会科学出版社，2012.

丁峻. 情感演化论［M］. 北京：科学出版社，2010.

费正清，赖肖尔. 中国：传统与变革［M］. 陈仲丹，潘兴明，庞朝阳译. 南京：江苏人民出版社，1995.

冯仕政. 西方社会运动理论研究［M］. 北京：中国人民大学出版社，2013.

郭景萍. 情感社会学——理论·历史·现实［M］. 上海：上海三联书店，2008.

郭绍虞. 中国历代文论选［M］. 上海：上海古籍出版社，2001.

胡泳. 众声喧哗：网络时代的个人表达与公共讨论［M］. 桂林：广西师

范大学出版社，2008.

黄寿祺，张善文. 周易译注［M］. 上海：上海古籍出版社，2001.

贾春增. 外国社会学史［M］. 北京：中国人民大学出版社，2000.

蒋晓丽. 传媒宣导抚慰功能——兼论在西部地区的特殊作用［M］. 成都：四川大学出版社，2008.

乐国安. 社会心理学［M］. 北京：中国人民大学出版社，2009.

雷铎. 禅宗智慧书［M］. 上海：东方出版中心，2008.

李彬. 传播符号论［M］. 北京：清华大学出版社，2012.

十三经注疏整理委员会. 十三经注疏［M］. 北京：北京大学出版社，1999.

李幼蒸. 理论符号学导论（第 3 版）［M］. 北京：中国人民大学出版社，2007.

李幼蒸. 理论符号学导论［M］. 北京：中国社会科学出版社，1993.

梁丽萍. 中国人的宗教心理——宗教认同的理论分析与实证研究［M］. 北京：社会科学文献出版社，2004.

刘洪. 像·非像——视像传播机理研究［M］. 北京：高等教育出版社，2012.

刘涛. 环境传播：话语、修辞与政治［M］. 北京：北京大学出版社，2011.

刘向. 战国策［M］. 上海：上海古籍出版社，1985.

刘小枫. 现代性社会理论绪论——现代性与现代中国［M］. 上海：上海三联书店，1998.

刘亚猛. 西方修辞学史［M］. 北京：外语教学与研究出版社，2008.

卢毅刚. 认识、互动与趋同——公众舆论心理解读［M］. 北京：中国社会科学出版社，2013.

邱林川，陈韬文. 新媒体事件研究［M］. 北京：中国人民大学出版社，2011.

沙莲香. 社会心理学［M］. 北京：中国人民大学出版社，2006.

邵培仁. 传播学［M］. 北京：高等教育出版社，2007.

申丹. 叙述学与小说文体学研究［M］. 北京：北京大学出版社，2004.

汪晖，陈燕谷. 文化与公共性［M］. 北京：生活·读书·新知三联书店，1998.

汪民安，陈永国，马海良. 福柯的面孔［M］. 北京：文化艺术出版社，2001.

王亮. 网络事件中的公众修辞行为研究［M］. 北京：人民日报出版社，2015.

王一川. 中国现代性体验的发生——清末民初文化转型与文学［M］. 北京：北京师范大学出版社，2001.

吴世文. 新媒体事件的框架建构与话语分析［M］. 济南：山东教育出版社，2014.

许慎. 说文解字注［M］. 段玉裁注. 杭州：浙江古籍出版社，1998.

杨伯峻. 春秋左传注［M］. 北京：中华书局，1981.

杨伯峻. 孟子译注［M］. 北京：中华书局，1950.

杨国斌. 连线力——中国网民在行动［M］. 桂林：广西师范大学出版社，2013.

杨天宇. 礼记译注［M］. 上海：上海古籍出版社，2004.

杨义. 中国叙事学［M］. 北京：人民出版社，1997.

于建嵘. 抗争性政治：中国政治性社会学基本问题［M］. 北京：人民出版社，2010.

喻国明，刘夏阳. 中国民意研究［M］. 北京：中国人民大学出版社，1990.

张纯一. 墨子集解［M］. 成都：成都古籍书店，1988.

张隆溪. 二十世纪西方文论述评［M］. 北京：生活·读书·新知三联书店，1986.

张文显. 二十世纪西方法哲学思潮研究［M］. 北京：法律出版社，1997.

赵鼎新. 社会与政治运动讲义［M］. 北京：社会科学文献出版社，2006.

赵刚. 知识之锚：当代社会理论的重建［M］. 桂林：广西师范大学出版社，2005.

赵毅衡. 符号学［M］. 南京：南京大学出版社，2012.

赵毅衡. 广义叙述学［M］. 成都：四川大学出版社，2013.

周晓虹. 社会心理学［M］. 北京：高等教育出版社，2008.

朱光潜. 朱光潜全集（第十六卷）［M］. 合肥：安徽教育出版社，1990.

朱启臻，张春明. 社会心理学原理及其应用［M］. 北京：中国社会出版社，2000.

（二）学术论文

白淑英，肖本立. 新浪微博中网民的情感动员［J］. 兰州大学学报（社会科学版），2011（5）.

包福存. 婚礼仪式研究综述［J］. 湖南文理学院学报（社会科学版），2007（4）.

蔡盈洲. 突发性群体事件中谣言的情感动员机制［J］. 南方论刊，2014（10）.

曹阳，樊弋滋，彭兰. 网络集群的自组织特征——以“南京梧桐树事件”的微博维权为个案［J］. 南京邮电大学学报（社会科学版），2011（3）.

曾庆香. 话语事件：话语表征及其社会巫术的争夺［J］. 新闻与传播研究，2011（1）.

曾润喜，徐晓林. 网络舆情对群体性突发事件的影响与作用［J］. 情报杂志，2010（9）.

查尔斯·泰勒. 现代认同：在自我中寻找人的本性［J］. 陶庆译. 求是学刊，2005（5）.

常惠惠. 中国式公众同情：一股柔软力量的兴起和嬗变［J］. 前沿，2013（18）.

陈力丹，徐志伟. 网络集体行动视角下的“周亮解说门”［J］. 新闻记者，2015（1）.

陈强，徐晓林，王国华. 网络群体性事件演变机制研究［J］. 情报杂志，2011（3）.

陈涛. 关于网络行动中情感动员研究的文献综述及理论反思［J］. 东南传播，2016（2）.

陈伟. 承认的类型学分析——对霍耐特承认理论的解读［J］. 理论与现代化，2008（5）.

成伯清. “体制性迟钝”催生“怨恨式批评”［J］. 人民论坛，2011（6）.

成伯清. 情感的社会学意义［J］. 山东社会科学，2013（3）.

淡卫军. 情感，商业势力入侵的新对象——评霍赫希尔德《情感整饰：人类情感的商业化》一书［J］. 社会，2005（2）.

戴桂斌. “互强型”国家与乡村社会的建构［J］. 社会主义研究，2010（1）.

邓若伊. 论自媒体传播与公共领域的变动［J］. 现代传播（中国传媒大学

学报)，2011 (4).

董天策，王君玲. 网络群体性事件研究的进路、议题与视角 [J]. 现代传播（中国传媒大学学报)，2011 (8).

杜骏飞. 网络群体事件的类型辨析 [J]. 国际新闻界，2009 (7).

樊亚平. 杨丽娟事件与网络舆论的非理性 [J]. 当代传播，2007 (5).

冯琨. 网络中群体事件参与者的心理效应分析 [J]. 编辑之友，2013 (4).

高芙蓉. 网络群体性事件的生成机制及对策研究 [J]. 郑州大学学报（哲学社会科学版)，2014 (3).

葛尼斐. 法国大革命中的暴力与恐怖 [J]. 马贺译. 学海，2011 (2).

郭景萍. 集体行动的情感逻辑 [J]. 河北学刊，2006 (3).

郭景萍. 库利：符号互动论视野中的情感研究 [J]. 求索，2004 (4).

郭景萍. 情感社会学三题三议 [J]. 学术论坛，2007 (6).

郭景萍. 情感资本社会学研究论略 [J]. 山东社会科学，2013 (3).

郭景萍. 西方情感社会理论的发展脉络 [J]. 社会，2007 (5).

郭小安. 网络抗争中的谣言的情感动员：策略与剧目 [J]. 国际新闻界，2013 (12).

郭小安，王木君. 网络民粹事件中的情感动员策略及效果——基于2002—2015 年 191 个网络事件的内容分析 [J]. 新闻界，2016 (7).

郝强. 网络集体行为的特征及其影响——对网民“反 CNN 事件”的分析 [J]. 延边党校学报，2010 (6).

胡海涵. Web2. 0 环境下网络集体行动的主体特征 [J]. 贵州社会科学，2013 (8).

黄冬娅. 国家如何塑造抗争政治——关于社会抗争中国家角色的研究评述 [J]. 社会学研究，2011 (2).

蒋晓丽，何飞. 互动仪式理论视域下网络话题事件的情感传播研究 [J]. 湘潭大学学报（哲学社会科学版)，2016 (2).

蒋晓丽，何飞. 情感传播的原型沉淀 [J]. 现代传播（中国传媒大学学报)，2017 (5).

揭萍，熊美保. 网络群体性事件及其防范 [J]. 江西社会科学，2007 (9).

李红，董天策. 符号学分析：网络公共事件研究的新路径 [J]. 新闻大学，2012 (1).

李红，董天策. 符号学视域下的网络公共事件及其主体分析［J］. 现代传播（中国传媒大学学报），2012（9）.

李华俊. 网络群体性事件的组织结构与运行模式［J］. 江汉论坛，2012（6）.

李金龙，黄峤. 挑战与应对：网络群体性事件下的政府信息管理［J］. 湖南师范大学学报，2010（1）.

李丽. 雷蒙·威廉斯的“情感结构”理论析论［J］. 吉首大学学报（社会科学版），2015（5）.

李素华. 对认同概念的理论述评［J］. 兰州学刊，2005（4）.

李小花，张钦. 情感启动行为研究概述［J］. 心理科学进展，2004（6）.

林凌. 网络群体事件传播机制及应对策略［J］. 学海，2010（4）.

刘少杰. 网络化的缺场空间与社会学研究方法的调整［J］. 中国社会科学评价，2015（1）.

刘砚明. 网络新闻的价值取向——以中国近年网络舆论监督事件为例［J］. 当代传播，2012（1）.

柳建文. “行动”与“结构”的双重视角：对中国转型时期群体性事件的一个解释框架［J］. 云南社会科学，2009（6）.

龙迪勇. 事件：叙述与阐释——叙事学研究之三［J］. 江西社会科学，2001（10）.

陆沉. 论道德情感［J］. 西南民族大学学报（人文社会科学版），2004（4）.

罗锋，王权. 风险·制度化：“网络群体性事件”症候表征与治理分析［J］. 重庆邮电大学学报，2010（4）.

罗石，郭敬和. 试析道德情感主导下的道德行为［J］. 伦理学研究，2012（1）.

罗志达. 胡塞尔论同情的意向结构［J］. 哲学分析，2014（6）.

马向阳. 微博互动中的关注流、情感流和符号流［J］. 新闻与写作，2012（5）.

聂军. 变迁、结构和话语：群体性事件发生的宏观解释视角［J］. 吉首大学学报（社会科学版），2011（4）.

钱翰，黄秀端. 格雷马斯“符号矩阵”的旅行［J］. 文艺理论研究，2014（2）.

秦彤. 从“范美忠”看网络集体行动［J］. 法制与社会，2008（12）.

邱林川，苗伟山．反思新媒体事件研究：邱林川教授访谈录［J］．国际新闻界，2016（7）．

生奇志．网络群体性事件的产生动因及政府应对策略研究［J］．渤海大学学报（哲学社会科学版），2012（6）．

石义彬，林颖，吴鼎铭．话语转译与意义勾连：网络集体行动的多元逻辑——以“南京梧桐树事件为例［J］．当代传播，2014（6）．

史安斌，王沛楠．作为社会抗争的新闻——美国大选假新闻现象的阐释路径与生成机制［J］．新闻记者，2017（6）．

隋岩，苗伟山．中国网络群体事件的主要特征和研究框架［J］．现代传播（中国传媒大学学报），2014（11）．

隋岩．含蓄意指与隐喻的等值对应——符号传播意义的深层机制之一［J］．新闻大学，2010（1）．

孙一萍．情感有没有历史？——略论威廉·雷迪对建构主义情感研究的批判［J］．史学理论研究，2017（4）．

谭光辉．论情感：情感意向性压力下的叙述判断［J］．南方文坛，2016（3）．

万颖．对“网络群体性事件”的理性反思［J］．法制与社会，2009（8）．

汪霞．变迁、结构、话语：我国群体性事件的三维透视及治理之道［J］．湖北社会科学，2012（7）．

王超群．西方新闻传播学关于群体性事件的研究［J］．国际新闻界，2012（7）．

王海洲．想象的报复：西方政治学视野中的“怨恨”［J］．南京大学学报（哲学·人文科学·社会科学），2007（6）．

王君玲．网络环境下群体性事件的新特点［J］．甘肃社会科学，2011（3）．

王扩建．网络群体性事件：一种新型危机形态的考量［J］．天津行政学院学报，2010（2）．

王丽萍．情绪与政治：理解政治生活中的情绪［J］．清华大学学报（哲学社会科学版），2014（2）．

王宁．略论情感的社会方式——情感社会学研究笔记［J］．社会学研究，2000（4）．

王鹏，侯钧生．情感社会学：研究的现状与趋势［J］．社会，2005（4）．

王鹏．情感社会学的社会分层模式［J］．山东社会科学，2006（3）．

王伟亮. 群体性突发公共事件与危机传播——以贵州瓮安“6·28”事件为例 [J]. 新闻记者，2008 (8).

王潇，李文忠，杜建刚. 情绪感染理论研究述评 [J]. 心理科学进展，2010 (8).

王雪. 网络舆论、集体行为与社会控制 [J]. 探求，2007 (1).

王弋璇. 列斐伏尔与福柯在空间维度的思想对话 [J]. 英美文学研究论丛，2010 (2).

王应瑞. 网络群体性事件的特征及消解对策 [J]. 人民论坛，2011 (2).

邬心云. 网络群体事件的心理分析 [J]. 新闻记者，2010 (7).

吴世文. 转向新媒体事件研究：理论命名、研究视域与理论问题 [J]. 现代传播（中国传媒大学学报），2014 (4).

吴亚玲. 论休谟的同情理论 [J]. 江西社会科学，2009 (8).

向良云. 结构、行动和意义——西方理论范式及其在我国重大群体性事件语境下的反思 [J]. 理论与改革，2014 (1).

谢金林. 情感与网络抗争动员——基于湖北“石首事件”的个案分析 [J]. 公共管理学报，2012 (1).

谢太平，邹霞. 文化霸权理论视野下的微博反腐——“表叔”杨达才事件个案研究 [J]. 当代传播，2013 (5).

徐家林. 网络群体性事件的非直接利益化分析 [J]. 学海，2011 (6).

徐炯. 网络群体事件成因及政府治理路径探析 [J]. 新闻知识，2010 (9).

徐玉. 网络群体事件的心理分析及处置对策 [J]. 人民论坛·学术前沿，2011 (9).

许鑫. 新媒体事件的概念与类型辨析 [J]. 天中学刊，2011 (1).

杨斌成，何芝莹. 网络群体事件的形成模式与舆论传播机制 [J]. 中州学刊，2013 (5).

杨国斌. 悲情与戏谑：网络事件中的情感动员 [J]. 传播与社会学刊，2009 (9).

杨久华. 当前我国网络群体事件发生的模式、趋势及其防范策略 [J]. 江西公安专科学院学报，2009 (3).

姚鹭鹭. 罗伯特·帕克学术思想初探 [J]. 东南传播，2007 (7).

姚伟达. 网络群体性事件：特征、成因及应对 [J]. 理论探索，2010 (4).

叶宁玉，王鑫. 从若干公共事件剖析网络群体极化现象［J］. 新闻记者，2012（1）.

应星. “气”与中国乡土本色的社会行动：一项基于民间谚语与传统戏曲的社会学探索［J］. 社会学研究，2010（5）.

应星. “气场”与群体性事件的发生机制——两个个案的比较［J］. 社会学研究，2009（6）.

于建嵘. 当前我国群体性事件的主要类型及其基本特征［J］. 中国政法大学学报，2009（6）.

于建嵘. 社会泄愤事件中群体心理研究——对“瓮安事件”发生机制的一种解释［J］. 北京行政学院学报，2009（1）.

袁光锋. 公共舆论中的“情感”政治：一个分析框架［J］. 南京社会科学，2018（2）.

袁光锋. 公共舆论中的“同情”与“公共性”的构成——“夏俊峰案”再反思［J］. 新闻记者，2015（11）.

张书维，王二平. 群体性事件集群行为的动员与组织机制［J］. 心理科学进展，2011（12）.

张智庭. 激情符号学［J］. 符号与传媒，2011（12）.

赵宬斐. “网络集群行为”与“价值累加”——一种集体行动的逻辑分析［J］. 新闻与传播研究，2013（8）.

赵鼎新. 西方社会运动与革命理论发展之述评［J］. 社会学研究，2005（1）.

赵国新. 情感结构［J］. 外国文学，2001（9）.

赵晓英. 社会心理学视阈下的网络群体性事件［J］. 吉林广播电视大学学报，2013（8）.

赵毅衡. 符号学文化研究：现状与未来趋势［J］. 西南民族大学学报（人文社科版），2009（12）.

赵毅衡. 叙述在否定中展开——四句破，符号方阵，《黄金时代》［J］. 中国比较文学，2008（1）.

周葆华. 突发事件中的舆论生态及其影响：新媒体事件的视角［J］. 中国地质大学学报（社会科学版），2010（3）.

朱勇. 道德的正义内涵及其形成途径——兼论多重视角下的自律和他律［J］. 云南社会科学，2013（5）.

朱志玲，朱力. 从“不公”到“怨恨”：社会怨恨情绪的形成逻辑［J］.

社会科学战线，2014（2）.

朱志玲．仇官：结构性怨恨的主要形态［J］．领导科学，2016（11）.

（三）学位论文

卞大珺．新浪微博公共事件中的情感动员［D］．苏州：苏州大学，2013.

段慧丹．从嫉妒到怨恨：当代中国社会情绪的变迁（1978年—至今）［D］．上海：华东师范大学，2014.

胡於棋．微博中社会怨恨话语的分析——以李天一案为例［D］．南京：南京师范大学，2014.

姜璐．网络政治抗争的情感动员研究——以“乌坎事件”为例［D］．兰州：兰州大学，2013.

李菲．网络维权事件中网民的情感抗争研究［D］．长沙：湖南师范大学，2016.

李鹏飞．网民集群行为中的怨恨心态探究［D］．福州：福建师范大学，2011.

李亚好．怨恨、互联网与社会抗争——互联网冲突性议题中的怨恨研究［D］．南京：南京大学，2012.

李宇．中国革命中的情感动员——以1946—1948年北方土改的“诉苦”与“翻身”为中心［D］．上海：复旦大学，2008.

刘晓荣．网络舆论中的怨恨心理研究［D］．西安：陕西师范大学，2013.

刘研．电子游戏的情感传播研究［D］．杭州：浙江大学，2014.

柳红兵．新媒介事件的传播机制研究［D］．西安：西北大学，2011.

龙舒婷．舍勒的“怨恨”情感现象学［D］．中山：中山大学，2016.

罗明．网络公共事件情感动员研究［D］．广州：暨南大学，2017.

聂文娟．历史怨恨情感和规范认同：非盟与东盟人权规范的比较研究［D］．北京：外交学院，2011.

齐晓斌．群体性事件演化机制视野下的新闻报道［D］．保定：河北大学，2011.

屈中治．怨恨情绪与网络民粹主义研究［D］．广州：暨南大学，2015.

隋文婷．网络公共事件中的情感动员研究［D］．南京：南京师范大学，2016.

孙静．群体性事件的情感社会学分析——以什邡钼铜项目事件为例［D］．上海：华东理工大学，2013.

王淑华. 互联网公共性的建构与实践研究［D］. 杭州：浙江大学，2013.

王亿本. 大众非语言传播影响传播功能研究［D］. 成都：四川大学，2013.

肖本立. 新浪微博中的网民的情感动员［D］. 哈尔滨：哈尔滨工业大学，2011.

张磊. 中国古代怨恨观研究——以先秦两汉子书为探讨中心［D］. 长春：东北师范大学，2016.

郑知. 网络集群行为框架及其情感动员研究——以“仇富”事件为例［D］. 武汉：华中科技大学，2013.

二、中文译著

埃尔斯特. 心灵的炼金术：理性与情感［M］. 郭忠华，潘华凌，译. 北京：中国人民大学出版社，2009.

埃利亚斯. 个体的社会［M］. 翟三江，陆兴华，译. 南京：译林出版社，2003.

埃利亚斯. 文明的进程［M］. 王佩莉，译. 北京：生活·读书·新知三联书店，1999.

安德森. 想象的共同体：民族主义的起源与散步［M］. 吴叡人，译. 上海：上海人民出版社，2005.

奥尔森. 集体行动的逻辑（导论）［M］. 陈郁，离宇峰，李崇新，译. 北京：生活·读书·新知三联书店，1995.

巴尔特. 符号学历险［M］. 李幼蒸，译. 北京：中国人民大学出版社，2008.

巴尔特. 符号学原理［M］. 李幼蒸，译. 北京：中国人民大学出版社，2008.

巴兰，戴维斯. 大众传播理论：基础、争鸣和未来［M］. 曹书乐，译. 北京：清华大学出版社，2004.

巴特. 神话修辞术批评与真实［M］. 屠友祥，温晋仪，译. 上海：上海人民出版社，2009.

柏拉图. 理想国［M］. 郭斌和，等译. 北京：商务印书馆，1986.

波普诺. 社会学［M］. 李强，等译. 北京：中国人民大学出版社，2007.

波斯特. 信息方式：后结构主义与社会语境［M］. 范静哗，译，北京：

商务印书馆，2014.

伯格，卢克曼. 现实的社会建构［M］. 汪涌，译. 北京：北京大学出版社，2009.

伯格. 通俗文化、媒介和日常生活中的叙事［M］. 姚媛，译. 南京：南京大学出版社，2000.

达尔文. 人和动物的感情表达［M］. 曹骥，译. 北京：科学出版社，1996.

丹森. 情感论［M］. 魏中军，孙安迹译. 沈阳：辽宁人民出版社，1985.

德勒兹. 尼采与哲学［M］. 周颖，刘玉宇，译. 北京：社会科学文献出版社，2001.

蒂利. 身份、边界与社会联系［M］. 谢岳，译. 上海：上海人民出版社，2008.

多兹尔. 仇恨的本质［M］. 王江，译. 北京：新华出版社，2004.

Fisker. 传播符号学理论［M］. 张锦华，等译. 台北：远流出版事业股份有限公司，1995.

费尔克拉夫. 话语与社会变迁［M］. 殷晓蓉，译. 北京：华夏出版社，2003.

费斯克. 传播研究导论：过程与符号［M］. 许静，译. 北京：北京大学出版社，2008.

弗林斯. 舍勒的心灵［M］. 张志平，张任之译. 上海：上海三联书店，2006.

弗林斯. 舍勒思想评述［M］. 王芃，译. 北京：华夏出版社，2003.

戈夫曼. 日常生活中的自我呈现［M］. 黄爱华，冯钢，译. 杭州：浙江人民出版社，1989.

戈夫曼. 污名：受损身份管理札记［M］. 宋立宏，译. 北京：商务印书馆，2009.

格雷马斯. 结构语义学［M］. 蒋梓骅，译. 天津：百花文艺出版社，2001.

格雷马斯. 论意义 符号学论文集（上、下册）［M］. 吴泓缈，冯学俊，译. 天津：百花文艺出版社，2011.

哈贝马斯. 公共领域的结构转型［M］. 曹卫东，王晓钰，刘北城，译. 上海：学林出版社，1999.

豪格，阿布拉姆斯. 社会认同过程［M］. 高明华，译. 北京：中国人民大学出版社，2011.

黑格尔．美学（第二卷）［M］．朱光潜，译．北京：商务印书馆，1996.

亨廷顿．变化社会中的政治秩序［M］．王冠华，等译．北京：生活·读书·新知三联书店，1988.

霍布斯．利维坦［M］．黎思复，黎廷弼，译．北京：商务印书馆，1985.

霍耐特．为承认而斗争［M］．胡继华，译．上海：上海人民出版社，2005.

霍奇，克雷斯．社会符号学［M］．周劲松，张碧，译．成都：四川教育出版社，2012.

吉登斯．现代性的后果［M］．田禾，译．南京：译林出版社，2000.

吉特林．新左派运动的媒介镜像［M］．胡正荣，张锐，译．北京：华夏出版社，2007.

卡斯特．网络星河：对互联网、商业和社会的反思［M］．郑波，武炜，译．北京：社会科学文献出版社，2007.

卡西尔．人论［M］．甘阳，译．上海：上海译文出版社，1986.

康德．实践理性批判［M］．韩水法，译．北京：商务印书馆，2000.

柯林斯．互动仪式链［M］．林聚任，等译．北京：商务印书馆，2009.

库利．人类本性与社会秩序［M］．包凡一，等译．北京：华夏出版社，1999.

勒庞．乌合之众——大众心理研究［M］．冯克利，译．桂林：广西师范大学出版社，2007.

李普曼．舆论学［M］．林珊，译．北京：华夏出版社，1989.

李特约翰，福斯．人类传播理论［M］．史安斌，译．北京：清华大学出版社，2009.

刘易斯．文化研究基础理论［M］．郭镇之，任丛，秦洁，译．北京：清华大学出版社，2013.

流心．自我的他性——当代中国的自我谱系［M］．常姝，译．上海：上海人民出版社，2004.

卢梭．爱弥儿［M］．李平沤，译．北京：商务印书馆，1978.

卢梭．论人类不平等的起源和发展［M］．北京：商务印书馆，1962.

卢梭．论语言的起源［M］．洪涛，译．上海：上海人民出版社，2003.

罗尔斯．道德哲学史讲义［M］．张国清，译．上海：上海三联书店，2003.

罗尔斯. 正义论［M］. 何怀宏，何包钢，廖申白，译. 北京：中国社会科学出版社，1988.

罗斯. 社会控制［M］. 秦志勇，毛永政译. 北京：华夏出版社，1989.

罗素. 西方哲学史（上卷）［M］. 何兆武，李约瑟，译. 北京：商务印书馆，1982.

罗素. 西方哲学史［M］. 钱发平，编译. 重庆：重庆出版社，2006.

洛厄里，德弗勒. 大众传播效果研究的里程碑［M］. 刘海龙，等译. 北京：中国人民大学出版社，2009.

麦茨. 想象的能指：精神分析与电影［M］. 王志敏，译. 北京：中国广播电视出版社，2006.

麦克盖根. 文化民粹主义［M］. 桂万先，译. 南京：南京大学出版社，2001.

麦克卢汉. 理解媒介：论人的延伸［M］. 何道宽，译. 南京：译林出版社，2011.

麦克亚当，塔罗，蒂利. 斗争的动力［M］. 李义中，等译. 南京：译林出版社，2006.

麦太金尔. 追寻美德伦理理论研究［M］. 宋继杰，译. 南京：译林出版社，2003.

米德. 心灵、自我与社会［M］. 赵月瑟，译. 上海：上海世纪出版集团，2005.

米尔斯. 社会学的想象力［M］. 陈强，等译. 北京：生活·读书·新知三联书店，2005.

莫里斯，缪勒. 社会运动理论的前沿领域［M］. 刘能，译. 北京：北京大学出版社，2002.

墨菲，柯瓦奇. 近代心理学历史导引［M］. 林方，王景和，译. 北京：商务印书馆，2010.

尼采. 论道德的谱系［M］. 周弘译. 北京：生活·读书·新知三联书店，1992.

尼葛洛庞帝. 数字化生存［M］. 胡泳，等译. 海口：海南出版社，1997.

诺齐克. 苏格拉底的困惑［M］. 郭建玲，等译. 北京：新星出版社，2006.

齐美尔. 社会是如何可能的：齐美尔社会学文选［M］. 林荣远，译. 桂林：广西师范大学出版社，2002.

色诺芬. 回忆苏格拉底［M］. 吴永泉，译. 北京：商务印书馆，1984.

舍勒. 价值的颠覆［M］. 罗悌伦，译. 北京：生活·读书·新知三联书店，1997.

舍勒. 舍勒选集［M］. 刘小枫，选编. 上海：上海三联书店，1999.

史蒂文森. 认识媒介文化：社会理论与大众传播［M］. 王文斌，译. 北京：商务印书馆，2013.

史华罗. 中国历史中的情感文化：对明清文献的跨学科文本研究［M］. 林舒俐，谢琰，孟琢，译. 北京：商务印书馆，2009.

叔本华. 叔本华论说文集［M］. 范进，柯锦华，秦典华，等译. 北京：商务印书馆，1999.

斯宾诺莎. 伦理学［M］. 贺麟，译. 北京：商务印书馆，1997.

斯托曼. 情绪心理学［M］. 张燕云，译. 沈阳：辽宁人民出版社，1986.

索绪尔. 普通语言学教程［M］. 高名凯，译. 北京：商务印书馆，2001.

Taylor，Peplau，Sears. 社会心理学［M］. 谢晓非，等译，北京：北京大学出版社，2004.

塔尔德. 传播与社会影响［M］. 何道宽，译. 北京：中国人民大学出版社，2005.

塔格特. 民粹主义［M］. 袁明旭，译. 长春：吉林人民出版社，2011.

塔罗. 运动中的力量：社会运动与政治斗争［M］. 吴庆宏，译. 南京：译林出版社，2005.

泰勒，西尔斯，佩普卢. 社会心理学［M］. 谢晓非，等译. 北京：北京大学出版社，2005.

泰勒. 自我的根源：现代认同的形成［M］. 韩震，等译. 南京：译林出版社，2001.

特纳，斯戴兹. 情感社会学［M］. 孙俊才，文军，译. 上海：上海人民出版社，2007.

特纳. 情感社会学［M］. 孙俊才，文军，译. 上海：上海人民出版社，2007.

特纳. 人类情感：社会学的理论［M］. 孙俊才，文军，译. 北京：东方出版社，2009.

特纳. 社会学理论的结构［M］. 邱泽奇，译. 北京：华夏出版社，2001.

涂尔干. 社会分工论［M］. 渠东，译. 北京：生活·读书·新知三联书店，2000.

托克维尔. 旧制度与大革命 [M]. 冯棠，译. 北京：商务印书馆，1997.

托克维尔. 论美国的民主 [M]. 董果良，译. 北京：商务印书馆，1991.

韦伯. 经济与社会 [M]. 林荣远，译. 北京：商务印书馆，1997.

韦伯. 社会学的基本概念 [M]. 顾忠华，译. 桂林：广西师范大学出版社，2011.

西美尔. 社会学——关于社会化形式的研究 [M]. 林荣远，译. 北京：华夏出版社，2002.

西美尔. 时尚的哲学 [M]. 费勇，等译. 北京：文化艺术出版社，2001.

休谟. 道德原则研究 [M]. 曾晓平，译. 北京：商务印书馆，2001.

休谟. 人性论 [M]. 关文运，等译. 北京：商务印书馆，1996.

亚历山大. 社会学二十讲：二战以来的理论发展 [M]. 贾春增，等译. 北京：华夏出版社，2000.

詹姆逊. 政治无意识：作为社会象征行为的叙事 [M]. 王逢振，陈永国，译. 北京：中国社会科学出版社，1999.

三、英文文献

Barker，C.，Martin，B. & Zournazi，M. Emotional Self－management for Activists. Reflextive Practice：International and Multidisciplinary Perspectives [M]. Chicago：The University of Chicago Press，2008.

Davis，J. C. Toward a Theory of Revolution [J]. American Sociological Review，1971，27 (1).

Everhart，K. Captain America and Thriller：How Artistic Expressions Shape Mobilization Processes in Social Movements [J]. Sociology Compass，2014，8 (3) 1.

Gaulin，S. J. C. & McBurney，H. D. Evolutionary Ppsychology [M]. NewJersey：Prentice Hall，2003.

Gerbaudo，P. Constructing Public Space：Rousing the Facebook Crowed：Digital Enthusiasm and Emotional Contagion in the 2011 Protest in Egypt and Spain [J]. Internation Journal of Communication，2016 (10).

Goffman，E. Stigma：Notes on the Mangement of Spoiled Identity [M]. New York：Simon & Schuster，1963.

Gurr，R. T. Why Men Rebel [M]. Princeton：Princeton University

Press, 1970.

Jasper, J. M. &Poulsen, J. D. Recruiting Strangers and Friends: Moral Shocks and Social Networks in Animal Rights and Anti - nuclear Protests [J]. Sociological Forum, 1995, 42 (4).

Jasper, J. M. The Emotions of Protest: Affective and Reactive Emotions in and Around Social Movements [J]. Sociological Forum, 1998, 13 (3).

Jasper, J. M. Emotions and Social Movements: Twenty Years of Theory and Research [J]. Annual Review of Sociology. 2011, 8 (37).

Keyes, R. The Post - Truth Era: Dishonesty and Deception in Contemporary Life [M]. New York: St. Martins Press, 2004.

Klandermans, B. The Social Psychology of Protest [M]. New Jersey: Wiley Blackwell, 2013.

LeBon, G. The Man and His Works [M]. New York: Liberty Press, 1979.

Mann, M. The Source of Social Power: Volume 2, the Rise of Classes and Nation - states, 1760 - 1914 [M]. Cambridge: Cambridge University Press, 1995.

McCarthy, J. D. & Zald, M. N. Resource Mobilization and Social Movements: a Partial Theory [J]. American Journal of Sociology, 1977, 82 (6).

Norton, M. Narrative, Structure and Emotional Mobilization in Humanitarian Representations: the Case of the Congo Reform Movement, 1903-1912 [J]. Journal of Human Rights, 2011, 32 (2).

Olson, M. The Logic of Collective Action [M]. Massachusetts: Harvard University Press, 1965.

Reed, J. Emotions in Context: Revolutionary Accelerators, Hope, Moral Outrage, and other Emotions in the Making of Nicaragua' s Revolution [J]. Theory and Society, 2004, 33 (6).

Shils, E. The Torment of Secrecy: the Background and Consequence of American Security Policies [M]. Glencoe: Ivan Dee Press, 1996.

Tuner, V. Dramas, Fields, and Metaphors: Symbolic Action in Human Society [M]. Ithaca: Cornell Universiy Press, 1974.

Turner, R. H. & Lewis, M. K. Collective Behavior [M]. New

Jersey: Prentice-Hall, 1987.

Volo, L. The Dynamics of Emotion and Activism: Grief, Gender, and Collective Identity in Revolution Nicarague [J]. Mobilization: An International Quarterly, 2012, 11 (4).